"九五"中国石油天然气集团公司级重点教材

高等学校教学用书

天然气处理与加工工艺

王遇冬 主编

石油工业出版社

内 容 提 要

本书是从我国石油天然气开采、加工生产的实际情况出发，结合国外天然气处理与加工工艺技术的发展，收集、参考了大量的技术资料编写而成的。本书着重讲述了天然气处理与加工工艺的基本原理、方法、工艺计算、新技术及其发展趋势。

本书可供石油高校化学工程与工艺专业学生使用，也可供从事天然气处理与加工生产、科研及设计工作的工程技术人员参考。

图书在版编目（CIP）数据

天然气处理与加工工艺/王遇冬主编．

北京：石油工业出版社，1999.4

高等学校教学用书

"九五"中国石油天然气集团公司级重点教材

ISBN 978-7-5021-2525-7

Ⅰ．天…

Ⅱ．王…

Ⅲ．①天然气－处理－高等学校－教材

②天然气－生产工艺－高等学校－教材

Ⅳ．TE64

中国版本图书馆 CIP 数据核字（1999）第 04373 号

出版发行：石油工业出版社

（北京安定门外安华里 2 区 1 号　100011）

网　　址：www.petropub.com

编辑部：(010) 64523612

图书营销中心：(010) 64523633

经　　销：全国新华书店

印　　刷：北京中石油彩色印刷有限责任公司

1999 年 4 月第 1 版　2017 年 1 月第 8 次印刷

787×1092 毫米　开本：1/16　印张：15.5

字数：384 千字

定价：28.00 元

（如出现印装质量问题，我社图书营销中心负责调换）

版权所有，翻印必究

前　言

自 70 年代末期以来，我国的天然气工业发展十分迅速。进入 90 年代后，随着我国陆上及海疆新发现的陕甘宁中部盆地、南海崖城 13-1 等大型气田及其它一批整装中型气田的陆续开发，我国的天然气工业又有了更大的发展。

天然气处理与加工是天然气工业中一个十分重要的环节，也是一门涉及化学工程、低温工程和石油工程等学科的综合性工程技术。近 20 多年来，我国的天然气处理与加工能力和技术都有很大提高，呈现出一派大好形势。为适应我国天然气工业迅速发展的需要，国内一些石油高等学校的化学工程与工艺专业也陆续开设了《天然气处理与加工工艺》课程。

1992 年，我们曾根据教学要求编写了一本有关天然气处理与加工工艺的讲义在西安石油学院内部使用，经过多年教学实践并反复征求各方面意见，结合国内外天然气处理与加工工艺技术的最新发展，在原讲义的基础上我们编写了《天然气处理与加工工艺》一书，以供石油高等学校化学工程与工艺专业学生使用。根据教学计划，《天然气处理与加工工艺》是在三四年级开设的专业课程之一。因此，凡已在《化工原理》、《化工热力学》、《石油加工工程》等课程中介绍过的内容，或正在《化工分离工程》、《化工系统工程》等课程系统介绍的内容，本书都不再重复，而只重点介绍具有天然气处理与加工工艺特点的基本原理、技术、工艺计算及发展趋势。本书浓度的表示方法出现多种形式，考虑到实际使用上的方便而又符合有关计量要求的规定，本书以 %（φ）表示体积分数；%（χ）表示摩尔分数；%（w）表示质量分数。

由于本书编者大多曾在石油系统科研、设计单位长期从事天然气处理与加工工艺方面的有关工作，所以在编写中还注意把基本原理、工艺技术及生产过程等结合起来，因此本书也可供从事天然气处理与加工生产、科研及设计等工作的工程技术人员参考。

本书共十章。其中，第二、三、九章由陈慧芳编写，第六、十章由张立希编写，其余各章由王遇冬编写。王遇冬任主编。徐文渊、王开岳任主审。其中，第一、四、五、六、十章由徐文渊审稿，第二、三、七、八、九章由王开岳审稿。本书确定为中国石油天然气集团公司级重点教材。

本书在编写过程中得到四川、华北、胜利等油气田有关工程技术人员的大力协助。

由于编者学识及水平有限，书中难免有不妥之处，敬请各位专家、同行及广大读者批评指正。

编　者

1998 年 6 月于西安

目 录

第一章 概论 …………………………………………………………………… (1)
第一节 天然气在国民经济中的重要性及其分类与组成 ………………… (1)
第二节 天然气及其加工产品的质量要求 ………………………………… (4)

第二章 天然气的相特性 ……………………………………………………… (13)
第一节 烃类的相特性 ……………………………………………………… (13)
第二节 烃—水体系相特性 ………………………………………………… (18)
第三节 烃—二氧化碳体系相特性 ………………………………………… (32)

第三章 防止天然气水合物形成的方法 ……………………………………… (38)
第一节 热力学抑制剂法 …………………………………………………… (38)
第二节 动力学抑制剂及防聚剂法 ………………………………………… (45)

第四章 吸收法脱水 …………………………………………………………… (49)
第一节 天然气脱水的方法 ………………………………………………… (49)
第二节 甘醇脱水工艺及设备 ……………………………………………… (53)
第三节 甘醇脱水工艺计算 ………………………………………………… (60)
第四节 甘醇质量在脱水装置操作中的重要性 …………………………… (69)

第五章 吸附法脱水 …………………………………………………………… (72)
第一节 脱水吸附剂的选择 ………………………………………………… (72)
第二节 固体吸附剂脱水工艺及设备 ……………………………………… (80)
第三节 固定床吸附过程特性及计算 ……………………………………… (85)
第四节 吸附法在酸性天然气脱水中的应用 ……………………………… (100)

第六章 天然气凝液回收 ……………………………………………………… (103)
第一节 天然气凝液回收的目的和方法 …………………………………… (103)
第二节 制冷方法 …………………………………………………………… (109)
第三节 天然气凝液回收工艺 ……………………………………………… (132)

第七章 天然气脱硫 …………………………………………………………… (152)
第一节 脱硫方法的分类与选择 …………………………………………… (152)
第二节 醇胺法 ……………………………………………………………… (156)
第三节 砜胺法及其它脱硫方法 …………………………………………… (168)

第八章 克劳斯法硫磺回收 …………………………………………………… (181)
第一节 克劳斯法硫磺回收基本原理 ……………………………………… (181)
第二节 工艺流程和主要设备 ……………………………………………… (186)
第三节 操作条件分析及影响硫回收率的因素 …………………………… (190)
第四节 硫磺回收催化剂 …………………………………………………… (197)
第五节 克劳斯法工艺计算 ………………………………………………… (202)
第六节 克劳斯法发展动向 ………………………………………………… (209)

第七节　硫磺的储存与装运………………………………………(213)
第九章　克劳斯法装置的尾气处理……………………………………(218)
　　第一节　尾气处理方法的分类……………………………………(218)
　　第二节　几种尾气处理方法简述…………………………………(221)
　　第三节　尾气处理的发展动向……………………………………(224)
第十章　液化天然气与压缩天然气……………………………………(227)
　　第一节　天然气液化发展概述……………………………………(227)
　　第二节　天然气液化工艺…………………………………………(229)
　　第三节　天然气提氦………………………………………………(234)
　　第四节　压缩天然气………………………………………………(236)
参考文献……………………………………………………………………(239)

第一章 概 论

第一节 天然气在国民经济中的重要性及其分类与组成

一、天然气在国民经济中的重要性

据第 14 届世界石油大会有关报告统计,天然气的最大用户是城镇居民、公共建筑和商业部门,约占总用量的 41.5%;其次是工业部门,约占 37%,主要用作生产化工产品和工业燃料的基本原料;再次是发电厂,约占 19% 以上;运输部门所占比例不足 1%。预计今后 50 年内,天然气的应用将会显著扩大,天然气转化生产合成氨、甲醇和烯烃、芳烃等技术将会取得新的进展,天然气用作汽车燃料也将使天然气汽车得到进一步的推广。

天然气与其它燃料相比,具有使用方便、经济、热值高、污染少等优点,是一种在技术上已经得到证实的优质清洁燃料。天然气代替其它燃料,可以减少一氧化碳(CO)、二氧化碳(CO_2)、氮氧化物(NO_x)及烃类等的排放,有利于环境保护。因此,它不仅被广泛作为钢铁、非金属矿产、玻璃、食品、陶瓷、造纸等工业的能源,同时也是发电厂的主要燃料。特别是采用天然气联合循环发电技术后,投资费用仅为煤炭和核发电厂 2/3 左右,对空气和水的污染也少,因而使得以天然气为燃料的发电厂更加具有竞争力。

天然气的一些特性使它有可能成为一种很有吸引力的汽油替代燃料。它的价格和汽车废气排放指标都低于汽油。据统计,截至 1996 年,全世界投入运营的天然气汽车已达 100 多万辆。

天然气的主要组分是甲烷,此外还含有乙烷、丙烷、丁烷及戊烷以上烃类,是重要的基本有机化工原料。以天然气为原料,可以生产出合成氨、甲醇、低碳含氧化合物、合成液体燃料等种类繁多的化工产品。至今,全世界已有 10% 的天然气用于制取化工产品,年产量已达到 1.6 亿 t。据统计,1995 年全世界用天然气制取的合成氨和甲醇分别占两类产品总产量的 84% 和 90%。值得指出的是,由天然气经甲醇(GTM)生产低分子烯烃(MTO)的技术已在 90 年代初期完成中间实验,并正在加速工业化。由于它的投资回收率比石脑油裂解高很多,因此,对于天然气资源丰富、价格便宜的地区,这种生产烯烃的技术将具有很强的竞争力。

据预测,在今后几十年中天然气在发达国家能源需求中的重要作用还会有所增加。天然气作为一种优质清洁燃料,在许多领域将会代替日趋减少的石油。美国内政部的资料预测,进入 21 世纪后天然气将逐步取代石油,并在世界能源消费结构中占据主导地位,见图 1-1。

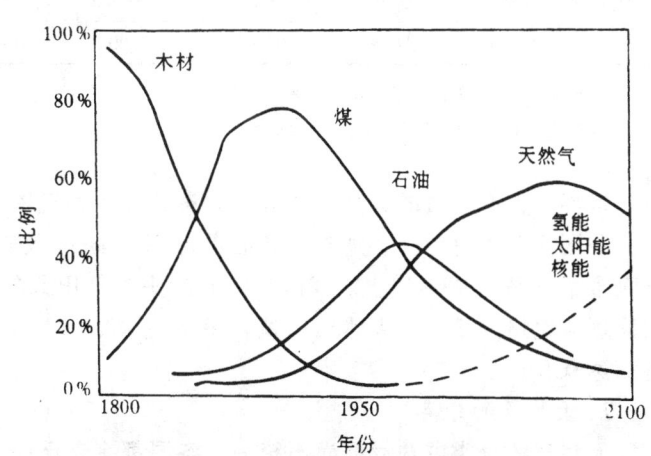

图 1-1 世界能源消费结构趋势

二、天然气的组成和分类

1. 天然气的组成

天然气是由烃类和非烃类组成的复杂混合物。大多数天然气的主要成分是气体烃类,此外还含有少量非烃类气体。天然气中的烃类基本上是烷烃,通常以甲烷为主,还有乙烷、丙烷、丁烷、戊烷以及少量的己烷以上烃类(C_6^+)。在C_6^+中有时还含有极少量的环烷烃(如甲基环戊烷、环己烷)及芳香烃(如苯、甲苯)。天然气中的非烃类气体,一般为少量的氮气、氧气、氢气、二氧化碳、水蒸气、硫化氢,以及微量的惰性气体如氦、氩、氙等。天然气中的水蒸气一般呈饱和状态。

天然气的组成并非固定不变,不仅不同地区油、气藏中采出的天然气组成差别很大,甚至同一油、气藏的不同生产井采出的天然气组成也会有区别。我国一些油、气田的天然气组成见表1-1。

表1-1 我国一些油、气田天然气组成(干基)

组分	四川威远气藏气	四川卧龙河气藏气	大庆杏南伴生气	华北任北伴生气	新疆柯克亚凝析气	华北苏桥凝析气	大庆阿拉辛气藏气	陕西靖边气藏气
	φ_B [1], %							
C_1 [2]	86.36	97.14	68.26	59.37	74.68	78.58	91.35	93.95
C_2	0.11	0.43	10.58	6.48	8.38	8.26	0.31	0.77
C_3	—	0.03	11.20	12.02	4.00	3.13	0.12	0.50
C_4	—	0.01	5.96	9.21	3.31	1.43	—	—
C_5			1.91	3.81	2.69	0.55		
C_6			0.66	1.34	2.68	0.39		
C_7^+			0.36	1.40	—	5.45		
CO_2	5.01	1.46	0.20	4.58	0.26	1.41	0.22	4.70
N_2	7.20	0.73	0.55	1.79	3.99	0.80	8.00	—
He	0.30	—	—	—	—	—	—	—
Ar	0.03	—	—	—	—	—	—	—
H_2S	0.99	0.20	—	—	—	—	—	0.08
合计	100.00	100.00	100.00	100.00	100.00	100.00	100.00	100.00

[1] 本书中以φ_B或φ表示各组分的体积分数。
[2] C_1表示CH_4,C_2表示C_2H_6,依次类推。

世界上也有少数的天然气中含有大量的非烃类气体,甚至其主要成分是非烃类气体。例如,我国河北省赵兰庄、加拿大艾伯塔省Bearberry及美国南得克萨斯气田的天然气中,硫化氢含量均高达90%以上。我国广东省沙头圩气田天然气中二氧化碳含量高达99.6%。美国北达科他州内松气田天然气中氮含量高达97.4%,亚利桑那州平塔丘气田天然气中氦含量高达9.8%。

2. 天然气的分类

天然气的分类方法目前尚不统一,各国都有自己的习惯分法。常见的分法如下所述。

(1) 按产状分类 可分为游离气和溶解气。游离气即气藏气,溶解气即油溶气和水溶气、固态水合物气以及致密岩石中的气等。

（2）按经济价值分类　可分为常规天然气和非常规天然气。常规天然气是指在目前技术经济条件下可以进行工业开采的天然气，主要是伴生气（也称油田气、油藏气）和气藏气（也称气田气、气层气）。非常规天然气主要是指煤层甲烷气、水溶气、致密岩石中的气及固态水合物气等。其中，除煤层甲烷气外，其它非常规天然气由于目前技术经济条件的限制尚未投入工业开采。

（3）按来源分类　可分为与油有关的气（包括伴生气、气顶气等）和与煤有关的气；天然沼气，即由微生物作用产生的气；深源气，即来自地幔挥发性物质的气；化合物气，即指地球形成时残留地壳中的气，如深海海底的固态水合物气等。

（4）按组成分类　分类方法大致为：

1) 以天然气中烃类组成分类可分为干气和湿气、贫气和富气。对于从气井井口采出的，或由油、气田矿场分离器分出的天然气而言，其划分方法如下：

①干气：每 m^3[1] 气中，戊烷以上烃类（C_5^+）按液态计小于 10mL 的天然气。

②湿气：每 m^3 气中，戊烷以上烃类（C_5^+）按液态计大于 10mL 的天然气。

③贫气：每 m^3 气中，丙烷以上烃类（C_3^+）按液态计小于 100mL 的天然气。

④富气：每 m^3 气中，丙烷以上烃类（C_3^+）按液态计大于 100mL 的天然气。

通常，人们还习惯将脱水（脱除水蒸气）前的天然气称为湿气，脱水后露点降低的天然气称为干气；将回收天然气凝液前的天然气称为富气，回收天然气凝液后的天然气称为贫气。此外，也有人将干气与贫气、湿气与富气相提并论。由此可见，它们之间的划分并不是十分严格的。因此，本书以下述及的富气与湿气、贫气与干气也是没有严格的区别。

2) 以天然气中硫化氢、二氧化碳含量分类可分为净气（甜气、非酸性天然气）和酸气（酸性天然气、含硫气）。

①净气：指硫化氢和二氧化碳等含量甚微或不含有，不需脱除即可管输或达到商品气质量要求的天然气。

②酸气：指硫化氢和二氧化碳等含量超过有关质量要求，需经脱除才能管输或成为商品气的天然气。

（5）我国习惯分法　我国习惯上把天然气分为伴生气、气藏气和凝析气。

1) 伴生气，系产自油藏（含油储集层）的气，故也称为油田气。伴生气指在地下储集层中伴随原油共生，或呈溶解气形式溶解在原油中，或呈自由气形式在含油储集层上部游离存在（即气顶气）的天然气。当伴生气随原油一起从地下储集层采出到地面后，通常先在矿场分离器中与原油进行初步分离。分离出的原油往往蒸汽压较高，为防止其在储运中产生蒸发损耗，又常经过原油稳定过程将原油中的甲烷、乙烷、丙烷、丁烷及戊烷等组分脱除掉。脱出的这些气体烃类称为原油稳定气。无论是从矿场分离器分出的气体，还是经原油稳定过程回收的稳定气，都属于伴生气范畴。

伴生气一般多为富气，主要成分是甲烷、乙烷，其次是一定数量的丙烷、丁烷和戊烷以上的烃类，有时还有少量的非烃类气体。

2) 气藏气，系产自气藏（含气储集层）的气，也称为气田气、气层气。气藏气指在地下储集层中呈均一气相存在，采出地面仍为气相的天然气。这类气通常都是贫气，主要成分

---

[1] 此处均指 20℃ 及 101.325kPa 状态下的体积。

是甲烷，其次是少量乙烷、丙烷、丁烷和非烃类气体。

3) 凝析气，系产自具有反凝析特征气藏的气。凝析气指在地下储集层中呈均一气相存在，在开采过程中当气体温度、压力降至露点状态以下时会发生反凝析现象而析出凝析油的天然气。凝析气除含甲烷、乙烷外，还含一定数量的丙烷、丁烷及戊烷以上烃类，直至天然汽油和柴油馏分等。

第二节 天然气及其加工产品的质量要求

一、商品天然气的质量要求

表1-1列举的是从气井井口采出或从矿场分离器分出的天然气组成。通常，这些天然气中含有不同数量的、在大气条件下处于液相的较重烃类，以及水蒸气、硫化物（如硫化氢）、二氧化碳、氮和氦等非烃类气体，一般不适宜大多数用户直接使用，故有时也称为粗天然气。它们大多需要经处理以脱除不希望有的组分（如硫化氢、水蒸气）后方可作为商品天然气。此外，为了回收与利用天然气中的乙烷及更重烃类以及氦、氩等非烃类气体，则需对天然气进行加工，将这些组分从天然气中分离出来。然后，再将残余气（主要是甲烷）作为商品天然气外输，或送回油、气田内部回注，也可将其液化后（液化天然气）外运。

商品天然气的质量要求不是按其组成，而是根据经济效益、安全卫生和环境保护等三方面的因素综合考虑制订的。不同国家，甚至同一国家不同地区、不同用途的商品天然气质量要求均不相同，因此，不可能以一个国际标准来统一。此外，由于商品天然气多通过管道输往用户，又因用户不同，对气体质量要求也不同。通常，商品天然气的质量指标主要有下述几项。

1. 热值（发热量）

热值是表示燃气（即气体燃料）质量的重要指标之一，可分为高热值（高位发热量）与低热值（低位发热量），单位为 kJ/m³ 或 kJ/kg，亦可为 MJ/m³ 或 MJ/kg。不同种类的燃气，其热值差别很大。天然气的热值大约是人工燃气的2倍，见表1-2所示。

表1-2 各种燃气低热值（概略值）

燃 气	天然气[②]		人 工 燃 气		
	气藏气	伴生气	焦炉煤气	直立炭化炉煤气	压力气化煤气
热值，MJ/m³[①]	31.4~36.0	41.5~43.9	14.7~18.3	16.2~16.4	15.3~15.5

①此处 m³ 指 101.325kPa、0℃ 状态下的体积。
②未经加工或处理。

燃气热值也是用户正确选用燃烧设备或燃具时所必须考虑的一项质量指标。

华白（Wobb）指数是代表燃气特性的一个参数。它的定义式为

$$W = \frac{H}{\sqrt{d}}$$

式中 W——华白指数，或称热负荷指数；

H——燃气热值，kJ/m³，各国习惯不同，有的取高热值，有的取低热值，我国取高

热值；

d——燃气相对密度（设空气的 $d=1$）。

假设两种燃气的热值和相对密度均不相同，但只要它们的华白指数相等，就能在同一燃气压力下和在同一燃具或燃烧设备上获得同一热负荷。换句话说，华白指数是燃气互换性的一个判定指数。只要一种燃气与燃具所使用的另一种燃气的华白指数相同，则此燃气对另一种燃气具有互换性。各国一般规定，在两种燃气互换时华白指数的允许变化不大于 $±5\%$～$±10\%$。在两种燃气互换时，热负荷除与华白指数有关，还与燃气粘度等性质有关，但在工程上这种影响往往可忽略不计。

由此可见，在具有多种气源的城镇中，由燃气热值和相对密度所确定的华白指数，对于燃气经营管理部门及用户都有十分重要的意义。

在一些国家的商品天然气质量要求中，都对其热值有一定要求。例如在北美各国，一般要求商品天然气的热值不低于 $34.5\sim37.3MJ/m^3$。

2．烃露点

此项要求是用来防止在输气或配气管道中有液烃析出。析出的液烃聚集在管道低洼处，会减少管道流通截面。只要管道中不析出游离液烃，或游离液烃不滞留在管道中，烃露点要求就不十分重要。烃露点一般根据各国具体情况而定，有些国家规定了在一定压力下允许的天然气最高烃露点。例如，加拿大艾伯塔省规定在 $5.5MPa$ 下的最高烃露点为 $-10℃$。

3．水露点（也称露点）

此项要求是用来防止在输气或配气管道中有液态水（游离水）析出。液态水的存在会加速天然气中酸性组分（H_2S、CO_2）对钢材的腐蚀，还会形成固态天然气水合物，堵塞管道和设备。此外，液态水聚集在管道低洼处，也会减少管道的流通截面。冬季水会结冰，也会堵塞管道和设备。

水露点一般也是根据各国具体情况而定。在我国，对管输天然气要求其水露点应比输气管道中气体可能达到的最低温度低 $5℃$。也有一些国家是规定天然气中的水蒸气含量（也称水含量），例如，加拿大艾伯塔省规定水蒸气含量不高于 $65\ mg/m^3$。

4．硫含量

此项要求主要是用来控制天然气中硫化物的腐蚀性和对大气的污染，常用 H_2S 含量和总硫含量表示。

天然气中硫化物分为无机硫和有机硫。无机硫指硫化氢（H_2S），有机硫指二硫化碳（CS_2）、硫化羰（COS）、硫醇（CH_3SH、C_2H_5SH）、噻吩（C_4H_4S）、硫醚（CH_3SCH_3）等。天然气中的大部分硫化物为无机硫。

硫化氢及其燃烧产物二氧化硫，都具有强烈的刺鼻气味，对眼粘膜和呼吸道有损坏作用。空气中硫化氢浓度（φ）大于 0.06%（约 $910mg/m^3$）时，人呼吸半小时就会致命。当空气中含有 0.05%（φ）SO_2 时，人呼吸短时间生命就有危险。

硫化氢又是一种活性腐蚀剂。在高压、高温以及有液态水存在时，腐蚀作用会更加剧烈。硫化氢燃烧后生成的二氧化硫和三氧化硫，也会造成对燃具或燃烧设备的腐蚀。因此，一般要求天然气中的硫化氢含量不高于 $6\sim20mg/m^3$。除此以外，对天然气中的总硫含量也有一定要求，一般要求小于 $480mg/m^3$。

5．二氧化碳含量

二氧化碳也是天然气中的酸性组分，在有液态水存在时，对管道和设备也有腐蚀性。尤其当硫化氢、二氧化碳与水同时存在时，对钢材的腐蚀更加严重。此外，二氧化碳还是天然气中的不可燃组分。因此，一些国家规定了天然气中二氧化碳的含量（φ）不高于2%～3%。

此外，北美国家的商品天然气质量要求中还规定了最高输气温度和最高输气压力等指标。

原中国石油天然气总公司发布的行业标准《天然气》（SY 7514—88）已从1989年开始实施。此标准适用从油、气田采出，经矿场分离和处理后用管道输送至用户，并按产品类别分别作为民用燃料、工业原料和工业燃料的天然气。标准中对商品天然气的质量要求见表1-3。

表1-3　我国天然气质量要求

项　　目		质　量　指　标			
		Ⅰ	Ⅱ	Ⅲ	Ⅳ②
高位发热量 MJ/m³①	A组	>31.4（>7500 kcal/m³）			
	B组	14.65～31.4（3500～7500kcal/m³）			
总硫（以硫计）含量，mg/m³		≤150	≤270	≤480	>480
硫化氢含量，mg/m³		≤6	≤20	实测	实测
二氧化碳含量，%（体）		≤3		—	
水分		无游离水			

①本标准中的 m³ 为在101.325kPa、20℃状态下的体积。
②Ⅳ类气为总硫含量大于480mg/m³的井口气，该气体只能供给有处理手段的用户。

表1-3中所列的Ⅰ、Ⅱ类气体主要用作民用燃料，Ⅲ、Ⅳ类气体主要用作工业原料与燃料。与国外相比，我国的《天然气》标准虽基本上反映了商品天然气的质量要求，但也有商榷之处。例如，指标中仅规定了无游离水，而对天然气的水露点并未明确规定，这显然是不能满足管输气对水含量的要求。又如，Ⅳ类气体指标中未对总硫含量规定上限，加之国内这类商品气数量很少，故建议予以取消。

在国外，随着天然气在能源结构中的比重上升、输气压力增加和输送距离增加，对天然气的质量要求也更加严格。

实际上，商品天然气的质量要求应从提高经济效益出发，在满足国家关于安全卫生和环境保护等标准的前提下，由供需双方按照需要和可能，在签订供气合同或协议时具体协商确定。

如果只是为了符合管道输送的要求，则经过处理后的天然气称之为管输天然气，简称管输气。我国对管输天然气的质量要求是：

①进入输气管道的气体必须清除其中的机械杂质。
②水露点应比输气管道中气体可能达到的最低环境温度（即最低管输气体温度）低5℃。
③烃露点应低于或等于输气管道中气体可能达到的最低环境温度。
④气体中硫化氢含量不大于20 mg/m³。
⑤如输送不符合上述质量要求的气体，必须采取相应的保护措施。

国外对管输天然气也都有相应的质量要求，此处就不再一一介绍。

二、天然气处理与加工的涵义

天然气处理与加工是天然气工业中一个十分重要的组成部分，是从油、气井中采出或从矿场分离器分出的天然气在进入输、配管道或送往用户之前必不可少的生产环节。但是，由于天然气处理与加工的目的不同，其涵义也有所不同。

天然气加工是指从天然气中分离、回收某些组分，使之成为产品的那些工艺过程。诸如天然气凝液回收、天然气凝液化以及从天然气中提取氦等稀有气体的过程等均属于天然气加工的范畴。

天然气处理则是指为使天然气符合商品质量或管道输送要求而采取的那些工艺过程，诸如脱除酸性气体（即脱除酸性组分如 H_2S、CO_2、有机硫化物如 RSH 等）和其它杂质（水、烃类、固体颗粒等）以及热值调整、硫磺回收和尾气处理（环保要求）等过程。

虽然，天然气处理和加工所用的工艺方法可能相同，但两者的区别在于其目的不同。在我国，还习惯把天然气的脱水、脱酸性气体（或脱硫）、硫磺回收和尾气处理（环保要求）等称之为净化。

图 1-2 为天然气在油、气田上进行处理与加工的示意框图。由图 1-2 可知，从油、气井来的天然气经过一系列加工与处理过程后，或经输配管道送往城镇用户，或去油、气田内部回注等。图中的相分离、脱酸性气体及硫磺回收等过程均属于天然气处理范畴。至于图中的脱水与天然气凝液回收过程，如其目的是为了控制天然气的水露点和烃露点（露点控制），使其满足管道输送或商品天然气的要求，也应属于天然气处理范畴；如其目的是为了回收乙烷及更重烃类作为产品，则应属于天然气加工范畴。应该说明的是，并非所有油、气井来的天然气都经过图 1-2 中的各个加工与处理过程。例如，如果天然气中含酸性组分很少，则可不必脱酸性气体而直接脱水；如果天然气中含乙烷及更重烃类很少；则可不必经天然气凝液回收而直接液化生产液化天然气等等。

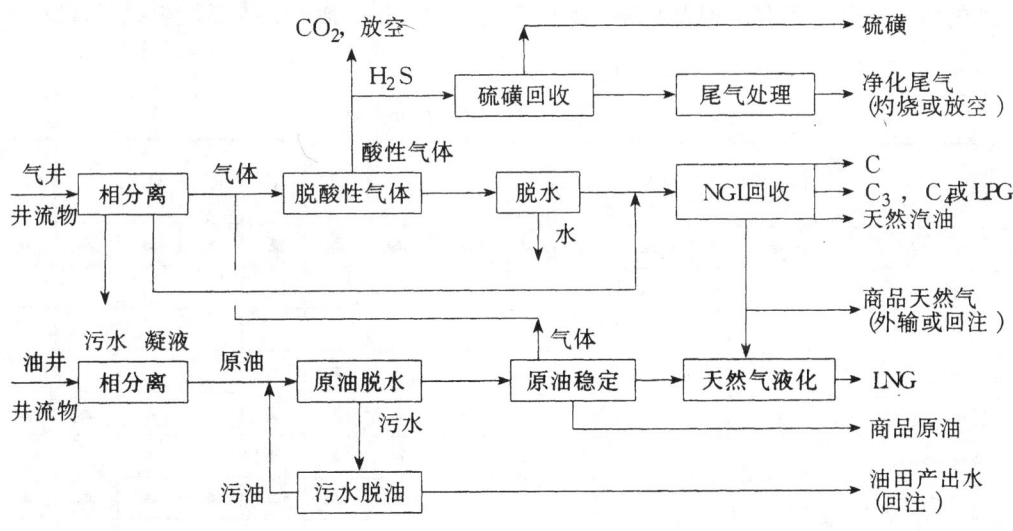

图 1-2 天然气处理与加工示意图

此外，天然气加工与原油加工的涵义也是有区别的。原油加工是采用物理的或化学的方法由原油获得一系列产品的过程，而天然气加工只是采用物理的方法从天然气中获得产品的过程。对于那些采用化学方法从天然气中获得产品的过程，则属于天然气化工的范畴。

当前，天然气的加工深度（通常以天然气凝液的回收率来表示）和天然气凝液的生产能力是衡量一个国家天然气工业发展水平的重要标志之一。回顾一些发达国家天然气凝液回收的发展过程，大致可分为以下四个阶段：

①井口汽油时代（1910～1920年）：由油井井口分离器分离出的伴生气经压缩、冷凝和分离后即可得到井口汽油（也称套管头汽油）。井口汽油组成不定，也不稳定。这一阶段只是对伴生气进行简单处理，以防止在输气管道中析出液烃。

②天然汽油时代（1920～1940年）：这一阶段天然气凝液回收方法有了很大发展，常温油吸收法逐步取代了初期的压缩法，主要产品是经过稳定的天然汽油，同时已开始生产液化石油气。

③液化石油气（或丙烷，丁烷）时代（1940～1960年）：液化石油气的生产始于30年代，到40年代以后其产量迅速增加，不仅促进了天然气化工的发展，也给城市提供了清洁方便的燃料。这一阶段天然气凝液回收方法已从常温油吸收法逐渐转为低温油吸收法（冷冻油吸收法），丙烷、丁烷的回收率有了显著提高。

④乙烷时代（1960～1980年）：自50年代后期至60年代，由于对乙烯的需求剧增，从天然气中回收的乙烷、丙烷、丁烷已成为裂解制取乙烯的主要原料，因而对乙烷的需求也日益增加。60年代中期出现的透平膨胀机制冷方法，由于具有很多优点而被广泛采用。与此同时，为了扩大乙烷来源，对组成较贫的天然气也进行了加工。

我国天然气处理与加工工业是在60年代以后才发展起来的，而大规模的建设是在70年代后期至80年代。其中，大庆、辽河、中原等油田的伴生气主要是经过加工生产天然气凝液，或再进一步分离为乙烷、丙烷、丁烷（或液化石油气）和天然汽油；四川及正在开采的陕北气藏气，主要是经过处理生产商品天然气，也有一小部分用来回收天然气凝液。

三、天然气加工主要产品及其质量要求

天然气加工产品主要有液化天然气、天然气凝液、液化石油气、天然汽油等。典型的天然气及其加工产品的组分见表1-4。

表1-4 典型的天然气及其产品组成

组成名称	He等	N_2	CO_2	H_2S	C_1	C_2	C_3	iC_4	nC_4	iC_5	nC_5	C_6	C_7^+
天然气	▲	▲	▲	▲	▲	▲	▲	▲	▲	▲	▲	▲	▲
惰性气体	▲	▲	▲										
酸性气体①			▲	▲									
液化天然气		▲			▲	▲	▲						
天然气凝液						▲	▲	▲	▲	▲	▲	▲	▲
液化石油气							▲	▲	▲				
天然汽油									▲	▲	▲	▲	▲
稳定凝析油								▲	▲	▲	▲	▲	▲

① 即酸气（acid gas）。

1. 液化天然气

液化天然气（Liquefied natural gas，LNG）是由天然气液化制取的，以甲烷为主的液烃

混合物，其组成（χ）约为：C_1 80%~95%，C_2 3%~10%，C_3 0~5%，C_4 0~3%，C_5^+ 微量。一般是在常压下将天然气冷冻到约 -162℃ 使其变为液体。由于液化天然气的体积为其气体（20℃，101.325kPa）体积的 1/625，故有利于输送和储存。随着液化天然气运输船及储罐制造技术的进步，将天然气液化几乎是目前跨越海洋运输天然气的主要方法。LNG 不仅可作为石油产品的清洁替代燃料，也可用来生产甲醇、氨及其它化工产品。此外，在一些国家和地区 LNG 还用于民用燃气的调峰。LNG 再气化时的蒸发潜热（-161.5℃ 时约为 511kJ/kg）还可供制冷、冷藏等行业用。表 1-5 为 LNG 的主要物理性质。

表 1-5 LNG 的主要物理性质

气体相对密度 （空气=1）	沸点，℃ （常压下）	液体密度，g/L （沸点下）	高热值，MJ/m³[①]	颜色
0.60~0.70	约 -162	430~460	41.5~45.3	无色透明

① 指 101.325kPa、15.6℃ 状态下的气体体积。

2. 天然气凝液

天然气凝液（Natural gas liquilds, NGL）也称为天然气液或天然气液体，我国习惯称为轻烃，是指从天然气中回收到的液烃混合物，包括乙烷、丙烷、丁烷及戊烷以上烃类等，有时广义地说，从气井井场及天然气加工厂得到的凝析油均属于天然气液。天然气液可直接作为产品，也可进一步分离出乙烷，丙烷，丁烷或丙、丁烷混合物（LPG）和天然汽油等。天然气液及由其得到的乙烷、丙烷、丁烷等烃类是制取乙烯的主要原料。此外，丙烷，丁烷或丙、丁烷混合物不仅是热值很高（约 83.7~125.6MJ/m³）、输送及存储方便、硫含量低的民用燃料，还是汽车的清洁替代燃料（其标准见 SY 7548—1998）。

3. 液化石油气

液化石油气（Liquefied petroleum gas, LPG）也称为液化气，是指主要由碳三和碳四烃类组成并在常温和压力下处于液态的石油产品。按其来源分为炼厂液化石油气和油气田液化石油气两种。炼厂液化石油气是由炼油厂的二次加工过程所得，主要由丙烷、丙烯、丁烷和丁烯等组成。油气田液化石油气则是由天然气加工过程所得到的，通常又可分为商品丙烷、商品丁烷和商品丙、丁烷混合物等。商品丙烷主要由丙烷和少量丁烷及微量乙烷组成，适用于要求高挥发性产品的场合。商品丁烷主要由丁烷和少量丙烷及微量戊烷组成，适用于要求低挥发性产品的场合。商品丙、丁烷主要由丙烷、丁烷和少量乙烷、戊烷组成，适用于要求中挥发性产品的场合。油气田液化石油气不含烯烃。我国油气田液化石油气质量要求见表 1-6。

表 1-6 我国油气田液化石油气质量要求（GB 9052.1—1998）

项 目	质量指标			试验方法
	商品丙烷	商品丁烷	商品丙、丁烷混合物	
37.8℃ 时的蒸气压（表压），kPa，不大于	1430	485	1430	GB/T 6602[①]
组分，φ,%				SH/T 0230
丁烷及以上组分，不大于	2.5	—	—	
戊烷及以上组分，不大于	—	2.0	3.0	

续表

项 目	质量指标			试验方法
	商品丙烷	商品丁烷	商品丙、丁烷混合物	
残留物 100mL 蒸发残留物，mL，不大于 油渍观察	0.05 通过	0.05 通过	0.05 通过	SY/T 7509
密度（20℃或15℃），kg/m^3	实测	实测	实测	SH/T 0221[②]
铜片腐蚀，级，不大于	1	1	1	SH/T 0232
总硫含量，w，10^{-6}，不大于	185	140	140	SY/T 7508
游离水	—	无	无	目测

①蒸气压也允许用 GB/T 12576 方法计算，但在仲裁时必须用 GB/T 6602 测定。
②密度也允许用 GB/T 12576 方法计算，但在仲裁时必须用 SH/T 0221 测定。

4．天然汽油

天然汽油也称为气体汽油或凝析汽油，是指天然气液经过稳定后得到的，以戊烷及更重烃类为主的液态石油产品。我国习惯上称为稳定轻烃，国外也将其称为稳定凝析油。我国将天然汽油按其蒸汽压分为两种牌号，其代号为1号和2号。1号产品可作为石油化工原料；2号产品除作为石油化工原料外，也可用作车用汽油调和原料。它们的质量要求见表1-7。

表1-7 我国稳定轻烃质量要求（GB 9053—1998）

项 目	质量指标		实验方法
	1号	2号	
饱和蒸汽压，kPa	74～200	夏＜74，冬[①]＜88	GB/T 8017—87
馏程 10％蒸发温度，℃，不低于 90％蒸发温度，℃，不高于 终馏点，℃，不高于 60℃蒸发率，％	— 135 190 实测	35 150 190 —	GB/T 6536—1997
硫含量，％，不大于	0.05	0.10	SH/T 0253—92
机械杂质及水分	无	无	目测[②]
铜片腐蚀，级，不大于	1	1	GB/T 5096—85（91）
颜色，赛波特色号，不小于	+25	—	GB/T 3555—92

①冬季指在9月1日至第二年2月29日间。
②将油样注入100mL的玻璃量筒中观察，应当透明，没有悬浮与沉淀的机械杂质和游离水。

至于其它如商品乙烷等，我国目前尚无上述那样由国家或行业在相应标准中提出的质量要求。

5．压缩天然气

压缩天然气（compressed natural gas，CNG）是经过压缩的高压商品天然气，其主要成分是甲烷。由于它不仅抗爆性能（甲烷的研究法辛烷值约为108）和燃烧性能好，燃烧产物中的温室气体及其它有害物质含量很少，而且生产成本较低，因而是一种很有发展前途的汽车优质替代燃料。目前，大多灌装在 20～30MPa 的气瓶中供汽车使用，称为汽车用压缩天然气（compressed natural gas for vehicle）。

我国发布的行业标准《汽车用压缩天然气》（SY/T 7546—1996）已从 1997 年开始实施，标准中对汽车用压缩天然气的质量要求见表 1-8。

表 1-8　我国汽车用压缩天然气质量要求（SY/T 7546—1996）

项　目	质量指标	试验方法
高位发热量，MJ/m^3	≥31.4	GB/T 11062
硫化氢含量，mg/m^3	≤20	GB/T 11060.1 或 GB/T 11060.2
总硫（以硫计）含量，mg/m^3	≤270	GB/T 11061
二氧化碳含量，φ，%	≤3.0	SY/T 7506
水露点	低于最高操作压力下最低环境温度 5℃	SY/T 7507（计算确定）

①为确保压缩天然气的使用安全，压缩天然气应有特殊气味，必要时加入适量加臭剂，保证天然气的浓度在空气中达到爆炸下限的 20% 前能被察觉。
②气体体积为在 101.325kPa、20℃ 状态下的体积。

四、天然气体积的计量条件

天然气作为商品交接时必须进行计量。天然气流量计量的结果值可以是体积流量、质量流量和能量（热值）流量。其中，体积计量是天然气各种流量计量的基础。

天然气的体积具有压缩性，随温度、压力条件而变。为了便于比较与计算，需把不同压力、温度下的天然气体积折算成相同压力、温度下的体积。或者说，均以此相同压力、温度下的体积单位（工程上通常是 $1m^3$）作为天然气体积的计量单位，此压力、温度条件称为标准状态。

1. 标准状态的压力、温度条件

目前，国内外采用的标准状态的压力和温度条件并不统一。一种是采用 0℃ 和 101.325kPa 作为天然气体积计量的标准状态，在此状态下计量的 $1m^3$ 天然气体积称为 1 标准立方米，简称 1 标方。我国以往写成 $1Nm^3$，目前已改写成 $1m^3$。另一种是采用 20℃ 或 15.6℃（60°F）及 101.325kPa 作为天然气体积计量的标准状态。其中，我国石油天然气行业气体体积计量的标准状态采用 20℃，英、美等国则多采用 15.6℃。为与前一种标准状态区别，我国以往称其为基准状态，而将此状态下计量的 $1m^3$ 称为 1 基准立方米，简称 1 基方或 1 方，写成 $1m^3$。英、美等国通常写成 $1Std\ m^3$ 或 $1m^3$。

由于这两种标准状态条件下天然气的计量单位我国目前均写为 $1m^3$，为便于区别，故本书将前者写成 $1m^3$（N），后者写成 $1m^3$，而对采用 15.6℃ 及 101.325kPa 计量的 $1m^3$ 写成 $1m^3$（GPA）。当气体质量相同时，它们的关系是：$1m^3 = 0.985m^3$（GPA）$= 0.932m^3$（N）。

2. 国内采用的天然气体积计量条件

目前，国内天然气生产、经营管理及使用部门采用的天然气体积计量条件也不统一，因此，在计量商品天然气体积时要特别注意所采用的体积计量条件。

中国石油天然气总公司采用的标准状态为 20℃、101.325kPa。例如，在《天然气》（SY 7514—88）及《天然气流量的标准孔板计量方法》（SY/T 6143—1996）等行业标准中，均注明所采用的天然气体积单位 m^3 为 20℃、101.325kPa 状态下的体积。在《天然气流量的标准孔板计量方法》中出现的标准状态一词，实际上就是以往所称的基准状态。

我国城镇燃气（包括天然气）设计、经营管理部门通常则采用 0℃、101.325kPa 为标准状态。例如，在《城镇燃气设计规范》（GB 50028—93）中注明燃气体积流量计量条件为 0℃、101.325kPa。

随着我国天然气工业的迅速发展，目前国内已有越来越多的城镇采用天然气作为民用燃料。对于民用（居民及公共建筑）用户，通常采用隔膜式或罗茨式气表计量天然气体积流量。此时的体积计量条件则为用户气表安装处的大气温度与压力，一般不再进行温度、压力校正。

由此可见，我国天然气生产、经营管理及使用部门的天然气体积计量条件是不同的。此外，凡涉及天然气体积计量的一些性质（如密度、热值、硫化氢含量等）均有同样情况存在，请务必注意其体积计量条件。

第二章 天然气的相特性

在天然气开采、集输及处理与加工过程中,常常会涉及天然气压力—比容(或体积)—温度(即 $p-v-T$)之间关系的相特性。

在不同温度、压力与组成下,体系中可以存在不同的相,有时是气相,有时是液相或固相,有时则是处于平衡共存的两相乃至更多的相。将体系在相平衡时压力、温度与组成之间的关系描绘成图,就是相图。对于组成已知的天然气来说,经常采用的是表示其压力—比容—温度之间关系,或表明在各种压力与温度组合下气、液含量的相图。

天然气主要由烃类组成。烃类体系的相图可由实验数据直接绘制,也可通过热力学基本公式推导出的定量关系来预测。目前,在某些情况下预测的相图可能与实验测定的相图同样甚至更精确,但对天然存在的体系来讲这种情况很少。因此,对于组成已知的天然气,最好的办法是由实验测出其在较窄温度和压力范围内的数据,再通过热力学性质预测方法和对体系的适当描述相结合,将其延伸到更宽的压力和温度范围内,从而完成相图的绘制。

本章将首先介绍烃类体系的相特性。有关相平衡计算及热力学性质预测方法已在《化工原理》、《化工热力学》等课程中详细介绍过,此处不再重述。由于天然气中的水蒸气冷凝后会在体系中出现第二液相,所以本章还将介绍烃—水体系的相特性。此外,天然气中的二氧化碳在低温下会成为固体,因此,本章最后还将介绍烃—二氧化碳体系的相特性。

第一节 烃类的相特性

一、纯组分体系

纯组分体系是指由纯物质组成的体系,故也称为单组分体系。但是,有时人们还将组成均一的混合物也按纯组分体系考虑。例如。由氮、氧、二氧化碳、水蒸气及少量其它气体组成的空气,在某一压力、温度范围内就可以看成是组成均一的纯组分体系。

在天然气处理与加工过程中,除了在制冷系统中采用丙烷、氨等纯组分作制冷剂外,很少碰到纯组分体系。由于纯组分的相特性是多组分相特性的特殊情况,故这里首先介绍纯组分的相特性。

由相律可知,一个处于相平衡的体系中相数、独立组分数和自由度之间的关系为

$$f = C - \Phi + 2 \qquad (2-1)$$

式中 f——体系的自由度;

Φ——体系中的平衡相数;

C——体系中的组分数(纯组分体系为1)。

将相律用于纯组分体系可得:

当 $\Phi=1$ 时,$f=2$;

当 $\Phi=2$ 时,$f=1$;

当 $\Phi=3$ 时,$f=0$。

因此，纯组分体系（$C=1$）最多只能有三个相平衡共存，而体系自由度最多等于2。

1. 纯组分的 $p—v—T$ 图

图2-1是纯组分的典型三维相图，它有 p、v、T 三个轴。此图由一系列面组成，每个面表示一个给定的单相或由两相组成的混合相。其中，BDHG面表示固—液混合相存在，FGIJ面表示固—气混合相存在，HCl面则表示液—气混合相存在。通常，人们感兴趣的是表示混合相的这些面，尤其是HCl面。

由于象图2-1这样的三维相图用起来不方便，因而通常是绘制三维相图的投影图。其中，比较重要的是 $p—T$ 和 $p—v$ 这两种投影图。

2. 纯组分的 $p—T$ 图

由于图2-1中所有的两相混合相面均垂直于 $p—T$ 轴构成的平面，因此，它们在此平面上的投影图均为一条线，见图2-2所示。图中有气、液、固等相，其中HD、HC和FH都是两相的平衡线，即在此温度和压力条件下相邻的两相呈平衡状态。三相点H是各相中温度和压力的唯一交汇点，即在此条件下气、液、固三相共存。这和相律的结论相一致，即对于纯组分体系，单相区域（$\Phi=1$）是一个面（$f=2$），两相区域（$\Phi=2$）是一条线（$f=1$），而三相区域或三相点（$\Phi=3$）则是一个点（$f=0$）。

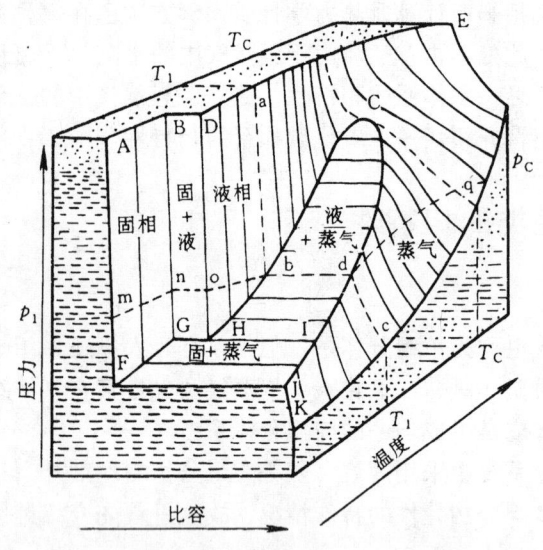

图2-1 纯组分体系的 $p—v—T$ 图

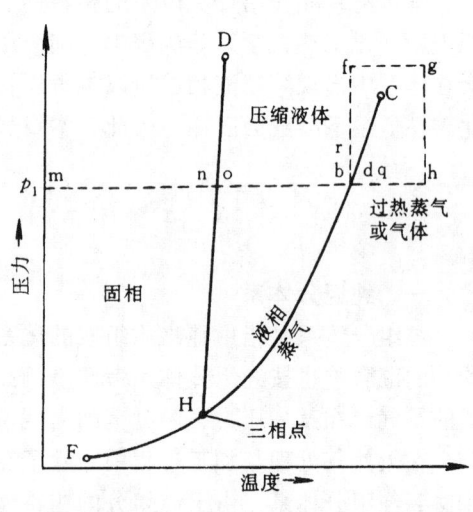

图2-2 纯组分体系的 $p—T$ 图

FH线是固相和气相的平衡线。沿FH线无液相存在，固相直接升华为蒸气。用干冰作制冷剂即为此例。HD线是固相和液相的平衡线。在0℃和101.325kPa下的冰水即为此例。HC线是气相和液相的平衡线。它从三相点H开始，至临界点C为止。临界点C的温度和压力称为临界温度 T_C 和临界压力 p_C。对于纯组分，在临界温度 T_C 以上的任何温度下，气、液两相不能平衡共存，用恒温加压方法不能使气体变为液体。

HC线又常称为蒸气压曲线。对纯组分而言，HC线也是泡点线和露点线。由图2-1及2-2可以看出，某一加热过程假定是在等压 p_1 进行，从m到n体系一直是固相，至o点完全变为液相。从o到b体系一直是液相，在b点体系为饱和液体，至d点完全气化，体系变为饱和蒸气。

对图 2-2 而言，在 HC 线压力和温度下，体系可以全部是饱和液体，也可以全部是饱和蒸气，或者是蒸气和液体的混合物。在 HC 线左上方（较高压力和较低温度下，例如图 2-2 中的 f 点）的液体称为压缩液体或过冷液体，在 HC 线右下方（较低压力和较高温度下，例如图 2-2 中 q 点）的蒸气称为过热蒸气，而当其温度高于临界温度（例如图 2-2 中的 h 点）时，则称之为气体。蒸气与气体区别在于蒸气在恒温下通过压缩可以冷凝为液体，而气体则不能。在临界点 C 右上方（较高压力和较高温度下，例如图 2-2 中的 g 点）的流体则称为超临界流体或密相流体，以区别于正常的蒸气和液体。

这样，对于纯组分而言，HC 线可用许多名字来称谓——平衡线、饱和线、泡点线、露点线和蒸气压线等，其意义都相同。

由于纯组分体系的自由度至多为 2，所以还可用任意一对独立的热力学性质作为坐标轴。例如，经常用到的压力—比容（p—v）、温度—比熵（T—s）、压力—比焓（p—h）图等也是相图。纯组分体系的 p—h 及 T—s 图见图 2-3。

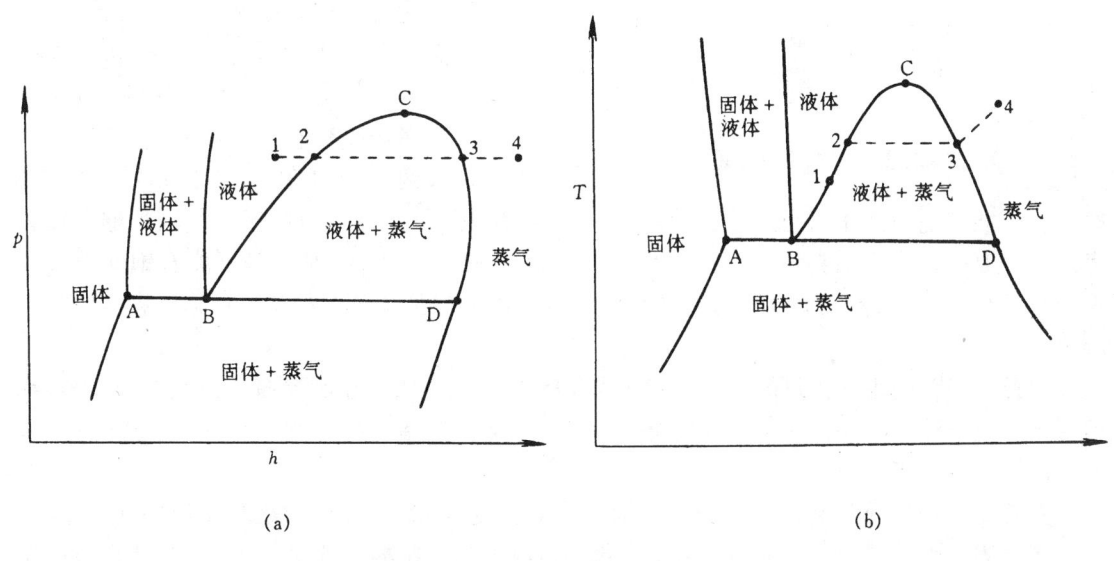

图 2-3 纯组分体系的 p—h 图和 T—s 图
(a) p—h 图；(b) T—s 图

二、两组分及多组分体系

对于两组分及多组分体系，就必须把另一变量——组成加入到相图中去。对于纯组分体系，在 p—v—T 图上由泡点线、临界点和露点线构成的相包络区 HCl（图 2-1）是一个垂直 p—T 轴平面的面。对于两组分及多组分体系，其相包络区就不是一个面，而是有一定厚度的立体区。因此，它们在 p—T 轴平面的投影就不是一条线，而是由相包络线包围的一个面。

1. 两组分体系

图 2-4 为两组分体系的相图。由泡点线、临界点和露点线构成的相包络区位置取决于体系中各组分的蒸气压线和组成。在图 2-4 中也给出了组分 A 及 B 的蒸气压线。低沸点组分 A 的蒸气压线在相包络区的左侧，高沸点组分 B 的蒸气压线在相包络区的右侧。

请注意图 2-2 与图 2-4 之间的区别：对于两组分体系，露点线与泡点线并不重合，等

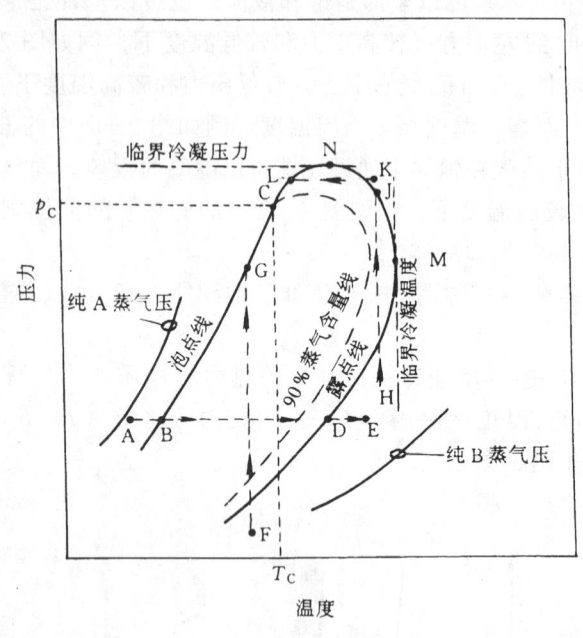

图 2-4 两组分体系相图

压下的露点温度高于泡点温度；而对于纯组分体系，等压下的露点温度和泡点温度相同。如图 2-4 中 ABDE 线所示，在等压下将两组分体系加热，从 B 点（泡点）温度开始气化，到 D 点（露点）温度完全气化为止，因其气化过程在一温度范围内进行，故称为沸程。而纯组分在等压下气化时温度不变，故称为沸点。

由于两组分体系泡点线和露点线不重合，因此，在相包络区内还有表示不同气化百分数的等气化率线（图 2-4 中仅表示了 90% 的气化率线）。这些不同气化百分数的等气化率线均交汇于临界点，其位置随体系的组分和组成而变。因此，两组分体系的临界点也可定义为露点线和泡点线的交汇点。

两组分体系在高于临界温度 T_C 时，仍可能有饱和液体存在，直至最高温度点 M 为止。T_M 是相包络区内气液能够平衡共存的最高温度，称为临界冷凝温度。同样，在高于临界压力 p_C 时，仍可能有饱和蒸气存在，直至最高压力点 N 为止。p_N 是相包络区内气液能够平衡共存的最高压力，称为临界冷凝压力。

由此可知，两组分体系的临界点 C、临界冷凝温度点 M 及临界冷凝压力点 N 并不重合。但对于纯组分体系而言，这三点是完全重合的。临界冷凝温度和压力的大小和位置取决于体系中的组分和组成。

正是由于两组分体系的临界点 C、临界冷凝温度点 M 及临界冷凝压力点 N 并不重合，在临界点附近引起了一种奇怪的反凝析（倒退冷凝，反常冷凝）现象。即在临界点附近的相包络区内，等压下升高温度时可以析出液体，而等温下降低压力时则会使蒸气冷凝。对于纯组分，这是完全不可能的。

图 2-4 中的 HJ 线和 KL 线就可说明这一现象。位于 H 点的蒸气，其温度高于临界温度 T_C，在等温下增压至露点压力时开始冷凝，进一步压缩时将有更多液体析出。但是，当压力增加至某一点再继续增压时，析出的液体量反而减少，直至达另一露点（J）压力时全部气化。这是一种类型的反凝析。KL 线表示的是另一种类型的反凝析现象。位于 K 点的蒸气，其压力高于临界压力 p_C，在等压下降温至露点温度时开始冷凝，进一步降温将有更多液体析出。但是，当温度降至某一点再继续降温时，析出的液体量也反而减少，直至达另一露点（L）温度时全部气化。

2. 多组分体系

天然气属于多组分体系。多组分体系的相特性与两组分体系基本相同。这是由于为了定义多组分体系，除了其中一个组分外，其它所有组分的组成即（C—1）个变量都必须予以固定。这样，多组分体系剩下的自由度正好与两组分体系相同。因此，组成已知的多组分体

系的 p—T 相图与两组分体系十分相似。但是，对于大多数天然存在的烃类混合物（如天然气、原油）来讲，由于所有组分沸点差别很大，因此它们的相包络区就比两组分体系更宽一些，见图 2-5 所示。

3. 相特性的实际应用

天然气的相特性或相图，无论对于天然气开发与开采，还是对于天然气处理与加工都是十分重要的。现以储层（储集层）为例说明其应用。

储层和从其采出的流体类型决定于储层温度和压力在流体相图上的相对位置。图 2-5 中表示了五种不同类型的储层情况。点 A、B、C、D 和 E 分别表示储层或油气井井筒底部的原始条件，而点 A'、B'、C'、D' 和 E' 则分别表示井口条件。因此，AA'、BB'、CC'、DD' 和 EE' 表示的是开采过程中的压力和温度变化情况。

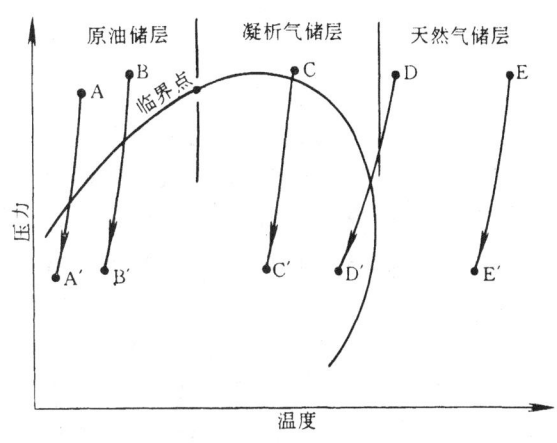

图 2-5 典型的储层流体相图

储层 A 或储层 B 的流体温度和压力均在临界点左侧温度较低的液相区，其采出的流体称之为原油。AA'线表示的是低气油比原油开采过程，故储层 A 也称为重质油储层。A 点温度低于临界温度，且在泡点线以左的过冷液体区。在压力没有降至泡点线之前，不会有气体从原油中逸出。当原油从储层进入井筒内，经生产管柱流至井口时，压力和温度都会降低。

流体温度降低的原因：一是井筒周围岩层的温度从井底至井口逐渐降低，故热的井流物会向冷的岩层散热；二是井流物从井底流向井口时会发生气化，气化需要的能量靠井流物本身提供，因而产生温降。同样，流体压力降低也有两个原因：一是流体从生产管柱向上流动时，距离地面的深度不断减少，因而静压也相应降低；二是在生产管柱内有摩擦压降。

当流体温度、压力按 AA'线变化低于泡点线后，就进入两相区，但也有少量原油的 A'点仍高于泡点线，因而就没有气体逸出，即所谓的"死油"。

BB'线表示的是高气油比原油开采过程，故储层 B 也称为挥发油储层。当流体温度、压力按 BB'线变化进入两相区后，将有较多的气体逸出。

随着油气不断采出，储层压力也会随之降低。如 A 点或 B 点降至泡点线以下，就会在储层中发生气化。由于气液不会均一地流向生产井，一些有价值的烃类就会留在储层中。因此，一些油田在开采初期就要注水以保持储层的压力。

CC'线表示的是反凝析流体的开采过程。储层 C 也称为凝析气储层。C 点温度介于临界温度和临界冷凝温度之间，采出的流体叫凝析气。开采过程中如果储层压力沿 CC'线降至露点以下时，在储层中就会有液体析出，一些有价值的较重烃类就会留在储层中而无法采出。因此，一些凝析气田常采用注气的方法来保持储层压力。

假定在临界点左侧的 BB'线非常接近临界点，在临界点右侧的 CC'线也非常接近临界点，于是，这两条线彼此就很接近。显然，只凭测定井口分离器的气油比是难以判断其储层类型的。因此，称其为原油储层或凝析气储层未必是确切的。

DD'线表示的是"湿"（或"富"）天然气的开采过程。D点是位于临界冷凝温度右侧的气体或密相流体。流体在开采过程中由于温度和压力降低进入两相区后即会有液体析出。因此，判断这种储层属于凝析气储层或湿天然气储层，往往也是不好区分的。

EE'线表示的是"干"（或"贫"）天然气开采过程。即使当其采出到地面后，也没有液体析出。

应该指出的是，图2-5只是用来表示储层和井流物分类的示意图。实际上，A'、B'、C'、D'及E'点所代表的井口温度大致相同（其范围一般为30~60℃），而储层温度和压力则决定于地层的深度。因此，A、B、C、D、E点位置就会有区别。尽管如此，这些表示开采时温度、压力变化的曲线仍将或多或少重合，只是储层流体的相图与曲线的相对位置会有所改变。

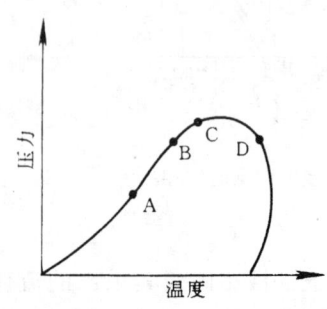

图2-6 相包络线上可能的临界点位置

图2-5的相图形状及临界点位置与储层流体组成密切有关。干天然气中的组分数较少，它的相图较窄，临界点在包络线的左侧。相反，原油中的组分数非常多，它的相图很宽，临界点几乎在包络线的顶部，有时甚至在包络线的右侧。图2-6为压力—温度相包络线上临界点位置的可能范围。对于干天然气储层（甲烷的摩尔分数大于80%）和典型天然气加工过程，其流体临界点位于A与B点之间。当储层流体含有较多丙烷、丁烷、戊烷及凝析油或原油时，临界点将由A点向B点或C点移动。C点可能代表大多数原油储层流体的临界点。对于低气油比的重质油储层流体，其临界点就可能在D点。临界点的位置特别重要，因为它决定了等气化率线的形状，从而又支配着相包络区内某给定压力和温度下的气液比例。

由上例可知，相特性在工业实践中具有十分重要的意义，而取得准确可靠的气样及气体组成分析结果，则是应用相特性的关键。相图可由实验数据直接绘制，也可通过状态方程用计算机计算结果来预测。虽然计算机方法通常都可得到十分满意的结果，但这种方法除了要有准确可靠的原始数据外，还必须正确描述气体中少量重烃类（例如C_7^+）的特性。因为，相包络线对气体组成是十分敏感的，而这些少量重烃类的特性描述则对露点线的位置影响很大。

第二节 烃—水体系相特性

自储集层中采出的天然气及脱硫后的天然气中，一般都含有饱和水蒸气，或者也称含有饱和水，简称含水。本书将天然气中所含的饱和水蒸气统称为水，将天然气中含有的饱和水蒸气量统称为天然气水含量，而将在天然气中呈液相存在的水称为游离水或液态水。水是天然气中有害无益的组分，因此应对其给予充分的注意。这是因为：

①天然气中水的存在，降低了天然气的热值和输气管道的输送能力。

②当温度降低或压力增加时，天然气中的水会呈液相析出，在管道或设备中造成积液，不仅增加流动压降，甚至形成段塞流，还会加速天然气中酸性组分对管道和设备的腐蚀。

③液态水不仅在冰点时会结冰，而且，即使在天然气的温度高于水的冰点时，液态水还

会与天然气中的一些气体组分形成冰雪状的固体水合物,严重时会堵塞井筒、阀门、管道和设备,影响输气管道的平稳供气和生产装置的正常运行。

因此,了解与预测烃—水体系的两个十分重要的相特性,即天然气中的水含量和天然气水合物的形成条件,无论对于天然气开采、集输还是处理、加工,都是十分重要的。

一、天然气的水含量

天然气的水含量取决于天然气的温度、压力和组成等因素。预测天然气水含量的方法有两种:

①图解法,即用图来查取天然气的水含量。其中,有一类图是用于不含酸性组分的天然气(净气)水含量,其水含量仅取决于天然气的温度、压力;另一类图是用于含酸性组分的天然气(酸气)水含量,其水含量取决于天然气的温度、压力和酸性组分含量。

②状态方程法,即利用计算机进行精确的多组分平衡计算来求取。例如,采用 SRK—GPA*SIM、PR—Equi—Phase、PFGC—MES—Aqua*Sim 等法进行精确的三相(气体或蒸气、富水液体、富烃液体)平衡计算,以确定各组分在三相中的含量。

1. 不含酸性组分的天然气(净气)

不含酸性组分的天然气水含量可由天然气露点图查得,见图 2-7 所示。图中,水合物形成线(虚线)以下是水合物形成区,气体和水合物之间呈相平衡;水合物形成线以上为液态水析出区,气体和液态水之间呈相平衡。图 2-7 纵坐标为相对密度等于 0.6 并与纯水接触的天然气水含量,单位为 $g/10^3 m^3$(GPA)。

当气体相对密度不是 0.6 时,相对密度的校正系数 C_{RD} 可从图中的相对密度校正附图查出。

$$C_{RD} = \frac{\text{相对密度为 RD 的气体水含量}}{\text{相对密度为 0.6 的气体水含量}}$$

当气体与采出的盐水接触时,盐水中盐含量的校正系数 C_B 可从图中的盐含量校正附图中查出。

$$C_B = \frac{\text{与盐水接触时的气体水含量}}{\text{与纯水接触时的气体水含量}}$$

因此,当气体相对密度不是 0.6,且与盐水接触时水含量 W 为

$$W = 0.985 W_0 C_{RD} C_B \tag{2-2}$$

式中　W——天然气水含量,$g/10^3 m^3$;

W_0——由图 2-7 查得的水含量(未用附图校正),$g/10^3 m^3$(GPA);

C_{RD}——相对密度校正系数;

C_B——盐水中盐含量校正系数。

2. 含酸性组分的天然气(酸气)

(1) Campbell 法　图 2-7 适用于不含酸性组分的贫天然气。当天然气中的酸性组分含量大于 5%,特别是体系压力大于 4.8MPa(绝)时,采用图 2-7 就会出现较大的误差。而当酸性组分含量超过 40%,体系压力大于 4.8MPa(绝)时,误差就会更大。天然气中酸性组分低于 40% 时,可用 Campbell 提出的下述公式近似计算其水含量。

$$W_S = 0.985(y_{HC} W_{HC} + y_{CO_2} W_{CO_2} + y_{H_2S} W_{H_2S}) \tag{2-3}$$

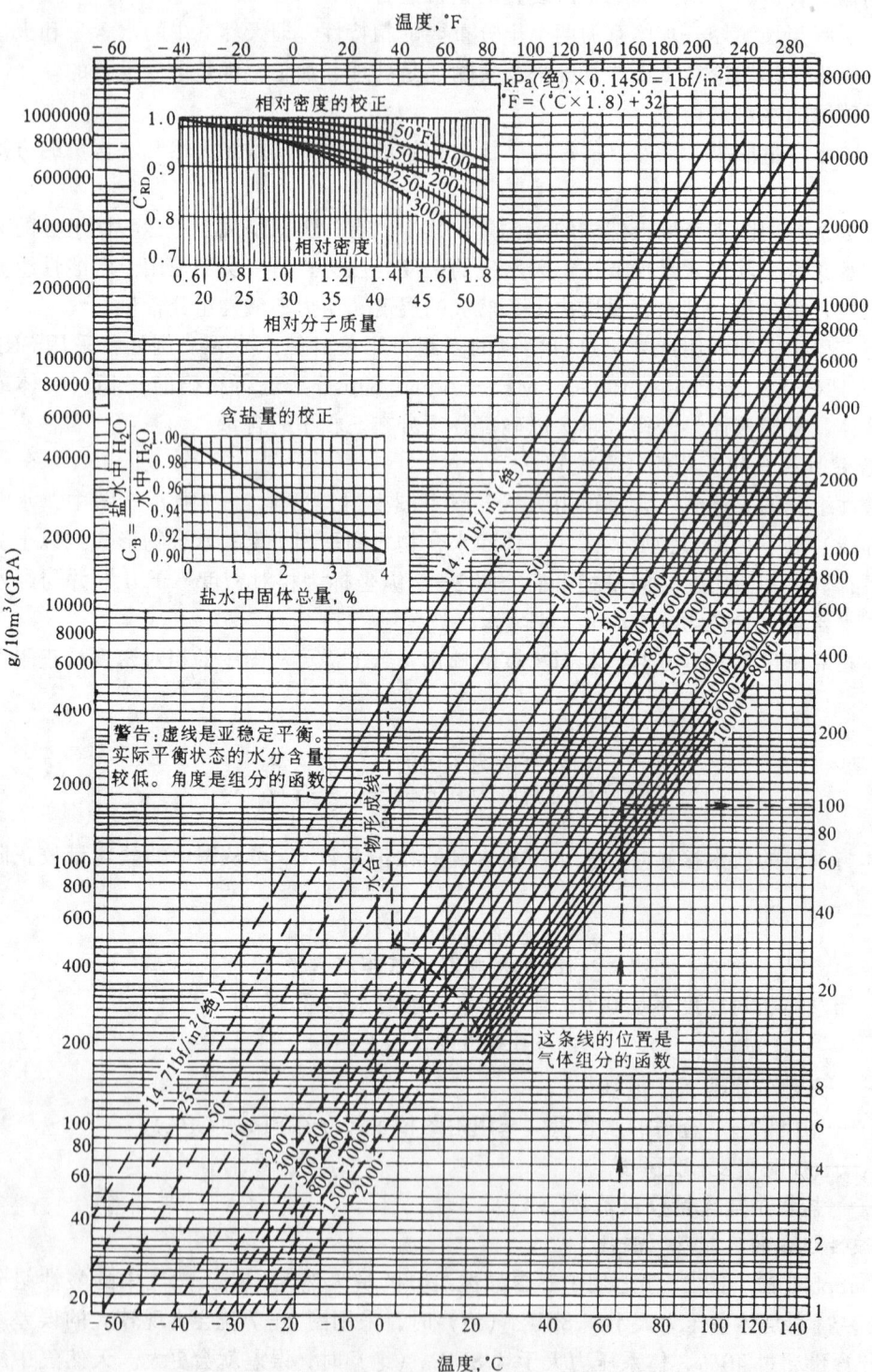

图2-7 天然气露点图

式中　W_S——酸性天然气（酸气）水含量，$g/10^3m^3$；
　　　y_{HC}——酸性天然气中除 CO_2 和 H_2S 外所有组分的摩尔分数；
　　　y_{CO_2}，y_{H_2S}——酸性天然气中 CO_2 和 H_2S 的摩尔分数；
　　　W_{HC}——由图 2-7 查得的天然气水含量，（已用附图校正）$g/10^3m^3$（GPA）；
　　　W_{CO_2}——纯 CO_2 气体的水含量，由图 2-8 查得，mg/m^3（GPA）或 $g/10^3m^3$（GPA）。
　　　W_{H_2S}——纯 H_2S 气体的水含量，由图 2-9 查得，mg/m^3（GPA）或 $g/10^3m^3$（GPA）。

从图 2-8、图 2-9 查得的水含量仅适用于式（2-3）。由此法求得的气体水含量一般高于含酸性组分的气体中实际水含量。

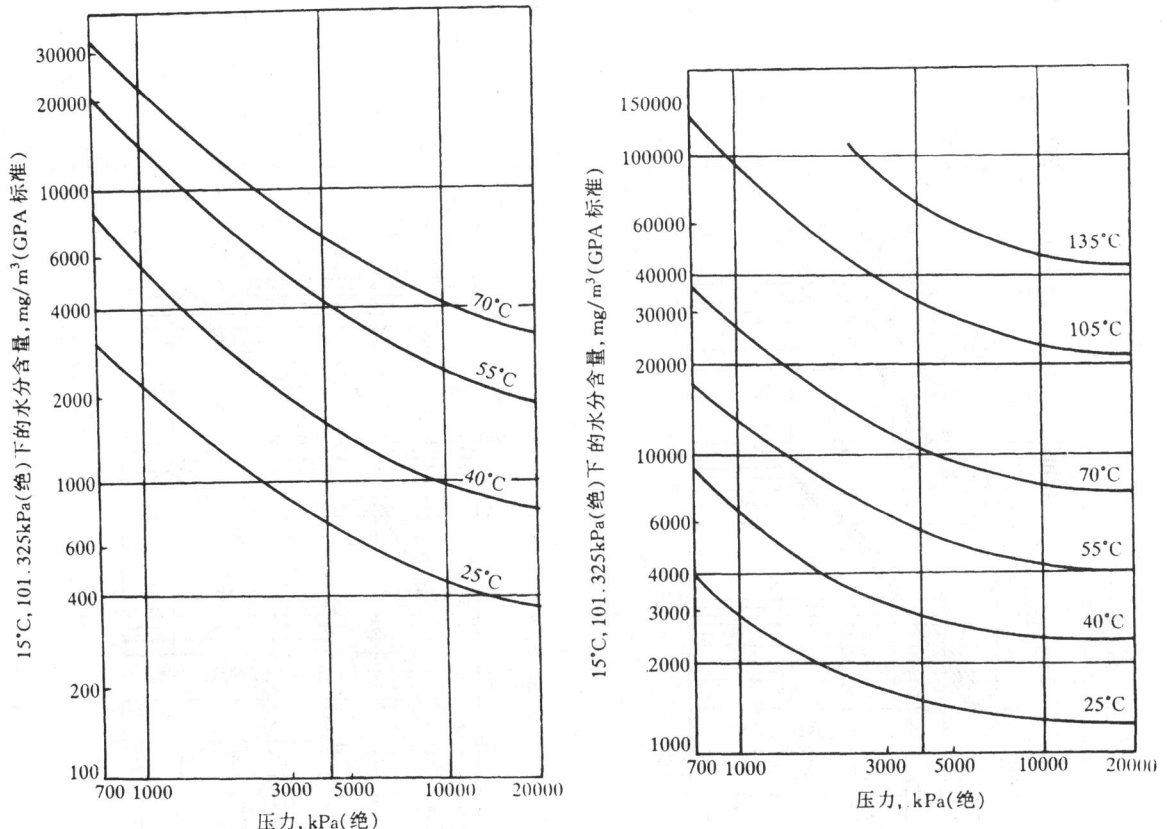

图 2-8　含饱和水的天然气中 CO_2 有效水含量　　　图 2-9　含饱和水的天然气中 H_2S 有效水含量

（2）Robinson 法　对于含 H_2S 为 0%、10%、20%、30% 及 40% 的天然气，Robinson 等采用 SRK 状态方程通过计算机求出一系列压力、温度条件下的水含量数据，并将其绘制成图，见图 2-10、图 2-11（图中单位 $1Bbl/10^3scf=5.61mL/m^3$）。对于含有 CO_2 的天然气，应将 CO_2 含量换算为 H_2S 的当量含量，即以摩尔分数为基准，将天然气的 CO_2 含量乘以 0.75 而成为 H_2S 的当量含量，然后按气体中的 H_2S 总含量再由图 2-10、图 2-11 查取含酸性组分的天然气水含量。与 Campbell 法相比，此法缺少实验基础。

一些含有酸性组分气体由实验测得的水含量,以及由式(2-3)和图2-10、图2-11求取的水含量见表2-1。

表2-1 含酸性组分的气体水含量实验值与计算值

混合物	温度,℃	压力,MPa	水含量,kg/10³m³ (GPA)		
			实验	式(2-3)	图2-10、图2-11
11%CO₂,89%C₁	38	13.8	0.650	0.632	0.628
11%CO₂,89%C₁	71	6.9	4.58	4.42	4.60
20%CO₂,80%C₁	38	13.8	0.650	0.653	0.706
20%CO₂,80%C₁	71	6.9	4.52	4.56	4.60
8%H₂S,92%C₁	54	10.3	1.78	1.78	1.79
17%H₂S,83%C₁	71	6.9	4.68	4.96	4.64
10%H₂S,60%CO₂ 30%C₁	38	7.6	1.30	1.15	—
81%H₂S,10%CO₂ 9%C₁	38	13.1	7.08	1.95	—

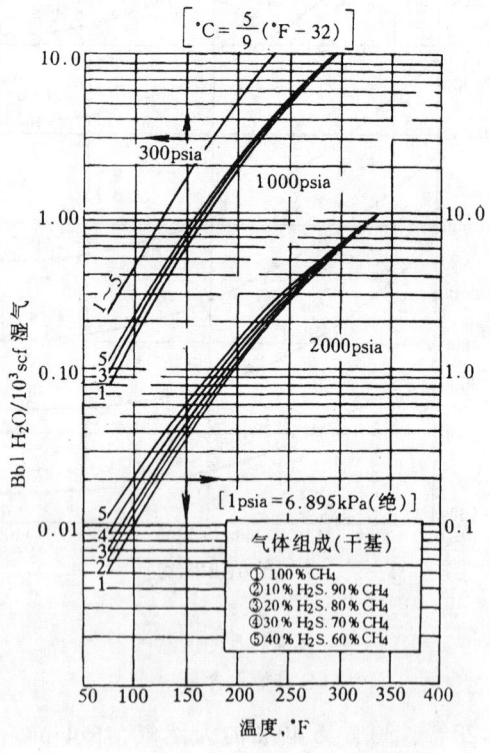

图2-10 压力至13.8MPa时酸性气体混合物水含量

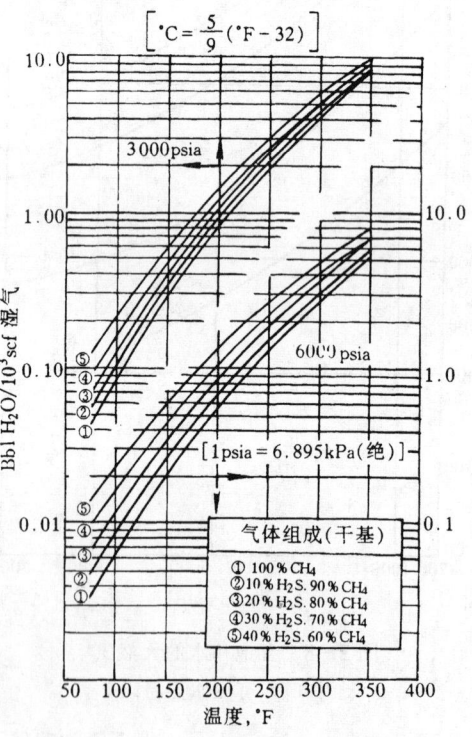

图2-11 压力至41.4MPa时酸性气体混合物水含量

(3) Wichert法 Wichert等提出了一种确定含酸性组分的天然气水含量的图解法,此法由一张脱除酸性组分后(或不含酸性组分)的天然气水含量图(图2-7)和一张含酸性组分与脱除酸性组分的天然气水含量比值图（图 2-12）组成，其适用条件为：压力≤70MPa，温度≤175℃，H_2S 含量≤55%（χ）。

[例 2-1] 某含酸性组分的天然气组成为 CH_4 30%、H_2S 10% 及 CO_2 60%，压力为 8.36MPa（绝），温度为 107℃，试由图 2-12 确定其水含量。

[解] 利用图 2-7 查得相同条件下脱除酸性组分的天然气中水含量近似等于 14.2kg/10^3m^3（GPA）。

Wichert 法与 Robinson 法一样，对于含酸性组分的天然气，须将气体中的 CO_2 含量乘以 0.75 而成为 H_2S 的当量含量，故含酸性组分天然气中 H_2S 总含量为

$$10 + 0.75 \times 60 = 55\% (\chi)$$

由图 2-12 中的 107℃ 等温线和 55%（χ）H_2S 等组成线的交点引垂直线向上，与 8.36MPa（绝）等压线相交，再由此点向左作水平线求得相应的水含量比值约为 1.2。

于是，含酸性组分天然气的水含量 = $14.20 \times 1.2 = 17.04$kg/10^3m^3（GPA）

公开发表的该天然气水含量实验数据为 17.14kg/10^3m^3（GPA）。

精确计算含酸性组分天然气的水含量是一个十分复杂的问题。因此，最好的方法还是通过实验测定。

二、天然气水合物

在水的冰点以上和一定压力下，天然气中某些气体组分能和液态水形成水合物。天然气水合物是白色结晶固体，外观类似松散的冰或致密的雪，相对密度为 0.96~0.98，因而可浮在水面上和沉在液烃中。水合物是由 90%（ω）水和 10%

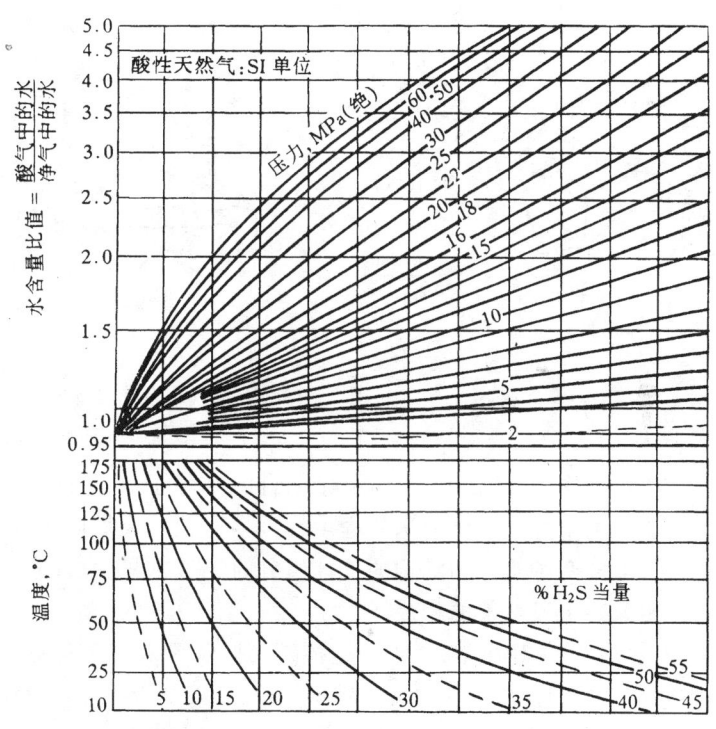

图 2-12 酸性天然气水含量比值图

（ω）的某些气体组分（一种或几种）组成。天然气中的这些组分是 CH_4、C_2H_6、C_3H_8、iC_4H_{10}、nC_4H_{10}、CO_2、N_2 及 H_2S 等。其中，nC_4H_{10} 本身并不形成水合物，但却可促使水合物的形成。

1. 水合物结构

天然气水合物是一种非化学计量型笼形晶体化合物，即水分子（主体分子）借氢键形成具有笼形空腔（孔穴）的晶格，而尺寸较小且几何形状合适的气体分子（客体分子）则在范德华力作用下被包围在晶格的笼形空腔内，几个笼形晶体连成一体成为晶胞或晶格单元。以往研究结果表明，天然气水合物的结构主要有两种。相对分子质量较小的气体（如 CH_4、C_2H_6、H_2S、

CO_2）水合物是稳定性较好的体心立方晶体结构（结构I），相对分子质量较大的气体（如 C_3H_8、iC_4H_{10}）水合物是稳定性较差的金刚石型结构（结构II），见图2-13所示。

结构I和II都包含有大小不同而数目一定的空腔即多面体。图2-13表示了由12面体、14面体和16面体构成的三种笼形空腔。较小的12面体分别和另外两种较大的多面体搭配而形成I、II两种水合物晶体结构。结构I的晶胞内有46个水分子，6个平均直径为0.860nm大空腔和2个平均直径为0.795nm小空腔来容纳气体分子。结构II晶胞内有136个水分子，8个平均直径为0.940nm大空腔和16个平均直径为0.782nm小空腔来容纳气体分子。气体分子填满空腔的程度主要取决外部压力和温度，只有水合物晶胞中大部分空腔被气体分子占据时，才能形成稳定的水合物。

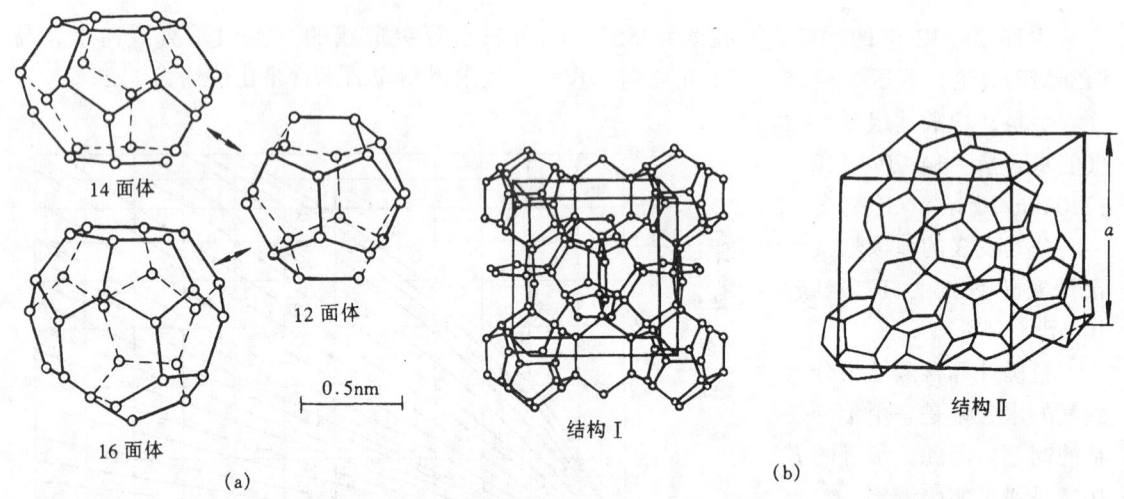

图2-13 天然气水合物晶体结构单元
(a) 笼形空腔；(b) 晶胞

在水合物中，与一个气体分子结合的水分子数不是恒定的，这与气体分子大小和性质，以及晶胞中空腔被气体充满的程度等因素有关。戊烷以上烃类一般不形成水合物。当天然气中含有形成两种水合物结构的气体组分时，通常只生成一种结构较为稳定的水合物，具体结构主要取决于天然气的组成。

Ripmeester等在1987年采用核磁共振及粉末衍射实验方法又发现了第三种水合物结构，即结构H型水合物。它的晶格结构中除有12面体外，还有20面体。结构H水合物与结构I、II不同之处，在于其水合物晶格单元不仅包含三种大小不同的空腔，而且是一种二元气体水合物，即在稳定的结构H水合物中，大分子的烃类（如甲基环己烷）占据晶胞中的大空腔，同时还必须有小分子的甲烷占据晶胞中两个较小的空腔。结构H型水合物的发现表明，一些大分子的烃类在有小分子气体存在下，也可以形成水合物。必须说明的是，除在墨西哥湾海底天然气水合物中发现有结构H型水合物外，在天然气开采、集输及加工、处理中，目前只发现有结构I、II水合物。

2．水合物形成条件及相特性

水合物的形成与水蒸气的冷凝不同。当压力一定，天然气温度等于或低于露点温度时就要析出液态水，而当天然气温度等于或低于水合物形成温度时，液态水就会与天然气中的某些气体组分形成水合物。所以，水合物形成温度总是等于或低于露点温度。由此可知，引起水合物形成的主要条件是：

①天然气的温度等于或低于露点温度，有液态水存在。

②在一定压力和气体组成下，天然气温度低于水合物形成温度。

③压力增加，形成水合物的温度相应增加。

当具备上述主要条件时，有时仍不能形成水合物，还必须具备下述一些引起水合物形成的次要条件：

①气流速度很快，或者通过设备或管道中诸如弯头、孔板、阀门、测温元件套管处等时，使气流出现剧烈扰动。

②压力发生波动。

③存在小的水合物晶种。

④存在 CO_2 或 H_2S 等组分，因为它们比烃类更易溶于水并易形成水合物。

液烃的存在会抑制水合物的形成。这就是含液烃的两相流管道不象单相气体管道那样易于形成水合物的原因。

在形成水合物的气体混合物体系中，可能出现平衡共存的相有气相、冰相、富水液相、富烃液相及固态水合物相。需要指出的是，在可形成水合物的气体混合物中，按相律得到的平衡共存的相不可能都存在。例如，对两组分气体混合物和水组成的体系，根据相律最多可有五个相平衡共存，但在水合物相特性的试验研究中，至今尚未发现五相点的存在。

图2-14为纯烃或组成已知的烃类气体混合物的水合物相特性。ABE线是水为体系中唯一液相时形成水合物的条件。CBD线为水的冰点线。低于AB线，没有液态水（富水液相）存在。在AB线以上，则有冰和水合物两种固相存在。

Campbell 称 E 点为四相点，因为在该温度和压力下可以存在四个相。FEG 线为该气体的烃露点线。在这条线以上，有两种液相——富水液相及富烃液相存在。在 E 点，水合物形成线几乎垂直。实际上，E 点表示形成水合物的最高温度。这一点为水合物形成线与烃露点线的交汇点。

三、水合物形成条件预测

在天然气开采、集输及处理与加工中，常常需要知道天然气水合物的形成条件。目前，有许多预测水合物形成温度和压力的方法。其中，采用较多的有相对密度法、平衡常数法、分子热力学法及实验法等。

1. 相对密度法

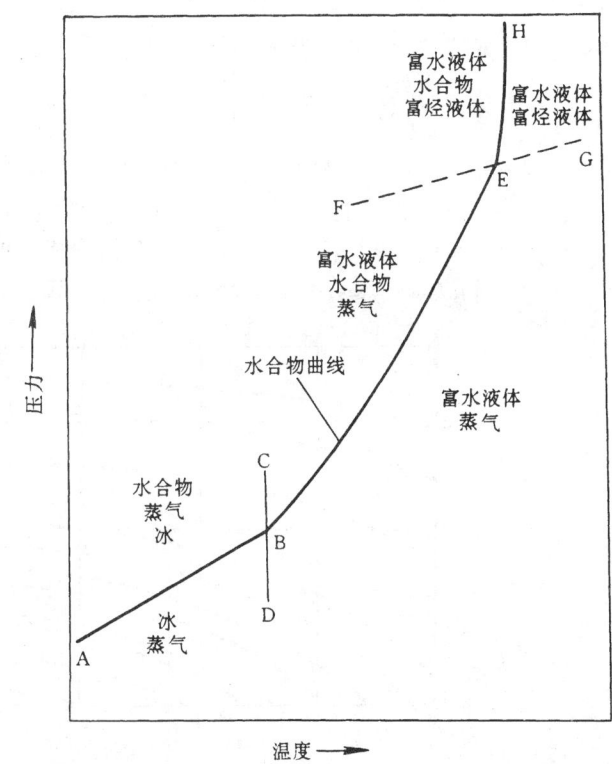

图2-14 纯烃或烃类混合物的水合物形成相特性

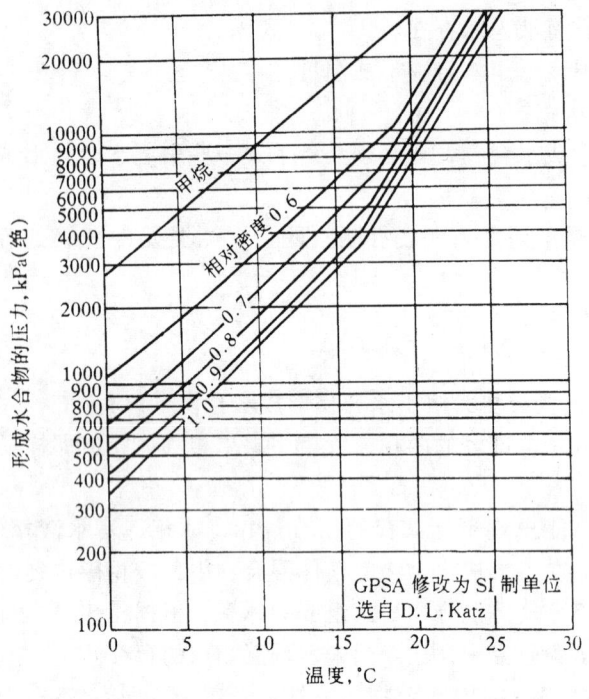

图 2-15 上是图解的相对密度法（Katz, 1945 年），也称经验图解法。图中给出了不同相对密度的天然气形成水合物的压力—温度平衡线。已知天然气相对密度，根据图 2-15 可以估算一定温度下天然气形成水合物的最低压力，或一定压力下天然气形成水合物的最高温度。Loh、Maddox 及 Erbar（1983 年）曾将此法与用 SRK 状态方程预测的结果进行比较后发现，对于甲烷及天然气相对密度不大于 0.7 时，二者十分接近；而当天然气相对密度在 0.9~1.0 时，二者的结果则差别较大。

2. 平衡常数法

预测水合物形成条件的另一种方法是 Katz 等人提出气—固（水合物）平衡常数法。这种方法与多组分混合物的露点计算相似。水合物可看作是类似于气体溶于晶体状固体中的溶液。因此，和气—液平衡体系相似，也可以从实验

图 2-15 预测水合物形成的压力—温度线

测定的气—固平衡常数来预测水合物形成条件，即

$$K_i = y_i / x_{si} \tag{2-4}$$

式中　K_i——气体混合物中 i 组分水合物的气—固平衡常数；
　　　y_i——气体混合物中 i 组分在气相中的摩尔分数（干基）；
　　　x_{si}——气体混合物中 i 组分在水合物固相中的摩尔分数（干基）。

图 2-16 是由 Katz 等提出的 CH_4 的气—固平衡常数图，而由 Katz、Carson、Robinson

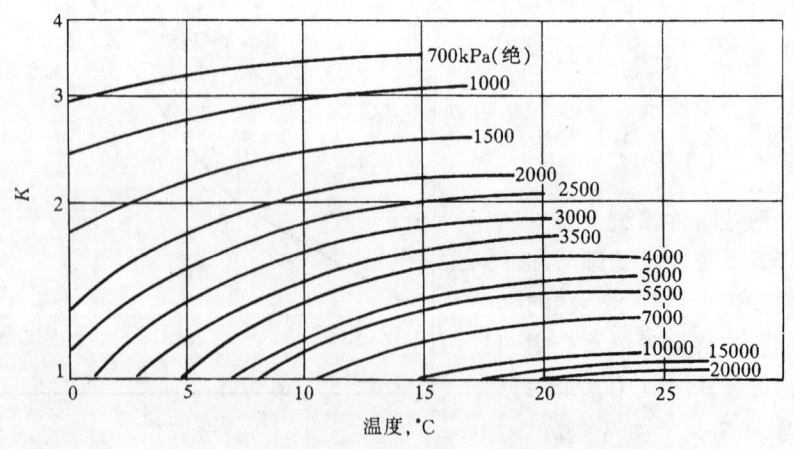

图 2-16　甲烷的气—固平衡常数

及 Poettmann 等人提出的 C_2H_6、C_3H_8、iC_4H_{10}、nC_4H_{10}、CO_2、H_2S 的气—固平衡常数图可查阅有关文献。N_2 和戊烷以上烃类的气—固平衡常数可视为无限大，因为它们难以形成水合物。

形成水合物的初始条件为

$$\sum x_{si} = \sum (y_i/K_i) = 1.0 \qquad (2-5)$$

Katz 的平衡常数法用于不含酸性组分的天然气时，体系压力可达 14MPa。如果气体含 CO_2 或 H_2S，体系压力应控制在 6.9MPa 以下。

3. Baillie 和 Wichert 法

Baillie 和 Wichert 根据 HYSIM 工艺过程模拟软件求取的大量水合物形成条件绘制成图 2-17，该图可用于含酸性组分的天然气。Baillie 等指出，当酸性组分总含量在 1%～70%，H_2S 含量在 1%～50%，H_2S/CO_2 比在 1:3～10:1，并对 C_3H_8 含量进行校正后，由图中查取的温度值中，有 75% 的数据与用 HYSIM 软件预测的值相差 ±1.1℃，90% 的数据与用 HYSIM 软件预测值相差 ±1.7℃。图 2-17 也适用于不含酸性气体组分、丙烷含量高达 10% 的天然气。该图的用法是：

①已知体系压力、H_2S 含量及气体混合物的相对密度，先由图中左侧的压力坐标处向右做水平线与 H_2S 含量线相交，再由此交点沿图中的 H_2S 含量线走向向左下做曲线，与相对密度水平线相交于另一点，然后由此点沿图下侧导向斜线走向向下做斜线，该斜线与横坐标交点处的读数即为此酸性天然气形成水合物的温度初值。

②由图 2-17 左上方附图的左侧 H_2S 含量坐标处向右做水平线与图中 C_3 含量线相交，然后由此点向下做垂线与压力线交于另一点，再过此点向右（或向左）做水平线与温度坐标相交，纵坐标读数即为 C_3 含量的校正值。当 C_3 含量<1%（左侧）时，校正值为负值；当 C_3 含量≥1%（右侧）时，校正值为正值。

以上两步读数之代数和即为该气体混合物在给定压力下的水合物形成温度。

4. 分子热力学模型法

分子热力学模型法是建立在相平衡理论基础上的一种预测水合物形成条件的方法。到目前为止，几乎所有预测气体水合物相平衡的理论模型都是在 van der Waals - Platteeuw 统计热力学模型的基础上发展起来的。根据相平衡准则，平衡时多组分体系中每个组分在各相中的化学位相等。在天然气水合物体系中有三相共存，即水合物相、气相、富水相或冰相。在平衡状态时，水在水合物相 H 中的化学位与其它两个平衡共存相中的水的化学位相等，即

$$\mu_W^H = \mu_W^\alpha \qquad (2-6)$$

式中 μ_W^H——水在水合物相 H 中的化学位；

μ_W^α——水在除水合物相以外的任一平衡共存的含水相 α 中的化学位。

若以水在完全空的水合物相 β（晶格空腔未被客体分子占据的假定参考态）中的化学位 μ_W^β 为基准，则可写出

$$\mu_W^\beta - \mu_W^H = \mu_W^\beta - \mu_W^\alpha \qquad (2-7)$$

或者

$$\Delta \mu_W^{\beta-H} = \Delta \mu_W^{\beta-\alpha} \qquad (2-8)$$

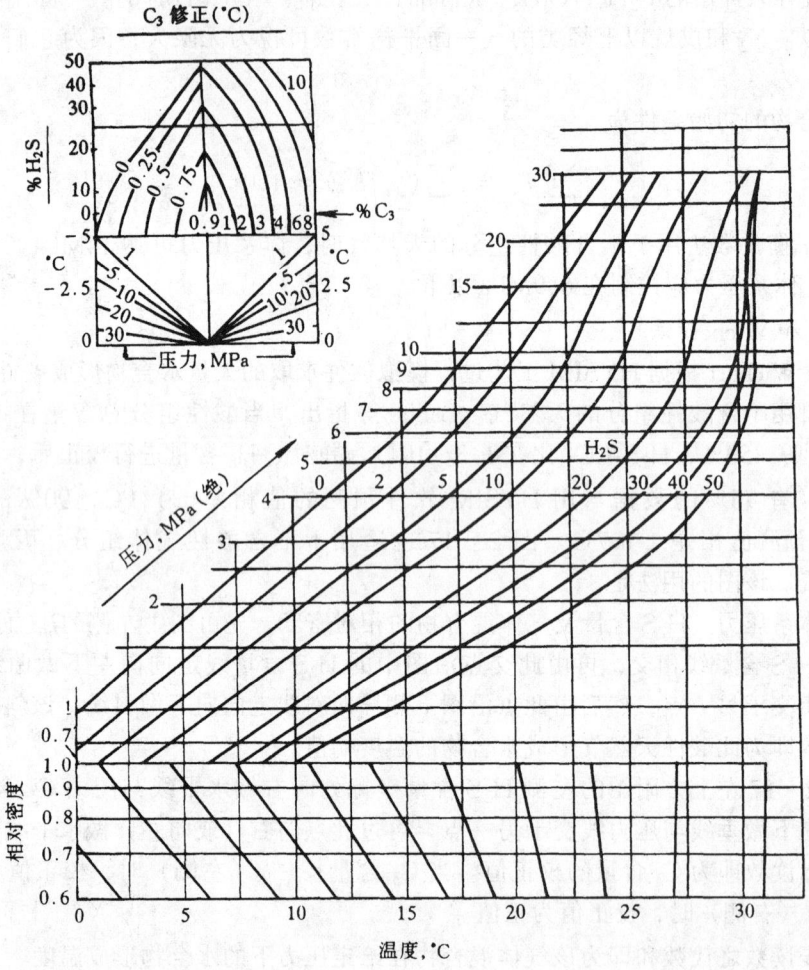

图 2-17 酸性天然气水合物形成条件

其中
$$\Delta\mu_W^{\beta-H} = \mu_W^\beta - \mu_W^H \qquad (2-9)$$

$$\Delta\mu_W^{\beta-\alpha} = \mu_W^\beta - \mu_W^\alpha \qquad (2-10)$$

因此,预测水合物形成条件的理论模型可分为水合物相和富水相的热力学模型两部分。下面分别对这两部分模型进行简要介绍。

(1) 水合物相 水合物相的热力学模型主要有下述几种。

①van der Walls-Platteeuw (vdWP) 模型 (1959年)。此模型是根据水合物晶体结构特点,应用统计热力学的方法,结合 Langmuir 气体等温吸附理论推导出计算 $\Delta\mu_W^{\beta-H}$ 公式为

$$\Delta\mu_W^{\beta-H} = -RT\sum_{i=1}^{2}\nu_i\ln\left(1-\sum_{j=1}^{NC}\theta_{ij}\right) \qquad (2-11)$$

$$\theta_{ij} = \frac{C_{ij}f_j}{1 + \sum_{j=1}^{NC} C_{ij}f_j} \tag{2-12}$$

式中 ν_i——水合物晶格单元中 i 型空腔数与构成晶格单元的水分子数之比,系水合物结构的特性常数;

θ_{ij}——客体分子 j 在 i 型空腔中所占有的分数;

f_j——客体分子 j 在平衡各相的逸度;

C_{ij}——客体分子 j 在 i 型空腔中 Langmuir 常数;

NC——气体混合物中可生成水合物的组分数目。

逸度 f_j 通常由状态方程计算,而 C_{ij} 则反映了水合物晶格空腔中客体分子与水分子之间相互作用的大小。C_{ij} 是温度的函数,计算式为

$$C_{ij} = \frac{4\pi}{kT} \int_0^R \exp(\frac{-W(r)}{kT}) r^2 dr \tag{2-13}$$

式中 $W(r)$——在半径为 R 的球形空腔中客体分子与晶格上水分子之间的势能总和;

r——客体分子偏离球形空腔中心的距离;

T——绝对温度;

k——Boltzman 常数;

R——球形空腔的半径。

如果给定客体分子与水分子之间的势能函数模型,便可根据加和性假设得出 $W(r)$,从而计算出 C_{ij}。其中,常用的是 Kihara 势能函数模型。

van der Walls 和 Platteeuw 采用 Lennard-Jones12-6 势能函数模型描述客体分子与水分子之间相互作用,计算了 9 个纯气体在 0℃ 时的水合物形成压力。计算结果表明,对于单原子或近球形分子,预测结果与实验数据较为接近,但对于 CO_2 及 C_2H_6 之类非球形分子预测误差较大。McKoy 等人指出,在处理非球形分子时,Kihara 势能函数模型要优于其它势能函数模型。他们在计算中所用 Kihara 分子势能参数是由第二维里系数回归得到的。之后,又有不少人提出了改进的水合物相热力学模型,虽然一般均采用 Kihara 势能函数计算 C_{ij},但他们拟合出的 Kihara 分子势能参数并不统一。

②Parrish-Prausnitz 模型（1972 年）。Parrish-Prausnitz 考虑到 C_{ij} 只与温度有关,根据方阱势能函数模型提出了一个简单的经验表达式来计算 C_{ij},较大地简化了 vdWP 模型中 C_{ij} 计算,并率先将 vdWP 模型推广到多组分体系的水合物相平衡计算中。

③Ng-Robinson 模型（1976 年）。由于 Parrish-Prausnitz 模型预测的非对称多组分体系的水合物形成压力往往比实验值偏高,因此,Ng-Robinson 等在 vdWP 模型中增加了一个经验校正因子,因而对某些多组分体系水合物形成条件的预测结果有所改进。

④John-Paradopoulos-Holder 模型（1985 年）。John 等人考虑到实际客体分子的非球形及外层水分子对空腔总势能 $W(r)$ 的影响,采用了三层球模型描述水合物晶格空腔中客体分子与空腔周围水分子之间的相互作用。空腔的总势能 $W(r)$ 由各层球的势能 $W_i(r)$ 加和而得。为此,John 等人对 vdWP 模型中的 C_{ij} 作了两项校正。

⑤Chen-Guo 模型（1996 年）。此模型是完全不同于 vdWP 模型的新模型。他们基于水合物形成动力学机理,采用统计热力学方法推导出水合物相中客体分子 j 的逸度公式为

$$f_j = \exp\left(\frac{\Delta\mu_W^{\beta-\alpha}}{RT\lambda_2}\right)\frac{1}{C_2}(1-\theta_1)^{\frac{\lambda_1}{\lambda_2}} \qquad (2-14)$$

$$\theta_1 = \frac{C_1 f_j}{1 + C_1 f_j} \qquad (2-15)$$

式中 λ_1，λ_2——分别为水合物中络合孔数和联结孔数与水分子数的比值；

C_1，C_2——实验拟合参数。

采用 Chen-Guo 模型对纯水中气体水合物形成条件预测时，其结果令人满意。之后，Chen 和 Guo 又提出了一个经简化改进的非常规水合物模型，在预测精度上有所改进。但是，这两种模型目前还未能扩展用于含盐水的气体水合物体系。

(2) 富水液相 对于纯水相（液态水或冰），Marshall 等人（1964 年）提出计算 $\Delta\mu_W^{\beta-\alpha}$ 的公式为

$$\frac{\Delta\mu_W^{\beta-\alpha}}{RT} = \frac{\Delta\mu_W^0}{RT_0} - \int_{T_0}^{T}\frac{\Delta h_W}{RT^2}dT + \int_{T_0}^{T}\frac{\Delta V_W}{RT}\left(\frac{dp}{dT}\right)dT \qquad (2-16)$$

式中 Δh_W——水在完全空的水合物晶格与纯水相之间的摩尔比焓差；

ΔV_W——水在完全空的水合物晶格与纯水相之间的摩尔体积差；

$\Delta\mu_W^0$——在 T_0（通常取 273.15K）和零压条件下水在完全空的水合物晶格与冰之间的化学位差。

对于含烃类溶质的富水液相，Holder 等（1980 年）假定 ΔV_W 与温度无关，在对式（2-16）进行简化之后提出，$\Delta\mu_W^{\beta-\alpha}$ 计算公式为

$$\frac{\Delta\mu_W^{\beta-\alpha}}{RT} = \frac{\Delta\mu_W^0}{RT_0} - \int_{T_0}^{T}\frac{\Delta h_W}{RT^2}dT + \int_0^p\frac{\Delta V_W}{RT}dp - \ln\gamma_W x_W \qquad (2-17)$$

$$\Delta h_W = \Delta h_W^0 + \int_{T_0}^{T}\Delta c_{pW}dt \qquad (2-18)$$

$$\Delta c_{pW} = \Delta c_{pW}^0 + b(T - T_0) \qquad (2-19)$$

式中 γ_W——富水液相中水的活度系数；

x_W——富水液相中水的摩尔分数；

Δh_W^0——$T_0 = 273.15K$ 时水在完全空的水合物晶格与纯水相之间的摩尔比焓差；

Δc_{pW}^0——$T_0 = 273.15K$ 时水在完全空的水合物晶格与纯水相之间的比热容差；

b——比热容的温度系数。

$\Delta\mu_W^0$，Δh_W^0，ΔV_W，Δc_{pW}^0 和 b 均需通过实验数据回归求得，对不同的水合物结构，需取不同的数据，其值可查阅有关文献。

对于冰相，$x_W = 1.0$。对于液态水相，低压下烃类及氮气等气体在水中溶解度很小，x_W 可以近似看作为 1.0，但在高压下，则需根据烃类气体在水中的溶解度 x_j 求取 x_W。Holder 等所推荐的溶解度计算公式为

$$x_j = f_j x_{0j} \exp\left[-\frac{\overline{V}_j(p-1)}{82.06T}\right] \qquad (2-20)$$

$$x_{0j} = \exp(A_{0j} + B_{0j}/T) \qquad (2-21)$$

式中 f_j——客体分子 j 在气相中的逸度；

A_{0j}，B_{0j}——客体分子 j 的常数，可以从有关表中查到；

$\overline{V}_j$——客体分子 j 在富水液相中的偏摩尔体积，对乙烯取 60，其它组分均取 32。

因此，富水相中水的摩尔分数计算式为

$$x_W = 1 - \sum_{j \neq W} x_j \qquad (2-22)$$

对于含水合物抑制剂（醇类或电解质）的水溶液体系，富水液相中水的活度系数对水合物形成条件影响很大。Anderson（1986 年）等采用 UNIQUAC 活度系数模型预测含甲醇体系的水合物形成压力，Munck 等（1988 年）也采用此模型对含单盐水溶液的水合物形成条件进行计算。Du 和 Guo（1990 年）及 Englezos 等（1992 年）分别对含甲醇体系、含水溶性聚合物水溶液体系的水合物形成条件提出相应的数学模型，并取得了较好的预测结果。Maddox 等（1993 年）考虑了压力对水合物生成焓的影响，并采用由 Margules 方程关联的水的活度系数计算公式，建立了一种可用于预测高压体系水合物形成条件的模型。

目前，已有不少可用于预测天然气水合物形成条件的软件。例如，Aqua*Sim 软件采用 PFGC 状态方程预测流体的热力学性质，最高压力为 65MPa，允许的最大甲醇浓度为 50%（x）。Process 软件采用 SRK 状态方程预测流体的热力学性质，最高压力为 41.8MPa，允许的最大甲醇浓度是 50%（w）。此外，还有 CSMHYD、MEGHA、PROSIM 以及其它一些软件，也可预测天然气水合物的形成条件，此处就不再一一介绍。

5．实验法

以上各种预测水合物形成条件的方法，通常在体系压力不十分高（例如小于 21MPa）时其预测结果是可用的。然而，当预测气井生产管柱内或在全井口高压下操作的集气管线内水合物形成条件时，就需要用高压下的实验数据来验证这些预测结果的可靠性。例如，北海的 East Frigg 卫星气田储层压力非常高，甚至高达 80～100MPa，为了更好预测高压下可能发生的一些问题，法国埃尔夫－拉克（Elf－Lacq）实验中心（1990 年）对此气体在高压条件的水合物形成条件进行了实验研究，并根据实验数据确定在集气管线内形成水合物的可能性。实验中选用甲醇作为水合物抑制剂，对不同浓度甲醇水溶液的抑制效果进行了研究，并将实验数据与采用 Aqua*Sim 及 Process 软件预测的结果进行比较后指出，这些计算机软件（尤其是 Process 软件）仅在一个有限的压力范围内是有用的，而由 Maddox 模型预测的高压下结果则与实验数据仍较接近。

通常，可先采用相对密度法估计天然气水合物的形成条件。如需进行精确计算，则应采用由分子热力学模型建立起来的计算机软件完成此项工作。

四、烃—水体系的相特性

图 2-18、图 2-19 描述了烃—水体系的相特性，这些图是 Maddox 和 Erbar 采用 SRK 状态方程对模拟天然气体系计算出的数据绘制的。图中的水合物形成线则是用预测方法估计

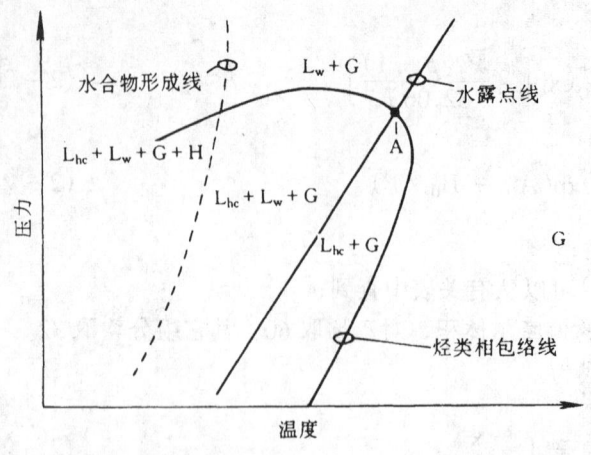

图 2-18 一般的烃—水体系相特性

的，因此，只用来举例说明，不能推广到其它条件的任何体系。图中，除了不含水的烃类混合物相包络线外，还有水露点线及水合物形成线。由于水的存在可以改变烃类混合物的相包络线（反之亦然），因此，这些图只是近似地表示了烃—水体系的相特性。然而，Maddox 和 Erbar 通过精确的三相平衡计算后指出，烃露点线及水露点线并没有受到很大影响。

这些图都表示了类似的相特性。它们不是有三个或四个相区，如液相、气液两相、气相和密相，而是有清晰并隔开的四个或五个相区。图 2-18 表示的是一般的烃—水体系的相特性，图中共有五个相。这些相区的名称是气相（G）、气相+富水液相（$G+L_W$）、气相+富烃液相（$G+L_{HC}$）、气相+富水液相+富烃液相（$G+L_W+L_{HC}$）及气相+富水液相+富烃液相+水合物相（$G+L_W+L_{HC}+H$）。当体系温度低于水的三相点时，还会出现冰相。图 2-19 为含水较多的相图。图中水露点线在烃露点线的右侧，所以没有气相+富烃液相（$G+L_{HC}$），只有其它四个相。

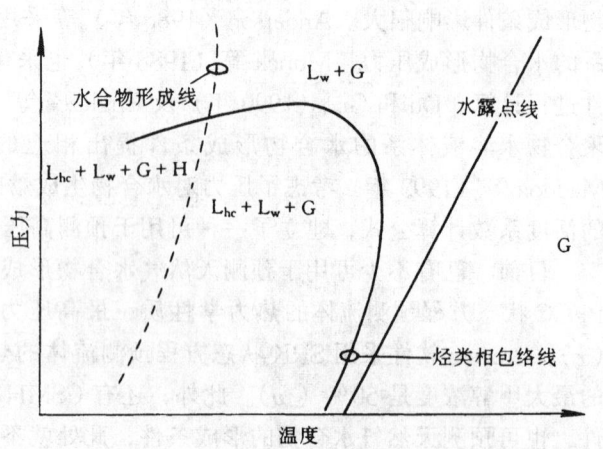

图 2-19 含水多的烃—水体系相特性

图 2-18、图 2-19 主要用来描述烃—水体系的相特性，而且，仅适用于含酸性组分较少的天然气。

第三节 烃—二氧化碳体系相特性

当天然气中含有较多的二氧化碳而且冷却至 -57℃ 以下时，就会出现固体二氧化碳（干冰）。固体二氧化碳可使天然气液回收过程中的低温设备，尤其是透平膨胀机出口和脱甲烷塔顶部堵塞甚至损坏，故一定要严防其形成。因此，预测固体二氧化碳的形成条件就显得十分重要。

一、甲烷—二氧化碳体系相特性

通常，天然气中的烃类组分主要是甲烷。因此，这里首先讨论甲烷—二氧化碳两组分体系的相特性。

图 2-20 是 CH_4—CO_2 的温度—压力相图。图中，A 点是纯 CH_4 的三相点，C_1 点是

CH_4 的临界点，AC_1 线是纯 CH_4 的蒸气压线（气液平衡线）；B 点是 CO_2 的三相点，C_2 点是 CO_2 的临界点，BC_2 线是纯 CO_2 蒸气压线（气液平衡线）。这两条蒸气压线都是从三相点开始，到临界点终止。此外，虚线 C_1C_2 是 CH_4—CO_2 体系的临界点轨迹线，而虚线 AB 则是固体（纯 CO_2）、液体（CH_4—CO_2 混合物）和蒸气（CH_4—CO_2 混合物）三相平衡共存的轨迹线。

图 2-21 表示了不同组成 CH_4—CO_2 体系的气液平衡相包络区。如图所示，CH_4—CO_2 体系中的 CH_4 含量（χ,%）愈高，其气液相包络区愈接近于 CH_4 蒸气压线。请注意，CH_4 含量为 29.5%

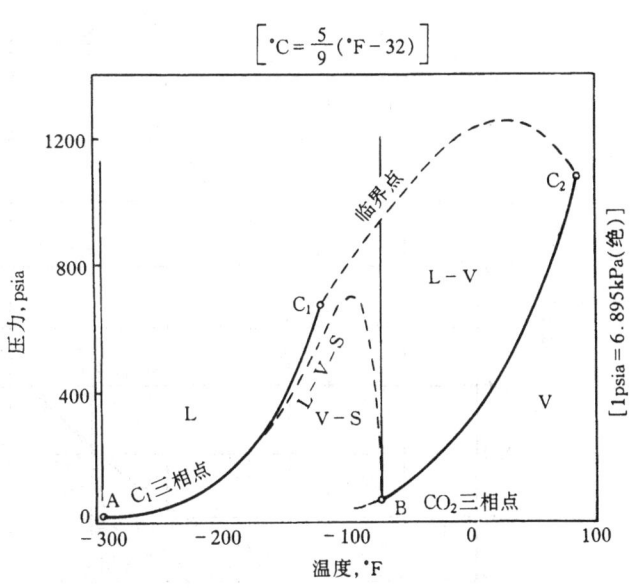

图 2-20　CH_4—CO_2 体系相图

时的泡点线和露点线均分别终止在气—液—固（V—L—S）平衡线上的 J 点和 I 点，并交汇于临界点 H。

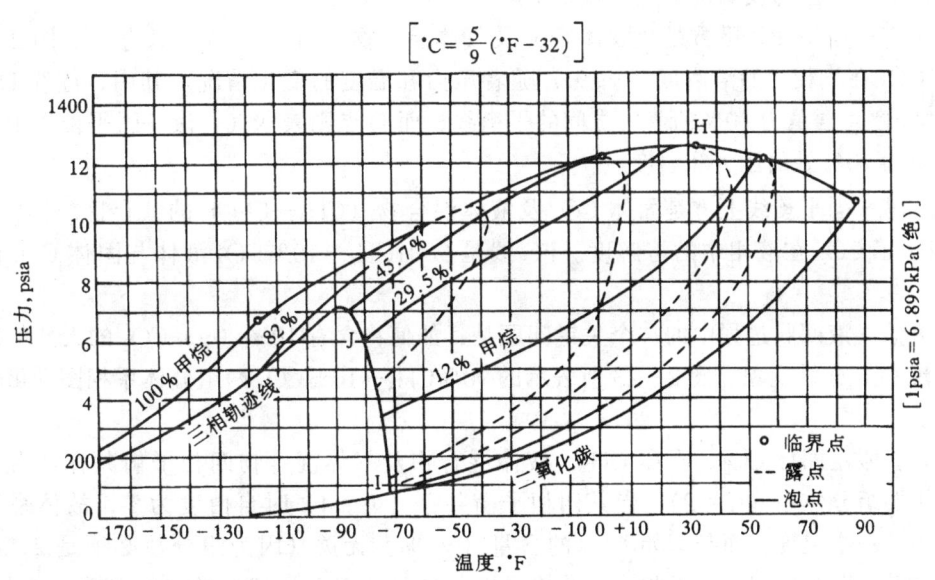

图 2-21　不同组成的 CH_4—CO_2 体系相图

图 2-22 为 CH_4—CO_2 体系的气—液—固平衡线详图。图中的固相基本上是纯 CO_2，而液相和气相则都是两组分混合物。驼峰状的气—液—固平衡线表示了体系组成从 100% CH_4（A 点）变至 100% CO_2（B 点）时，气—液—固平衡时的压力和温度变化情况。

在气—液—固平衡线上有三相平衡共存（$\Phi=3$），组分数为 2（$C=2$），由相律可知，

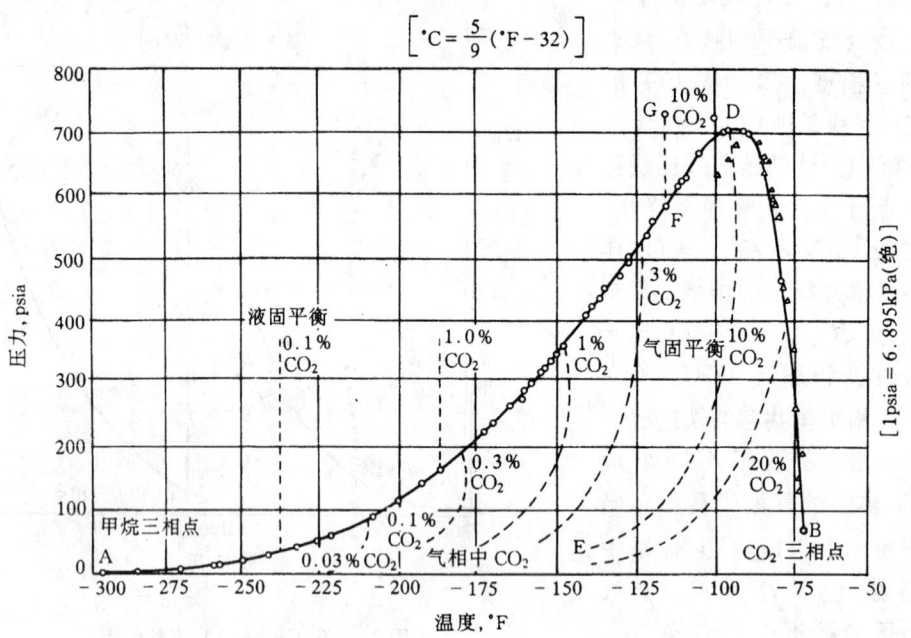

图 2-22 CH_4—CO_2 体系 V—L—S 平衡线

此时 $f=1$。所以，如果将液相或气相的任一相组成固定，就可以消除一个自由度，因而就使此时的状态（压力及温度）完全规定下来。

气—液—固平衡线下方是纯固体 CO_2 及气体混合物（CH_4—CO_2）共存区。图 2-22 还表示了 CO_2 在气相中的溶解度（χ, %）随着压力和温度的变化情况。其中，虚线 DE 为固体 CO_2 和 CO_2 含量为 10% 的蒸气之间的平衡线，而 D 点则表示气—液—固平衡线上气相中 CO_2 含量为 10% 处的压力和温度。

气—液—固平衡线上方是固体 CO_2 及液体混合物（CH_4—CO_2）的共存区。同样，图 2-22 表示了 CO_2 在液相中的溶解度。FG 线是 90% CH_4—10% CO_2 液体与固体 CO_2 的平衡线。

在天然气液回收过程中的一个关键问题是，如何将含有 10%（χ）CO_2 的天然气冷却而不会出现 CO_2 冻结现象。图 2-23 所表示的 90% CH_4—10% CO_2 两组分体系相图即可回答这一问题。

首先，假定固体 CO_2、固体 CH_4、液体混合物及气体混合物四相平衡共存。由相律可知，对于两组分体系（$C=2$），当其四相平衡共存（$\Phi=4$）时自由度为零，故体系只能是一个压力和一个温度，而与起始 CO_2 的含量（χ, %）无关（因为组分数必须是 2，故 CO_2 含量不能是 0% 或 100%）。因此，所谓的四相点 Q 又基本上与 CH_4 的三相点重合。由图 2-23 可知，当温度接近 -184℃ 时，CO_2 在液相和气相中的溶解度很小，故在 Q 点的四相就可看成是纯固体 CO_2 和纯固体、液体及气体的 CH_4。

图 2-23 的 FC_MD 为气液相包络线。如前所述，泡点线从气—液—固平衡线上的 F 点开始，到临界点 C_M 终止，露点线从气—液—固平衡线上的 D 点开始，到临界点 C_M 终止。图中的 DE 线表示的是固体 CO_2 在气相中的析出线，而 FG 线表示的则是固体 CO_2 在液相中

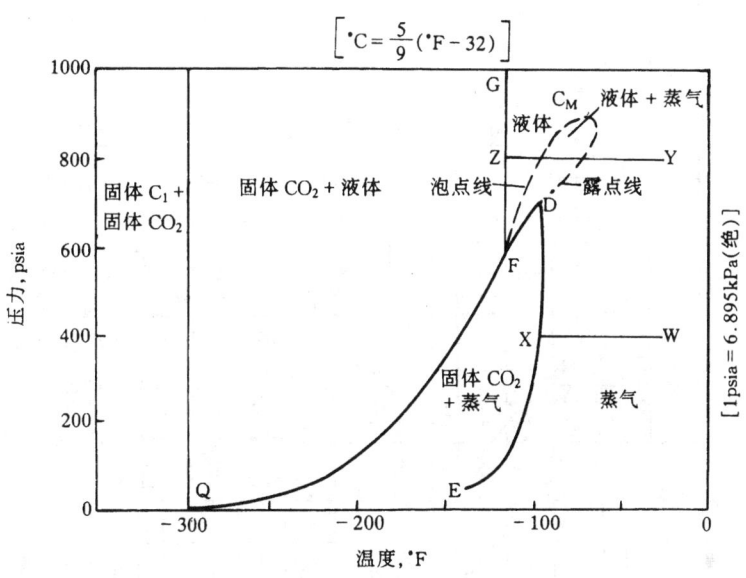

图 2-23 10%CO_2—90%CH_4 体系的相图

的析出线。固体 CO_2 的形成或 CO_2 冻结就在这两条线上或它们的左侧温度较低处出现。如果混合物在大约 4.83MPa（绝）（700psia）或更低压力处（例如 W 点）是蒸气，将其沿 WX 线冷却至 DE 线时，就会有固体 CO_2 从蒸气中析出。如果压力高于 483MPa（绝）（例如 Y 点），将该混合物沿 YZ 线冷却时，首先在露点线 DC_M 处开始冷凝，继续冷却时就会有更多的液体析出，一直到泡点线 FC_M 全部变为液体为止，再进一步将液体冷却至 FG 线时，就会最终析出固体 CO_2。

二、含 CO_2 的天然气相特性

图 2-23 表示的是 CH_4—CO_2 体系相图，可将此图与含有 CO_2 的天然气相特性联系起来。

如前所述，将天然气的组成规定后，即固定了（C—1）个变量。这样，就和两组分体系一样，$f=3-\Phi$。因此，对于一个组成已知且已脱水的天然气来说，其压力—温度相图就是和图 2-23 十分相似。当然，由于天然气中除含有 CH_4 外还含有 N_2、C_2、C_3 及其它组分，故其固体 CO_2 形成线将会有所变化，而贫气的变化程度则小一些。采用深冷分离回收天然气液的原料气，通常都不是富气，而且，在进行深冷分离之前已经过冷冻与冷凝。因此，其相图将和图 2-23 相似，并可通过状态方程法用计算机计算求得。

图 2-24 可用来近似估计贫气在何种条件下会形成固体 CO_2。将图 2-24 与图 2-22、图 2-23 联系起来，就可以解释图 2-24 的应用原理。如图 2-23 所示，只要等压线在固—气平衡线及露点线交点以下，就会在蒸气中形成固体 CO_2。图 2-24 的插图中的曲线可与图 2-22 气—液—固平衡线联系起来，该气—液—固平衡线是含有 10% 或更少 CO_2 的混合物固—气平衡线的上限。高于这些压力，在液体中形成固体 CO_2，低于这些压力，则在蒸气中形成固体 CO_2。图 2-24 的插图用来确定含 CO_2 的天然气在运行条件下所处的相态。

由图 2-22 可知，固体 CO_2 在液相中的溶解度与压力基本无关，液—固平衡线基本上是一条垂直线。因此，图 2-24 只需用一条固—液相平衡线（图中为虚线）就可把出现 CO_2

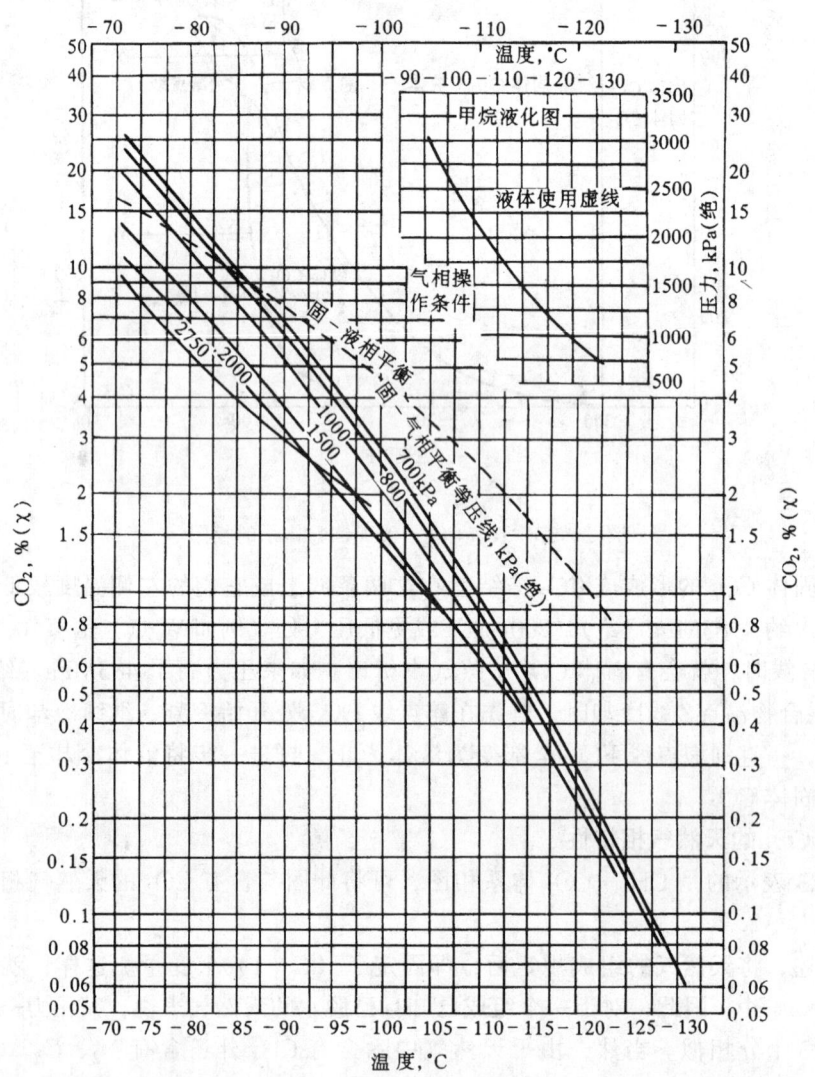

图 2-24 形成固体 CO_2 的近似条件

冻结的温度与天然气中的 CO_2 含量（χ，%）关联起来。

此外，图 2-22 还清楚地指出，固体 CO_2 在气相中的溶解度随压力而变。图中固—气平衡线是一条曲线，而且其上限与组成密切有关。因此，图 2-24 中有一系列的等压线（图中为实线）将气相中出现 CO_2 冻结的温度与天然气中 CO_2 含量关联起来。

在采用深冷分离的天然气液回收过程中，主要是在透平膨胀机及脱甲烷塔处出现 CO_2 冻结现象。在膨胀机出口处由于压力较低，因而是在气相中出现 CO_2 冻结。在脱甲烷塔，则是在接近塔顶部温度最低处的液相中有 CO_2 固体形成。

[例 2-2] 含有 CO_2 的天然气经透平膨胀机膨胀到 2.07MPa（绝）和 -112℃，试确

定其 CO_2 含量（χ,%）在多少时就可能形成固体 CO_2？

[解] 由图 2-24 右上方插图可知，在 2.07MPa（绝）及 -112℃ 运行条件时处于液相区。从主图固—液相平衡的虚线查得，液相中含 2.10%（χ）CO_2 时，就可能形成固体 CO_2。但是，在同样压力及温度为 -101℃ 时，由右上方插图可知在此运行条件时处于气相区。从主图中的实线查得，在气相中含 1.28%（χ）CO_2 时就可能出现 CO_2 冻结。

第三章 防止天然气水合物形成的方法

从井口采出的或从矿场分离器分出的天然气一般都含水。含水的天然气当其温度降低至某一值后，就会形成固体水合物，堵塞管道与设备。防止固体水合物形成的方法有三种。第一种方法是将含水的天然气加热，如果加热时天然气的压力和水含量不变，则加热后气体中的水含量就处于不饱和状态，亦即气体温度高于其露点，因而可防止水合物的形成，在气井井场采用加热器即为此法一例。当管道或设备必须在低于水合物形成温度以下操作时，就应采用其它两种方法。一种方法是利用液体（如三甘醇）或固体（如分子筛）干燥剂将天然气脱水，使其露点降低到操作温度以下；另一种方法则是向气流中加入化学剂。目前广泛采用的化学剂是热力学抑制剂，但自90年代以来研制开发的动力学抑制剂及防聚剂也日益受到人们的重视与使用。

天然气脱水是防止水合物形成的最好的方法，但出自经济上的考虑，一般应在集中处理站内进行脱水。否则，则应考虑加热与加入化学剂的方法。

从气井采出的天然气经集气管线送往集中处理站时，一方面由于流经井口的节流阀产生焦耳—汤姆逊效应使气流温度降低，一方面由于流经集气管线有散热损失，使气流进一步冷却。当集气管线较短时，可采用井场加热器，加热井口节流阀前出气管线内的气流。如果集气管线较长（超过1.5～3.0km），由于气流温度将会降至与周围环境温度相近，此时则应优先考虑加入化学剂的方法。

关于脱水方法，本书将在下一章中讨论。这里主要讨论加入化学剂防止天然气水合物形成的方法。

第一节 热力学抑制剂法

水合物热力学抑制剂是目前广泛采用的一种防止水合物形成的化学剂。向天然气中加入这种水合物抑制剂后，可以改变水溶液或水合物相的化学位，从而使水合物的形成条件移向较低的温度或较高的压力范围。常见的热力学抑制剂有电解质水溶液（如 $NaCl$、$CaCl_2$ 等无机盐的水溶液）及甲醇、甘醇类有机化合物。以下仅讨论目前普遍采用的乙二醇（EG）、二甘醇（DEG）及甲醇等有机化合物抑制剂。它们的主要理化性质见表3-1。

表3-1 常见热力学有机抑制剂主要理化性质

性质		甲醇（MeOH）	乙二醇（EG）	二甘醇（DEG）	三甘醇（TEG）
分子式		CH_3OH	$C_2H_6O_2$	$C_4H_{10}O_3$	$C_6H_{14}O_4$
相对分子质量		32.04	62.1	106.1	150.2
正常沸点,℃		64.7	197.3	244.8	288
蒸气压	20℃，kPa	12.3	—	—	—
	25℃，kPa	—	16.0	1.33	1.33

续表

性 质		甲醇（MeOH）	乙二醇（EG）	二甘醇（DEG）	三甘醇（TEG）
密度	20℃，g/cm^3	0.7928	—	—	—
	25℃，g/cm^3	—	1.110	1.113	1.119
冰点，℃		-97.8	-13	-8	-7
粘度	20℃，$mPa·s$	0.5945	—	—	—
	25℃，$mPa·s$	—	16.5	28.2	37.3
比热容	20℃，$J/(g·K)$	2.512	—	—	—
	25℃，$J/(g·K)$	—	2.428	2.303	2.219
闪点（开口），℃		15.6	116	138	160
汽化热，J/g		1101	846	540	406
与水溶解度（20℃）		互溶	互溶	互溶	互溶
性状		无色、易挥发、易燃液体，有中等毒性	无色、无臭、无毒、有甜味的粘稠液体	同EG	同EG

一、常见抑制剂的使用条件

对热力学抑制剂的基本要求是：①尽可能大地降低水合物的形成温度；②不和天然气的组分反应，且无固体沉淀；③不增加天然气及其燃烧产物的毒性；④完全溶于水，并易于再生；⑤来源充足，价格便宜；⑥冰点低。实际上，完全满足上述要求的抑制剂是不存在的，目前常用的抑制剂只是在某些主要方面满足上述要求。

甲醇可用于任何操作温度下的天然气管道和设备，但由于其沸点低，操作温度较高时，气相损失过大，故多用于低温场合。当操作温度低于-10℃时，一般不再采用二甘醇，这是因其粘度太大，且与液烃分离困难；操作温度高于-7℃时，可优先考虑二甘醇，它与乙二醇相比，气相损失较少。如按水溶液中相同质量百分浓度抑制剂引起的水合物形成温度降来比较，甲醇的抑制效果最好，其次为乙二醇，再次为二甘醇，见表3-2所示。

表3-2 MeOH和EG对水合物形成温度降（ΔT）的影响[①]

质量分数，%		5	10	15	20	25	30	35
温度降 ℃	MeOH	2.1	4.5	7.2	10.1	13.5	17.4	21.8
	EG	1.0	2.2	3.5	4.9	6.6	8.5	10.6

①由Hammerschmidt公式计算求得。

1. 甲醇

通常，甲醇适用的情况是：①气量小，不宜采用脱水方法；②采用其它水合物抑制剂时用量多，投资大；③在建设正式厂、站之前，使用临时设施的地方；④水合物形成不严重，不常出现或季节性出现；⑤只是在开工时将甲醇注入脱水系统中，以抑制水合物形成的地方；⑥管道较长（例如超过1.5km）。

如果注入甲醇的天然气输至集中处理站后还要采用三甘醇或分子筛脱水，由于天然气中含有甲醇，将会引起以下几个问题：

①甲醇蒸气与水蒸气一起被三甘醇吸收,因而增加了甘醇富液再生时的热负荷。而且,甲醇蒸气会与水蒸气一起由再生系统的精馏柱顶部排向大气,这也是十分危险的。

②甲醇水溶液可使再生系统精馏柱及重沸器气相空间的碳钢产生腐蚀。

③由于甲醇和水蒸气在固体干燥剂表面共吸附和与水竞争吸附,因而,也会降低固体干燥剂的脱水能力。

此外,当天然气在下游进行加工时,注入的甲醇就会聚集在丙烷馏分中,而残留在丙烷馏分中的甲醇将会使下游的某些化工装置催化剂失活。

一般情况下,注入天然气中的甲醇蒸发到气相中的那部分不再回收,而在水溶液中的那部分甲醇可经蒸馏回收后循环使用。然而,如果注入甲醇的天然气还要在集中处理站内采用三甘醇脱水,则损失到气相中的那部分甲醇就可经济、方便地从三甘醇再生塔的顶部加以回收。

甲醇具有中等程度的毒性,可通过呼吸道、食道及皮肤侵入人体。甲醇使人体中毒剂量为 5~10mL,致死剂量为 30mL。空气中甲醇含量达到 39~65mg/m³ 时,人在 30~60min 内即会出现中毒现象。因此,使用甲醇做抑制剂时必须采取相应的安全措施。

2．甘醇类

甘醇类抑制剂无毒,沸点远高于甲醇,因而在气相中的蒸发损失少,一般可回收循环使用,适用于气量大而又不宜采用脱水方法的场合。使用甘醇类作抑制剂时应注意以下事项:

①为保证抑制效果,甘醇类必须以非常细小的液滴（例如呈雾状）注入到气流中。如果注入的雾状甘醇液滴未与天然气充分混合,注入的甘醇还是不能防止水合物的形成。对于甲醇来讲,注入的方法就不是十分重要。这是由于甲醇蒸气压高,注入到气流中的甲醇会全部或大部分蒸发到气相中,并随水蒸气的冷凝而均匀地溶于水溶液中,可以保证液相中有足够的抑制剂浓度,因而就能起到抑制作用。

②甘醇类粘度较大,特别当有液烃（或凝析油）存在时,操作温度过低会使甘醇水溶液与液烃分离困难,增加了甘醇类在液烃中的损失。因此,甘醇类抑制剂通常用于操作温度不是很低的场合中,才在经济上有明显的优点。例如,在一些采用浅冷分离的天然气液回收装置中,经常使用甘醇类作为水合物抑制剂,将其注入到装置中可能形成水合物的低温系统中。

③如果管道或设备的操作温度低于0℃,注入甘醇类抑制剂时还必须根据图3-1判断抑制剂水溶液在此浓度和操作温度下有无"凝固"的可能性。实际上,所谓甘醇类水溶液"凝固",并不是真正冻结成固体,只不过是变成粘稠的糊状体而已,然而,它却严重影响了气液两相的流动与分离。因此,最好是保持甘醇类抑制剂水溶液中的质量分数在 60%~70%

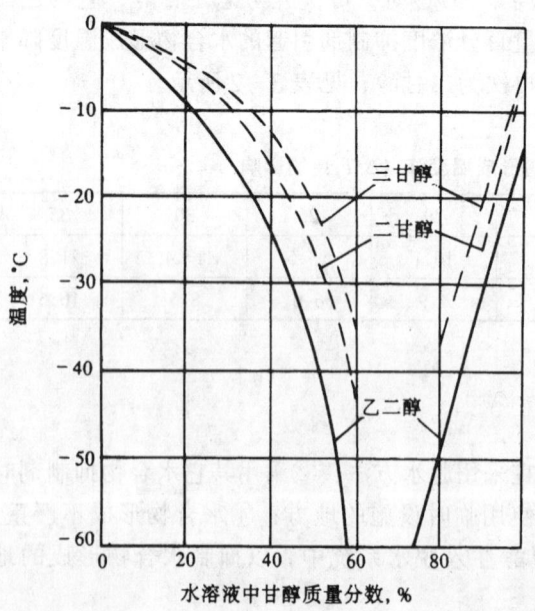

图 3-1 甘醇水溶液的"凝点"

之间。

一般说来，采用甲醇作抑制剂时投资费用较低，但因其气相损失较大，故操作费用较高。采用乙二醇或二甘醇作抑制剂时投资费用较高，但操作费用低。根据经验，当需要注入的甲醇量超过115L/h时，就应采用甘醇类抑制剂。

甘醇类虽可用来防止水合物的形成，但却不能分解或溶解已经形成的水合物。相反，甲醇可在一定程度上溶解已有的水合物。此外，当管道中被水合物堵塞时，还可采用降低管道压力的办法来解堵。但是，必须同时降低水合物堵塞处两侧的压力。如果仅仅降低一侧的压力，那是极其危险的。因为此时堵塞的水合物块会碎解成坚硬如冰的小块，它们在管道内高压侧压力的推动下，将以极高的速度流向低压侧。当其撞击到弯头或节流元件时，就会使管子损坏，甚至使埋地管线露出地面，造成严重事故。

二、注入抑制剂的低温分离法工艺流程

图3-2为采用甘醇类（图中为乙二醇）抑制剂的低温分离（LTS）法工艺流程图。由气井来的井口流出物（井流物）先进入游离水分离器脱除全部游离水。此时，分离出来的进料气含水，经气/气换热器用来自低温分离器的冷干气预冷后进入低温分离器。由于进料在气/气换热器中将会冷却至水合物形成温度以下，所以在进入换热器前要注入贫甘醇（即未经气流中游离水稀释的甘醇溶液）。

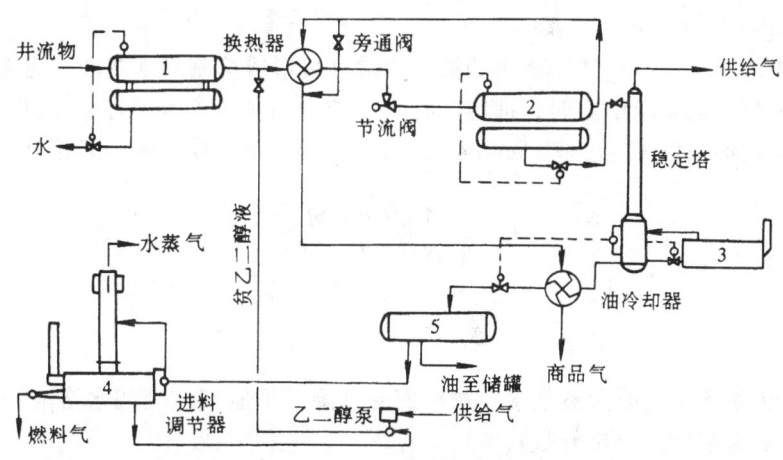

图3-2 低温分离法工艺流程示意图

1—游离水分离器；2—低温分离器；3—蒸气发生器；4—乙二醇再生器；5—醇—油分离器

预冷后的进料气经过节流阀时产生焦耳—汤姆逊效应，温度进一步降低。在低温分离器中，冷干气与富甘醇和液烃分离后，在气/气换热器与进料气换热。复热后的干气作为销售气进入管道向外输送。

由低温分离器分出的液体送至稳定塔中进行稳定。由稳定塔脱出的气体供给内部使用，稳定后的液体经冷却器冷却后去醇—油分离器进行分离。分离出的稳定凝析油（稳定液烃）送至储罐。富甘醇去再生器再生，再生后的贫甘醇用气动泵增压后循环使用。

图3-2中的低温分离器一般在高压与低温下操作，其操作温度即为冷干气在该高压下的露点。由于此温度远低于干气在管道中输送时可能出现的最低温度，因此，就可防止在输气管道中形成水合物。

在图3-2的工艺流程中如采用甲醇作抑制剂，通常就不需要回收与再生，因而也就省去了再生系统的各种设备。此外，因甲醇蒸气压高，可以保证在气相中有足够的浓度，故不必像甘醇那样需要有雾化设备。正是由于甲醇抑制效果好，注入系统简单，因而得到广泛采用。

三、水合物抑制剂用量的确定

注入管道或设备中的抑制剂，无论是甘醇类靠雾化还是甲醇靠蒸发均匀分散于气流中后，其中一部分抑制剂与气体中析出的液态水混合，将水从气体转移到液体抑制剂中，形成抑制剂水溶液，从而达到防止水合物形成的目的，而另一部分抑制剂则损失在气流中。消耗于前一部分的抑制剂称为抑制剂在液相的用量，用 q_l 表示。消耗在后一部分的抑制剂，称为抑制剂的气相损失量，用 q_g 表示。抑制剂的总用量 q_t 为两者之和，即

$$q_t = q_l + q_g \tag{3-1}$$

注入抑制剂后天然气形成水合物的温度降低，其温度降主要取决于抑制剂的液相用量，损失于气相的抑制剂量对水合物形成条件的影响较小。

为防止气体形成水合物所需注入的抑制剂最低用量，可以采用以理想溶液冰点下降关系式为基础的 Hammerschmidt 半经验公式进行手工计算，也可以采用由分子热力学模型建立起来的软件由计算机模拟完成。

1．水溶液中最低抑制剂的浓度

注入气流中的抑制剂与气体中析出的液态水混合后形成抑制剂水溶液。当天然气水合物形成的温度降根据工艺要求给定时，抑制剂在水溶液中的浓度必须高于或等于一个最低值。水溶液中最低抑制剂浓度 C_m 可按 Hammerschmidt（1939年）提出的半经验公式计算

$$C_m = \frac{100\Delta t \cdot M}{K + M \cdot \Delta t} \tag{3-2}$$

$$\Delta t = t_1 - t_2 \tag{3-3}$$

式中 C_m——为达到给定的天然气水合物形成温度降，抑制剂在液相水溶液中必须达到的最低浓度（质量分数），%；

Δt——根据工艺要求而确定的天然气水合物形成温度降，℃；

M——抑制剂相对分子质量，甲醇为32，乙二醇为62，二甘醇为106；

K——常数，甲醇为1297，乙二醇和二甘醇为2222，$CaCl_2$ 为1220；

t_1——未加抑制剂时，天然气在管道或设备中最高操作压力下形成水合物的温度。对于节流过程，则为节流阀后压力下天然气形成水合物的温度，℃；

t_2——天然气在管道或设备中的最低操作温度，亦即要求加入抑制剂后天然气不会形成水合物的最低温度。对于节流过程，则为天然气节流后的温度，℃。

式（3-2）是 Hammerschmidt 根据典型的天然气及抑制剂浓度在 5%～25%（w）范围内的实验数据建立起来的，当浓度超过此范围时，该式则是通过外推而获得的。实验证明，当甲醇水溶液浓度约低于 25%（w），或甘醇类水溶液浓度高至 50%～60%（w）时，采用该式仍可得到满意的结果。对于高浓度的甲醇水溶液及温度低至 -107℃时，Nielsen 等推荐采用的计算公式为

$$\Delta t = -72\ln(1 - C_{\text{mol}}) \tag{3-4}$$

式中 C_{mol}——为达到给定的天然气水合物形成温度降，甲醇在水溶液中必须达到的最低浓度，%（χ）。

2．水合物抑制剂的液相用量

通常，向管道或设备中注入的抑制剂往往是含水的。因此，注入含水抑制剂后也或多或少增加了气流中的水含量。当已知抑制剂在水溶液中的最低浓度 C_{m}，并且考虑到随注入的抑制剂蒸发到气相后带入体系中的水量时，注入的含水抑制剂的液相用量 q_{l} 可根据物料平衡由下式计算

$$q_{\text{l}} = \frac{C_{\text{m}}}{C_{\text{l}} - C_{\text{m}}}[q_{\text{w}} + (100 - C_{\text{l}})q_{\text{g}}] \tag{3-5}$$

式中 q_{l}——注入浓度为 C_{l} 的含水抑制剂在液相中的用量，kg/d；

q_{g}——注入浓度为 C_{l} 的含水抑制剂在气相中的损失量，kg/d；

C_{l}——注入的含水抑制剂中抑制剂的浓度，%（w）；

q_{W}——单位时间内体系中产生的液态水量，kg/d。

单位时间内体系中产生的液态水量 q_{W} 包括了单位时间内气流中析出的液态水量和其它途径进入管道和设备的水量之和，但不包括随含水抑制剂注入体系的液态水量。由天然气析出的液态水量，可按本书第二章介绍的有关公式和图表确定。

3．水合物抑制剂的气相损失量

甘醇类抑制剂的气相损失量较小。但是应当注意，甘醇类抑制剂的主要损失是再生损失、在液烃中的溶解损失，以及因甘醇类与液烃乳化造成分离困难而引起的携带损失等。当分离温度为15℃，甘醇浓度为50%～70%（w）时，甘醇类在液烃中的溶解损失一般为 0.01～0.07L/m³（甘醇类/液烃）。在含硫液烃中甘醇类抑制剂的溶解损失约是不含硫液烃的3倍。携带损失则随设备和操作不同变化较大，但通常小于 30kg/10⁶m³（甘醇类/天然气），或约为 26L/10⁶m³（甘醇类/天然气）。

甲醇因易于蒸发，故其在气相中的损失量必须予以考虑。根据甲醇在使用条件下的压力和温度，可由图3-3查出甲醇在最低温度（t_2）和相应压力下的天然气中的气相含量与甲醇在水溶液中浓度之比值 α，再按下式计算出甲醇此时的气相含量 W_{g} 为

$$W_{\text{g}} = \alpha C_{\text{m}} \tag{3-6}$$

式中 W_{g}——甲醇在最低温度和相应压力下的天然气中的气相含量，kg/10⁶m³；

α——甲醇在最低温度和相应压力下的天然气中的气相含量，kg/10⁶m³/甲醇在水溶液中的质量分数，%。

当换算为向体系（管道或设备中）注入的含水甲醇浓度的用量时，甲醇的损失量 q_{g} 的计算式为

$$q_{\text{g}} = \frac{\alpha C_{\text{m}} q_{\text{NG}}}{C_{\text{l}}} 10^{-6} \tag{3-7}$$

式中 q_g——按向体系注入浓度为 C_1 计的含水甲醇在气相的损失量，kg/d；
C_1——向体系注入的含水甲醇的浓度，%（w）；
q_{NG}——体系中的天然气流量，m³/d；
α 可由图 3-3 查出。

由于实际过程中尚存在一些未知因素，故甘醇类抑制剂实际用量取计算值的 1.15～1.2 倍，甲醇的实际用量取计算值的 3 倍。当气体携带的液态水含盐量较高，例如含量超过 40～60g/L，则应考虑水中溶解盐产生的抑制效果，适当减少醇类的用量。

必须强调的是，注入的抑制剂可能会给下游生产装置（例如天然气加工及化工装置）某些工艺设备的操作带来问题。在这种情况下，应该确保将抑制剂有效地从气体中分离掉。

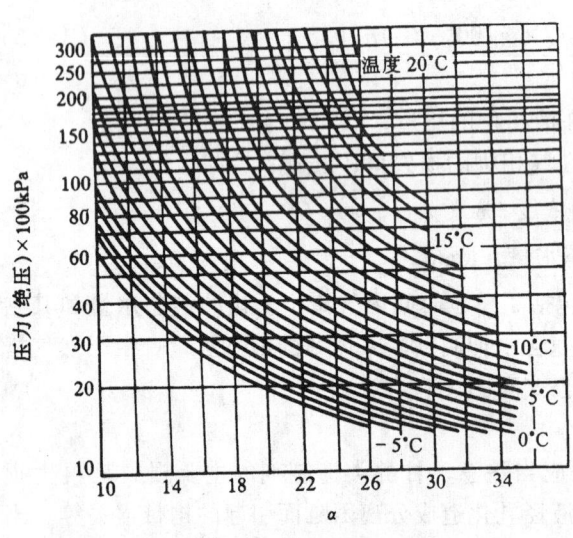

图 3-3 甲醇的气相损失量

[例 3-1] 某天然气，其相对密度为 0.70。流量为 43000m³/d，压力为 6.90MPa（绝），温度为 26.7℃，含水。为防止此天然气在 6.90MPa（绝）及 4.4℃下形成水合物，注入纯甲醇作抑制剂。试估算注入的甲醇抑制剂的用量。

[解] 由图 2-7 查得，此气体在 6.90MPa（绝）及 26.7℃下水含量为 0.544g/m³（GPA），在 6.90MPa（绝）及 4.4℃ 下水含量为 0.144g/m³（GPA）。

已知气体质量相同时 1m³ = 0.985m³（GPA）。因此，在 6.90MPa（绝）下由 26.7℃ 降至 4.4℃ 时，气体析出的液态水量 q_W = (0.544 - 0.144) × 43000 × 0.985 = 16.94（kg/d）

由图 2-15 知，此气体在 6.90MPa（绝）下形成水合物形成温度为 18.3℃，故所需水合物形成的温度降 Δt = (18.3-4.4) = 13.9℃。

由式（3-2）得 $C_m = \dfrac{13.9 \times 32 \times 100}{1297 + 13.9 \times 32} = 25.5\%(w)$

由图 3-3 查得在 6.90MPa（绝）及 4.4℃时，α = (16.1kg/10⁶m³ 天然气)/(25.5% 的甲醇溶液)

由式（3-7）求得甲醇的气相损失量 q_g = 16.1 × 25.5 × 43000 × 10⁻⁶ = 17.65(kg/d)

由于注入纯甲醇作抑制剂，C_1 = 100%，故由式（3-5）求得甲醇在液相中的用量 q_1 = $\dfrac{25.5 \times 16.94}{100 - 25.5}$ = 5.80(kg/d)

因此，注入的最低甲醇用量 q_t = 17.65 + 5.80 = 23.45(kg/d)

[例 3-2] 某天然气，其相对密度为 0.7，流量为 288100m³/d，含水，在埋地管道中输送时，冷却到 7.2℃，管道压力为 6.20MPa（绝），乙二醇抑制剂浓度为 75%（w）。如果天然气进入管道时的温度为 32.2℃，试估算注入乙二醇抑制剂的用量。

[解] 由于理论计算和实际操作中会有一些误差与未知因素，在计算中应考虑一定的安全系数。通常是将气体达到的最低温度再降低 2.5～5℃。因 Hammerschmidt 公式比较保守，所以此处取 2.8℃，即本例中取气体埋地管道中的最低温度为 7.2－2.8＝4.4（℃）。

由图 2－15 知，此气体在 6.20MPa（绝）下形成水合物的温度为 17.8℃，故所需水合物形成的温度降 $\Delta t = 17.8 - 4.4 = 13.4$（℃）。

由图 2－7 查得，此气体在 6.20MPa（绝）及 32.2℃ 下水含量为 $0.769 g/m^3$（GPA），在 6.20MPa（绝）及 4.4℃ 水含量为 $0.154 g/m^3$（GPA）。

在 6.20MPa（绝）下由 32.2℃ 降到 4.4℃ 时气体析出的液态水量 $q_W = (0.769 - 0.154) \times 288100 \times 0.985 = 174.5$（kg/d）。

由式（3－2）得，$C_m = \dfrac{13.4 \times 62 \times 100}{2222 + 13.4 \times 62} = 27.1\%$（$w$）。

由图 3－1 知，在 4.4℃ 时，此乙二醇水溶液（27.1%）不会"凝固"，故可进行下一步计算。

由式（3－5）求得乙二醇在液相水溶液中的用量 $q_1 = \dfrac{27.1 \times 174.5}{75 - 27.1} = 98.7$（kg/d）。

如注入的乙二醇浓度为 75%（w），在液相水溶液中的浓度为 65%（w），则此时乙二醇在水溶液中的用量 $q_1 = \dfrac{65 \times 174.5}{75 - 65} = 1134.2$（kg/d）。

浓度为 75% 的乙二醇在 32.2℃ 时的密度为 1.084kg/L，因此，注入的乙二醇体积流量 $q_1' = 1134.2 \div 1.084 = 1.046$（$m^3/d$）＝0.0436（$m^3/h$）。

4. 分子热力学模型法

在第二章中已经介绍了建立在分子热力学模型基础上的计算机模拟法。前面所提到的 Aqua * Sim、Process 及 CSMHYD 等程序，既可用于预测未注入抑制剂，又可用于预测注入抑制剂（例如，Aqua * Sim 软件可用于甲醇、乙二醇、二甘醇等）时气体水合物的形成条件。然而，要对含有抑制剂、水、可形成水合物的烃类及不形成水合物的烃类的这样一个体系进行蒸气/烃—液体/水溶液—液体/固体水合物的平衡计算是十分困难的。此外，气流携带的液态水中大多含有各种电解质（如 $NaCl$、$CaCl_2$）等，在天然气开采与集输过程中又往往向气流中加入各种化学剂（如缓蚀剂等），也使这类计算更加复杂化。关键问题之一是缺少可靠的实验数据。因此，近十多年来，人们加强了这一领域的研究工作，并取得了显著的成绩。例如，Ng 等（1994 年）报道了甲烷、二氧化碳、硫化氢、水四元体系及一个合成天然气在三种醇类水溶液中的水合物形成条件数据，Englezos 等（1994 年）测定了含聚环氧乙烷水溶液体系的甲烷、乙烷及丙烷水合物的形成条件，以及 Bishnoi 等（1991～1996 年）对气体在甲醇及电解质水溶液中的水合物的形成条件做了大量的实验工作等等。

第二节 动力学抑制剂及防聚剂法

传统的热力学抑制剂虽然已使用多年，但由于要求抑制剂在水溶液中的浓度（w）很高（10%～50%），因而用量较多。为了进一步降低油气开采成本，就必须开发一种可替代的、价格低廉且符合环保要求的新型水合物抑制剂。这对那些中、小型油气田，特别是对于海上油气田来讲尤其重要。例如，很多海上中、小型油气田在开采时可能要水下设施，并与已有的主平台连接起来。因此，在海下进行多相流开采可能是一个便宜的办法。在这种情况,尤其是在深水开采时,防止水合物形成的抑制剂成本则是一个需要考虑的重要经济因素。所以,自90年代以来,人们又在研制一些经济实用和符合环保要求,并可使未处理的多相井流物输送很长距离的新型水合物抑制剂,即水合物动力学抑制剂及防聚剂。其中,有的已在油、气田现场试验与使用,取得了比较满意的效果。

一、动力学抑制剂

这类抑制剂注入后在水溶液中的浓度(w)很低(小于0.5%),且不影响水合物形成的热力学条件。但是,它们可以推迟水合物成核和晶体生长的时间,因而也可起到防止水合物堵塞管道的作用。Kelland等(1995年)指出,尽管动力学抑制剂价格很高,但由于其使用量远低于热力学抑制剂,因而其操作成本还是比热力学抑制剂低很多。

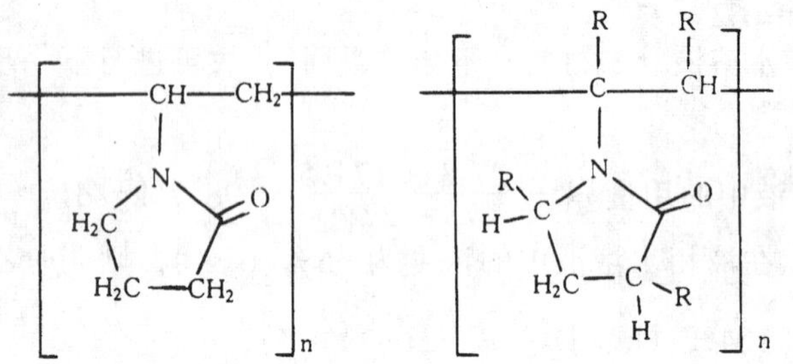

Duncum等(1993年)最早叙述了水合物动力学抑制剂,它们是酪氨酸及其一些衍生物。之后,Anselme等(1993年)指出,N—乙烯基吡咯烷酮(NVP)的聚合物,如NVP均聚物(PVP)及它的丁基衍生物(Agrimer P—904)均可作为水合物抑制剂,见图3-4所示。Sloan(1994年)介绍的水合物抑制剂是含有五元环、六元环和七元环的聚合物,其中包括N—乙烯基吡咯烷酮(五元环)、羟乙基纤维素(六元环)及N—乙烯基己内酰胺(七元环)的聚合物。在这些动力学抑制剂中,NVP均聚物的丁基衍生物(Agrimer P—904)和NVP、N—乙烯基己内酰胺及二甲胺基丙烯酸甲酯的三聚物(Gaffix VC—713,见图3-5)的抑制剂效果均较PVP要好。图3-5中从左至右为N—乙烯基己内酰胺、N—乙烯基吡咯烷酮及二甲胺基丙烯酸甲酯。

图3-4 PVP及其丁基衍生物(R为C_4H_9)的单元结构

动力学抑制剂是一些水溶性或水分散性的聚合物。可以设想,它们是在水合物成核和生长的初期中吸附在水合物颗粒的表面上,从而防止颗粒达到临界尺寸(在这种尺寸下,颗粒的生长在热力学上是有利的),或者使已达到临界尺寸的颗粒缓慢生长。描述动力学抑制剂与水合物表面作用的分子热力学模型法也支持这一论点。Rodger(1994年)的试验表明,N—乙烯基吡咯烷酮的环是一些活性中心。它们主要是通过吡咯烷酮的氧在水表面形成两个氢键而吸附到水合物表面上。计算机模拟也表明,吡咯烷酮的环能结合到晶体表面,成为水合物笼形结构的一部分。吸附到水合物上的几个环联合作用,就可防止水合物颗粒进一步生长。此外,除吡咯烷酮以外的其它部分的结构,以及除聚乙烯基链以外连接到聚合物上的其它类型的链,也可能与水合物具有更大的相互作用能量。

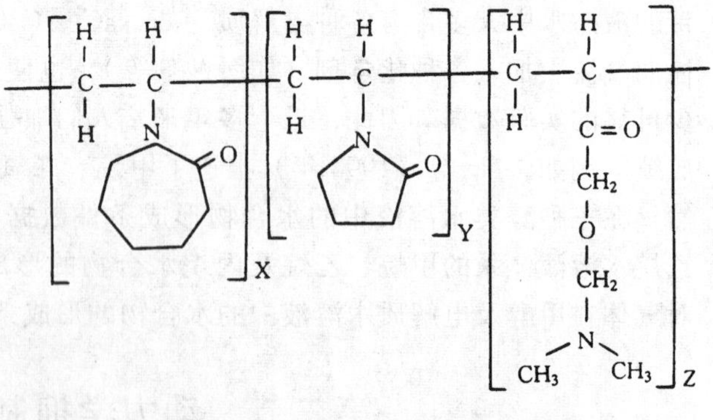

图3-5 三聚物Gaffix VC—713单体的单元结构

必须说明的是，动力学抑制剂在水合物晶体缓慢生长期间，可能会防止它们的聚结，也可能不会防止它们的聚结。当动力学抑制剂的抑制效果消失及水合物快速自动催化形成过程开始时，水合物就会迅速聚结并形成段塞块。

动力学抑制剂抑制效果用过冷度来表示。所谓过冷度就是管道等体系内实际操作温度低于该体系水合物形成温度之差值。目前已开发使用的动力学抑制剂的主要缺点是抑制效果有限。尽管至今报道过的动力学抑制剂在实验室内当过冷度为10℃时，可使水合物成核及晶体生长时间推迟2~3天，但现场试验所得到的过冷度则不超过7~8℃，相当于约15%~18%（w）的甲醇抑制剂的效果。

然而，目前所开发的动力学抑制剂从结构上看还远远不是最佳的，还可能有其它类型抑制效果更好的动力学抑制剂有待进一步开发。

动力学抑制剂目前已在美国陆上及英国海上一些油、气田现场进行了试验与应用。德士古公司（Texaco）等（1996年）采用PVP在美国陆上油、气田进行了试验，但其抑制效果不是非常好。英国石油公司（BP）（1996年）在英国北海南部的West Sole气田也采用了一种性能较好的动力学抑制剂进行了实验。目前，英国石油公司采用的动力学抑制剂的过冷度不大于8~9℃，这对West Sole气田来讲是足够的，因为该气田仅要求过冷度为6~7℃。

二、防聚剂

这一类抑制剂注入的浓度（w）也较低（小于0.5%）。它们虽然不能防止水合物的形成，但却可以防止水合物颗粒聚结及在管壁上粘附。这样，水合物就不会在管道中沉积，而呈浆液状在管道内输送，因而也就不会堵塞管道。

防聚物是一些聚合物和表面活性剂，仅仅在水和液烃（油）同时存在时才会防止水合物在管道中聚结或沉积。近几年来，法国石油研究院（IFP）在其专利中详细介绍了许多表面活性剂，它们的主要作用是用作水合物防聚剂。Muijs等（1990年）及Reijnhout等（1993年）也在其专利中介绍了一些有防聚作用的表面活性剂，包括烷基芳香族磺酸盐（Dobanax系列）及烷基聚苷（Dobanol系列）。Urdahl等（1995年）也指出，包括烷基乙氧苯基化合物在内的一些表面活性剂也可作为水合物的防聚剂。

尽管这些表面活性剂的防聚机理在专利中并未讨论，但在形成水合物之前有些防聚剂使油水相乳化似乎是其关键。对这些化合物来讲，防聚效果可能取决于注入部位的混合方法和管道中的扰动情况。由于O/W型乳化液中水是连续相，似乎更趋向于水合物的聚结。相反，W/O型乳化液也许更有利于防止水合物的聚结。这是因为在水合物晶体形成期间和形成之后，防聚剂和液烃一起可以防止晶体聚结，而且液烃还可提供使水合物颗粒输送的连续相。因此，如果加入的防聚剂在水合物晶体形成期间能防止乳化水滴聚结，形成后能保持其分散，就可防止水合物晶体聚结。

由于防聚剂不象动力学抑制剂那样受过冷度的影响，因此，它们的温度、压力应用范围更广。但是，防聚剂只有在液烃存在时才有效果，而且，受液烃类型、水含量及水的盐含量的影响。Kelland（1997年）认为，只有当水含量（相对于液烃）低于30%~40%时，采用防聚剂才有效果。

防聚剂目前也在美、英等国的陆上及海上油、气田上进行了现场试验。壳牌（Shell）公司在美国密执安州陆上及挪威北海的Statoil油田已经完成了现场试验。该公司还希望将防聚剂用于墨西哥湾的深水油、气田上。当水深大于1000m时，在海底管道中输送多相流的井流物时，要求过冷度至少为15℃。但目前所采用动力学抑制剂还不可能达到这样大的过

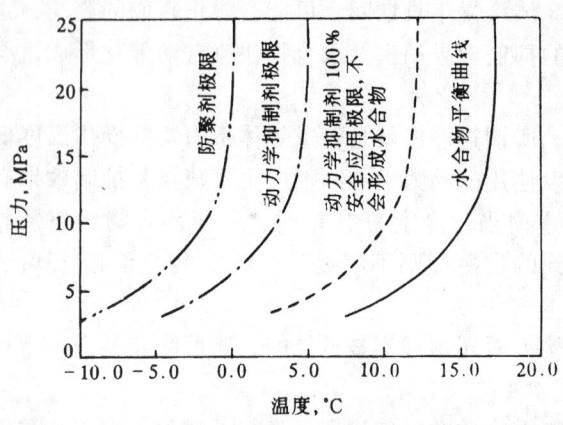

图3-6 动力学抑制剂和防聚剂的
压力—温度理论应用极限

冷度。

三、动力学抑制剂与防聚剂的压力—温度理论应用极限

Kelland等（1995年）给出了动力学抑制剂和防聚剂的压力—温度理论应用极限，见图3-6所示。图3-6中除给出水合物形成平衡曲线外，还给出了目前动力学抑制剂压力—温度安全应用区，以及未来动力学抑制剂可能达到的压力—温度安全应用区。未来的动力学抑制剂在现场使用时至少可期望得到10℃以上的过冷度。由于防聚剂在理论上不会影响水合物形成过程的动力学条件，因此，就可期望它们在使用时不受过冷度的影响。然而，当过冷度很大时形成水合物的推动力可能很大，因而就可使防聚剂无法防止分散的水合物颗粒聚结，所以，在图3-6中仍然增加了假设的防聚剂过冷度的极限。

第四章 吸收法脱水

前已述及，自地下储集层中采出的天然气及脱硫后的天然气中一般都含水。水是天然气中最令人讨厌的杂质之一。对于要求管道输送的天然气，通常必须符合一定的质量要求，其中包括水露点或水含量这项指标，故在管输之前大多需要脱水。此外，在天然气加工过程中由于采用低温，也要求脱除天然气中的水。例如，当采用深冷分离回收天然气液时，为了防止水（以及二氧化碳）在低温下形成固体，堵塞冷箱、膨胀机出口及脱甲烷塔塔顶等低温部位，因而要将天然气中的水脱除，使其露点达到 -100℃ 以下。此外，还要求将天然气中的二氧化碳含量脱除至 2% 以下。

天然气脱水就是脱除天然气中的水蒸气，使其露点达到一定的要求。脱水前含水天然气的露点与脱水后干气的露点之差称为露点降。人们常用露点降表示天然气的脱水深度，例如，已知某天然气在 3.45MPa（绝）和 15.6℃ 时水含量为 $0.48kg/10^3m^3$（GPA），如该天然气要在 3.45MPa（绝）和 -6.7℃ 下用管道输送，由图 2-7 查得此时天然气中水含量为 $0.11kg/10^3m^3$（GPA），也就是说，由于温度降低，原来存在于天然气中的 $0.48kg/10^3m^3$（GPA）水，只有 $0.11kg/10^3m^3$（GPA）仍为饱和水蒸气含在天然气中，其余 $0.37kg/10^3m^3$（GPA）冷凝为游离水。这些游离水是形成天然气水合物并堵塞管道、加速天然气中酸性组分腐蚀等的潜在因素。如果天然气经过脱水处理，使其露点降低 27.8℃，则意味着在温度降至 -12.2℃ 前，天然气中不会析出液态水。由图 2-7 可知，在 3.45MPa（绝）和 -12.2℃ 时天然气中水含量约为 $0.08kg/10^3m^3$（GPA），换句话说，要使天然气的露点降低 27.8℃，必须从 $1000m^3$（GPA）气体中脱除 0.40kg 的水。

天然气脱水的方法有冷却法、吸收法和吸附法等。吸收法采用液体吸收剂（液体干燥剂）及氯化物盐溶液作脱水吸收剂。常用的液体吸收剂为甘醇类化合物，氯化物盐溶液为氯化钙水溶液。吸附法采用固体吸附剂（固体干燥剂）脱水，常用的脱水吸附剂为氧化铝、硅胶和分子筛。目前，普遍采用吸收法及吸附法脱水。

第一节 天然气脱水的方法

一、冷却脱水法

冷却脱水又可分为直接冷却、加压冷却、膨胀制冷冷却和机械制冷冷却四种方法。

1. 直接冷却法

由图 2-7 可知，当压力不变时天然气的水含量随温度降低而减少。如果气体温度非常高时，为了某些特定目的，采用直接冷却法有时也是经济的。但是，由于冷却脱水往往不能达到气体露点要求，故常与其它脱水方法结合使用。冷却脱水后的气体温度与此时露点相同，因此，只有使气体温度上升或压力下降，才能使气体的温度高于露点，所以此法的使用受到很大限制。当气体压力较低，使用直接冷却法脱水后的气体露点达不到要求，而采用加压冷却或机械制冷冷却又不经济时，则需采用其它脱水方法。

2. 加压冷却法

此法是根据在较高压力下天然气水含量减少的原理，将气体加压冷却使部分水蒸气冷凝，并由压缩机出口冷却器后的气液分离器中排出。但是，这种方法通常也难达到气体露点要求，故也多与其它方法结合使用。例如，国内大部分天然气液回收装置均采用低压伴生气为进料气，为了提高天然气液收率，大多采用压缩与冷却（或冷冻）的方法，即将伴生气先经过多级压缩（一般是 2～3 级）加压到较高压力，然后冷却至常温再用机械制冷或气体膨胀制冷的方法将气体冷冻至低温，从而获得较高的天然气液收率。在多级压缩过程中，压缩机每级出口的气体经级间冷却器或后冷却器冷却后，都会析出一部分游离水，因而大大减轻了其后脱水设备的负荷。所以，对于这类天然气液回收装置，虽然进料气加压的主要目的是为了提高天然气液收率，但同时也达到使进料气部分脱水的目的。

3. 膨胀制冷冷却法

膨胀制冷冷却法也称低温分离（LTS 或 LTX）法。此法是利用焦耳—汤姆逊效应使高压气体膨胀制冷获得低温，从而使气体中一部分水蒸气和烃类冷凝析出。这种方法大多用在高压凝析气井井口，将高压井流物从井口压力膨胀至一定压力。膨胀后的温度往往在水合物形成温度以下，所产生的水合物、液态水及凝析油随气流进入一个下部设有加热盘管的低温分离器中，利用加热盘管使水合物融化，而由低温分离器分出的干气通常即可满足管输要求，作为商品气外输，见图 4-1 所示。如果气体露点要求较低，或者膨胀后的气体温度较低，还可采用注入乙二醇或二甘醇抑制剂的方法，以抑制水合物的形成。

膨胀制冷冷却法既可从井口高压井流物中脱除较多的水，又能比常温分离法回收更多的烃类，故在一些高压凝析气井井口经常使用。

4. 采用机械制冷（冷剂制冷）的油吸收法或冷凝分离法

目前，油吸收法天然气液回收装置均采用机械制冷，即所谓冷冻吸收法或低温油吸收法。通常，在此法中还将乙二醇或二甘醇注入该装置低温系统的天然气中，以抑制水合物的形成，并在进行天然气脱水的同时也回收了

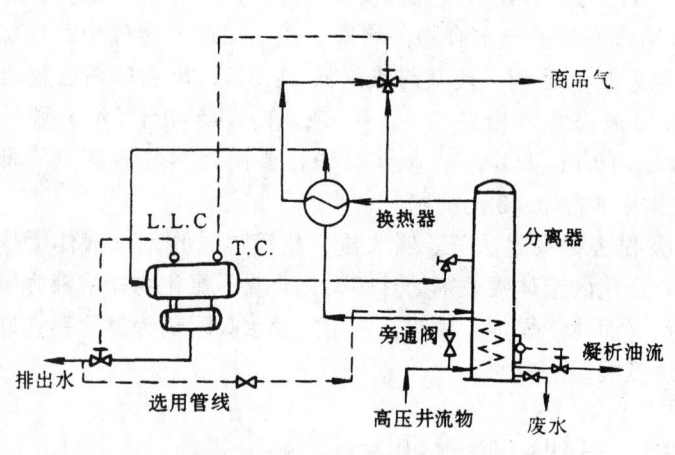

图 4-1 简单的低温分离法流程示意图

部分液烃。此法与膨胀制冷冷却法相似。

冷凝分离法是利用天然气中各组分沸点不同的特点，在逐级降温过程中，将沸点较高的烃类冷凝与分离出来的一种天然气液回收方法。当采用浅冷分离（天然气冷冻温度约在 -20～-30℃）时，有的天然气液回收装置也将乙二醇或二甘醇注入低温系统的天然气中。

由此可知，冷却脱水法大多和天然气液回收装置中的其它方法结合使用。

二、吸收法

吸收脱水是根据吸收原理，采用一种亲水液体与天然气逆流接触，从而脱除气体中的水蒸气。用来脱水的亲水液体称为脱水吸收剂或液体干燥剂（简称干燥剂）。

1. 常用脱水吸收剂

用作脱水吸收剂的物质应对天然气中的水蒸气有很强的亲合能力，热稳定性好，脱水时不发生化学反应，容易再生，蒸气压低，粘度小，对天然气和液烃的溶解度较低，起泡和乳化倾向小，对设备无腐蚀性，同时还应价格低廉，容易得到。常用的脱水吸收剂是甘醇类化合物和氯化钙水溶液，目前广泛采用的是甘醇类化合物。各种常用脱水吸收剂的优缺点见表4-1。各种甘醇化合物的主要理化性质见表3-1。

表4-1 常用脱水吸收剂比较

脱水吸收剂	优 点	缺 点	适用范围
$CaCl_2$水溶液	a.投资与操作费用低，不燃烧； b.在更换新鲜$CaCl_2$前可无人值守	a.吸水容量小，且不能重复使用； b.露点降较小，且不稳定； c.更换$CaCl_2$时劳动强度大，且有废$CaCl_2$水溶液处理问题	边远地区小流量、露点降要求较小的天然气脱水
DEG水溶液	a.浓溶液不会"凝固"； b.天然气中含有H_2S、CO_2、O_2时，在一般温度下是稳定的； c.吸水容量大	a.蒸汽压较TEG高，蒸发损失大； b.理论热分解温度较TEG低，仅为164.4℃，故再生后的DEG水溶液浓度较小； c.露点降较TEG溶液得到的小； d.投资及操作费用较TEG高	集中处理站的大流量、露点降要求较大的天然气脱水
TEG水溶液	a.浓溶液不会"凝固"； b.天然气中含有H_2S、CO_2、O_2时，在一般温度下是稳定的； c.吸水容量大； d.理论热分解温度较DEG高(206.7℃)，故再生后的TEG水溶液浓度(w)较高（约99%甚至更高）； e.露点降可达40℃甚至更大； f.蒸气压较DEG低，蒸发损失小； g.投资及操作费用较DEG低	a.投资及操作费用较$CaCl_2$水溶液法高； b.当有液烃存在时再生过程易起泡，有时需要加入消泡剂	集中处理站内大流量、露点降要求较大的天然气脱水

2．甘醇法脱水的优缺点

甘醇法脱水与固体吸附剂法脱水是目前普遍采用的两种天然气脱水方法。对于甘醇法脱水来讲，由于三甘醇脱水露点降大、成本低和运行可靠，在各种甘醇化合物中其经济效益最好，因而在国外广为采用。在我国，由于二甘醇及三甘醇的产量及价格等因素，二甘醇和三甘醇均有采用。当采用三甘醇脱水和固体吸附剂脱水都能满足露点降要求时，采用三甘醇脱水经济效益更好。甘醇法脱水与吸附法脱水相比，其优点是：

①投资较低。据报道，建设一座处理能力为$28\times10^4 m^3/d$天然气的固体吸附剂脱水装置，比三甘醇脱水装置投资高50%，而建设一座处理能力为$140\times10^4 m^3/d$天然气的固体吸

附剂脱水装置，其投资也约高33%。

②压降较小。甘醇法脱水的压降为35～70kPa，而固体吸附剂法脱水的压降为70～200kPa。

③甘醇法脱水为连续操作，而固体吸附剂法为间歇操作。

④采用甘醇法脱水时补充甘醇比较容易，而采用固体吸附剂法脱水时，从吸附塔（干燥器）中更换固体吸附剂费时较长。

⑤甘醇脱水装置的甘醇富液再生时，脱除1kg水分所需的热量较少。

⑥有些杂质会使固体吸附剂堵塞，但对甘醇脱水装置的操作影响甚小。

⑦甘醇脱水装置可将天然气中的水含量降低到$0.008g/m^3$。如果有贫液汽提柱，利用汽提气进行再生，天然气中的水含量甚至可降低到$0.004g/m^3$。

甘醇法脱水与吸附法脱水相比，其缺点是：

①天然气的露点要求低于-32℃时，需要采用汽提法进行再生。

②甘醇受污染或分解后具有腐蚀性。

吸收法脱水主要用于使天然气露点符合管输要求的场合，一般建在集中处理站（湿气来自周围气井或集气站）、输气首站内或天然气净化厂脱硫装置的下游。

三、吸附法

吸附法脱水是根据吸附原理，选择某些多孔性固体吸附天然气中的水蒸气。被吸附的水蒸气称为吸附质，吸附水蒸气的固体称为吸附剂或干燥剂。固体吸附剂脱水装置的投资和操作费用比甘醇脱水装置要高，故一般是在甘醇法脱水满足不了天然气露点要求时才采用吸附法脱水。

吸附法的优点是：

①脱水后的干气露点可低至-100℃，相当于水含量为$0.8mg/m^3$。

②对进料气压力、温度及流量的变化不敏感。

③无严重的腐蚀及起泡。

吸附法的缺点是：

①由于需要两个或两个以上吸附塔切换操作，故其投资及操作费用较高。

②压降较大。

③天然气中的重烃、H_2S和CO_2等可使固体吸附剂污染。

④固体吸附剂颗粒在使用中可产生机械性破碎。

⑤再生时消耗的热量较多，在小流量操作时更为显著。

一般说来，除在下述情况之一时推荐采用吸附法脱水外，采用甘醇（TEG）法脱水将是最普遍而且可能是最好的选择：

①天然气脱水的目的是为了符合管道输送要求，但又不宜采用甘醇法脱水的场合。例如，在海上平台由于波浪起伏会影响吸收塔内甘醇溶液的正常流动，或天然气是酸气等。

②高压（超临界状态）二氧化碳脱水。因为此时二氧化碳在三甘醇溶液中溶解度很大。

③用于冷冻温度低于-34℃的天然气加工时的脱水。

④同时脱水和烃类以符合水露点和烃露点的要求。

⑤从贫气中回收天然气液，此时往往需要采用制冷的方法。

吸附法脱水主要用于天然气凝液回收、天然气液化装置中的天然气深度脱水，防止天然气在低温系统中产生水合物堵塞设备和管道。另外，在压缩天然气（CNG）加气站中为防止 CNG 在高压（通常为 20MPa）下及使用中从高压节流至常压时产生水合物堵塞，也采用吸附法脱水。

第二节 甘醇脱水工艺及设备

通常，采用甘醇法脱水即可使天然气的露点满足管道输送的要求。甘醇法脱水主要采用二甘醇和三甘醇作脱水吸收剂，根据要求的露点降、甘醇货源情况和天然气组成等进行比较后选择其中的一种。现以广为应用的三甘醇为例，对其脱水工艺及主要设备进行介绍。

一、工艺流程

图 4-2 所示为典型的三甘醇脱水装置工艺流程。该装置由高压吸收系统及低压再生系统两部分组成。由于进入吸收塔的气体中不允许含有游离液体（水与液烃）、化学剂、压缩机润滑油及泥沙等物，所以，湿天然气进入装置后，先经过进口气涤器（洗涤器或分离器）除去游离液体和固体杂质。如果天然气中杂质过多，还要采用过滤分离器。进口气涤器顶部设有捕雾器（除沫器），用来脱除出口气体中携带的液滴。

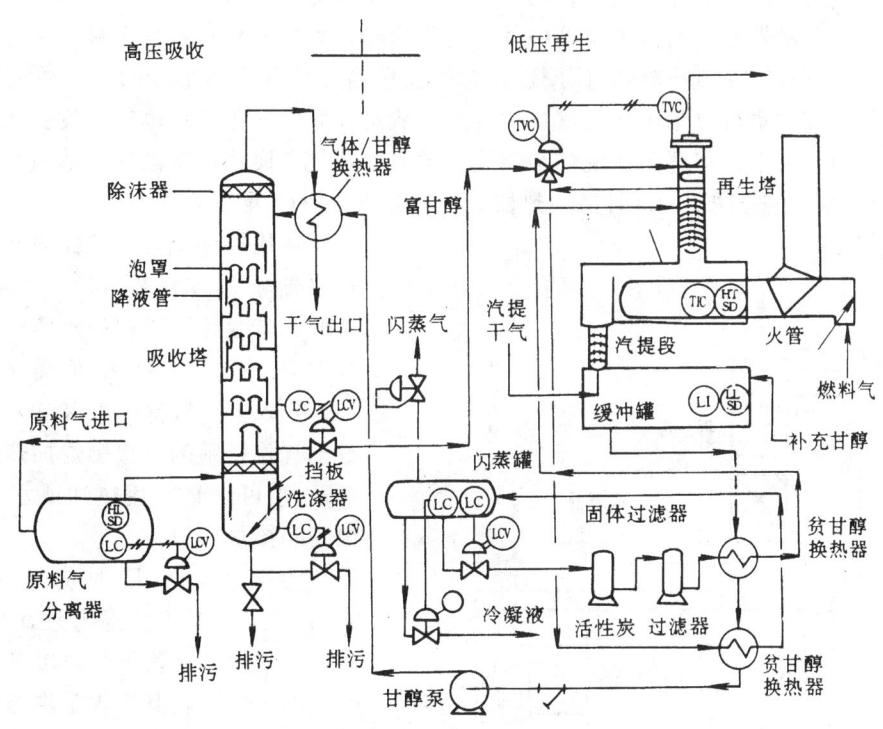

图 4-2 甘醇脱水装置工艺流程示意图

图中所示的吸收塔（接触器）为板式塔，通常选用泡帽塔板或浮阀塔板。由进口气涤器顶部分出的湿天然气进入吸收塔的底部，向上通过各层塔板，与向下流过各层塔板的甘醇溶液逆向接触时，使气体中的水蒸气被甘醇溶液所吸收。吸收塔顶部也设有捕雾器（除沫器），用来脱除出口干气中携带的甘醇溶液液滴，减少甘醇损失。离开吸收塔的干气经过气体/贫甘醇换热器（贫甘醇冷却器），用来冷却进入吸收塔的甘醇贫液（贫甘醇），然后，进入管道外输。对于小型脱水装置，气体/贫甘醇换热器也可采用盘管安装在吸收塔顶层塔板与捕雾器之间。

经气体/贫甘醇换热器冷却后的贫甘醇进入吸收塔顶部，由顶层塔板依次经各层塔板流至底层塔板。底层塔板的溢流管上装有液封槽，用以对塔板进行液封。

吸收了天然气中水蒸气的甘醇富液（富甘醇）从吸收塔底部流出，先经高压过滤器（图中未画出）除去由进料气带入的固体杂质，再与再生好的热甘醇贫液（热贫甘醇）换热后进入闪蒸分离器（闪蒸罐），经过低压闪蒸分离，分出被甘醇溶液吸收的烃类气体。这部分气体一般作为再生系统重沸器的燃料，但含硫化氢的闪蒸气则应去火炬灼烧后放空。

从闪蒸分离器底部排出的富甘醇依次经过纤维过滤器（固体过滤器）和活性炭过滤器除去甘醇溶液在吸收塔中吸收与携带过来的少量固体、液烃、化学剂及其它杂质。这些杂质可以引起甘醇溶液起泡、堵塞再生系统的精馏柱（通常是填料柱），还可使重沸器的火管结垢。如果甘醇溶液在吸收塔中吸收的液烃较多，也可采用三相闪蒸分离器将液烃从底部分出。否则，液烃除使甘醇溶液在再生时起泡外，进入再生系统这些液烃最终将由精馏柱顶部排向大气，不仅很不安全，也会增加精馏柱的甘醇损失。

由纤维过滤器和活性炭过滤器来的富甘醇经贫/富甘醇换热器预热后，进入重沸器上部的精馏柱中。精馏柱一般充填填料，例如陶瓷的英特洛克斯（Intalox）填料。富甘醇在精馏柱内向下流入重沸器时，与由重沸器中气化上升的热甘醇蒸气和水蒸气接触，进行传热与传质。精馏柱顶部装有回流冷凝器（分凝器），以在精馏柱顶部产生部分回流。回流冷凝器可以采用空气冷却，也可以采用冷的富甘醇冷却。从富甘醇中气化的水蒸气，最后从精馏柱顶部排至大气中。通常，将再生系统的精馏柱、重沸器及装有换热盘管的缓冲罐（相当于图4-2中的贫甘醇换热器即贫/富甘醇换热器）统称为再生塔或再生器。

从精馏柱流入重沸器的富甘醇，在重沸器中被加热到 177～204℃ 左右，以便充分脱除所吸收的水蒸气，并使甘醇溶液中的甘醇浓度提浓到 99%（w）以上。重沸器可以是采用闪蒸气或干气作燃料的直接燃烧加热炉（火管炉），也可以是采用热油或水蒸气作热源的间接加热设备。

为保证再生后的贫甘醇浓度在 99%（w）以上，通常还需向重沸器中通入汽提气。汽提气可以是从燃料气引出的干气，将其通入重沸器底部或重沸器与缓冲罐之间的溢流管或贫液汽提柱（见图4-3所示），用以搅动甘醇溶液，使滞留在高粘度甘醇溶液中的水蒸气逸出，同时也降低了水蒸气分压，使更多的水蒸气从重沸器和精馏柱中脱除，从而将贫甘醇中的甘醇浓度进一步提浓。若天然气要求露点很低（-73～

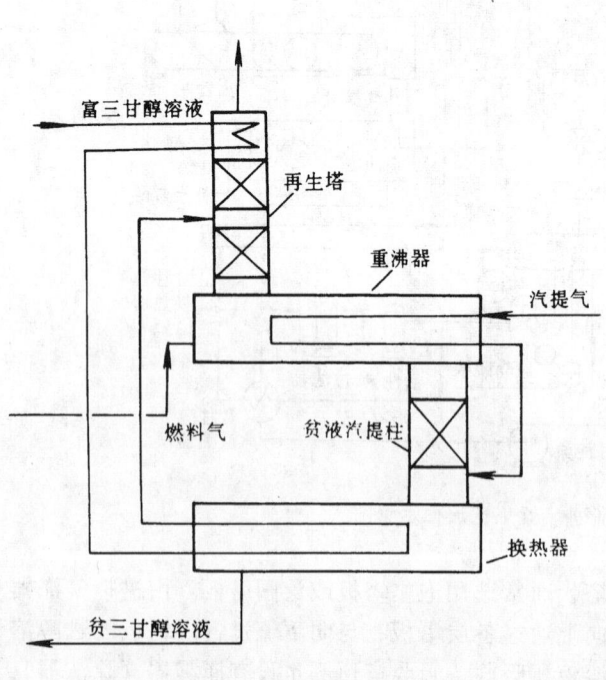

图4-3 有贫液汽提柱及缓冲罐的再生塔

-95℃），或气体中含有较多的芳烃时，也可将干燥过的芳烃预热气化后作为汽提气，通入贫液汽提柱的下方。由精馏柱顶部放空的芳烃蒸气经冷凝后循环使用。为了得到高浓度的贫甘醇，除采用汽提法外，还可采用负压法及共沸法。共沸法采用异辛烷、甲苯等作为共沸剂，干气露点可达-90℃以下。负压法现已很少使用。

再生好的热贫甘醇由重沸器流经贫/富甘醇换热器等冷换设备进行冷却。当采用装有换热盘管的缓冲罐时，热贫甘醇则由重沸器的溢流管流入缓冲罐中，与流经缓冲罐内换热盘管的冷富甘醇换热。缓冲罐也起甘醇泵的供液罐作用。离开贫/富甘醇换热器（或缓冲罐）的贫甘醇经甘醇泵加压后去气体/贫甘醇换热器进一步冷却，然后再进入吸收塔顶部循环使用。甘醇泵可以是电动泵，也可以是液动泵或气动泵。当为液动泵时，可用吸收塔塔底来的高压甘醇富液作为液动泵的动力源，甘醇富液通过甘醇泵动力端后再进入闪蒸分离器。

对于含 H_2S 的酸性天然气，当其采用三甘醇脱水时，由于 H_2S 会溶解到甘醇溶液中，不仅导致溶液 pH 值降低，而且也会与三甘醇反应使溶液变质。因此，从甘醇脱水装置吸收塔流出的富甘醇进再生系统前应先进入一个富液汽提塔，用不含硫的净气或其它惰性气汽提。脱除的 H_2S 和吸收塔顶脱水后的酸性天然气汇合后去脱硫装置。

二、主要设备

由图 4-2 可知，甘醇脱水装置高压吸收系统的主要设备为吸收塔，低压再生系统的主要设备为再生塔。

1．高压吸收系统主要设备

（1）吸收塔　吸收塔通常是由底部的进口气涤器（分离器、洗涤器）、中部的吸收段、顶部的气体/贫甘醇换热器及捕雾器组成的一个整体。当进料气较脏且含游离液体较多时，最好将进口气涤器与吸收塔分别设置。吸收塔吸收段一般采用泡帽塔板，也可采用浮阀塔板或规整填料。泡帽塔板适用于粘性液体和低液气比的场合，在气体流量较低时不会发生漏液，也不会使塔板上液体排干。最近我国川东矿区引进的 4 套三甘醇脱水装置中有 2 套（$100×10^4m^3/d$）的吸收塔采用 Nutter 浮阀塔板，另 2 套（$50×10^4m^3/d$）的吸收塔采用规整填料。

由于甘醇易于起泡，故板式塔的板间距不应小于 0.45m，最好是 0.6~0.75m。吸收塔顶部都设有捕雾器，以除去≥$5\mu m$ 的甘醇液滴，使干气中携带的甘醇少于 $0.016g/m^3$，从而减少甘醇损失。捕雾器到干气出口的间距不应小于吸收塔内径的 0.35 倍，顶层塔板到捕雾器的间距则应不小于塔板间距的 1.5 倍。

（2）进口气涤器　进料气中一般都含有液体与固体杂质。这些杂质会给吸收塔的操作带来很多问题，故在进料气脱水之前，必须先在进口气涤器中把这些杂质分离出来。这些杂质对三甘醇脱水的影响是：

①游离水增加了甘醇溶液循环量（以下简称甘醇循环量）、重沸器热负荷及燃料用量。如果造成脱水装置在超负荷下运行，甘醇就可能从吸收塔和再生塔的精馏柱顶部被气流携带出去。

②溶于甘醇溶液中的液烃或油（芳香烃或沥青胶质）可降低甘醇溶液的脱水能力，并使甘醇溶液起泡。不溶于甘醇溶液的液烃或油也会堵塞塔板，使重沸器的传热表面结焦，以及造成溶液粘度增加。

③携带的盐水（随天然气一起采出的地层水）中溶解有很多盐类。盐水溶于甘醇后可使碳钢，尤其可使不锈钢产生腐蚀。盐水沉积在重沸器火管表面上，还可使火管表面产生热斑

(或局部过热)甚至烧穿。

④井下化学剂诸如缓蚀剂、酸化及压裂液等均可使甘醇溶液起泡，并具有腐蚀性。如果沉积在重沸器火管表面上，也可使火管表面产生热斑。

⑤固体杂质诸如泥沙及铁锈或FeS等腐蚀产物，它们可促使甘醇溶液起泡，使阀门及泵受到侵蚀，并可堵塞塔板或填料。

由此可见，进口气涤器是甘醇脱水装置的一个十分重要的设备。很多处理量较大的甘醇脱水装置都在吸收塔之前设有气涤器甚至还有过滤分离器。进口气涤器的尺寸应按最大气体流量的125%来设计，并应配有高液位停车的自控设施。

2. 再生系统主要设备

(1) 闪蒸分离器　甘醇溶液在吸收塔的操作压力和温度下除了吸收湿天然气中的水蒸气外，还会吸收少量的天然气，尤其是包括芳香烃在内的重烃。闪蒸分离器的作用就是在低压下分出富甘醇中所吸收的这些烃类气体，以减少再生系统精馏柱顶的气体和甘醇损失量。闪蒸气量取决于甘醇泵的类型。如采用往复泵，则从吸收塔来的富甘醇中不会溶解有很多气体，在6.90MPa及38℃下约为0.0075m^3天然气/L三甘醇。溶解在富甘醇中的这些气体大部分在闪蒸分离器中分离出来。如果采用甘醇液动泵，由于这种泵用吸收塔底部来的富甘醇作为一部分动力源，其余动力则靠吸收塔来的高压气体补充，因此，向泵补充的气量远远大于燃料气及汽提气的用量。

进料气如为贫气，由于气体中所含重烃较少，在闪蒸分离器中通常没有液烃存在，故可选用两相(气体和甘醇溶液)分离器，液体在闪蒸分离器中的停留时间为5~10min。进料气如为富气，由于气体中所含重烃较多，在闪蒸分离器中将有液烃存在，故应选用三相(气体、液烃和甘醇溶液)分离器。因重烃会使甘醇溶液乳化和起泡，因此，液体在闪蒸分离器中的停留时间应为20~30min。为使闪蒸气不经压缩即可用作燃料气或汽提气，并保证闪蒸分离后的富甘醇有足够的压力流过过滤器及贫/富甘醇换热器等设备，闪蒸分离器的压力最好在0.35~0.52MPa。

当需要在闪蒸分离器中分离液烃时，可将吸收塔来的富甘醇先在贫/富甘醇换热器中预热至一定温度。预热可以降低液体粘度并有利于液烃—富甘醇的分离，但同时又增加了液体在甘醇溶液中的溶解度，故最高预热温度不能超过93℃，最好在38~66℃。

(2) 精馏柱　由吸收塔来的富甘醇在再生塔精馏柱和重沸器内进行再生(提浓)。对于小型脱水装置，常将精馏柱安装在重沸器上部。精馏柱内一般充填1.2~2.4m高的陶瓷或不锈钢填料(25或38mm的Intalox填料或鲍尔环)，大型脱水装置有时也采用塔板。精馏柱顶部设有冷却盘管，可使部分水蒸气冷凝，成为精馏柱顶的回流，从而使柱顶温度得到控制，并可减少甘醇损失量。无汽提气时，塔顶温度控制在99℃；有汽提气时，塔顶温度控制在88℃。当回流量约为水蒸气排放量的30%时，由柱顶排放的水蒸气中甘醇损失量非常小。

在一些小型的脱水装置中精馏柱下段保温，上段裸露，或者在上段外部焊有垂直的冷却翅片，靠周围大气冷却提供回流。这种方式虽然经济简单，但却无法使回流量保持平稳。

当甘醇溶液所吸收的重烃中含有芳香烃时，这些芳香烃将随水蒸气一起从精馏柱顶排向大气。此时，应将放空气引至地面，使其在罐中冷凝，排放的冷凝物应符合苯的排放规定。对于含硫化氢或硫醇的放空气，也可采用灼烧的方法进行处理。

(3) 重沸器　重沸器的作用是用来提供热量将富甘醇加热至一定温度，使富甘醇中所吸收的水分汽化并从精馏柱顶排放。除此以外，重沸器还要提供回流热负荷以及补充散热损失。

重沸器通常为卧式容器，既可采用火管直接加热，也可采用水蒸气或热油间接加热。如果有条件，还可采用气体透平或引擎的废气作为热源。采用三甘醇脱水时，重沸器火管传热表面热流密度的正常范围是 $18\sim25kW/m^2$，最高不超过 $31kW/m^2$。由于甘醇在高温下会分解变质，因此，重沸器中三甘醇温度不能超过 $204℃$，管壁温度也应低于 $221℃$。当重沸器采用水蒸气或热油作热源时，热流密度由热源温度控制。热源温度推荐为 $232℃$，有时也可用 $260℃$。不论采用何种热源，重沸器内的甘醇溶液液位应比顶部传热管高 $150mm$。

甘醇脱水装置是通过控制重沸器温度以得到必要的再生深度或贫甘醇浓度。如图 4-4 所示，在重沸器温度为 $204℃$ 下再生时，贫三甘醇的浓度为 99.1%（w），与图中大气压下沸点曲线估计值相比，此贫液浓度要高出 0.4%（w），这是因为重沸器中的甘醇溶液在再生时还有溶解烃类的解吸作用。此外，海拔高度也有一定影响。如果进料气温度高、压力低，则要求的贫甘醇浓度更高，这就要求采用汽提法、负压法或共沸法来提高再生后的贫甘醇的浓度。

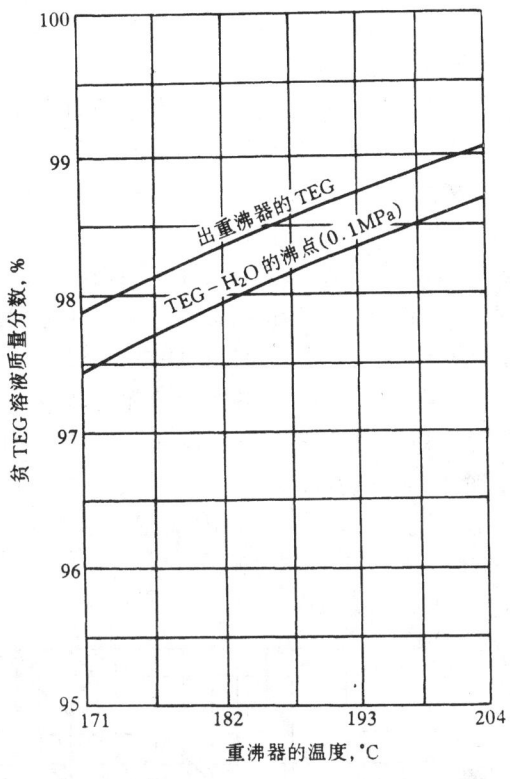

图 4-4 重沸器温度对贫甘醇浓度的影响

三、参数选择

优良的设计方案和合适的工艺参数是保证脱水装置安全可靠运行的关键。甘醇脱水装置操作温度的推荐值见表 4-2。

表 4-2 甘醇脱水装置操作温度推荐值

部　　位	温度或温度范围,℃
进料气	27~38
甘醇溶液进吸收塔	高于气体 3~8
甘醇溶液进闪蒸分离器	38~93（宜选 65）
甘醇溶液进过滤器	38~93（宜选 65）
甘醇溶液进精馏柱	93~149（宜选 149）
精馏柱顶部	99（有汽提气时为 88）
重沸器	177~204（宜选 193）
三甘醇溶液进泵	<93（宜选<82）

1. 吸收塔

吸收塔的脱水效果取决于进料气的流量、温度、压力及贫甘醇的浓度、温度和循环量。这些参数对吸收塔的操作影响如下所述。

(1) 进料气流量　吸收塔需要脱除的水量（kg/h）与进料气流量直接有关。吸收塔中的塔板通常均在低液气比的"吹液"区内操作。进料气流量增加，不仅使塔板上的"吹液"现象更加恶化，而且对吸收塔的操作极为不利。对于填料塔来讲，不论是采用乱堆或规整填料，由于液体以润湿膜的形式流过填料表面，因而不受"吹液"现象的影响。贫甘醇的循环量应该随着进料气流量的不同而有所差别。

大多数吸收塔的设计是比较保守的，因而可在超出设计处理量的 5%～10%，甚至 20% 情况下操作。当然，其它设备例如泵、重沸器等的处理能力也必须加以考虑。进料气流量的低限取决于吸收塔的保险设计和泡帽塔板的操作弹性（约为 5:1～6:1）。

(2) 进料气温度和压力　湿天然气进吸收塔的温度和压力决定了它的含水量和需要脱除的水量。由图 2-7 可知，在低温高压下，天然气中的含水量较低，因而吸收塔尺寸小，投资低。但是，低温下三甘醇溶液起泡增多，粘度增加，因此，进料气的温度不宜低于 15℃。在大多数情况下进料气的温度和压力是一定的。然而，如果进料气为来自胺法或碳酸钾溶液脱硫后的净气，当温度很高时（大于 48℃）应先冷却后再进入吸收塔。三甘醇脱水的操作压力一般为 2.76～10.46MPa，最低应大于 0.40MPa，小于此压力，应将低压气体增压后再去脱水。

(3) 贫三甘醇进塔的温度和浓度

贫三甘醇的脱水能力受到水在天然气和贫三甘醇体系中气液平衡的限制。图 4-5 为出吸收塔干气的平衡露点、吸收温度（脱水温度或接触温度）及贫三甘醇浓度（w）的关系图。由图 4-5 可知，当吸收温度一定时，随着贫三甘醇浓度增加，出塔干气的平衡露点显著下降。此外，平衡露点还受吸收温度（近似等于进料湿气温度）的影响，随着吸收温度降低，出塔干气的平衡露点也下降。但是正如前面所述，温度降低将使三甘醇溶液粘度增加，起泡增多。

(4) 甘醇循环量　进料气在吸收塔中获得的露点降随着贫甘醇浓度、甘醇循环量和吸收塔塔板数（或填料高度）的增加而增加。因此，选择甘醇循环量时必须考虑贫甘醇进吸收塔时的浓度、塔板数（或填料高度）和要求的露点降。

三甘醇循环量一般为 12.5～

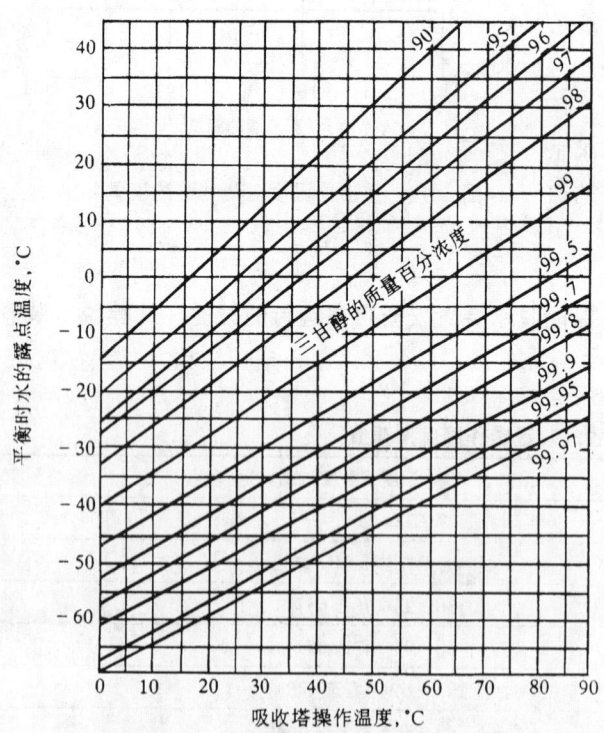

图 4-5　吸收塔温度、进塔 TEG 贫液浓度和出塔干气平衡露点关系

33.3L/kg 水。对于小型脱水装置,吸收塔内通常有 4~6 块塔板,三甘醇循环量一般为 20~25L/kg 水。对于大型装置,吸收塔通常有 8 块甚至更多的塔板,三甘醇循环量可减少至 16.7L/kg 水。与此同时,重沸器的热负荷也可相应降低。三甘醇循环量如低于 12.5L/kg 水,就难以使天然气与甘醇溶液保持良好的接触。当采用二甘醇作脱水吸收剂时的循环量一般为 40~100L/kg 水。

(5)吸收温度 三甘醇溶液的吸收温度一般为 10~54℃,但最好在 27~38℃。吸收温度低于 21℃时,甘醇溶液粘度过大,起泡增多,因而使塔板效率降低,甘醇损失增加,如低于 10℃,脱水效果就明显下降。吸收温度高于 43℃,进料气中水含量太高,而且甘醇溶液的脱水能力也会下降,见图 4-5 所示。

贫甘醇的进塔温度应比塔内气体温度高 3~8℃。如果贫甘醇温度比气体低,就会使气体中的一部分重烃冷凝,促使甘醇溶液起泡。反之,如果贫甘醇温度高于气体温度 8℃,三甘醇损失和出塔干气的露点就会不必要地增加很多。

2. 再生塔

甘醇溶液的再生深度主要取决于重沸器的温度,如要得到浓度更高的贫甘醇则应采用汽提等方法。通常采用控制精馏柱顶部温度的方法可使柱顶放空的甘醇损失减少至最低值。这些参数对再生深度的影响如下所述。

(1)重沸器温度 离开重沸器的贫甘醇浓度与重沸器温度和压力有关。由于重沸器一般均在常压下操作,所以贫三甘醇浓度只是随着重沸器温度增加而增加,见图 4-4 所示。温度大于 204℃时三甘醇溶液分解速率明显增加,故重沸器的温度范围一般为 177~204℃(如为二甘醇溶液,不应超过 162℃)。

(2)汽提气 当采用汽提法再生三甘醇溶液时,可用图 4-6 估算汽提气量。如汽提气直接通入重沸器中(此时,三甘醇重沸器下面的理论板数 $N_b = 0$),贫三甘醇浓度可达 99.6%(w)。如采用贫液汽提柱,在重沸器和缓冲罐之间的溢流管(高约 0.6~1.2m)内充填有 Intalox 填料或鲍尔环,汽提气一般从贫液汽提柱下方通入,见图 4-3 所示。此时,从重沸器来的贫甘醇在贫液汽提柱内与汽提气逆向流动,充分接触,不仅可使汽提气量减少,而且还使贫甘醇浓度高达 99.9%(w)以上。

(3)精馏柱温度 精馏柱顶的温度可通过调节柱顶回流量使其保持在 99℃ 左右,柱顶温度低于 93℃ 时,由于水蒸气冷凝量过多,会在柱内产生液泛,甚至将液体从塔顶吹出;柱顶温度超过 104℃ 时,甘醇蒸气会从塔顶排出。如果采用汽提法,柱顶温度可降低至 88℃。

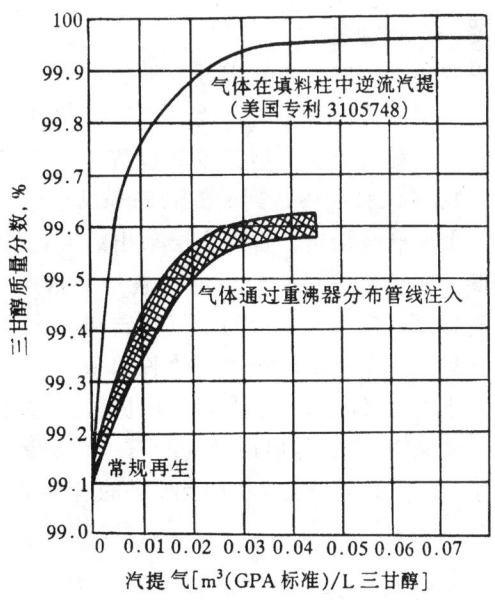

图 4-6 汽提气量对三甘醇浓度的影响

第三节 甘醇脱水工艺计算

进行甘醇脱水装置工艺计算时,首先需要确定以下数据:
①进料气流量,m^3/d。
②进料气进吸收塔的温度,℃。
③吸收塔操作压力,MPa。
④进料气组成或相对密度,进料气中酸性组分(H_2S、CO_2)含量。
⑤要求的露点降,或出吸收塔干气的露点(或水含量)。

除此之外,还要选定以下数据:
①根据脱水量选定甘醇循环量和吸收塔板数。对于小型脱水装置,三甘醇的循环量可选用20~25L/kg水;对于大型脱水装置,为了减少设备尺寸、节省能量,三甘醇循环量可选小一些。
②根据要求的露点降,选定所需要的贫甘醇进吸收塔的最低浓度。大多数三甘醇再生塔可得到浓度为99.0%~99.5%(w)的贫三甘醇。

然后,再进行物料与热量平衡计算及确定设备工艺尺寸。有时,在进行工艺计算时还可考虑以下安全系数:
①吸收塔增加一块塔板。
②选泵及确定管线直径时甘醇循环量增加15%裕量。
③重沸器热负荷增加25%裕量。
④换热器热负荷增加10%裕量。
⑤备用汽提气。

一、吸收塔

吸收塔可以是板式塔或填料塔。由于填料塔的高度约可低25%,塔的尺寸和重量都可减少,因而在海上平台广为采用。吸收塔的工艺计算主要包括:
①塔板(填料)型式及塔板数;②三甘醇溶液循环量;③塔径。

1. 要求吸收塔达到的露点降和脱水量

前面已经指出,自储集层采出的天然气及脱硫后的天然气中,一般都含有饱和水蒸气。因此,湿天然气进吸收塔温度就是其露点,其水含量可按入口温度和压力从图2-7查得。当进料气中含有相当量的二氧化碳和硫化氢时,由于这些酸性组分的存在明显地增加了气体水含量,因而也增加吸收塔的脱水量。

干气出吸收塔的水含量可根据管道输送或工艺要求来确定。然后,按照此要求及操作压力,从图2-7查得出口干气的露点。于是,要求吸收塔达到的露点降即为进料气入口温度和干气露点之差(℃),而吸收塔的脱水量 q_W 则为

$$q_W = \frac{(W_i - W_o)q}{24} \qquad (4-1)$$

式中 q_W ——吸收塔的脱水量,kg/h;
W_i ——进料气水含量,$kg/10^3 m^3$;
W_o ——干气水含量,$kg/10^3 m^3$;

q ——进料气流量，$10^3 m^3/d$。

2．进塔的贫三甘醇浓度

离开吸收塔的干气露点或进料气在吸收塔中可以获得的露点降取决于进塔的贫甘醇浓度、循环量、吸收塔的理论板数及操作条件等。

吸收塔的操作压力对干气露点影响较小。吸收塔内的操作温度（吸收温度）虽对出塔干气露点有影响，但因进料气的质量流量远大于进塔的贫甘醇质量流量，因而可以认为吸收塔的有效操作温度等于进料气入口温度。除操作压力低于1MPa外，吸收塔内各点温差很少超过2℃。

已知进料气入口温度和要求达到的干气露点，可由图4-5确定贫甘醇进塔时必须达到的最低浓度。不管吸收塔理论板数（理论接触级数）和三甘醇循环量如何，低于此浓度时出塔干气就不能达到预定的露点。

图4-5纵坐标表示的是干气的平衡露点，即当吸收塔顶气体和进塔贫甘醇在顶层塔板充分接触并达到平衡时才能达到的露点。一般情况下塔顶气体与进塔贫甘醇的接触时间不足以达到平衡，故出塔干气的实际露点比平衡露点要高，即

$$t_e = t_r - \Delta t \tag{4-2}$$

式中 t_e——出吸收塔干气的平衡露点，℃；

t_r——出吸收塔干气的实际露点，℃；

Δt——偏差值，一般为3~6℃。

t_r与t_e的接近程度取决于甘醇循环量、塔板数及其它影响气液平衡接触时间的各种因素。已知欲达到的干气露点（即实际露点）后，即可按式（4-2）求出其平衡露点，再按平衡露点由图4-5确定贫甘醇进塔时的浓度。实际上，也可按进料气经过前4块实际塔板时的露点降为33℃，然后每再经过一块实际塔板的露点降为4℃的经验值来估计进料气经过吸收塔的露点降。

3．进料气在吸收塔中获得的露点降

增加吸收塔理论板数和甘醇循环量会增加进料气的露点降，使出塔干气露点更接近其平衡露点，但投资和操作费用也相应增加。因此，应予以综合考虑，并尽量在满足出塔干气露点要求的条件下操作。

当吸收塔的理论板数分别为1、1.5、2及2.5（约相当于4、6、8、及10块实际塔板）时，贫三甘醇浓度、三甘醇循环量和露点降的关系见图4-7与图4-8。这些图的适用条件为

吸收塔实际塔板数	4~12
贫三甘醇浓度，%（w）	98.5~99.5
三甘醇循环量，L/kg 水	12.5~50
温度，℃	27~38
压力，MPa（绝）	2.07~9.65

当其它参数一定时，吸收塔操作压力每增加0.689MPa，露点降增加0.5℃。吸收塔温度变化时对露点降影响很小，而且，吸收温度在27~38℃之间的露点降还可以通过线性内插法求取。

因此，当进料气所要求的露点降、吸收塔的温度和压力等参数已知时，可由图4-7、

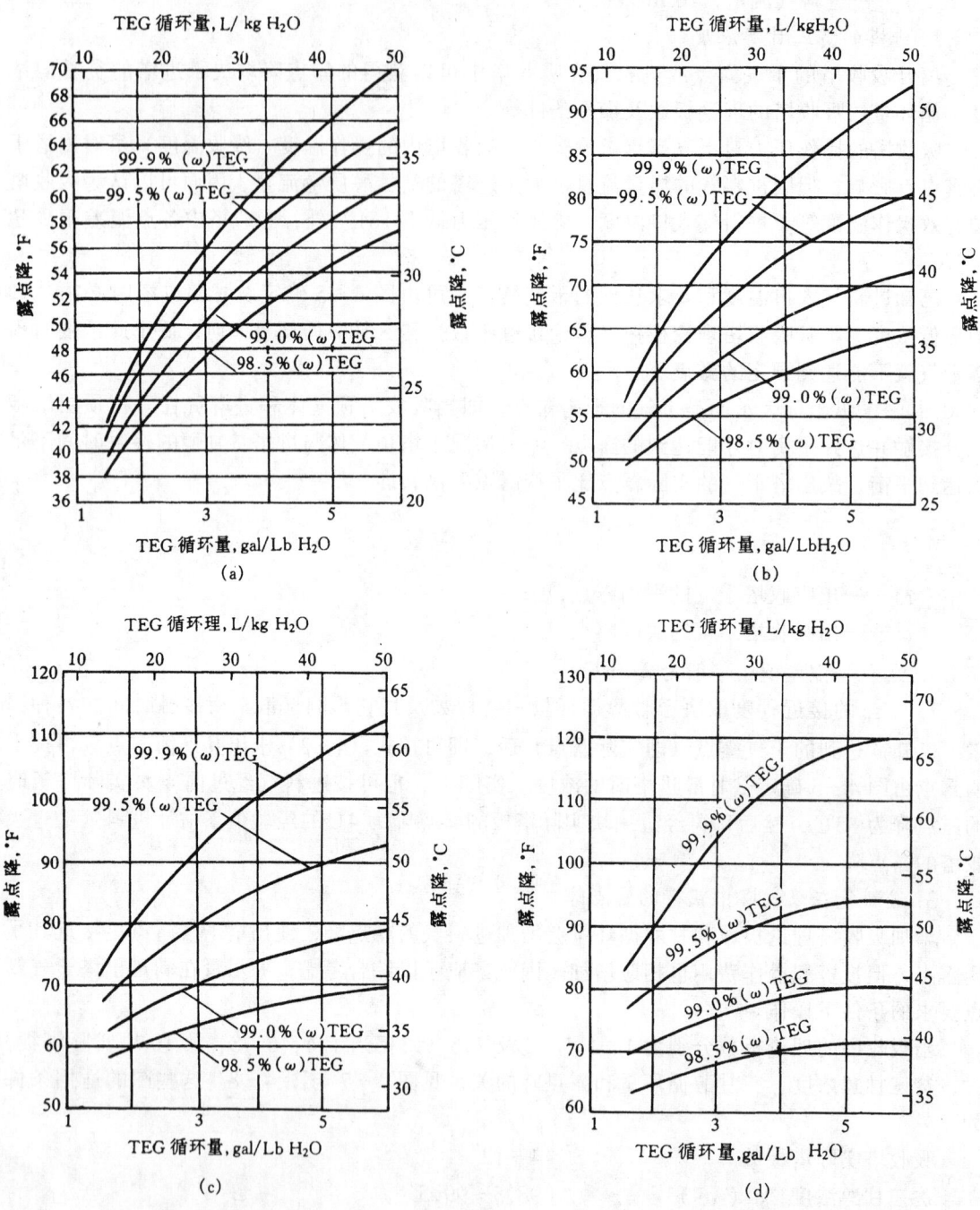

图 4-7 估计 27℃、4.14MPa（绝）下的露点降
(a) 1块理论板；(b) 1.5块理论板；(c) 2块理论板；(d) 2.5块理论板

图 4-8 来选择合适的贫甘醇浓度、甘醇循环量和吸收塔塔板数。

如需详细计算吸收塔所需的理论塔板数，可绘出修正的 McCabe—Thiele 图，用以确定三甘醇吸收塔的理论板数，然后除以板效率即可得到所需的实际板数。实践证明，任何甘醇

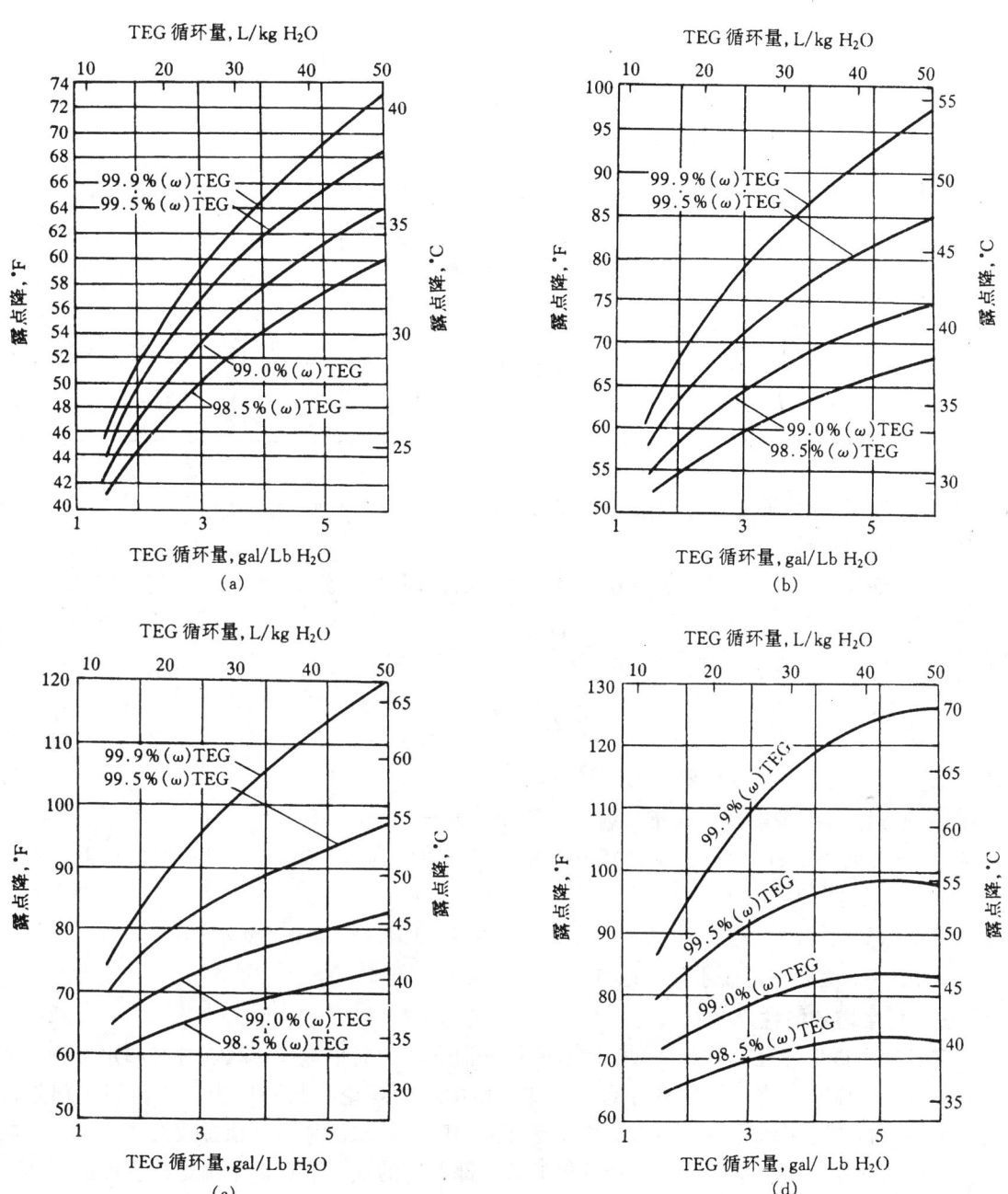

图 4-8 估计 38℃、4.14MPa（绝）下的露点降
(a) 1 块理论板；(b) 1.5 块理论板；(c) 2 块理论板；(d) 2.5 块理论板

吸收塔至少要有 4 块实际塔板才有良好的脱水效果，一般采用 4~12 块。对于泡帽塔板和浮阀塔板，其板效率推荐分别采用 25% 和 33%。

4. 吸收塔直径

吸收塔的允许空塔气速可由 Souders—Brown 公式来确定，即

$$v_g = K[(\rho_L - \rho_g)/\rho_g]^{0.5} \qquad (4-3)$$

式中 v_g ——允许空塔气速，m/s；

ρ_L ——甘醇在操作条件下密度，kg/m³；

ρ_g ——气体在操作条件下密度，kg/m³；

K ——经验常数，见表 4-3。

表 4-3 经验常数 K 值

塔板间距，mm	K 值
450	0.0366
560	0.0457
600	0.0488

根据进料气体积流量和吸收塔允许空塔气速，即可求出吸收塔的直径。

二、闪蒸分离器

闪蒸分离器的尺寸可根据液体停留时间来确定，即

$$V = q_L t/60 \qquad (4-4)$$

$$q_L = L_G q_W \qquad (4-5)$$

式中 V ——闪蒸分离器中要求的沉降容积，m³；

q_L ——甘醇溶液循环流量（简称甘醇循环流量），m³/h；

t ——停留时间，min。对两相分离器，停留时间为 5~10min；对三相分离器，停留时间为 20~30min；

L_G ——甘醇循环量，即每吸收 1kg 水所需甘醇溶液量，m³/kg 水；

q_W ——吸收塔的脱水量，kg/h。

三、再生塔精馏柱

富甘醇的再生过程实质上是甘醇和水两组分混合物的简单蒸馏过程。甘醇和水沸点相差较大，又不生成共沸物，故较易分离。因此，精馏柱的理论板数一般为 3 块，即底部重沸器、填料段和顶部回流冷凝器各为 1 块。富甘醇中吸收的水由精馏柱顶排放大气，再生后的贫甘醇由重沸器流出。精馏柱的直径可根据其底部所需的气、液负荷来确定，也可按下述经验公式来估算

$$D = 247.7\sqrt{q_L} \qquad (4-6)$$

式中 D ——精馏柱直径，mm。

填料段中至少应充填 1.22m 高的陶瓷 Intalox 填料或不锈钢鲍尔环填料，当重沸器热负荷超过 305kW（1.1×10⁶kJ/h）时，填料高度应增加到 2.44m。

四、重沸器

1. 重沸器热负荷

重沸器的热负荷可根据脱水量由下述经验公式估算

$$Q_R = 2171 + 274.88 L_G \tag{4-7}$$

式中　Q_R——脱除1kg水所需的重沸器热负荷，kJ/kg水；

　　　L_G——甘醇循环量，L/kg水。

需要说明的是，由上式估算的重沸器热负荷既未考虑汽提气的影响，也未考虑火管式重沸器的燃烧热效率。

2．重沸器的尺寸

当重沸器按45.8kW/m²的热流密度计算蒸气发生面积时，其工艺尺寸可按以下原则确定：

长径比＝5（推荐值）；最小直径＝457mm；最小长度＝1067mm。

3．汽提气的用量

采用汽提法时，通常用多孔管作汽提气分配器。汽提气必须经过预热，通常是在重沸器内预热后通入贫液汽提柱，也可预热后直接通入重沸器底部。

汽提气的用量可由图4-6来确定。当重沸器温度为204℃、汽提气直接通入重沸器中时，可将贫甘醇浓度（w）从99.1%增加至99.5%。如将汽提气通入贫液汽提柱中时效果更好，贫甘醇的浓度可高达99.9%。但是，采用汽提气也增加了操作费用，因而只在必要时才使用，且其用量应小于0.0224m³/L三甘醇。

五、冷换设备

甘醇脱水装置的冷换设备一般为精馏柱顶部的回流冷凝器、贫/富甘醇换热器及气体/贫甘醇换热器。它们的工艺尺寸确定原则如下所述。

1．回流冷凝器（分凝器）

回流热负荷可取甘醇溶液吸收的水在重沸器内全部汽化所需热负荷的25%~30%。传热系数可采用Seider—Tate公式计算。

计算换热器热负荷时应加上5%裕量，以考虑污垢热阻和甘醇循环流量波动的影响。

2．贫/富甘醇换热器

贫甘醇及富甘醇进口温度通常是已知的。贫甘醇进口与富甘醇出口的热端温差一般为33~50℃，但富甘醇出口温度高于149℃时将会部分汽化，导致去精馏柱的流速过大。此外，为防止在换热器中出现温度交叉，并控制闪蒸分离器和过滤器中甘醇温度，应由两个或多个换热器串联使用。

在小型脱水装置中，贫/富甘醇换热器可采用放在缓冲罐内的换热盘管。缓冲罐容积按液体停留时间为30min来确定，其长径比取4，最小直径为0.457m，最小长度为1.067m。

计算热负荷时，应加上5%裕量，以考虑污垢热阻和甘醇循环流量波动的影响。

3．气体/贫甘醇换热器

贫甘醇进吸收塔前应先用干气或空气将其冷却到仅比出塔干气高6℃左右。如果温度过高，会使顶层塔板上甘醇温度增加，导致出塔干气水含量增加。推荐贫甘醇与出塔干气换热，这样可防止贫甘醇被冷却至低于出塔干气温度。小型脱水装置常在吸收塔顶层塔板和捕雾器之间安装换热盘管。大型脱水装置采用垂直安装在吸收塔旁的套管式换热器或管壳式换热器。对于非常大的脱水装置，还可能需要强制送风式空气冷却器或管壳式水冷却器。

贫甘醇出换热器的温度应比进料气进吸收塔的温度高3~6℃。因此，气体/贫甘醇换热器应按将甘醇从 82~93℃ 冷却至 43~49℃ 来计算其尺寸。计算热负荷时应加上 5%~10% 裕量，以考虑污垢热阻和甘醇循环流量波动的影响。

六、工艺计算示例

现以三甘醇脱水装置为例，对其工艺设计计算进行介绍。工艺计算所需的甘醇溶液有关性质，可从有关文献中查取。

[例 4-1] 某三甘醇脱水装置，进料气为高压贫气，其设计基础数据如下：

进料气流量	$2.266 \times 10^6 \text{m}^3$（GPA）/d 或 $2.301 \times 10^6 \text{m}^3$/d
进料气相对密度	0.59
进料气相对分子质量	17.0
吸收塔压力	5.52MPa（绝），海拔 305m，大气压为 97.9kPa
进料气温度	31.7℃
进料气湿度	饱和
出塔干气露点	-2.2℃

[解]

1. 设计依据

(1) 贫甘醇浓度 再生好的贫甘醇浓度选用 98.9%（w），这是因为：
① 重沸器的温度可采用 199℃（图 4-4）。
② 不需要汽提气。
③ 平衡露点为 -12℃（图 4-5）。
④ 实际露点与平衡露点之差 $\Delta t = -2.2 - (-12) = 9.8℃$。

(2) 三甘醇循环量 选用 16.7L/kg 水，这是因为：
① 可满足吸收塔塔板对甘醇循环流量的要求。
② 较低的甘醇循环流量符合节能要求。

(3) 吸收塔塔板数 选用泡帽塔板，实际塔板数为 7 块（板效率为 25%），这是因为：
① 要求的露点降为 $31.7 - (-2.2) = 33.9℃$。
② 在 4.14MPa（绝）下按 1.5 块理论塔板（板效率为 25% 时，实际塔板数为 6 块）估计可获得的露点降为：

由图 4-8，吸收温度为 38℃ 时的露点降为 31.9℃；由图 4-7，吸收温度为 27℃ 时的露点降为 30.8℃；由内插法近似求得吸收温度为 31.7℃ 时的露点降为 31.4℃。

已知吸收塔压力每增加 0.689MPa，露点降增加 0.5℃，因图 4-7 及图 4-8 中的吸收塔压力为 4.14MPa（绝），而本例中吸收塔实际压力为 5.52MPa（绝），故在 5.52MPa（绝）及 31.7℃ 时的露点降为：

$$\text{露点降} = 31.4 + \frac{0.5 \times (5.52 - 4.14)}{0.689} = 32.4（℃） \quad （小于 33.9℃）$$

③ 用同样的方法按 2 块理论板（板效率为 25% 时，实际塔板数为 8 块）估计可获得的露点降为 37.9℃ > 33.9℃。

④ 因此，实际塔板数选用 7 块，可满足干气露点为 -2.2℃ 或水含量为 0.112g/m³（GPA）的要求。

2. 物料平衡

(1) 脱水量　由图 2-7 查得进料气水含量 = 833g 水/1000m³（GPA）= 833kg 水/10⁶m³（GPA）；

干气水含量 = 112g 水/1000m³（GPA）= 112kg 水/10⁶m³（GPA）；

进料气脱水量 = $\dfrac{2.266 \times (833-112)}{24}$ = 68（kg/h）。

(2) 甘醇循环流量　进料气带入的水量 = $\dfrac{2.266 \times 833}{24}$ = 78.6（kg 水/h）。
三甘醇循环流量按脱除进料气带入的全部水量计算。此法虽然保守，但却比较安全。
故三甘醇循环流量 = 16.7 × 78.6 = 1312（L/h）= 1.312（m³/h）；
贫甘醇浓度为 98.9%（w），在吸收温度下的密度为 1.11kg/L。故其质量循环流量 = 1312 × 1.11 = 1455（kg/h）。

(3) 贫甘醇流量　贫甘醇浓度为 98.9%（w），流量为 1455kg/h。
故贫甘醇中的三甘醇量 = 1455 × 0.989 = 1439（kg/h）；
贫甘醇中的水量 = 1455 × 0.011 = 16（kg/h）。

(4) 富甘醇流量　富甘醇中的三甘醇量 = 1439（kg/h）；
富甘醇中的水量 = 16 + 68 = 84（kg/h）；
故富甘醇流量 = 1439 + 84 = 1523（kg/h）；
富甘醇浓度 = $100 \times \dfrac{1439}{1523}$ = 94.5%（w）。

3. 吸收塔
(1) 直径　三甘醇在操作条件下的密度 = 1110（kg/m³）；
气体在操作条件下的密度 = 41.6（kg/m³）；

塔板间距取 0.6m，由式（4-3），吸收塔允许气体速度 = $0.0488 \times \left(\dfrac{1110-41.6}{41.6}\right)^{0.5}$ = 0.247（m/s）；

进料气在操作条件下的体积流量 = $\dfrac{2.266 \times 10^6 \times 0.89 \times 0.1013 \times (273+31.7)}{(273+15.6) \times 5.52}$ = 39075（m³/d）= 0.452（m³/s）；

吸收塔截面积 = 0.452/0.247 = 1.831（m²）；

吸收塔直径 = $\sqrt{\dfrac{(4)(1.831)}{\pi}}$ = 1.526（m），取内径为 1.60m。

(2) 高度　吸收塔直径 D = 1.60m；
吸收塔内塔板间距为 0.60m，共 7 层塔板，高度 = 4.20m；
进口气涤器高度（1D）= 1.60（m）；
贫甘醇进口至塔顶捕雾器高度（1D）= 1.60（m）；
吸收塔总高度 = 4.20 + 1.60 + 1.60 = 7.40（m）。

4. 重沸器
(1) 热负荷　重沸器热负荷可按 Sivalls 法或经验法确定。
①Sivalls 法重沸器热负荷由以下几部分组成：
a. 将贫甘醇由 143℃ 加热至 199℃ 所需热量 Q_{R1}：贫甘醇（浓度为 98.9%）在平均温度

171℃时的比热容为3.02kJ/(kg·K)，故

$$Q_{R1} = 1455 \times (199 - 143) \times 3.02 = 246000 (kJ/h)$$

b. 将贫甘醇在吸收塔内吸收的水在重沸器中汽化所需热量 Q_{R2}：水的汽化热为2257kJ/kg，故

$$Q_{R2} = 68 \times 2257 = 154000 (kJ/h)$$

c. 将精馏塔柱顶回流（水）汽化所需热量 Q_{R3}：回流量按占精馏柱顶水蒸气排放量的30%来计，故

$$Q_{R3} = 0.30 \times 154000 = 46200 (kJ/h)$$

d. 精馏柱散热损失 Q_{R4}：根据精馏柱尺寸不同，$Q_{R4} = 5300 \sim 21000 kJ/h$，此处取 Q_{R4} 为20000kJ/h。

e. 重沸器热负荷 Q_{RT}'：Q_{RT}' 为上述几部分之和，即

$$Q_{RT}' = 246000 + 154000 + 46200 + 20000 = 466000 (kJ/h) = 129 (kW)$$

此处未考虑火管式重沸器的燃烧热效率，若热效率取70%，则

$$燃料气热负荷 = 663000 (kJ/h) = 184 (kW)$$

② 重沸器热负荷也可按经验法确定。

a. 根据脱水量由式（4-7）估算，即

$$脱除1kg水需的重沸器热负荷 Q_R = 2171 + 274.88 \times 16.7 = 6761 (kJ/kg 水)$$

$$重沸器热负荷 Q_{RT} = 6761 \times 68 = 459800 (kJ/h) = 128 (kW)$$

b. 考虑10%的设计裕量，故重沸器热负荷取140kW。

③ 重沸器火管传热表面的热流密度取 $20.5 kW/m^2$，故

$$重沸器火管传热面积 = 140/20.5 = 6.8 (m^2)$$

5. 贫/富甘醇换热器

(1) 贫、富甘醇进口与出口温度　贫甘醇进口温度为199℃，出口温度为88℃；富甘醇进口温度为32℃，出口温度为 t。

(2) 贫甘醇热负荷　贫甘醇（浓度为98.9%）在平均温度143℃的比热容为2.86kJ/(kg·K)，故

$$贫甘醇热负荷 = 1455 \times (199 - 88) \times 2.86 = 462000 (kJ/h)$$

(3) 计算富甘醇出口温度　假定富甘醇出口温度为138℃，富甘醇（浓度为94.5%）在平均温度85℃时的比热容为2.60kJ/(kg·K)，由热量平衡确定富甘醇的出口温度，即

$$462000 = 1523 \times 2.59 \times (t - 32)$$

$$t = 149 (℃)$$

6. 甘醇泵

选用电动甘醇泵，并计算其功率和贫甘醇经泵增压后的温升。

(1) 功率　泵的排量取34L/min，贫甘醇经泵增压后的压力增加值为

$$\Delta p = 5.52 - 0.0979 = 5.42 \text{（MPa）}$$

经计算，泵的轴功率为 4.10kW，故可选用功率为 5.5kW 的泵。

（2）贫甘醇经泵增压后的温升　贫甘醇在泵进、出口温度下的平均比热容取 2.43kJ/(kg·K)，其温升可通过热量平衡确定，即

$$4.10 \times 3600 = 1455 \times 2.43 \times (\Delta t)$$

$$\Delta t = 4.2 \text{（℃）}$$

7．气体/贫甘醇换热器

（1）贫甘醇热负荷　贫甘醇进口温度为 88℃，出口温度为 38℃。贫甘醇在平均温度 63℃ 时的比热容为 2.34kJ/(kg·K)，故

$$\text{贫甘醇热负荷} = 1455 \times 2.34 \times (88 - 38) = 170000 \text{（kJ/h）}$$

（2）气体温降　由于出吸收塔干气质量流量远大于贫甘醇质量循环流量，故干气经过气体/贫甘醇换热器后的温降较小，其值可由热量平衡确定。

$$\text{干气摩尔流量} = \frac{2.266 \times 10^6 \times 273}{288.6 \times 24 \times 22.4} = 3987 \text{（kmol/h）}$$

干气的摩尔比热容为 37.7kJ/(kmol·K)，由热量平衡确定干气温降 Δt 为

$$170000 = 3987 \times 37.7 \times (\Delta t)$$

$$\Delta t = 1.1 \text{（℃）}$$

8．精馏柱
(1) 直径　直径按式（4-6）来确定，即
直径 $= 247.7 \sqrt{1.312} = 284$（mm）（可取 300mm）
(2) 填料高度　精馏柱高取 1.85m，内充填 25mm 的陶瓷 Intalox 填料。

第四节　甘醇质量在脱水装置操作中的重要性

在甘醇脱水装置操作中经常发生的问题是甘醇损失过大和设备腐蚀。进料气中含有液体和固体杂质、甘醇操作中氧化或降解变质、甘醇泵泄漏和设备尺寸设计不周等，都是甘醇损失过大和设备腐蚀的原因。例如，进料气中含有某些液体及固体杂质，当其进入吸收塔后会污染甘醇，增加起泡倾向，使塔顶出现严重雾沫夹带，造成甘醇大量损失，严重时还会使吸收塔产生液泛等等。因此，除在腐蚀严重的设备或部位采用耐腐蚀材料外，在操作中采取相应措施，避免甘醇受到污染，是防止或减缓甘醇损失过大和设备腐蚀的重要内容。

一、保持甘醇洁净

防止或减缓甘醇损失过大和设备腐蚀的关键是保持甘醇洁净。实际上，甘醇在使用过程中将会受到各种污染。产生这些污染的原因和解决办法如下所述。

1．氧气串入系统

甘醇脱水系统中含有氧气时会使甘醇氧化变质，生成腐蚀性有机酸，故应严防氧气串入系统。甘醇储罐没有采用惰性气体密封、甘醇泵泄漏以及进料气中可能含氧都会使氧气进入系统。为此，甘醇储罐的上部空间应该采用微正压的干气或氮气密封；当甘醇泵出现泄漏时应该及时检修，杜绝泄漏。有时，也可向脱水系统中注入抗氧化剂（例如乙醇胺），其量为1~2g/L 甘醇。

2. 降解

富甘醇在再生时如果温度过高会降解（热降解）变质。因此，当采用三甘醇脱水时，重沸器温度应低于204℃，火管传热表面的热流密度则应小于25kW/m²。同时，还应定期对火管传热表面上由于油污和盐类沉积引起的热斑进行检查并及时清扫。

3. pH 值降低

当天然气中含有硫化氢或二氧化碳时，通常应先脱硫，后脱水。但当含硫化氢或二氧化碳的酸性天然气要经过管道送至距离较远的脱硫厂时，由于酸性天然气在管输中可能有游离水产生，也可以先脱水后脱硫。如果酸性天然气先脱水，用来脱水的甘醇就会呈现酸性并具有严重的腐蚀性，故尤其要重视酸性天然气脱水装置的腐蚀问题。

甘醇热降解或氧化变质（氧化降解），以及硫化氢和二氧化碳溶解在甘醇中反应所生成的腐蚀性酸性化合物，可通过加入硼砂、三乙醇胺、NACAP 等碱性化合物来中和。其中，NACAP 不仅是控制甘醇溶液 pH 值的缓冲剂，而且也可起到缓蚀剂、消泡剂及破乳剂的作用。但是，这些碱性化合物加入量过多就会析出沉淀，产生淤渣，故加入速度要慢，加入量要少，例如，胺的加入量为 0.30kg/m³ 甘醇。当用碱性化合物对甘醇溶液进行中和时，甘醇过滤器需要经常切换，以除去过滤器中积累的淤渣。此外，在操作中还要定期检测甘醇的 pH 值，其最佳 pH 值见表 4-4，当 pH 值大于 9 时，甘醇溶液也容易起泡和乳化。

表 4-4 甘醇质量的最佳值

参　数	富甘醇	贫甘醇
pH[①]	7.0~8.5	7.0~8.5
氯化物，mg/L	<600	<600
烃类[②]，%(w)	<0.3	<0.3
铁离子[②]，mg/L	<15	<15
水[③]，%(w)	3.5~7.5	<1.5
固体悬浮物[②]，mg/L	<200	<200
起泡倾向	泡沫高度，10~20mL；破沫时间，5s	
颜色及外观	洁净，淡色到浅黄色	

① 富甘醇由于有酸性气体溶解，故其 pH 值较低。
② 由于过滤器过滤效果不同，贫甘醇与富甘醇中烃类、铁离子及固体悬浮物的数量可能有所差别。
③ 贫甘醇、富甘醇水含量相差应在 2%~6%。

4. 盐污染

盐分沉积在重沸器火管表面可以产生热斑并使火管烧穿。当甘醇中盐含量大于 0.0025%（w）时，就应将甘醇排放掉并对装置进行清扫。为了从甘醇中除去盐分，还可以建废甘醇复活设施或离子交换树脂床层，生成的水应先经过一个过滤分离器分出，以防止其进入吸收塔内。

5. 液烃

液烃可能是由进料气携带过来的,也可能是由于贫甘醇进塔温度比出塔干气低,使气体中重烃冷凝析出的,或可能是由甘醇吸收下来的。通常,可采用进口气涤器,保持贫甘醇进塔温度比出塔干气高6℃,合理设计三相闪蒸分离器的尺寸以及采用活性炭过滤器等措施,使液烃对甘醇的污染减少至最低程度。液烃如随富甘醇进入再生系统,将会在精馏柱内向下流入重沸器内并迅速汽化,造成大量甘醇被气体从柱顶带出。

在寒冷地区,为防止因吸收塔壁散热损失过大引起进料气在塔内冷凝,应将吸收塔保温或设置在室内。

6. 淤渣

进料气所携带的尘土、泥沙、管道污垢、储集层岩石细屑及硫化铁和氧化铁等腐蚀产物,如未经过进口气涤器脱除,就会进入吸收塔内的甘醇中。这些固体杂质与焦油状烃类合在一起,最后会沉淀出来并形成具有磨损性的黑色粘稠状物。它们不仅会使甘醇泵和其它设备受到侵蚀,引起吸收塔塔板及精馏柱的填料堵塞,还会沉积在重沸器火管传热表面产生热斑。因此,不论是富甘醇还是贫甘醇都要进行过滤,以使其中的固体杂质含量小于0.01% (w)。

7. 起泡

甘醇起泡有物理上的原因和化学上的原因。吸收塔内气体流速过高是甘醇起泡的物理原因,甘醇被固体杂质、盐分、缓蚀剂和液烃污染,则是其起泡的化学原因。

天然气进入吸收塔之前先在入口气涤器中脱除液体和固体杂质,将甘醇进行过滤,提高气体和贫甘醇进塔温度使其高于气体中重烃的露点,都是防止甘醇起泡的重要措施。此外,也可注入消泡剂防止甘醇溶液起泡。目前可用做消泡剂的物质很多,必须通过实验确定其效果和用量。常用的消泡剂有含硅的破乳剂、高分子醇类及乙烯和丙烯的嵌段聚合物等。注入消泡剂虽可防止甘醇起泡,但最好的方法还是采取措施,排除起泡的原因。

含硅的破乳剂价格较高,在重沸器中还会发生分解,反而加速甘醇起泡。因此,应确保将其用量控制在有效范围内。

二、甘醇质量的最佳值

甘醇脱水装置在操作中除应定期对贫、富甘醇取样分析外,如果怀疑甘醇受到污染,还应立即取样分析,并将分析结果与表4-4列出的最佳值进行比较并查找原因。如有必要,还应对甘醇组成进行分析。复活后的甘醇在重新使用之前必须进行检验。新补充的甘醇也应对其质量进行检验。补充的新鲜甘醇推荐其三甘醇浓度大于99%(w),其余为乙二醇、二甘醇及四甘醇,pH值则应在7~8。

甘醇溶液受到污染后应检测其起泡倾向并注入合适的消泡剂,直到找出污染原因并将其排除之后再停注消泡剂。

正常操作期间,甘醇脱水装置的三甘醇损失量一般不大于$15mg/m^3$天然气,二甘醇损失量一般不大于$22mg/m^3$天然气。

第五章 吸附法脱水

如前所述，吸附法脱水是指气体采用固体吸附剂脱水，故也称为固体吸附剂脱水。吸附是指气体或液体与多孔的固体颗粒表面相接触，气体或液体与固体表面分子之间相互作用而停留在固体表面上，使气体或液体分子在固体表面上浓度增大的现象。被吸附的气体或液体称为吸附质，吸附气体或液体的固体称为吸附剂（当吸附质是水蒸气或水时，此固体吸附剂又称为固体干燥剂，简称干燥剂）。根据气体或液体与固体表面之间的作用力不同，可将吸附分为物理吸附和化学吸附两类。

物理吸附是由流体中吸附质分子与固体吸附剂表面之间的范德华力引起的，吸附过程类似与气体凝结的物理过程。这一类吸附的特征是吸附质与吸附剂不发生化学反应，吸附速度很快，瞬间即可达到相平衡。物理吸附放出的热量较少，通常与气体凝聚热相当。物理吸附可以是单分子层吸附，也可以是多分子层吸附。当体系压力降低或温度升高时，被吸附的气体可以很容易地从固体表面脱附，而不改变气体原来的性状，故吸附与脱附是可逆过程。工业上利用这种可逆性，通过改变操作条件使吸附质脱附，达到使吸附剂再生、回收或分离吸附质的目的。

化学吸附是吸附质与固体吸附剂表面的未饱和化学键（或电价键）力作用的结果。这一类吸附所需的活化能大，所以吸附热也大，与化学反应热有同样的数量级。化学吸附具有选择性，而且吸附速度较慢，需要较长时间才能达到平衡。化学吸附是单分子层吸附，而且这种吸附往往是不可逆的，要很高的温度才能脱附，脱附出来的气体又往往已发生化学变化，不复具有原来的性状。

由于物理吸附过程是可逆的，故可通过改变温度和压力的方法改变平衡方向，达到吸附剂再生（即使吸附质从吸附剂表面脱附）的目的。因为用于天然气脱水和脱硫化物的吸附过程多为物理吸附，故本章以下仅介绍气体的物理吸附过程。

固体吸附剂的吸附容量（当吸附质是水蒸气时，又称为湿容量）与被吸附气体的特性和分压、固体吸附剂的特性、比表面积和空隙率以及吸附温度等有关。吸附质与吸附剂表面之间的分子引力主要决定于气体和固体表面的特性，故吸附容量（通常用 kg 吸附质/100kg 吸附剂表示）可因吸附质—吸附剂体系不同而有很大差别。

所以，尽管吸附剂可以吸附多种不同的气体，但不同吸附剂对不同吸附质的吸附容量（吸附活性、吸附能力）往往有很大差别，亦即不同吸附剂对不同吸附质具有选择性吸附作用。因此，可利用吸附过程这一特点，使流体与固体吸附剂表面接触，流体中吸附容量较大的一种或几种组分被选择性地吸附在固体表面上，从而达到与流体中其它组分分离的目的。目前，在天然气处理与加工过程中固体吸附剂除可用于天然气净化（即用于天然气脱水和脱硫化物）外，还可用于从天然气中回收液烃。

与甘醇吸收法比较，吸附法脱水的优缺点已在上章中介绍，此处就不再重述。

第一节 脱水吸附剂的选择

虽然所有固体表面对于流体或多或少具有物理吸附作用，但是用于天然气脱水的固体吸附剂（以下也简称干燥剂）应具有以下特性：

①必须是多孔性的、具有较大吸附表面积的物质。用于天然气净化的吸附剂比表面积一般都在 $500\sim800m^2/g$，比表面积越大，其吸附容量（或湿容量）越大。

②对流体中的不同组分具有选择性吸附作用，亦即对要脱除的组分具有较高的吸附容量。

③具有较高的吸附传质速度，在瞬间即可达到相间平衡。

④能简便而经济地再生，且在使用过程中能保持较高的吸附容量，使用寿命长。

⑤工业用的吸附剂通常是颗粒状的。为了适应工业应用的要求，吸附剂颗粒在大小、强度、几何形状等方面应具有一定的特性。例如，颗粒大小适度而且均匀，同时具有很高的机械强度以防止破碎和产生粉尘（粉化）等。

⑥具有较大的堆积密度。

⑦有良好的化学稳定性、热稳定性以及价格便宜、原料充足等。

目前，在天然气脱水中主要使用的吸附剂有活性铝土和活性氧化铝、硅胶及分子筛三大类。通常，应根据工艺要求进行经济比较后，选择合适的吸附剂。

一、活性铝土和活性氧化铝

1. 活性铝土（铝矾土）

活性铝土是含铁低的天然铝土（主要成分是 $Al_2O_3 \cdot 3H_2O$）经过加热活化，脱除其表面上所吸附的一部分水后得到的多孔、高吸附容量的物质，通常制备成颗粒或粉状。与人工合成的活性氧化铝相比，它的优点是成本低，有液态水存在时不会破碎，能提供一定的露点降。缺点是吸附容量小。

2. 活性氧化铝

主要成分是部分水合的、多孔和无定形的氧化铝，并含有少量的其它金属化合物。一般选用含铁的铝土矿石作原料，经粉碎、苛性钠熔融后，再将得到的铝酸钠溶液中和、浓缩，加入晶种后慢慢冷却与过滤，滤饼经烘干，并在 $500\sim600℃$ 下焙烧后，即得多孔、高吸附容量的活性氧化铝。它主要用于气体和液体脱水，其比表面积可达 $250m^2/g$ 以上。气体脱水用的 F—200 活性氧化铝组成为：94% Al_2O_3、5.5% H_2O、0.3% Na_2O 及 0.02% Fe_2O_3。F—200 活性氧化铝及其它一些固体吸附剂的物理性质见表 5-1。

表 5-1 固体吸附剂的物理性质[①]

吸附剂	硅 胶 Davidson（03）	活性氧化铝 Alcoa（F—200）	硅石球（Sorbead）Kali—Chemie	分子筛 Zeochem
孔径，$10^{-1}nm$（或 Å）	10~90	15	20~25	3，4，5，7，8，10
堆积密度，kg/m^3	720	705~770	640~785	690~750
比热容，$kJ/(kg \cdot K)$	0.921	1.005	1.047	0.963
最低露点，℃	-50~-96	-50~-96	-50~-96	-73~-185
设计吸附容量，%（w）	4~20	11~15	12~15	8~16
再生温度，℃	150~260	175~260	150~230	220~290
吸附热，kJ/kg 水	2980	2890	2790	4190（最大值）

①表中数据仅供参考，不能作为设计依据，设计所需数据应由制造厂提供。

活性氧化铝吸附容量比活性铝土高，用其干燥后的气体露点达-60℃，而采用近年来问世的高效活性氧化铝干燥后的气体露点可低达-100℃。但是，活性氧化铝再生时耗热量较硅胶高，能吸附重烃，而且吸附的重烃在再生时不易脱除。此外，氧化铝呈碱性，可与无机酸发生化学反应，故不宜处理酸性天然气。

活性氧化铝的湿容量很大，常用于水含量大的气体脱水。

二、硅胶和硅石球

1. 硅胶

硅胶是一种晶粒状无定形氧化硅，分子式为 $SiO_2 \cdot nH_2O$。它由硅酸钠和硫酸反应生成水凝胶，然后洗去硫酸钠，将水凝胶干燥而成。硅胶是极性吸附剂，能吸附大量的水分，当硅胶吸附气体中的水分时，其量可达自身质量的50%。即使在相对湿度为60%的空气流中，微孔硅胶的湿容量也达24%（w），故常用于水含量大的气体脱水。硅胶的耐磨性较好，工业上常用的有粉状、粒状及球状各种规格，颗粒外观坚硬透明。Davison 03型硅胶的化学组成见表5-2。

表 5-2 硅胶化学组成（干基）

组 成	SiO_2	Al_2O_3	TiO_2	Fe_2O_3	Na_2O	CaO	ZrO_2	其它
含量,%（w）	99.71	0.10	0.09	0.03	0.02	0.01	0.01	0.03

工业硅胶中通常残余水含量约为6%，在954℃下灼烧30min即可除去，但在一般再生温度下不能脱除。采用硅胶脱水一般可使天然气露点达-60℃。用于天然气脱水的硅胶很容易再生，再生温度较分子筛低。虽然硅胶脱水能力很强，但吸水时放出大量的吸附热，很易破裂产生粉尘，增加压降，降低有效湿容量。为了防止进料气夹带的水滴损坏硅胶，除了进料气应很好地脱除液态水外，有时也在气体进口处加一层不易被液态水损坏的干燥剂，称为干燥剂保护层。粗孔硅胶即可用于此目的。

硅胶还易受到许多缓蚀剂的腐蚀，从而使其结构受到破坏并影响其脱水能力。除非再生温度足够高时可将这些缓蚀剂脱附，否则这种缓蚀剂会附着在硅胶上且有可能引起结焦。

2. 硅石球

硅石球，例如美孚公司的吸附球（Sorbead），有R型和H型两种，由97%的 SiO_2 和3%的 Al_2O_3 组成。它的吸附容量与硅胶基本相同，但因其堆积密度略大，因而单位体积的处理能力也相应大一些。

三、分子筛

1. 分子筛的化学组成

目前常用的分子筛系人工合成沸石，是一种硅铝酸盐晶体，由 SiO_4 和 AlO_4 四面体组成。在分子筛晶格中存在着金属阳离子，以平衡 AlO_4 四面体中多余的负电荷。分子筛的化学式可表示为

$$Me_{x/n} [(AlO_2)_x (SiO)_y] \cdot mH_2O$$

式中 Me——某些碱金属或碱土金属阳离子，主要是 Na^+、K^+ 及 Ca^{2+} 等；

n——金属阳离子的原子价数，即可交换金属阳离子 Me 的数目；

x、y——化学式中的原子配平数；

m——结晶水分子数。

分子筛的物理性质取决于其化学组成和晶体结构。在分子筛的结构中有许多孔径均匀的微孔孔道与排列整齐的空腔。这些空腔不仅提供了很大的比表面积（800～1000m²/g），而且只允许直径比孔径小的分子进入微孔，而比孔径大的分子则不能进入，从而使大小及形状不同的分子分开，起到了筛分分子的选择吸附作用，故称为分子筛。

2. 分子筛类型

根据分子筛孔径、化学组成、晶体结构及SiO_2与Al_2O_3的摩尔比不同，可将常用的分子筛分为A、X和Y型几种类型。

A型基本组成是硅铝酸钠，孔径为0.4nm（4Å），称为4A分子筛。用钙离子交换4A分子筛中的钠离子后形成0.5nm（5Å）孔径的孔道，称为5A分子筛。用钾离子交换4A分子筛中的钠离子后形成了0.3nm（3Å）孔径的孔道，称为3A分子筛。

X型基本组成也是硅铝酸钠，但因晶体结构组合与A型不同，形成近似约1.0nm（1Å）孔径的孔道，称为13X分子筛。用钙离子交换13X分子筛中的钠离子后形成的0.8nm（8Å）孔径的孔道，称为10X分子筛。

Y型具有与X型相同的晶体结构组合，但其化学组成与X型不同。Y型分子筛通常多用作催化剂。

几种常用分子筛的化学组成见表5-3。A型、X型和Y型分子筛的晶体结构见图5-1。

表5-3 几种常用分子筛化学组成

型号	SiO_2/Al_2O_3摩尔比	孔径，10^{-1}nm（或Å）	化 学 式
3A	2	3～3.3	$K_{7.2}Na_{4.8}[(AlO_2)_{12}(SiO)_{12}] \cdot mH_2O$
4A	2	4.2～4.7	$Na_{12}[(AlO_2)_{12}(SiO)_{12}] \cdot mH_2O$
5A	2	4.9～5.6	$Ca_{4.5}Na_3[(AlO_2)_{12}(SiO)_{12}] \cdot mH_2O$
10X	2.3～3.3	8～9	$Ca_{60}Na_{26}[(AlO_2)_{86}(SiO)_{106}] \cdot mH_2O$
13X	2.3～3.3	9～10	$Na_{86}[(AlO_2)_{86}(SiO)_{106}] \cdot mH_2O$
NaY	3.3～6	9～10	$Na_{56}[(AlO_2)_{56}(SiO)_{136}] \cdot mH_2O$

分子筛表面具有较强的局部电荷，因而对极性和不饱和化合物分子有很高的亲和力，是一种孔径均匀的强极性吸附剂，并随其SiO_2/Al_2O_3比的增加，极性逐渐减弱。水是强极性分子，分子直径为0.27～0.31nm，比通常使用的A型分子筛孔道孔径小，所以A型分子筛是气体或液体脱水的优良吸附剂或干燥剂。在天然气净化过程中常见的几种物质分子的公称直径见表5-4。表5-4中称为公称直径的原因，是因为这些分子并非球形，而且具有一定的可塑性，并可在孔道中被挤压。

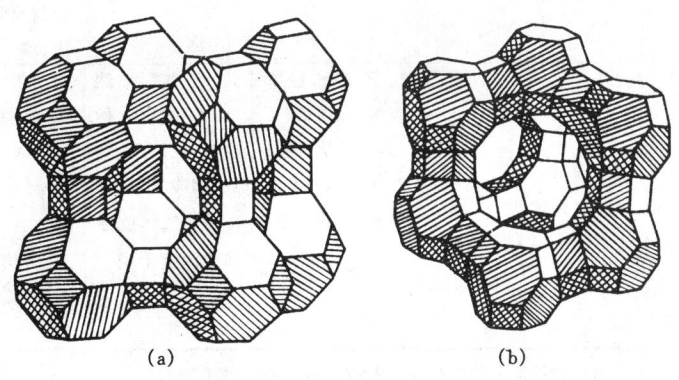

图5-1 A型、X型和Y型分子筛晶体结构
(a) A型沸石；(b) 八面沸石

表 5-4 常见的几种分子公称直径

分子	H_2	CO_2	N_2	H_2O	H_2S	CH_3OH	CH_4	C_2H_6	C_3H_8	$nC_4 \sim nC_{22}$	$iC_4 \sim iC_{22}$	C_6H_6
公称直径,10^{-1}nm	2.4	2.8	3.0	3.1	3.6	4.4	4.0	4.4	4.9	4.9	5.6	6.7

随着 SiO_2/Al_2O_3 比值的变化,分子筛的孔径大小、吸附容量及物理性质都随之改变。低 SiO_2/Al_2O_3 比的分子筛可对气体和液体进行深度脱水,而且在较高温度下还具有较高的吸附容量。常用的分子筛性质及用途见表 5-5。

表 5-5 常用的分子筛性质与用途[①]

分子筛型号	3A		4A		5A		10X		13X	
形状	条	球	条	球	条	球	条	球	条	球
孔径,10^{-1}nm(或 Å)	~3	~3	~4	~4	~5	~5	~8	~8	~10	~10
堆积密度,g/L	≥650	≥700	≥660	≥700	≥640	≥700	≥650	≥700	≥640	≥700
压碎强度,N	20~70	20~80	20~80	20~80	20~55	20~80	30~50	20~70	45~70	30~70
磨耗率,w,%	0.2~0.5	0.2~0.5	0.2~0.4	0.2~0.4	0.2~0.4	0.2~0.4	≤0.3	≤0.3	0.2~0.4	0.2~0.4
平衡湿容量[②],w,%	≥20.0	≥20.0	≥22.0	≥21.5	≥22.0	≥24.0	≥24.0	≥24.0	≥28.5	≥28.5
包装水含量(付运时),w,%	<1.5	<1.5	<1.5	<1.5	<1.5	<1.5	<1.5	<1.5	<1.5	<1.5
吸附热(最大),kJ/kg 水	4190	4190	4190	4190	4190	4190	4190	4190	4190	4190
吸附分子	直径<0.3nm 的分子,如 H_2O、NH_3、CH_3OH		直径<0.4nm 的分子,如 C_2H_5OH、H_2S、CO_2、SO_2、C_2H_4、C_2H_6 和 C_3H_6		直径<0.5nm 的分子,如左侧各分子、C_3H_8、$nC_4H_{10} \sim C_{22}H_{46}$、$nC_4H_9OH$ 及更大醇类、R_{12} 及 R_{22}		直径<0.8nm 的分子,如左侧各分子及异构烷烃、烯烃及苯		直径<1.0nm 的分子,如左侧各分子及二正丙基胺	
排除分子	直径>0.3nm 的分子,如 C_2H_6		直径>0.4nm 的分子,如 C_3H_8		直径>0.5nm 的分子,如异构化合物及四碳环状化合物		二正丁基胺及更大分子		三正丁基及更大分子	
用途[③]	1. 不饱和烃如裂解气、丙烯、丁二烯、乙炔干燥;2. 极性液体如甲醇、乙醇干燥		1. 空气、天然气、专用气体、稀有气体、溶剂、烷烃、制冷剂(R_{12}、R_{22})等气体或液体的深度干燥		1. 天然气干燥、脱硫、脱 CO_2;2. PSA 过程(N_2/O_2 分离、H_2 纯化);3. 正构烷烃分离、脱硫、脱 CO_2		1. 芳烃分离;2. 脱有机硫		1. 空分原料气净化(同时脱除水及 CO_2);2. 天然气、液化石油气、液烃的干燥、脱硫(脱除 H_2S 和 RSH);3. 一般气体干燥	

① 表中数据取自锦中分子筛有限公司等产品技术资料。
② 平衡湿容量指在 2.331kPa 和 25℃ 下每 kg 活化的吸附剂吸附水的 kg 数。
③ 用途未全部列入表中。

3. 分子筛用作干燥剂时的特点

与活性铝土和活性氧化铝、硅胶及硅石球相比,分子筛用作天然气脱水干燥剂时具有以

下特点:

(1) 分子筛的吸附选择性强　如上所述,分子筛可按照物质的分子大小进行选择性吸附。由于分子筛的孔径均匀,只有比孔径小的分子(即吸附分子)才能被吸附到晶体内的空腔内,而大于孔径的分子就被"筛去"或"排除"(即排除分子)。此外,由于分子筛又是一种离子型吸附剂,因而又能按照分子的极性不同进行选择性吸附。这样,通过选用适当型号的分子筛,可以达到选择性地吸附水,减少甚至消除其它物质分子的共吸附作用。正是因为分子筛对其它物质分子,包括对其它极性和不饱和化合物分子的共吸附作用小,更加提高了它吸附水的能力。用分子筛干燥后的气体,水含量(φ)可低达1×10^{-6},或露点可低达$-101℃$。目前,裂解气脱水时多用3A分子筛,天然气脱水时多用4A与5A分子筛。

相反,硅胶、活性炭及活性氧化铝均是一种无定形的固体,其微孔孔径极不均匀,一般在1~100nm,平均为4~10nm,而活性炭的孔径分布范围比硅胶还宽。因此,这些固体吸附剂没有明显的吸附选择性。分子筛、硅胶及活性炭等吸附剂的孔径分布见图5-2。

(2) 分子筛具有高效吸附容量　吸附剂的湿容量与气体中的水蒸气分压(或相对湿度)、吸附温度及吸附剂性质等有关。分子筛在低水蒸气分压、高温及高气速的苛刻条件下仍然保持较高的湿容量。图5-3为水在几种吸附剂上的吸附等温线或在不同相对湿度下的平

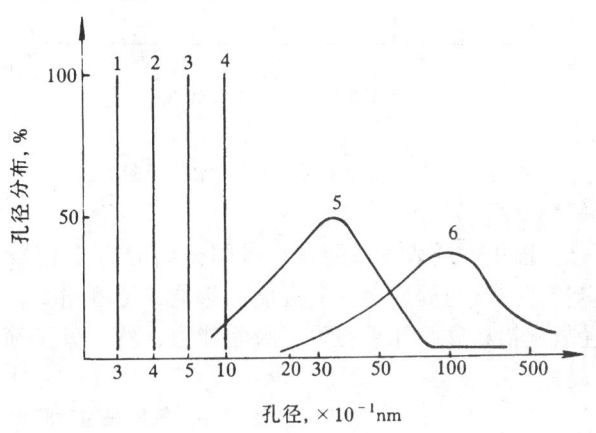

图5-2　常用吸附剂孔径分布
1—3A分子筛; 2—4A分子筛; 3—5A分子筛; 4—13X分子筛; 5—硅胶; 6—活性炭

衡湿容量。由图5-3可知,当相对湿度小于30%时,分子筛的湿容量比其它吸附剂都高,随着相对湿度进一步降低,分子筛的湿容量相对更高,这就表明分子筛特别适用于气体及液体深度脱水。各种型号分子筛在低水蒸气分压下水的吸附等温线见图5-4。

图5-3虽然表明在相对湿度较高(例如大于50%)时,硅胶的平衡湿容量比分子筛要高,但这是指静态吸附而言。天然气脱水是在动态条件下进行的,这时如提高气体的线速度,即使相对湿度在50%以上,分子筛的湿容量仍可超过其它吸附

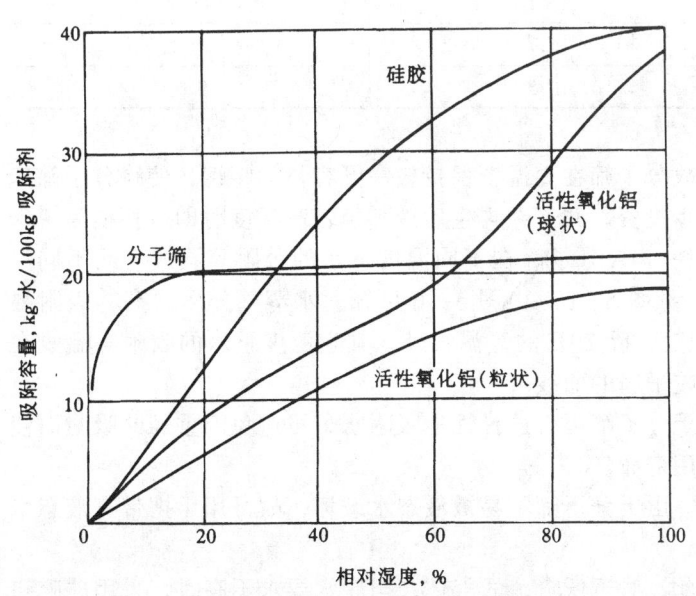

图5-3　常用吸附剂的水吸附等温线

剂。表5-6是在0.1MPa和气体入口温度为25℃、相对湿度为50%时不同气体线速下分子筛与硅胶的湿容量比较。由表5-6可知，提高气体线速，硅胶的湿容量比分子筛湿容量下降要快得多。

对于水含量很高的气体，由于分子筛的湿容量不如硅胶和活性氧化铝高，所以最好是用硅胶或活性氧化铝预干燥，然后再将气体中残余的水蒸气用分子筛来脱除，以达到深度脱水的目的。

在较高温度下分子筛的湿容量比其它吸附剂高得多。水在几种吸附剂上的吸附等压线（或在1.3332kPa水蒸气分压下不同温度时的平衡湿容量）见图5

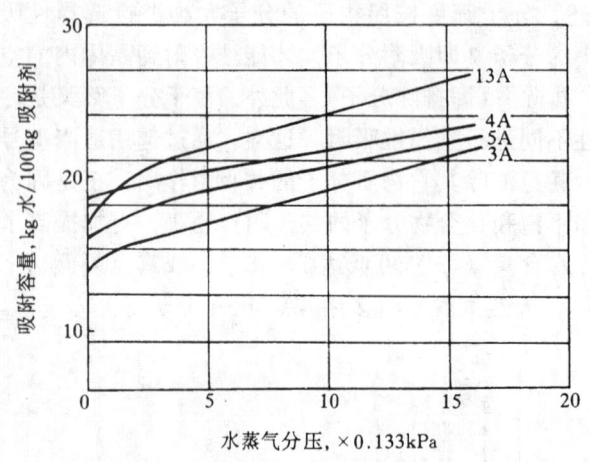

图5-4 各种分子筛在20℃时水的吸附等温线

-5。图中虚线表示吸附剂在吸附开始时有2%残余水的影响。由图可知，各种吸附剂的湿容量都在不同程度上受到温度的影响，温度愈高，湿容量愈小。但是，在较高温度下虽然活性氧化铝和硅胶几乎丧失了吸附能力，然而分子筛仍保持有相当高的吸附能力。

表5-6 气体线速对吸附剂湿容量的影响

气体线速 m/min	吸附剂湿容量，%（w）	
	分子筛（绝热）	硅胶（恒温）
15	17.6	15.2
20	17.2	13.0
25	17.1	11.6
30	16.7	10.4
35	16.5	9.6

由于吸附过程中有热量放出，故分子筛在高温下保持较高湿容量的特性，使得分子筛床层可以在绝热条件下操作，从而减少投资，并且在再生后冷却至较高温度时即可切换为脱水操作，故可缩短再生时间，降低能耗。4A分子筛在不同温度下水的吸附等温线（或不同温度及不同水蒸气分压下的湿容量），见图5-6。由图5-6可知，水蒸气分压愈高，吸附温度愈低，4A分子筛湿容量愈高。但是，除20℃的等温线外，其它温度下水的吸附等温线在水蒸气分压较高时都趋向为一条比较平缓的曲线。

(3) 分子筛使用寿命较长　由于分子筛可有选择性地吸附水，可避免因重烃共吸附而使吸附剂失活，故可延长分子筛的使用寿命。

(4) 分子筛不易被液态水破坏　由于分子筛不易被液态水破坏，故可用于携带有液态水的气体脱水。

另外，分子筛的价格较高，因此，对于低含硫的气体，当脱水要求不高时，采用硅胶和活性氧化铝脱水比较合适。

由上可知，与硅胶和活性氧化铝相比，分子筛具有很多优良性质，能满足多种要求，但它的价格昂贵，再生时能耗较高，因此，必须合理选用干燥剂，以期获得最大的经济效益。一般来说，分子筛宜用于要求深度脱水（例如，干气水含量小于 1×10^{-6}）的场合，但分子筛长期使用后其堆积密度可能增大 20% 左右，且易粉化。硅胶和活性铝的吸附容量比分子筛较大，但极性较低，脱水深度也较小。所以，对于水含量较大的气体脱水时，最好先用三甘醇吸收法脱除大量水分，再用硅胶或活性氧化铝脱水，最后用分子筛深

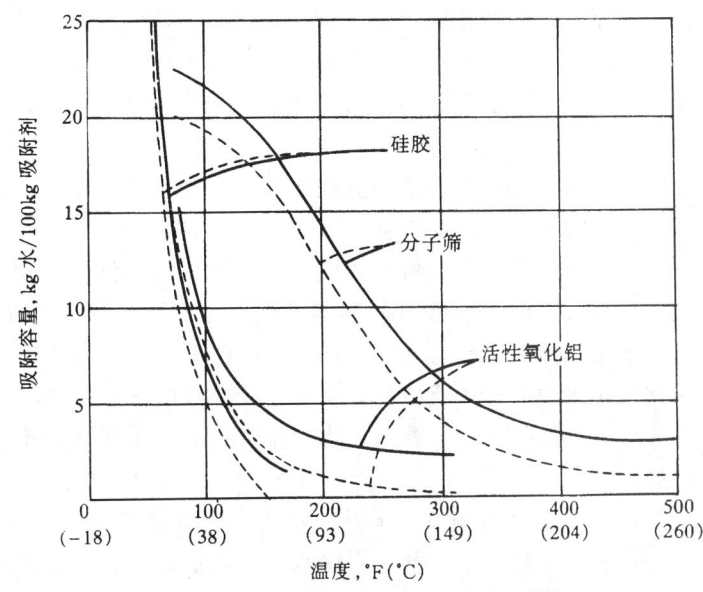

图 5-5　常用吸附剂在 1.3332kPa 下水的吸附等压线

度脱水。这样既保证了脱水质量，又避免了分子筛吸附容量小，需频繁再生的缺点。当天然气的露点要求不很低时，可只采用硅胶或活性氧化铝脱水，但活性氧化铝不宜用于酸性天然气脱水。

四、复合固体吸附剂

1. 复合固体吸附剂的特点

复合固体吸附剂就是同时使用两种或两种以上的吸附剂，通常是将硅胶或活性氧化铝与分子筛串联使用，湿气先通过硅胶或活性氧化铝床层，再通过分子筛床层。目前，天然气脱水普遍使用活性氧化铝和 4A 分子筛串联的双床层，其特点如下所述。

（1）既可以减少投资，又可保证干气露点　如前所述，当气体水含量较高时，活性氧化铝有很高的平衡湿容量，而当气体水含量较低（位于吸附剂床层出口处）时，分子筛则具有较高的平衡湿容量。因此，湿气先通过上部活性氧化铝床层脱除大部分水（对于常温下的饱和湿气来讲，

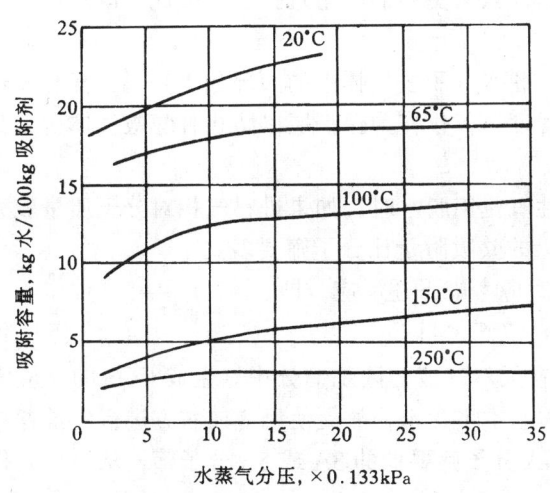

图 5-6　不同温度下 4A 分子筛上水的吸附等温线

活性氧化铝床层的脱水量约比 4A 分子筛床层多 50%），再通过下部 4A 分子筛床层深度脱除微量水，从而获得很低的露点（低于 -100℃）。

（2）活性氧化铝可作为分子筛的保护层　当气体中携带有液态水、液烃、缓蚀剂及胺类

化合物时，位于上部床层的活性氧化铝除用于气体脱水外，还可作为下部分子筛床层的保护层。这是因为胺类化合物可以破坏分子筛的晶体结构，使分子筛永久失活，缩短了分子筛的使用寿命。此外，分子筛虽不易被液态水破坏，但因液态水会增加床层的压力降并使气体产生沟流，因而造成分子筛的磨耗和缩短使用寿命。所以，当采用复合固体吸附剂时就可避免这些现象的发生。

（3）活性氧化铝再生时能耗比分子筛低　由表5-1可知，活性氧化铝的吸附热比分子筛要低，故其再生时的能耗也低。

（4）活性氧化铝的价格较低　活性氧化铝的价格不仅比4A分子筛低，而且比湿容量相同的硅胶（在低于等于30℃时与活性氧化铝具有相同平衡湿容量）也低。

由于活性氧化铝与4A分子筛组成的复合固体吸附剂床层具有以上特点，故近几年来在天然气脱水中得到广泛应用。在复合固体吸附剂床层中活性氧化铝与分子筛用量的最佳比例取决于进料气的流量、温度、水含量和组成、干气露点要求、再生气的组成和温度以及吸附剂的形状和规格等。

2. 复合固体吸附剂在天然气净化中的其它用途

在天然气净化中，复合固体吸附剂床层还具有下述用途。

①在复合固体吸附剂床层中用3A分子筛代替4A分子筛，可以避免天然气干燥器再生时出口再生气中的H_2S含量出现最高值。H_2S在无水的情况下（例如，在接近气体出口的床层处）很易在4A分子筛上共吸附，而3A分子筛则由于其孔径较小，可排除H_2S分子而不易共吸附，故当采用活性氧化铝和3A分子筛组成的复合固体吸附剂床层时，H_2S的吸附量为零，因而在干燥器再生时出口再生气中H_2S的含量也就很低。

②采用由活性氧化铝与5A分子筛组成的复合固体吸附剂床层时，湿气可先通过上部活性氧化铝床层脱去大部分水，再通过下部5A分子筛床层脱除微量的水、H_2S及RSH。虽然5A分子筛的孔径较大，但是，水比H_2S和RSH具有更强的吸附选择性。因此，既脱除了天然气中的水分，又脱除了天然气中的硫化物。

③在固体吸附剂脱水之前如先采用甘醇法脱水（脱去气体中的大部分水）时，复合固体吸附剂床层中的氧化铝床层则可减少至最低程度，仅仅作为保护层以防止甘醇被气体携带到分子筛床层上，造成分子筛失活。

④在复合固体吸附剂床层的上部采用活性氧化铝脱水时，如果进料气相对分子质量较大（大于35），则气体中C_6^+烃类在活性氧化铝上的共吸附量比分子筛要多。

⑤含有CO_2和H_2S的酸性天然气在脱水时应考虑下述反应，即

$$CO_2 + H_2S \rightleftharpoons COS + H_2O \tag{5-1}$$

在吸附剂上生成的COS可以流过床层并聚集在天然气液的丙烷馏分中。生成COS的反应主要发生接近气体出口的床层处，因为此时气体基本不含水，故促使反应向右方进行。推荐在复合固体吸附剂床层的下部采用催化活性比4A分子筛要低的3A或5A分子筛，从而最大程度地减少天然气脱水时的COS生成量。

第二节　固体吸附剂脱水工艺及设备

一、固体吸附剂脱水工艺流程

固体吸附剂脱水适用于干气露点要求较低的场合。在天然气处理与加工过程中，有时是

专门设置吸附法脱水装置（当湿气中含酸性组分时，通常是先脱硫）对湿气进行脱水，有时吸附法脱水则是采用深冷分离的天然气液回收装置中的一个组成部分。采用不同吸附剂的天然气脱水工艺流程基本相同，干燥器（吸附塔）都采用固定床。由于吸附剂床层在脱水操作中被水饱和后需要再生，故为了保证装置连续操作至少需要两个干燥器。在两塔（即两个干燥器）流程中，一个干燥器进行脱水，另一个干燥器进行再生（加热和冷却），然后切换操作。在三塔或多塔流程中，切换流程则有所不同。

干燥器再生用气可以是湿气也可以是高压干气或低压干气。采用不同来源再生气的吸附脱水工艺流程如下所述。

1. 采用湿气（或进料气）作再生气

吸附脱水工艺流程由脱水（吸附）与再生两部分组成。采用湿气或进料气作再生气的吸附脱水工艺流程见图5-7所示。

湿气一般是经过一个进口气涤器或分离器（图中未画出），除去所携带的液体与固体杂质后分为两路：小部分湿气经再生气加热器加热后作为再生气；大部分湿气去干燥器脱水。由于在脱水操作时干燥器内的气速很大，故气体通常是自上而下流过吸附剂床层，这样可以减少高速气流对吸附剂床层的扰动。气体在干燥器内流经固体吸附剂床层时，其中的水蒸气被吸附剂选择性吸附，直至气体中的水含量与所接触的固体吸附剂达到平衡为止，通常，只需要几秒钟就可以达到平衡，由干燥器底部流出的干气出装置外输。

在脱水操作中，干燥器内的吸附剂床层不断吸附气体中的水蒸气直至最后整个床层达到饱和，此时就不能再对湿气进行脱水。因此，在吸附剂床层未达到饱和之前就要进行切换（图中为自动切换），即将

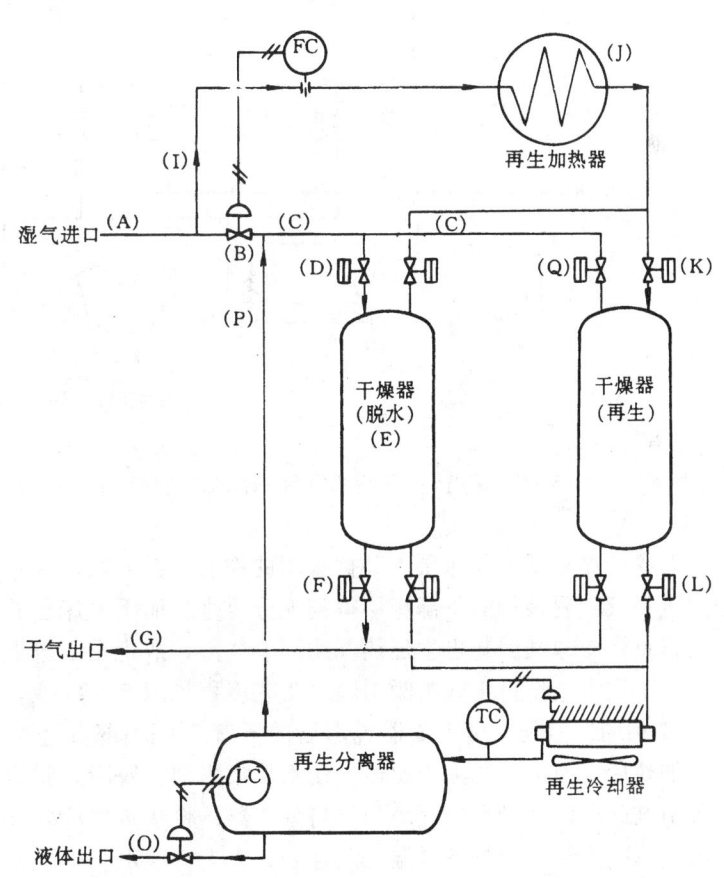

图5-7 采用湿气再生的吸附脱水工艺流程示意图

湿气改为进入已再生好的另一个干燥器，而刚完成脱水操作的干燥器则改用热再生气进行再生。

再生用的气量一般约占进料气的5%～10%，经再生气加热器加热至232～315℃后进入干燥器。热的再生气将床层加热，并使水从吸附剂上脱附。脱附出来的水蒸气随再生气一起

离开吸附剂床层后进入再生气冷却器,大部分水蒸气在冷却器中冷凝下来,并在再生气分离器中除去,分出的再生气与进料湿气汇合后又去进行脱水。加热后的吸附剂床层由于温度较高,在重新进行脱水操作之前必须先用未加热的湿气冷却至一定温度后才能切换。

2. 采用干气作再生气

图 5-7 中采用湿气作为再生加热气与冷却气(冷吹气),也可采用脱水后的干气作为再生加热气与冷却气。再生气加热器可以是采用直接燃烧的加热炉,也可以是采用热油、水蒸气或其它热源的间接加热器。由于再生气流量小,流速低,可以自上而下流过干燥器(见图 5-7),也可以自下而上流过干燥器。但采用干气作再生气时,最好是自下而上流过干燥器。这样,一方面

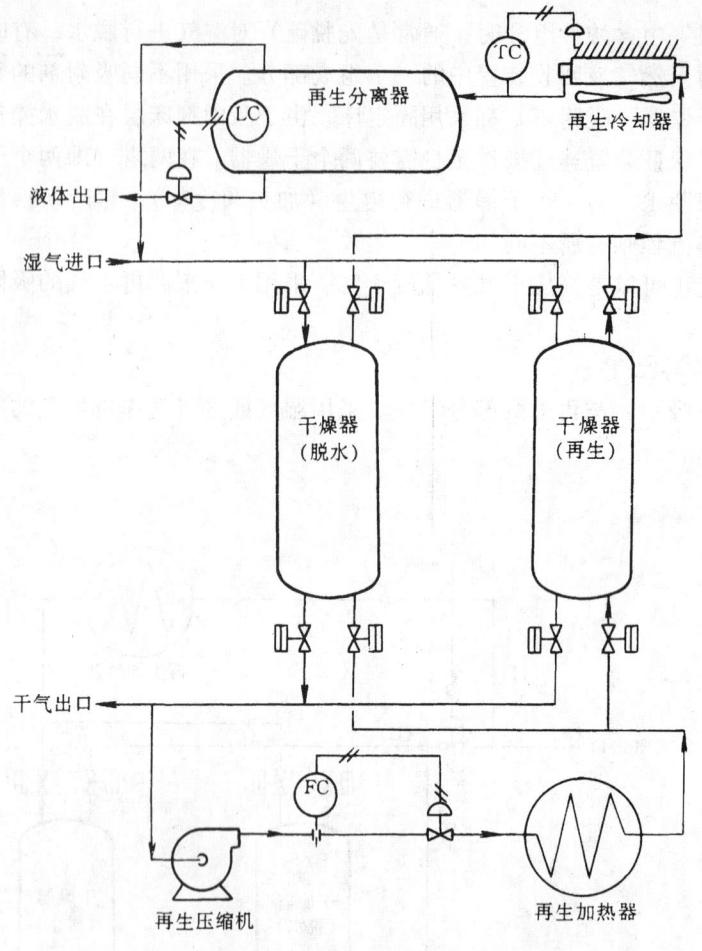

图 5-8 采用干气再生的吸附脱水工艺流程示意图

可以脱除靠近干燥器床层上部被吸附的物质,并使其不流过整个床层,另一方面可以确保与湿进料气最后接触的下部床层得到充分再生,而下部床层的再生效果直接影响流出床层的干气露点。冷却气因与再生加热气用同一气流,故也是下进上出。

采用干气作再生气的吸附脱水工艺流程见图 5-8 所示。图 5-8 中的湿气脱水流程与图 5-7 相同,但是,由干燥器脱水后的干气有一小部分经增压(一般增压 0.28~0.35MPa)与加热后作为再生气去干燥器,使水从吸附剂上脱附。脱附出来的水蒸气随再生气一起离开吸附剂床层后经过再生气冷却器与分离器,将水蒸气冷凝下来的液态水脱除。由于此时分出的气体是湿气,故与进料湿气汇合后又去进行脱水。

除了采用吸附脱水后的干气作为再生气外,还可采用其它来源的干气(例如,采用天然气液回收装置脱甲烷塔塔顶气)作为再生气。这种再生气的压力通常比图 5-8 中的干气压力要低得多,故在这种情况下脱水压力远远高于再生压力。因此,当干燥器完成脱水操作后,先要进行降压,然后再用低压干气进行再生。

二、工艺参数选择

1. 吸附周期

干燥器吸附剂床层的吸附周期(脱水周期)应根据湿气中水含量、床层空塔流速和高径

比（不应小于2.5）、再生能耗、吸附剂寿命等进行综合比较后确定。对于两塔流程，干燥器床层吸附周期一般设计为8~24h，通常取吸附周期8~12h。如果进料气中的相对湿度小于100%，吸附周期可大于12h。吸附周期长，意味着再生次数较少，吸附剂寿命较长，但因床层较长，投资较高。对压力不高、水含量较大的天然气脱水，为避免干燥器尺寸过大，耗用吸附剂过多，吸附周期宜小于等于8h。

2．湿气进干燥器温度

如前所述，吸附剂的湿容量与吸附温度有关，即湿气进口温度越高，吸附剂的湿容量越小。为保证吸附剂有较高的湿容量，故进床层的湿气温度最高不要超过50℃。

3．再生加热与冷却温度

再生加热温度是指吸附剂床层在再生加热时最后达到的最高温度，通常近似取此时再生气出吸附剂床层的温度。再生加热温度越高，再生后吸附剂的湿容量也越高，但其有效使用寿命越短。再生加热温度与再生气进干燥器的温度有关，而再生气进口温度则应根据脱水深度确定。对于分子筛，其值一般为232~315℃；对于硅胶其值一般为234~245℃；对于活性氧化铝，介于硅胶与分子筛之间，并接近分子筛之值。

图5-9为采用双塔流程的吸附脱水装置典型8h再生周期（包括加热与冷却）的温度变化曲线。曲线1表示再生气进干燥器的温度 T_H，曲线2表示加热和冷却过程中出干燥器的气体温度，曲线3则表示进料湿气温度。

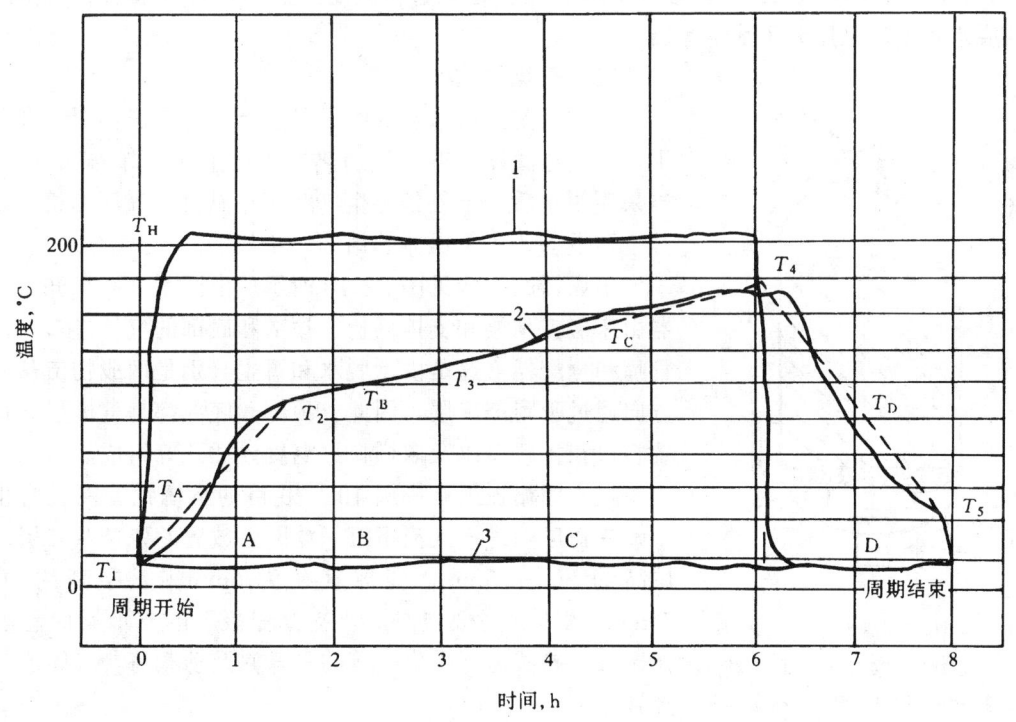

图5-9 再生加热与冷却过程温度变化曲线

由图5-9可知，再生开始时热再生气进入干燥器加热床层及容器，出床层的气体温度逐渐由 T_1 升至 T_2，大约在116~120℃时床层中吸附的水分开始大量脱附，所以此时升温比较缓慢。设计中可假定大约在 121～125℃ 的温度下脱除全部水分。待水分全部脱除后，继续加热床层以脱除不易脱附的重烃和污物。当再生时间在 4h 或 4h 以上，离开干燥器的气体出口温度达到 180～230℃ 时床层加热完毕。热再生气温度 T_H 至少应比再生加热过程中所要求的最终离开床层的气体出口温度 T_4 高 19～55℃，一般为 38℃。然后，将冷却气通过床层进行冷却，当床层温度大约降至 50℃ 时停止冷却。因为，如果冷却温度过高，由于床层温度较高，吸附剂湿容量将会降低；反之，如果冷却温度过低，当像图 5-7 那样采用湿气作再生气时，将会使吸附剂（尤其是床层上部吸附剂）被冷却气中的水蒸气预饱和。在一些要求深度脱水的天然气液回收装置中，为了避免吸附剂床层在冷却时被水蒸气预饱和，在其脱水系统中多采用脱水后的干气或其它来源干气作冷却气。有时，还可将冷却用的干气自上而下流过吸附剂床层，使冷却气中所含的少量水蒸气被床层上部的吸附剂吸附，从而最大限度地降低吸附周期中出口干气的水含量。

4. 加热与冷却时间分配

加热时间是指在再生周期中从开始用再生气加热吸附剂床层到床层达到最高温度（有时，在此温度下还保持一段时间）的时间。同样，冷却时间是指加热完毕的吸附剂从开始用冷却气冷却到床层温度降低到指定值（例如 50℃ 左右）的时间。

对于采用两塔流程的吸附脱水装置，吸附剂床层的加热时间一般是再生周期的 55%～65%。对于 8h 的吸附周期而言，再生周期的时间分配大致是：加热时间 4.5h；冷却时间 3h；备用和切换时间 0.5h。

自 80 年代末期以来，国内陆续引进了几套处理量较大的天然气液回收装置，这些装置中的脱水系统均采用分子筛干燥器。

三、干燥器结构

固体吸附剂脱水装置的设备包括进口气涤器（分离器）、干燥器、过滤器、再生气加热器、再生气冷却器和分离器。当采用脱水后的干气作再生气时，还有再生气压缩机。现将其主要设备——干燥器的结构介绍如下。

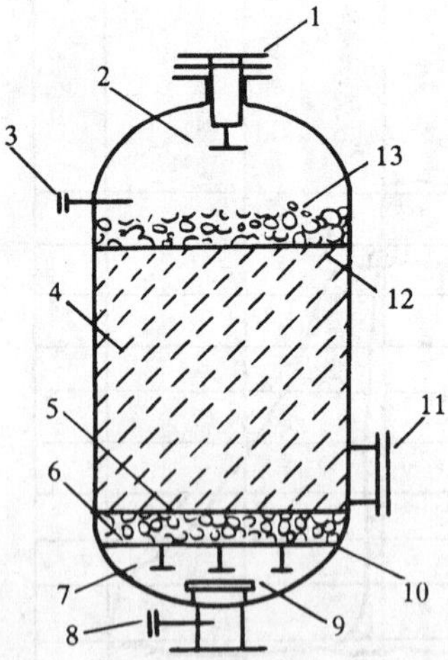

干燥器的结构见图 5-10 所示。由图 5-10 可知，干燥器由床层支承梁和支撑栅板、顶部和底部的气体进口、出口管嘴和分配器（这是由于脱水和再生分别是两股物流从两个方向通过吸附剂床层，因此，顶部和底部都是气体进出口）、装料口和排料口以及取样口、温度计插孔等组成。

在支撑栅板上有一层 10～20 目的不锈钢滤网，防止分子筛或瓷球随进入气流下沉。滤网上放置的瓷球共二层，上层高约 50～75mm，瓷球直径为 6mm；下层高约 50～75mm，瓷球直径为 12mm。支撑栅板下的支承梁应能承受住床层的静载荷（吸附剂等的重量）及动载荷（气体流动压降）。

分配器（有时还有挡板）的作用是使进入干燥器的气体（尤其是从顶部进入的湿气，其流量很大）以径向、低速流向吸附剂床层。床层顶部也放置有瓷球，高约 100～150mm，瓷球直径为 12～50mm。瓷球层下面是一层起支托

图 5-10 干燥器结构示意图
1—入口喷嘴/装料口；2，9—挡板；3，8—取样口及温度计插孔；4—分子筛；5，13—陶瓷球或石块；6—滤网；7—支承梁；10—支撑栅；11—排料口；12—浮动滤网

作用的不锈钢浮动滤网。这层瓷球的作用主要是改善进口气流的分布并防止因涡流引起吸附剂的移动与破碎。

由于吸附剂床层在再生时温度较高，故干燥器需要进行保温。器壁外保温比较容易，但内保温可以降低大约30%的再生能耗。然而，一旦内保温的衬里发生龟裂，湿气就会走短路而不经过床层。

干燥器的吸附剂床层中装填有吸附剂。吸附剂的大小和形状应根据吸附质不同而异。对于天然气脱水，可采用 $\varphi 3\sim 8mm$ 的球状分子筛。

干燥器的尺寸会影响吸附剂床层压降，一般情况下，对于气体吸附来讲，其最小床层高径比为 2.5:1。

第三节 固定床吸附过程特性及计算

目前，采用吸附法脱水的天然气脱水装置其干燥器均为固定床。由于天然气是一种多组分气体混合物，故其在固定床干燥器中脱水实质上就是在吸附剂床层上进行吸附分离的过程。

一、吸附剂吸附容量

吸附剂吸附容量用来表示单位吸附剂吸附吸附质能力的大小，其单位通常为质量百分数或 kg 吸附质/100kg 吸附剂。当吸附质为水蒸气时，也叫吸附剂的湿容量，单位为 kg 水/100kg 吸附剂。吸附剂的湿容量有两种不同的表示方法，即平衡湿容量和有效湿容量。

1. 平衡湿容量

平衡湿容量是指在温度一定时，新鲜吸附剂与一定湿度（或一定水蒸气分压）的气体充分接触，最后水蒸气在两相中达到平衡时的湿容量。平衡湿容量又分为静态平衡湿容量与动态平衡湿容量两种。在静态条件下（即气体不流动）下测定的平衡湿容量称为静态平衡湿容量，表5-5及图5-3至图5-6中的平衡湿容量即为静态平衡湿容量。在动态条件下测定的平衡湿容量称为动态湿容量，通常是指将气体以一定流速连续流过吸附剂床层时测定的平衡湿容量。

2. 有效湿容量

在实际操作中，由于吸附剂床层反复进行脱水与再生，吸附剂的湿容量会由于吸附剂被重烃等杂质污染及再生时高温的影响而逐渐降低。因此，根据经验和经济等因素以及整个吸附剂床层不可能完全利用而确定的设计湿容量称为有效湿容量。

虽然静态平衡湿容量表示了温度、压力和气体组成对吸附剂湿容量的影响，但可以直接用于吸附过程计算的则是动态平衡湿容量和有效湿容量。动态平衡湿容量一般是静态湿容量的 40%~60%。

二、吸附传质区

1. 单组分吸附

当气体流经吸附剂床层时，就会在吸附剂上发生动态吸附，并形成吸附传质区。对于高压天然气在固定床吸附剂上的脱水操作，可近似看成是等温吸附过程。图5-11是只有水蒸气为吸附质的气体混合物等温吸附过程示意图。由图5-11可知，当水蒸气浓度为 C_0 的湿气自上而下流过吸附剂床层时，最顶部的吸附剂立即被水蒸气所饱和（即吸附剂上的水含量与进口湿气的水含量达到平衡），此时，这部分床层称为吸附饱和区。在饱和吸附区中的吸

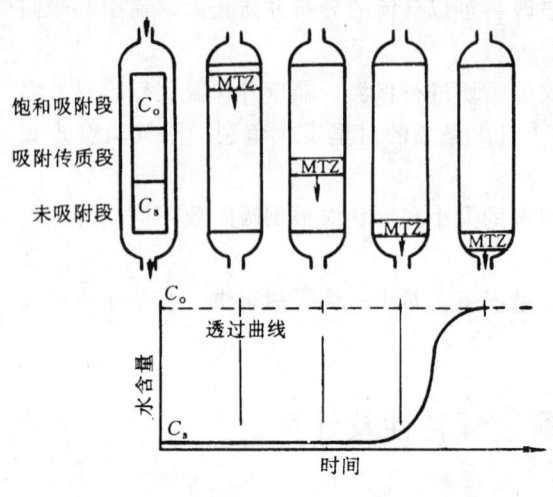

图 5-11 水在固定床上的吸附过程

附剂就不再吸附湿气中的水蒸气。当湿气继续向下流过床层时,湿气中的水蒸气又被吸附饱和区以下的吸附剂所吸附,形成吸附传质区(MTZ)。在吸附传质区中,吸附剂床层上的水含量自上而下从接近饱和(气体中水蒸气浓度为 C_o)到接近零(气体中水蒸气浓度为 C_s)之间剧烈变化,形成一条S形的吸附负荷曲线。在吸附传质区以下的吸附剂床层中,可以看成是只有水蒸气浓度为 C_s 的干气流过,因而是尚未发生吸附的未吸附区。所以,此时的吸附剂床层由吸附饱和区、吸附传质区和未吸附区三部分组成。随着湿气不断流过吸附剂床层,饱和吸附区不断扩大,吸附传质区不断向下推移,未吸附区不断缩小,直至吸附传质区前端达到床层底部。因此,当吸附传质区前端达到床层底部以前,离开床层的干气中水蒸气浓度一直为 C_s,而当吸附传质区的后端达到床层底部时,由于整个床层都已处于吸附饱和区,故出口气体中的水蒸气浓度就与进口气体相同(C_o)。实际操作中为了安全起见,在吸附传质区前端未达到床层底部时就要进行切换,将湿气改为进入另一台已完成再生周期的干燥器中。

由图 5-11 可知,当吸附传质区的前端达到吸附剂床层的底部后,离开床层的气体中吸附质浓度就会从 C_s 迅速增加到 C_o。从吸附传质区前端到达床层底部出口到吸附传质区后端到达床层底部出口这段时间,出口气体中吸附质浓度变化的曲线称为透过曲线(穿透曲线、转效曲线)。在吸附过程中,从吸附传质区在床层顶部开始形成到吸附传质区前端到达床层底部,出口气体中吸附质浓度开始突然增加的这段时间称为透过时间,吸附质浓度开始突然增加的这点称为透过点,在透过点时吸附剂的湿容量称为透过点湿容量。

2. 多组分混合物吸附

活性氧化铝、硅胶及某些分子筛不仅吸附水蒸气,而且还吸附天然气中的其它一些组分。但是,吸附剂对天然气中各组分的吸附活性并不相同,其顺序(按吸附活性递减)为水、甲醇、硫化氢和硫醇、二氧化碳、己烷和更重烃类、戊烷、丁烷、丙烷、乙烷以及甲烷。因此,当进料湿气自上而下流过吸附剂床层时,气体中的各组分就会按不同的速度和活性被吸附。水蒸气始终是很快被床层顶部吸附剂所吸附,天然气中的其它组分则按吸附剂对其吸附活性的不同被床层较下面的吸附剂所吸附。换句话说,在吸附过程开始时,床层上的吸附剂基本上是被甲烷所饱和。随着吸附过程的继续进行,吸附剂上的甲烷(以及其它吸附活性较弱的组分)将被其它吸附活性较强的组分所置换,故在吸附剂床层上出现一连串的吸附传质区,见图 5-12(a)所示。被置换的甲烷(以及其它吸附活性较弱的组分)继续沿床层向下移动,经过一段时间后,该组分最终将被全部逐出床层。如果吸附周期在进行 20~30min 后停止,此时在吸附剂床层上除重烃(C_4、C_5、C_6^+)外几乎其它烃类均被水逐出床层,因而在脱水的同时可回收天然气中的这些烃类,见图 5-12(b)所示。在此时间之后,主要发生气体的脱水过程。如果吸附周期为 8h 甚至更长,水蒸气将基本上置换掉床层中已被吸附的烃类。然而,13X 分子筛还可同时用于天然气脱硫和脱水,即用于脱除天然气

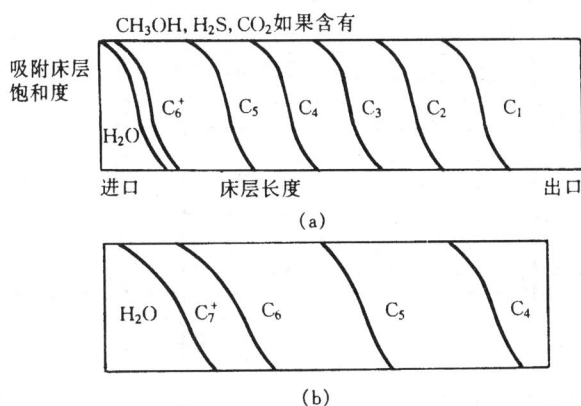

图 5-12 多组分混合物的吸附过程

中的硫化氢、二氧化碳和水。因此,短吸附周期主要用来进行天然气脱水和回收重烃,长吸附周期主要用于进行天然气脱水。但是,当要求干气有较低露点时则应采用较短的操作周期。例如,在吸附传质区前端与床层顶端距离达到 0.5~0.6 床层高度时即结束脱水操作。

在吸附传质区内,水蒸气的吸附是放热过程。对于压力大于 3.5MPa 的高压天然气,气体中水含量较少,水蒸气在吸附时放出的热量被大量气体带走,因而床层温升仅约 1~2℃,可视为等温吸附过程。但是,当气体压力较低时,气体中水含量较多,床层温升将比较显著,因此,为了保证吸附过程正常进行,有时甚至需要在吸附床层内安装冷却盘管。

三、吸附过程计算

1. 吸附剂的有效湿容量

(1) 最大有效湿容量 当吸附周期脱水操作在穿透点前结束时,此时床层可分为三部分,即饱和吸附区、吸附传质区和未吸附区。其中,在未吸附区中的吸附剂湿容量为零,故床层湿容量由饱和吸附区和吸附传质区两部分吸附剂的湿容量组成,根据经验可按下式计算:

$$Xh_T = X_S h_T - 0.45 h_Z X_S \qquad (5-2)$$

式中 X ——吸附剂的最大有效湿容量,kg 水/100kg 吸附剂;

X_S ——吸附剂的动态饱和湿容量,kg 水/100kg 吸附剂;

h_T ——吸附传质区前端距床层顶端距离,亦即饱和吸附区和吸附传质区的床层长度,m;

h_Z ——吸附传质区长度,m。

当脱水操作在透过点结束时,由于未吸附区长度等于零,故此时 h_T 为床层总长度,而 X 则为吸附剂在透过点时的湿容量。数据 0.45 是试验得到的平均值。

吸附剂的动态饱和湿容量是指饱和吸附区中的吸附剂动态平衡湿容量,除了决定于吸附剂的种类和状态外,还与湿气的相对湿度和吸附温度有关。对于新鲜的吸附剂,X_S 值可根据湿原料气的相对湿度由图 5-13 查出,此图适用于天然气,并反映了烃类在吸附剂表面上的竞争吸附,以及在实际装置中采用短吸附周期脱水操作时所能达到的动态饱和湿容量。但是,除了分子筛外,对于硅胶和氧化铝,由图 5-13 读出的数值还必须用图 5-14 给出的温度系数校正。

(2) 设计湿容量 图 5-13 是新鲜吸附剂的动态饱和湿容量。因此,根据此值由式(5-2)计算出的是最大有效湿容量,还不能作为设计选用的湿容量。这是因为在长期运行中,吸附剂的湿容量会逐渐降低。

在操作中吸附剂湿容量逐渐降低的原因是:

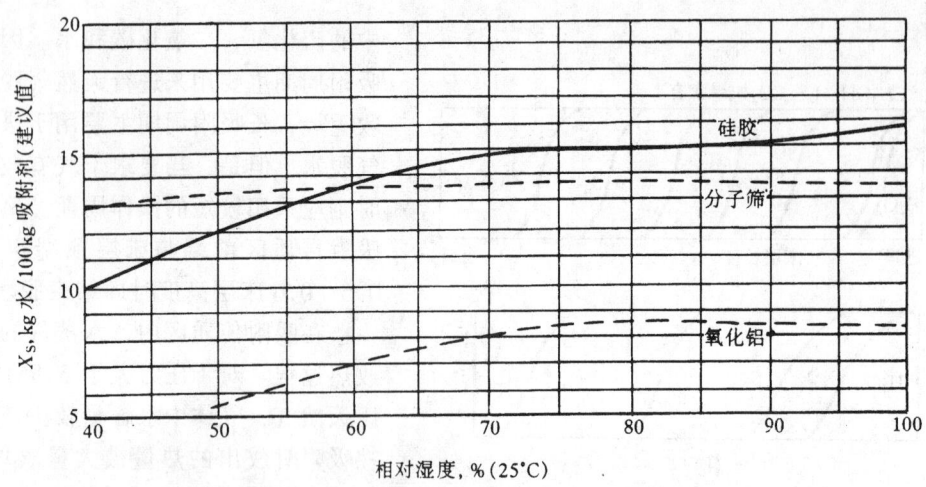

图 5-13　25℃时新鲜吸附剂的动态饱和湿容量

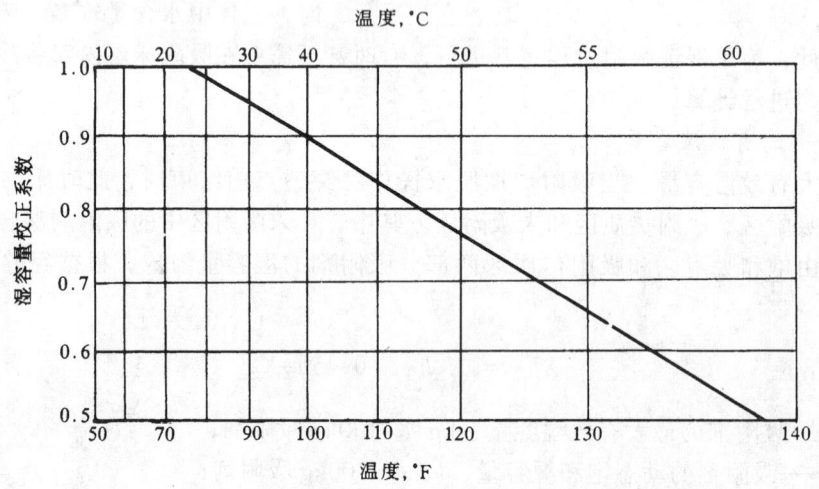

图 5-14　温度对硅胶和氧化铝动态饱和湿容量的影响

①吸附剂湿容量的正常降低。这是由于再生时吸附剂在水蒸气和高温作用下有效表面积减少,而且这种减少在吸附剂开始投入使用时很明显,以后逐渐缓和。

②吸附剂湿容量的不正常降低。这是由于湿气中有时含有较难挥发的物质如重烃、胺、甘醇、元素硫及缓蚀剂等杂质,它们会堵塞通向吸附剂内部空腔的孔道,并在再生时不能脱除掉,因而也减少了吸附剂的有效表面积,并可在很短时间内把吸附剂湿容量降低在设计值之下。4A 和 5A 分子筛虽不允许重烃等大分子进入空腔,故在操作中湿容量降低缓慢,但由于重烃等能吸附在吸附剂颗粒的外表面,对操作仍有一定的影响。因此,在湿气进入干燥器之前,应很好地脱除其中的固体与液体有害杂质。

吸附剂有效湿容量的降低在床层中各部位是不均匀的。由于吸附剂的污染主要发生在床层顶部气体进口处,故此处湿容量降低较快。为此,在设计中应考虑床层顶部的吸附剂能经常地更换,或采用复合吸附剂床层,以延长床层下部吸附剂的寿命。

湿气中含有液态水时,也会给操作带来不利。含盐的液态水进入床层后由于水分蒸发而使盐分填满床层,除非在气体进口处设置一层废吸附剂作为安全保护区,这种盐水将会引起凝胶类吸附剂的破裂。液态水还会造成硅胶等吸附剂的炸裂,其碎屑会使床层压降增加,湿容量降低,甚至会进入下游管道和设备。因此,当湿气含有液态水时,在进入干燥器之前也必须从气体中分离出。

设计选用的有效湿容量应使吸附剂的使用寿命合理,其值最好由制造厂提供。当无制造厂提供的数据时,通常也可选用表5-7中的湿容量。表5-7适用于清洁、含饱和水的高压天然气脱水,在吸附过程达到透过点以前,出口气体露点可到-40℃以下。当要求出口气体露点更低时,因为床层下部气体相对湿度和吸附推动力较小,吸附剂的湿容量也相应降低,故设计时应选用较低的有效湿容量。

表5-7 设计选用的吸附剂的有效湿容量

吸附剂	活性铝土	活性氧化铝	硅胶	分子筛
有效湿容量,kg水/100kg吸附剂	4~6	4~7	7~9	9~12

2. 吸附传质区长度

吸附传质区长度 h_Z 与湿气的组成、流量、相对湿度及吸附剂的装填量等有关,压力(尤其是压力大于2.0MPa)对 h_Z 的影响很小。估算 h_Z 的公式为

$$h_Z = 1.41 A \left(\frac{q^{0.7895}}{v_g^{0.5506} R_s^{0.2646}} \right) \quad (5-3)$$

式中 h_Z——吸附传质区长度,m;
q——吸附剂床层截面积水负荷,kg/(h·m²);
v_g——吸附剂床层允许空塔流速,m/min,见表5-8或图5-15;
R_s——进料湿气的相对湿度,%;
A——吸附剂常数,硅胶为1,活性氧化铝为0.8,分子筛为0.6。

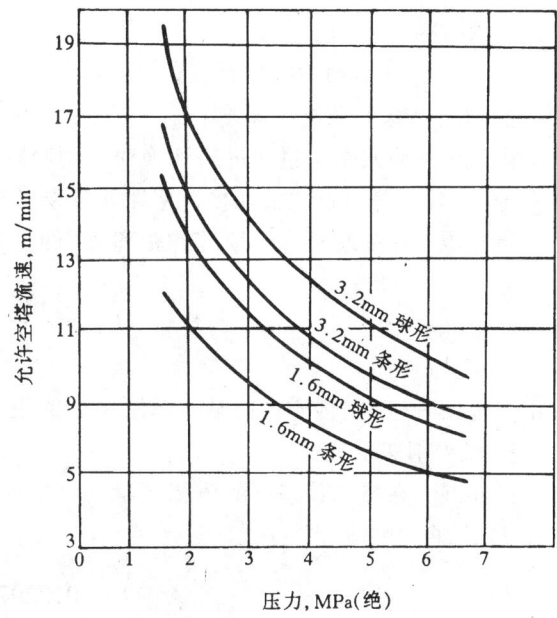

图5-15 分子筛干燥器允许空塔流速

吸附剂床层截面积水负荷 q 的计算式为

$$q = 0.05305 \frac{G_1}{D^2} \quad (5-4)$$

式中 G_1——吸附剂吸附的水量,kg/d;
D——吸附剂床层直径,m。

表5-8 27℃下4~8目硅胶允许空塔流速

吸附压力,MPa(绝)	2.6	3.4	4.1	4.8	5.5	6.2	6.9	7.6	8.3
允许空塔流速,m/min	12~16	11~15	10~13	9~13	8~12	8~11	8~10	7~10	7~9

四、干燥器工艺计算

干燥器工艺计算主要是确定吸附剂床层的直径与高度。

1. 吸附剂用量

吸附剂用量（或装填量）V_B 是指每个干燥器中装填的吸附剂体积量。它与干燥器在每个吸附周期吸附的水量 E 有关，其计算式为

$$E = G_1 \tau \tag{5-5}$$

$$V_B = \frac{G_1 \tau}{X \rho_B} \tag{5-6}$$

式中　E——每台干燥器在每个吸附周期吸附的水量，kg/周期；

　　　τ——吸附周期，h；

　　　V_B——每个干燥器中吸附剂用量，m³；

　　　X——吸附剂的有效湿容量，可按式（5-2）计算或由表 5-7 查取，kg 水/100kg 吸附剂；

　　　ρ_B——吸附剂的堆积密度，kg/m³。

2. 吸附剂床层长度（高度）

当干燥器脱水至透过点进行切换时，则吸附剂床层长度为吸附传质区前端至床层顶端的距离 h_T。如在透过点之前切换，吸附剂床层长度等于 h_T 加上未吸附区的长度 h_B。

吸附传质区前端至床层顶端的距离 h_T 的计算式为

$$h_T = \frac{127.4 G_1 \tau}{\rho_B X D^2} \tag{5-7}$$

式中　h_T——吸附传质区前端至床层顶端的距离，m。

3. 吸附剂床层直径

已知湿气在操作状态下的体积流量，可按吸附剂床层允许空塔流速 v_g 计算吸附剂床层直径 D，即

$$D = 0.02974 \left(\frac{Q_W}{v_g} \right) \tag{5-8}$$

式中　Q_W——进料湿气在操作状态下的体积流量，m³/d。

吸附剂床层直径也可由 Ledoux 的空塔质量流速半经验公式计算，即

$$C_g = 3600 (C \rho_g \rho_B D_p)^{0.5} \tag{5-9}$$

式中　G_g——允许气体空塔质量流速，kg/(m²·h)；

　　　C——常数，气体自上而下流动，取 $C = 0.25 \sim 0.32$；气体自下而上流动，取 $C = 0.167$；

　　　ρ_g——气体在操作状态下的密度，kg/m³；

　　　D_p——吸附剂平均颗粒直径（对于圆形截面的条状颗粒，$D_p = \dfrac{D_C}{2/3 + 1/3(D_C/L_C)}$，其中 D_C 是颗粒直径，L_C 是颗粒长度），m。

吸附剂平均颗粒直径可从产品规格中查出，在无确切数据时，也可以由吸附剂颗粒的筛目大小确定。筛目标准有多种，以 Tyler 标准筛目使用最多。表 5-9 列出了普通使用的吸附剂颗粒筛目及尺寸。例如，常用的硅胶吸附剂颗粒大小是 3~8 目或 4~8 目（Teler 筛目）。第一个数字是全部颗粒可以通过的筛目，第二个数字是全部颗粒不能通过的筛目。当然，颗粒大小的分布是不均匀的，但为简化起见，D_p 使用此范围内的平均尺寸。

表 5-9 Teley 筛目和筛孔尺寸

Teler 筛目	3	4	5	6	7	8	9	10	12	14
筛孔尺寸，mm	6.680	4.699	3.962	3.327	2.794	2.362	1.981	1.651	1.397	1.168

通常使用的分子筛吸附剂颗粒是球状、条状（圆形截面或近年来问世的三叶草形截面）或粉状的。最常用的条状圆形截面规格是 $\varphi 1.6~3.2mm$，最常用的球状规格是 $\varphi 3~8mm$。对于硅胶和分子筛来讲，式（5-9）偏于保守，因为它不象具有尖锐边角的颗粒那样容易形成粉尘。

已知吸附剂床层直径 D 后，加上干燥器 2 倍壁厚，如干燥器还有内保温层，还需要加上 2 倍内保温层厚度，即可计算出干燥器壳体的外径，并根据标准系列选取合适的干燥器。干燥器直径与高度之比一般为 1/2~1/5。选好干燥器壳体直径后，再计算出吸附剂床层的实际直径，并按以上有关各式分别确定实际床层长度、床层截面积水负荷及气体的实际空塔流速或空塔质量流速。

气体实际空塔流速 v_g 的计算式为

$$v_g = (306QZ_fT_f)/(p_fD^2) \tag{5-10}$$

式中　v_g——气体实际空塔流速，m/min；
　　　Q——进料湿气流量，$10^6 m^3/d$；
　　　T_f、p_f、Z_f——进料湿气在脱水时的温度（K）、压力［kPa，（绝）］和压缩系数。

4. 核算透过时间

选好干燥器壳体直径后，除应按计算出的吸附剂床层实际直径确定实际的床层长度等外，还应按下式核算床层的实际透过时间 θ_B。

$$\theta_B = 0.01X\rho_BH/q \tag{5-11}$$

式中　θ_B——床层的实际透过时间，h；
　　　H——床层的实际长度，m。

由式（5-11）计算出的透过时间应大于或等于原先确定的吸附周期时间。

5. 气体流过吸附剂床层的压降

对于各种固定床干燥器，当床层直径与长度确定之后，还必须计算气体流过床层的压降是否合理。气体流过床层的压降可按下述修正 Ergun 公式计算。

$$\Delta p/H = B\mu_gv_g + C\rho_gv_g^2 \tag{5-12}$$

式中　Δp——气体流过床层的压降，kPa；
　　　H——吸附剂床层长度，m；

μ_g ——气体在操作状态下的粘度，mPa·s；
v_g ——气体实际空塔流速，m/min；
B、C ——常数，可由表 5－10 查得。

表 5－10　吸附剂颗粒类型常数

吸附剂颗粒类型	φ 3.2mm 球状	φ 3.2mm 条状①	φ 1.6mm 球状	φ 1.6mm 条状
B	4.155	5.357	11.278	17.660
C	0.00135	0.00188	0.00207	0.00319

① 即圆柱状。

气体通过吸附剂床层的设计压降一般应小于 35kPa，最好不大于 55kPa。当吸附剂床层长度确定之后，应对气体流过床层的压降进行核算，如压降过高，则应重新调整空塔流速。

6．干燥器工艺计算步骤

当吸附周期、干燥器的数量和结构以及吸附剂类型确定后，可由上述有关公式按以下步骤进行干燥器工艺计算：

①根据进料湿气的流量及水含量，按式（5－5）计算每个吸附周期吸附的总水量。

②当有数台干燥器并联进行脱水操作时，应将吸附的总水量除以并联的台数，求出每台干燥器每个吸附周期吸附的水量。

③由式（5－2）或制造厂提供的数据确定吸附剂的有效湿含量 X。

④将每台干燥器每个吸附周期吸附的水量除以有效湿含量 X，求出每台干燥器所需的吸附剂总质量。

⑤将每台干燥器所需的吸附剂总质量除以吸附剂的堆积密度，求出每台干燥器所需的吸附剂用量（或装填体积）。

⑥由表 5－8、图 5－15 或式（5－9）确定允许空塔流速或空塔质量流速，再计算出吸附剂床层的最小直径，根据此值确定干燥器外径并选择合适的干燥器直径及实际的吸附剂床层直径 D，然后核算实际的气体空塔流速，看其是否在合理范围之内，如不合理，则应改变干燥器直径，直至合理为止。

⑦由式（5－7）求出最小的吸附剂床层长度 h_T。

⑧由式（5－11）求出实际吸附剂床层在脱水操作达到透过点的时间 θ_B，看其是否大于或等于事先确定的吸附周期时间，如不相符，应重复进行步骤 1～8 的计算（注意，床层截面积水负荷与吸附周期长短无关）。

⑨按式（5－12）计算气体流过床层的压降，看其是否合理。否则，应重复进行步骤 6～9 的计算。

⑩用上述计算结果进行再生计算。

[例 5－1] 某吸附法天然气脱水装置，进料湿气量为 $0.27\times10^6 m^3/d$，相对密度为 0.6，压力为 6.89MPa（绝），温度为 38℃，压缩系数 Z 为 0.88，干燥器外径为 760mm，在扣除壳体和保温层厚度之后直径为 648mm，共 2 台；吸附剂为硅胶，堆积密度为 $721kg/m^3$，床层长度为 4.57m；进料湿气的水含量为 $1021kg/10^6 m^3$，吸附周期为 8h。试问，此干燥器是否满足要求（包括空塔流速不超过 9.15m/min）？

[解]

①每个吸附周期每台干燥器吸附的水量 $E = \dfrac{0.27 \times 1021}{3} = 91.9$（kg/周期）

②气体流过床层的实际空塔流速 $v_g = \dfrac{306 \times 0.27 \times 311 \times 0.88}{6890 \times (0.648)^2} = 7.82$（m/min）（小于 9.15m/min）

③由式（5-4），$q = \dfrac{0.05305 \times 0.27 \times 1021}{(0.648)^2} = 34.83$ [kg/(h·m²)]

④由式（5-3），$h_Z = 1.41 \dfrac{(34.83)^{0.7895}}{(7.82)^{0.5506} \times (100)^{0.2646}} = 2.216$（m）

⑤由图 5-13 及图 5-14，$X_S = 16 \times 0.9 = 14.4$

⑥由式（5-2），$X = \dfrac{14.4 \times (4.57 - 0.45 \times 2.216)}{4.57} = 11.3$（kg 水/100kg 硅胶）

⑦由式（5-7），$h_T = \dfrac{127.4 \times 91.9}{721 \times 11.3 \times (0.648)^2} = 3.42$（m）（小于 4.57m）

⑧由式（5-11），$\theta_B = \dfrac{0.01 \times 11.3 \times 721 \times 4.57}{34.82} = 10.7$（h）（大于 8h）

由计算结果可知，气体实际空塔流速（7.82m/min）未超过 9.15m/min，需要的吸附剂床层长度（3.42m）小于实际长度，吸附周期中达到透过点的时间（10.7h）大于实际吸附周期时间（8h），故此干燥器可满足要求。

如果此吸附剂是新鲜的，当吸附传质区达到床层底部出口之前约 2.7h，吸附周期就已停止，故在吸附传质区以下的床层还有 1.15m 未吸附区。因此，此干燥器一开始就可很容易地使出口干气的露点满足管道输送要求，并留有较大余地。

由于吸附剂的有效湿容量在使用过程中会逐渐降低，因此，在无污染的情况下上述这种操作能持续的时间可以采用多种方法求解。一种方法是使 $\theta_B = 8$h，由式（5-11）求出相对应的 X 值。在本例中，$X = 8.5$。由图 5-16 可知，硅胶的使用寿命至少为 24 个月，也可能更长一些。

也可以根据经验先确定 X 值，然后由式（5-7）求出 h_T 作为床层长度，再由式（5-11）调整吸附周期时间使两者匹配。由于这些参数的任何匹配都会令人满意，故各种设计都可以满足要求。

在上述计算中假定进料湿气中的水含量全部在吸附剂床层中脱除掉，这是因为在到达透过点前出口干气中的水含量很低。虽然随操作时间的延长，吸附剂湿容量将会降低，出口干气的水含量有所升高，但是根据这样假定进行计算比较方便，而且也给设计留有余地。

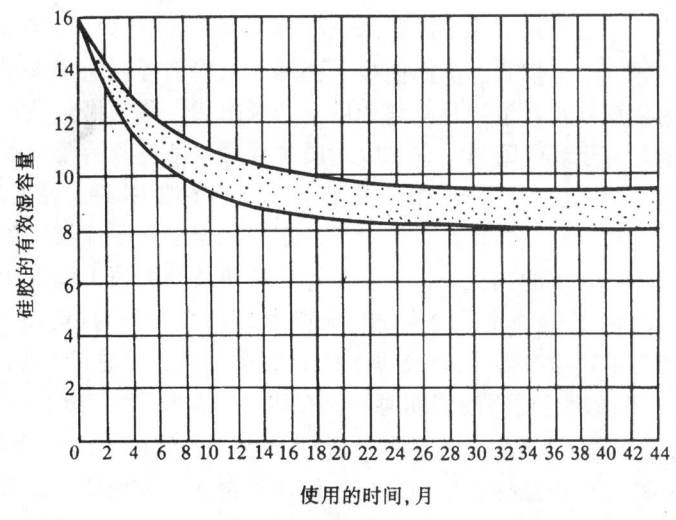

图 5-16 硅胶有效湿容量与使用时间的关系

五、再生周期中干燥器加热和冷却过程工艺计算

干燥器加热和冷却过程工艺计算主要是确定在再生周期内加热干燥器床层等所需要的再生气量和加热热负荷,以及加热完毕后干燥器床层等进行冷却所需要的冷却气量和冷却热负荷。

1. 再生气的选择

再生气可以是湿气或干气,为了使吸附剂再生更完全,保证出口干气有较低的露点,一般应采用干气作为再生气。

图 5-17 为采用湿气或干气作再生气时脱水操作中干气露点的比较。当采用湿气作再生气时,图 5-17 (a) 中的 AB 线为吸附周期脱水操作的等温线。吸附剂的水含量由吸附开始时(A 点)的 0.2%(w)增加到吸附饱和时(B 点)的水含量。当吸附剂采用湿气进行再生时,表示床层加热过程的 BC 线取决于在此湿气等露点(38℃)线上的加热温度(204℃)。当用湿气进行冷却时,假定床层温度由 204℃ 降低至 38℃ 时整个床层的水含量不变(0.2%,w)。由图 5-17 (a) 可知,即使床层在再生时加热到 204℃,脱水操作中出口干气的露点最低仅为 -39℃。

采用干气作再生气时,脱水操作中出口干气的露点可以达到很低值,见图 5-17 (b) 所示。同样,图中 AB 线表示脱水操作的等温线。然而,由于采用干气作再生气,因此,在加热过程中一方面床层温度由 38℃ 增加到 204℃,另一方面床层出口气体(再生气加上脱除的水蒸气)的露点由 38℃ 降到 -29℃,表示加热过程的 BC 线为一斜线。和湿气一样,用干气冷却床层时床层上吸附剂的水含量 0.003%,(w)也保持不变。采用干气作再生气时,脱水操作中的出口干气的露点可低至 -76℃。

由图 5-17 还可看出,加热温度越高,再生后床层上吸附剂的残余水含量就越低,因而在吸附周期脱水操作时出口干气的露点也越低。但是,加热温度越高,加热所需能耗就越高,而且吸附剂的使用寿命也会减少。因而,应在保证出口干气的露点要求下,选择合理的加热温度。

2. 加热过程总热负荷和再生气量

干燥器在加热中需要的全部热量称为加热过程总热负荷。它包括加热干燥器壳体及其内容物(如支撑梁、支撑栅板、瓷球和吸附剂等)所需要的热量(称为显热负荷)、所有被吸附物质(水、重烃及其它杂质)的脱附热(称为潜热负荷)以及热损失等。被吸附物质的脱附热等于其吸附热,它与吸附质的性质、浓度和吸附剂类型有关。在一般情况下,水的脱附热可取表 5-1 中的吸附热数据。对于各种吸附剂,烃类的脱附热大约为 465kJ/kg。

在计算显热负荷时,对于采用内保温层的干燥器则不应计算加热壳体需要的热量。考虑到可能产生的热损失,应在计算出的热负荷数值上增加 10%。

由图 5-9 曲线 2 可知,加热和冷却过程分为 A、B、C、D 四个阶段。每个阶段由进干燥器的再生气温度 T 及再生气流量来控制,但总的加热与冷却时间不能大于由干燥器台数 θ_B 及所决定的吸附周期时间。在阶段 A,几乎所有烃类被脱附;水的脱附集中在阶段 B;阶段 C 主要是脱除重烃等不易脱除的物质,使再生后的吸附剂有较高的湿容量;阶段 D 是用冷却气冷却加热后的床层,使其能再次切换到脱水操作。

(1) 加热过程总热负荷 加热过程(图 5-9 曲线 2 的 A、B、C 阶段)中所需的显热和潜热负荷可按下述各式计算:

1) 加热干燥器壳体(包括支撑梁、支撑栅板等)所需的显热为

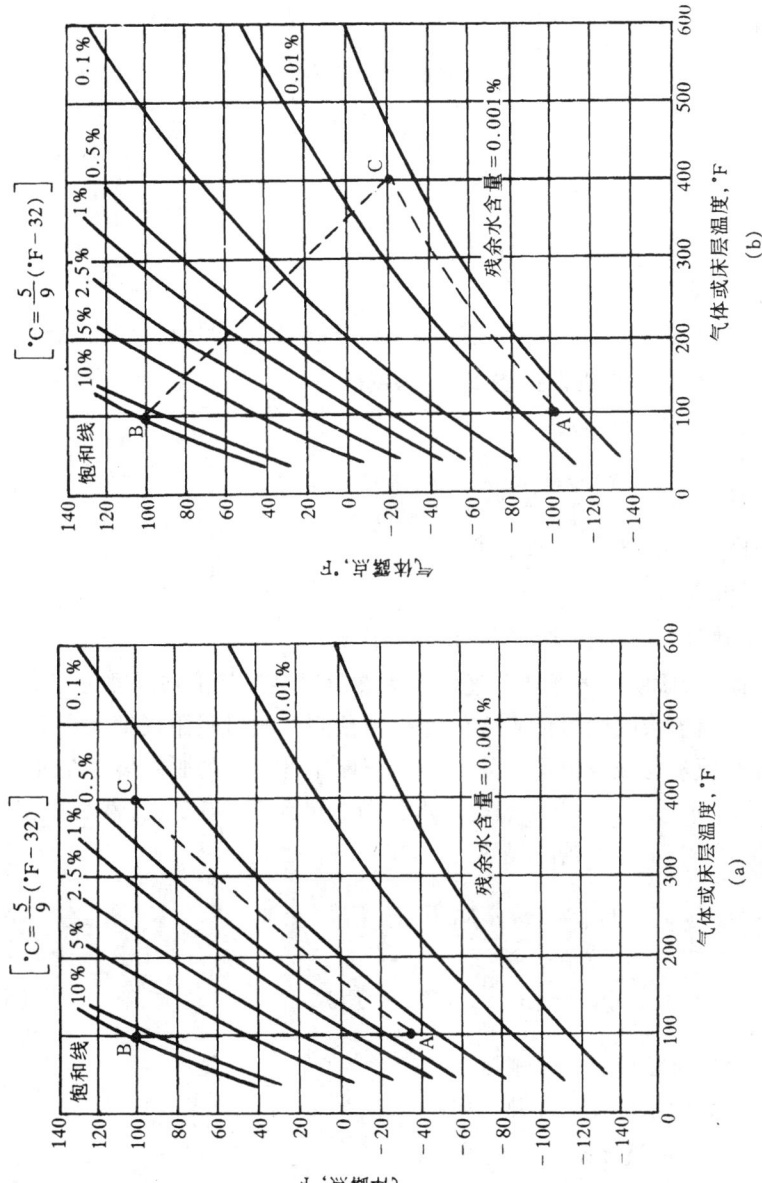

图 5-17 F-200 活性氧化铝在不同水含量、不同再生加热温度时可能达到的露点

$$Q_{hv} = m_v c_{pv}(T_4 - T_1) \qquad (5-13)$$

式中 Q_{hv} ——加热干燥器壳体所需显热，kJ；
   m_v ——干燥器壳体的质量，kg；
   c_{pv} ——干燥器壳体材料在加热过程中的平均比热容，kJ/(kg·K)；
   T_4 ——加热过程结束时床层温度，近似取再生气出干燥器温度，℃；
   T_1 ——再生过程开始时床层温度，近似取湿气进干燥器温度，℃。

2) 加热吸附剂所需的显热为

$$Q_{hd} = m_d c_{pd}(T_4 - T_1) \qquad (5-14)$$

式中 Q_{hd} ——加热吸附剂所需的显热，kJ；
   m_d ——吸附剂的质量，kg；
   c_{pd} ——吸附剂在加热过程中的平均比热容，kJ/(kg·K)；此值最好由制造厂提供；如无制造厂数据，可近似由表5-1选取。

3) 加热瓷球所需的显热为

$$Q_{hp} = m_p c_{pp}(T_4 - T_1) \qquad (5-15)$$

式中 Q_{hp} ——加热瓷球所需的显热，kJ；
   m_p ——瓷球的质量，kg；
   c_{pp} ——瓷球在加热过程的平均比热容，kJ/(kg·K)。

4) 加热烃类、水等吸附质所需的显热　通常认为在阶段A（其平均温度为T_A时），几乎所有的烃类均被脱附。由于水的吸附传质区位置很难预测，故对吸附周期大于4h的干燥器，可假定被吸附的烃类数量为被吸附水量的10%或忽略不计。水的脱附集中在阶段B（其平均温度为T_B）。计算时可近似认为先将烃类和水分别加热到T_A与T_B，然后在T_A与T_B温度下分别脱附。加热烃类、水等所需的显热为

$$Q_{hh} = m_h c_{ph}(T_A - T_1) \qquad (5-16)$$

$$Q_{hw} = m_w c_{pw}(T_B - T_1) \qquad (5-17)$$

式中 Q_{hh} ——加热被吸附的烃类所需的显热，kJ；
   Q_{hw} ——加热被吸附的水所需的显热，kJ；
   m_h ——每个吸附周期中被吸附的烃类量，kg；
   m_w ——每个吸附周期中被吸附的水量，kg；
   c_{ph} ——液烃在T_A下的平均比热容，kJ/(kg·K)；
   c_{pw} ——液态水在T_B下的平均比热容，kJ/(kg·K)；
   T_A ——阶段A的平均温度，℃；
   T_B ——阶段B的平均温度，℃；一般大约在121~125℃。

5) 烃类和水脱附所需的潜热为

$$Q_{vh} = m_h \Delta H_h \qquad (5-18)$$

$$Q_{vw} = m_w \Delta H_w \qquad (5-19)$$

式中 Q_{vh} ——液烃脱附时所需的潜热，kJ；

Q_{vw} ——水脱附时所需的潜热，kJ；

ΔH_h ——烃类的脱附热，kJ/kg；

ΔH_w ——水的脱附热，kJ/kg。

6）加热过程的热损失可取上述各项热量总和的 10%。

7）加热过程总热负荷为

$$Q_{rh} = 1.10(Q_{hv} + Q_{hd} + Q_{hp} + Q_{hh} + Q_{hw} + Q_{vh} + Q_{vw}) \qquad (5-20)$$

式中 Q_{rh} ——加热过程总热负荷，kJ。

（2）加热再生气所需的热负荷　再生气通常为湿气或干气，其温度为 T_1，经加热器将其加热到 T_H 后进入干燥器，以提供加热过程所需的热量。再生气出干燥器的温度为 T，其值在不断变化（见图 5-9 曲线 2）。因此，在加热过程中某一微分时间 dt 内由热再生气提供的微分热量 dQ_{rh} 为

$$q_{rg} c_{pg} (T_H - T) dt = dQ_{rh} = K dT \qquad (5-21)$$

式中 dQ_{rh} ——在时间 dt 内由热再生气提供的微分热量，kJ；

q_{rg} ——再生气流量，kg/h；

c_{pg} ——再生气平均比热容，kJ/(kg·K)；

dt ——加热过程中某一微分时间，h；

dT ——在时间 dt 内干燥器床层的微分温升，℃；

T_H ——再生气进入干燥器床层的温度，℃；

T ——再生气出干燥器床层的温度，℃；

K ——一个假定的常数。

假定加热过程开始时间为 t_0，床层温度为 T_1；加热结束时间为 t_1，床层温度为 T_4，将式（5-21）积分后可得

$$q_{rg} c_{pg} (t_1 - t_0) = K \ln[(T_H - T_1)/(T_H - T_4)] \qquad (5-22)$$

由于 $Q_{rh} = K(T_4 - T_1)$，故

$$q_{rg} c_{pg} (t_1 - t_0) = [Q_{rh}/(T_4 - T_1)] \ln[(T_H - T_1)/(T_H - T_4)] \qquad (5-23)$$

此外，在再生过程中加热再生气所需的热负荷 Q_{rg} 为

$$Q_{rg} = q_{rg} c_{pg} (T_H - T_1)(t_1 - t_0) \qquad (5-24)$$

式中 Q_{rg} ——加热过程中由加热器加热再生气所需的热负荷，kJ。

将式（5-23）代入式（5-24）可得

$$Q_{rg} = Q_{rh} \frac{(T_H - T_1)}{(T_4 - T_1)} \ln\left[\frac{(T_H - T_1)}{(T_H - T_4)}\right] \quad (5-25)$$

(3) 再生气流量 由式 (5-25) 求出加热再生气所需的热负荷后, 已知加热时间, 可按下式计算再生气流量

$$Q_{rg} = q_{rg} c_{pg} (T_H - T_1) \theta_h \quad (5-26)$$

式中 θ_h ——加热过程时间, 一般为再生周期时间的 55% ~ 65%, h。

再生气量一般为进料气量的 5% ~ 10%。

3. 冷却过程总热负荷和冷却时间

加热过程结束后, 随即用冷却气通过干燥器对床层等进行冷却 (见图 5-9 曲线 2 的阶段 D)。冷却气为未加热的湿气或干气, 进入干燥器的温度为 T_1。冷却过程开始时床层温度为 T_4, 冷却过程结束时床层温度为 T_5 ($T_5 > T_1$)。因此, 冷却过程热负荷可按下述各式计算。

1) 冷却干燥器壳体所需带走的热量

$$Q_{cv} = m_v c_{pv} (T_5 - T_4) \quad (5-27)$$

式中 Q_{cv} ——冷却干燥器壳体 (包括支撑梁、支撑栅板等) 所需带走的热量, kJ;

T_4 ——冷却过程开始时床层温度, 近似取加热过程结束时再生气出干燥器的温度, ℃;

T_5 ——冷却过程结束时床层温度, 近似取冷却过程结束时冷却气出干燥器温度, ℃。

2) 冷却吸附剂所需带走的热量

$$Q_{cd} = m_d c_{pd} (T_5 - T_4) \quad (5-28)$$

式中 Q_{cd} ——冷却吸附剂所需带走热量, kJ。

3) 冷却瓷球所需热量

$$Q_{cp} = m_p c_{pp} (T_5 - T_4) \quad (5-29)$$

式中 Q_{cp} ——冷却瓷球所需带走的热量, kJ。

4) 冷却过程总热负荷

$$Q_{rc} = Q_{cv} + Q_{cd} + Q_{cp} \quad (5-30)$$

式中 Q_{rc} ——冷却总负荷, kJ。

5) 冷却时间。冷却气流量通常与再生气流量相同。因此, 当由式 (5-26) 及式 (5-30) 计算出再生气流量和冷却过程总热负荷后, 可按下式求出冷却时间 θ_c。

$$Q_{rc} = q_{rg} c_{pg} (T_D - T_1) \theta_c \quad (5-31)$$

式中 θ_c ——冷却过程时间, h;

T_D ——冷却过程干燥器床层平均温度, 近似取冷却气出干燥器的平均温度, $T_D = (T_4 + T_5)/2$, ℃。

由上式求出 θ_c 后, 应核算 θ_h 与 θ_c 之和是否满足式

$$\theta_h + \theta_c \leqslant \tau \tag{5-32}$$

式中 τ ——吸附周期时间，h。

如 $\theta_h + \theta_c > \tau$，则应适当缩短加热过程时间，相应增加再生气流量，直至满足式(5-32)为止。

[**例 5-2**] 某吸附法天然气脱水装置，进料湿气量为 $1.416 \times 10^6 \text{m}^3/\text{d}$，相对密度为 0.7，压力为 4.2MPa（绝），温度为 38℃，干燥器内径为 1.68m，壳体（包括支撑梁、支撑栅板等）质量为 13470kg，壳体材料（钢）比热容为 0.50kJ/(kg·K)。采用 4A 条状分子筛，比热容为 0.963kJ/(kg·K)，分子筛质量为 6310kg，吸附周期为 8h，在吸附周期每台干燥器吸附的水量为 665kg/周期。现用湿气进行再生，其平均比热容为 2.43kJ/(kg·K)，再生气加热到 288℃进入干燥器，吸附的水在 121℃时全部脱附，吸附的烃类忽略不计。水的脱附热为 4190kJ/kg。加热过程结束时再生气出干燥器的温度为 260℃，加热时间为 5.0h，冷却过程结束时，冷却气出干燥器温度为 52℃。试求此干燥器的再生加热过程总负荷、再生气流量、冷却过程总热负荷及冷却时间。

[**解**]

① 加热过程总热负荷为 Q_{rh}。

$Q_{hw} = 665 \times 4.187 \times (121 - 38) = 231100$ (kJ)

$Q_{vw} = 665 \times 4190 = 2786400$ (kJ)

$Q_{hd} = 6310 \times 0.963 \times (260 - 38) = 1349000$ (kJ)

$Q_{hv} = 13470 \times 0.50 \times (260 - 38) = 1495200$ (kJ)

$Q_{rh} = Q_{hw} + Q_{vw} + Q_{hd} + Q_{hv} = 5861700$ (kJ)

② 加热再生气所需热负荷 Q_{rg}。

$$Q_{rg} = 5861700 \times \frac{288 - 38}{260 - 38} \ln\left[\frac{288 - 38}{288 - 260}\right] = 14451000 \text{(kJ)}$$

③ 再生气流量 q_{rg}。

$$q_{rg} = \frac{14451000}{2.43 \times (288 - 38) \times 5} = 4760 \text{ (kg/h)}$$

④ 冷却过程总热负荷 Q_{rc}。

$Q_{cd} = 6310 \times 0.963 \times (52 - 260) = -1263900$ (kJ)

$Q_{cv} = 13470 \times 0.50 \times (52 - 260) = -1400900$ (kJ)

$Q_{rc} = Q_{cd} + Q_{cv} = -2664800$ (kJ)

⑤ 冷却时间 θ_c。

$$T_D = \frac{260 + 52}{2} = 156 \text{ (℃)}$$

$$\theta_c = \frac{2664800}{4760 \times 2.43 \times (156 - 38)} = 1.95 \text{ (h)}$$

⑥ 核算 θ_h 和 θ_c 是否合适。

$\theta_h + \theta_c = 5.0 + 1.95 = 6.95$ (h)（小于 8h），故不需要再调整。

第四节 吸附法在酸性天然气脱水中的应用

用吸附法净化酸性天然气，可以同时脱除天然气中的水和酸性组分（二氧化碳和硫化物）。

活性铝土含有氧化铁，遇到天然气中硫化氢会生成硫化铁，因而迅速失去活性并使颗粒粉碎。铝土中含铁量越高，硫化氢对其影响越大。

活性氧化铝有一定的抗酸性能力，但不如硅胶和分子筛。然而，硅胶和 A 型分子筛也不能用于高酸性的天然气脱水。对于高酸性的天然气脱水和脱硫，必须采用抗酸性分子筛。分子筛的抗酸性能与其组成中的硅铝比有密切关系。硅铝比低的分子筛易受酸或酸性气体的影响而变质。例如，一般 A 型分子筛必须在 pH≥5 的条件下使用。如用于高酸性的天然气脱水，不仅吸附活性下降，而且晶体结构也要破坏。各种分子筛的硅铝比见表 5-11。

表 5-11 各种分子筛的硅铝摩尔比

分子筛	A 型	X 型	Y 型	菱沸石	毛沸石	丝光沸石	镁碱沸石
SiO_2/Al_2O_3	2	2.3~3.3	3.3~6	4~6	5.5~7.5	10	11

目前，除 13X 分子筛可用于天然气及液烃的净化外，常用的抗酸性分子筛还有 AW300、AW500 等，其性能见表 5-12。

表 5-12 常用抗酸性分子筛性能

型号	结构	孔径 10^{-1}nm（或 Å）	堆积密度 kg/m³	颗粒密度 kg/m³	平均吸附热 kJ/kg	比热容，kJ/(kg·K)		
						-51℃	38℃	238℃
AW300	丝光沸石	4	888	1386	3377	0.63	0.80	1.00
AW500	菱沸石	4	728	1165	3377	0.63	0.80	1.00

用于酸性天然气的吸附法净化装置与一般吸附法脱水装置的流程相似，只是对再生气的处理方法不同。例如，用于同时脱硫和脱水的 EFCO 天然气净化工艺，采用溶剂吸收的方法脱除进入再生气中的酸性组分。

分子筛也可用于脱除硫醇和其它重质硫化物。用分子筛对天然气液化装置的原料气净化时，可同时将原料气中的水、H_2S 和 CO_2 含量降低到所要求的水平。13X 分子筛也常用于丙烷和丁烷的脱水和脱硫。

由式 (5-1) 知，当天然气中含有 H_2S 和 CO_2 组分时，用分子筛进行天然气净化时，H_2S 和 CO_2 会反应生成 COS。此反应是可逆反应，各组分的浓度和温度可以影响反应平衡。提高温度有利于生成 COS 的反应，反应气体中有水存在时可抑制 COS 的生成反应。但是，在吸附过程中天然气中的水含量不断降低，因而促进了 COS 的生成。一般的分子筛是 COS 生成反应的催化剂，会加速 COS 生成反应的进行。由于生成的 COS 最终将聚积在天然气液的丙烷馏分中，对下游加工过程带来许多危害，因此，目前国外已研制出一些对 COS 生成反应几乎没有催化作用的分子筛，例如 Cosmin 105A。

最近，Carnell 等还介绍了一种在酸性天然气吸附法脱水装置再生系统采用的、对脱除 COS 和 H_2S 具有灵活性的固定床工艺，该工艺已在美孚（Mobil）北海公司的英国 SAGE 天然气厂中采用。进料气组成见表 5-13，酸性天然气吸附法脱水装置工艺流程示意图见图 5-18。由表 5-13 可知，由于进料气中含有 CO_2 和 H_2S，故关键问题之一是将这种固定床工艺用于从气体及液体产品中选择性脱除 COS 和 H_2S，从而提高操作灵活性和降低投资。

表 5-13 SAGE 天然气厂进料气组成（设计值）

组 分	组成, χ, %			
	1	2	3	4
N_2	1.0	0.3	0.8	2.5
CO_2	4.5	8.7	10.5	7.4
C_1	72.7	78.3	77.4	61.1
C_2	10.8	7.9	8.2	15.0
C_3	11.0	4.8	3.1	14.0
H_2S, χ, 10^{-6}	2.0	20.0	50.0	20.0

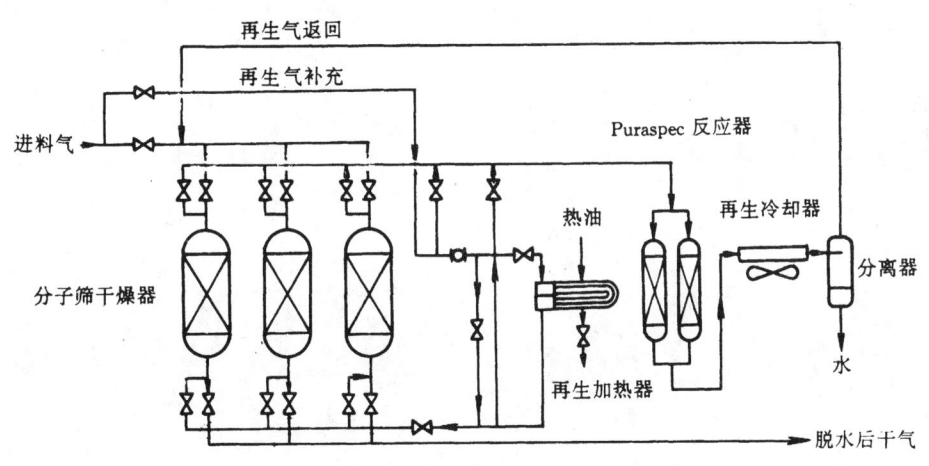

图 5-18 SAGE 天然气厂酸性天然气分子筛脱水工艺流程示意图

图中的进料气在海上平台已脱水至 $48g/10^3 m^3$ 天然气，然后用管道送至 SAGE 天然气厂再用分子筛脱水至 $16g/10^3 m^3$ 天然气。由于进料气中含有 CO_2 和 H_2S，故在脱水装置中采用了可最大程度减少 COS 生成的 Cosmin 105A 分子筛。分子筛床层在再生周期加热过程中，先是 COS 和 H_2S 大量脱附，然后是水大量脱附。大量脱附的 COS 和 H_2S 会使再生气中的 COS 和 H_2S 在某段时间内出现高峰值。由于再生气还要返回进料气中再处理，因而会使这段时间内大量出现的 COS 和 H_2S 聚集在下游装置回收的天然气液中，并使商品气和天然气液处理系统均需按此高峰值的浓度进行设计。

为了防止加热过程中离开干燥器的再生气中出现 COS 和 H_2S 的高峰值，该脱水装置再生系统采用了两个并联的固定床反应器。每个固定床顶部装有 COS 水解催化剂，下部则是 H_2S 吸附剂。加热过程中再生气流经分子筛干燥器的温度及流量应精心设计，以尽量降低 H_2S 和 COS 的峰值，并在水分大量脱附之前将硫化物从分子筛上脱附出来。这样，可保证反应器的吸附剂床层始终在再生气露点以上操作，从而避免水蒸气冷凝带来的危害。

这些设备现已安全运行很长时间，H_2S 和 COS 的浓度（χ）变化小于 1×10^{-6}。一个很有意思的特点是，在分子筛床层再生周期加热过程中，反应器内 H_2S 吸附剂对硫化物的吸附容量达到了最大值。提高温度可促进硫化物移向吸附剂晶格，因而又在吸附剂表面出现新鲜的活化中心。

第六章 天然气凝液回收

如前所述，天然气（尤其是伴生气及凝析气）中除含有甲烷外，还含有一定量的乙烷、丙烷、丁烷、戊烷以及更重烃类。为了满足商品气或管输气对烃露点的质量要求，或为了获得宝贵的化工原料，需将天然气中除甲烷外的一些烃类予以分离与回收。由天然气中回收的液烃混合物称为天然气凝液，也称天然气液或天然气液体，简称凝液或液烃，我国习惯上称其为轻烃。通常，天然气凝液（NGL）中含有乙烷、丙烷、丁烷、戊烷及更重烃类，有时还可能含有少量非烃类，其具体组成根据天然气的组成、天然气凝液回收的目的及方法而异。从天然气中回收凝液的过程称之为天然气凝液回收或天然气液回收（NGL回收），我国习惯上称为轻烃回收，本书统称为天然气液回收。回收到的天然气液或是直接作为商品，或是根据有关商品质量要求进一步分离成乙烷、丙烷、丁烷（或丙、丁烷混合物）及天然汽油等产品。因此，天然气液回收一般也包括了天然气分离过程。

截止1997年底，国外有天然气加工厂约1590家，其中美国和加拿大合计约占84%。美国在80年代末期的天然气加工率在80%以上，而且其天然气液产量与原油产量之比在1：5左右，具有举足轻重的地位。

我国的天然气液回收装置始建于60年代，到了80年代有了迅速发展。就天然气加工率来讲，我国已达到先进水平。但是，由于我国天然气产量很低，天然气液产品又主要来自伴生气，故其总产量不大，仅为原油产量的0.5%~1%。此外，除少数天然气液回收装置规模较大及个别装置回收乙烷外，大多数装置规模较小，而且仅回收丙烷以上烃类。

第一节 天然气凝液回收的目的和方法

天然气液回收是天然气处理与加工中一个十分重要而又常见的过程。然而，并不是在任何情况下进行天然气液回收都是经济合理的。它取决于天然气的类型和数量、天然气液回收的目的、方法及产品价格等，特别是取决于那些可以冷凝回收的天然气组分是作为液体产品还是作为商品气中组分时的经济效益比较。

一、天然气类型对天然气液回收的影响

我国习惯上将天然气分成气藏气、伴生气和凝析气三种类型。天然气类型不同，其组成也有很大差别。换句话说，天然气类型主要决定了天然气中可以冷凝回收的烃类组成和数量。

气藏气主要由甲烷组成，乙烷及更重烃类含量很少。因此，只是气体中乙烷及更重烃类成为产品高于其在商品气中的经济效益时，一般才考虑进行天然气液回收。伴生气通常含有很多可以冷凝回收的烃类，为了满足商品气或管输气对烃露点和热值的要求，同时也为了获得一定数量的液烃产品，故必须进行天然气液回收。凝析气中一般含有较多的戊烷以上重烃类，当其压力降低至相包络区的露点线以下时，就会出现反凝析现象。因此，在凝析气田开采过程中，储层中的凝析气由井底经生产管柱流向井口时，由于压力、温度降低就会有凝析油析出，故需在井场或加工厂中进行相分离，以回收析出的油。如果分离出的气体还要经过压缩回注到储层中的话，由于气体中仍含有不少可以冷凝回收的烃类，因而也应进行天然气液回收，从而额外获得一定数量的液烃。

二、天然气液回收的目的

从天然气中回收液烃的目的是：①生产管输气；②满足商品气的质量要求；③最大程度地回收天然气液。

1. 生产管输气

对于在海上或内陆边远地区生产的天然气来讲，为了满足管输气质量要求，有时需就地初步处理，然后再经过管道输送至天然气加工厂进一步加工。如果天然气在管输中有液烃析出，将会带来下述问题：

①当压降相同时，两相流动所需的管道直径比单相流动要大。

②当两相流体到达目的地时，必须设置段塞捕集器以保护下游的设备。

为了预防管输中有液烃析出，可考虑采用下述几种方法：

①只适度地回收天然气液，使天然气的烃露点满足管输要求，以保证天然气在管道中输送时为单相流动。因此，此法也叫做露点控制。

②将天然气压缩至临界冷凝压力以上冷却后再用管道输送，从而防止在管输中形成两相流动，即所谓密相输送。此法所需管道直径较小，但管壁较厚，而且压缩能耗很高。

③采用两相流动输送天然气。

在上述三种方法中，前两种方法投资及运行费用都较高，故应对其进行综合比较后从中选择最为经济合理的一种方法。

2. 满足商品气的质量要求

为了满足商品气的质量要求，需对从井口采出或从矿场分离器分出的天然气进行下述处理与加工：

①脱水以满足商品气对水露点的要求。如天然气需经压缩才能达到管输压力时，通常是先经压缩机的后冷却器与分离器脱除游离水，再用甘醇脱水法等脱除其余的水分。这样，可以降低甘醇脱水的负荷与成本。

②如天然气中的酸性组分（H_2S 及 CO_2）含量较多时，则需脱除这些酸性组分。

③当商品气的质量要求中有烃露点这项指标时，还需进行天然气液回收。如果天然气中可以冷凝回收的烃类很少，只需适度回收天然气液进行露点控制即可；如果天然气中氮气等不可燃组分含量较多，则应保留一定量的较重烃类以满足商品气的热值要求；如果可以冷凝回收的烃类成为液体产品比作为商品气中的组分具有更好的经济效益时，则应在满足商品气最低热值要求的前提下，最大程度地回收天然气液。因此，天然气液回收的深度不仅取决天然气的组成（乙烷和更重烃类以及氮气等不可燃组分的含量），还取决于商品气对热值和烃露点的要求等因素。

3. 最大程度地回收天然气液

在下述几种情况下需要最大程度地回收天然气液：

①在从伴生气中回收液烃的同时，需要尽可能地增加原油产量。换句话说，将伴生气中回收到的液烃送回原油中时价值更高。

②加工凝析气的目的是回收液烃，而回收液烃后的残余气则需回注到储层中以保持储层压力。

③从天然气液回收过程中得到的液烃产品比其作为商品气中的组分时价值更高，因而使

得天然气液回收具有良好的经济效益。

当从天然气中最大程度地回收天然气液时，即就是残余气中只有甲烷，通常也能满足商品气的热值要求。但是，在很多天然气中都含有氮气及二氧化碳等不可燃组分，因此，为了满足商品气的热值要求，还需要在残余气中保留一定数量的乙烷。如果丙烷等较重烃类成为液体产品时具有更高价值，则在回收天然气液时应将丙烷及更重烃类基本上全部回收，而对乙烷只进行部分回收。

由此可知，由于回收凝液的目的不同，对凝液的组成及收率要求也有不同。因此，我国习惯上又根据是否回收乙烷而将天然气液回收装置分为两类：一类以回收乙烷及更重烃类（C_2^+）为目的；另一类则以回收丙烷及更重烃类（C_3^+）为目的。由此可知，只适度回收天然气液以控制烃露点为目的的装置，一般均属后者。

三、天然气液回收方法

天然气液回收可在油、气田矿场进行，也可以在天然气加工厂、气体回注厂中进行。回收方法基本上可分为吸附法、油吸收法和冷凝分离法三种。

1. 吸附法

吸附法系利用固体吸附剂（如活性炭）对各种烃类的吸附容量不同，从而使天然气中一些组分得以分离的方法。在北美，有时用这种方法从湿气中回收较重的烃类，且多用于处理量较小（小于 $57×10^4 m^3/d$）及较重烃类含量较少的天然气，也可用来同时从天然气中脱水及回收重烃，使天然气的水露点及烃露点都符合管输的要求。

吸附法的优点是装置比较简单，不需特殊材料和设备，投资较少；缺点是需要几个吸附塔切换操作，产品的局限性大，加之能耗较大，成本较高，燃料气消耗约为所处理气量的5%（油吸附法一般在1%以下），因而目前应用较少。在北美，一般只是在油、气田开采初期或在井口附近，对天然气液收率要求不高（例如，进行露点控制）的场合下才使用。

2. 油吸收法

此法系利用不同烃类在吸收油中溶解度不同，从而使天然气中各个组分得以分离。图6-1为油吸收法原理流程。吸收油一般采用石脑油、煤油或柴油，其相对分子质量为100～200。吸收油相对分子质量越小，天然气液收率越高，但吸收油蒸发损失越大。因此，当要求乙烷收率较高时，一般才采用相对分子质量较小的吸收油。

按照吸收温度不同，油吸收法又可分为常温、中温和低温油吸收法（冷冻油吸收法）三种。常温油吸收的温度一般为30℃左右，以回收 C_3^+ 为主要目的；中温油吸收的温度一般为 -20℃ 以上，C_3 收率为40%左右；低温油吸收的温度在 -40℃ 左右，C_3 收率一般为 80%～90%，C_2 收率一般为 35%～50%。

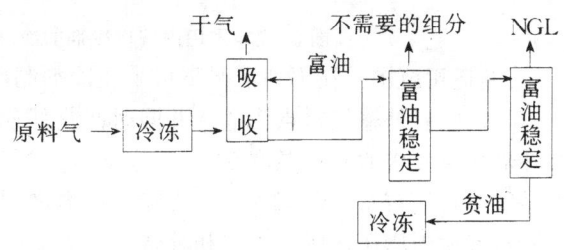

图6-1 采用低温油吸收法原理的NGL回收原理流程

油吸收法主要设备有吸收塔、富油稳定塔和富油蒸馏塔。如为低温油吸收法，还需增加制冷系统。在吸收塔内，吸收油与天然气逆流接触，将气体中大部分丙烷、丁烷及戊烷以上烃类吸收下来。从吸收塔底部流出的富吸收油（简称富油）进入富油稳定塔中，脱出不需要回收的轻组分如甲烷等，然后在富油蒸馏塔中将富油中所吸收的乙烷、丙烷、丁烷及戊烷以上烃类从塔顶蒸出。从富油蒸馏塔底流出的贫吸收油（简称贫油）经冷却后去吸收塔循环使用。如为低温油吸收法,则还需将原料气与贫油分别冷冻后再进入吸收塔中。

油吸收法是五六十年代广为使用的一种天然气液回收方法,尤其是在 60 年代初期以前低温油吸收法一直占主导地位。此法优点是系统压降小,允许采用碳钢,对原料气预处理没有严格要求,单套装置处理量较大(最大可达 $2800 \times 10^4 m^3/d$)。但是,由于油吸收法投资和操作费用较高,因而在 70 年代以后已逐渐被更加经济与先进的冷凝分离法所取代。

3. 冷凝分离法

冷凝分离法是利用在一定压力下天然气中各组分的挥发度不同,将天然气冷却至露点温度以下,得到一部分富含较重烃类的天然气液,并使其与气体分离的过程。分离出的天然气液又往往利用精馏的方法进一步分离成所需要的液烃产品。通常,这种冷凝分离过程又是在几个不同温度等级下完成的。

此法的特点是需要向气体提供足够的冷量使其降温。按照提供冷量的制冷系统不同,冷凝分离法可分为冷剂制冷法、直接膨胀制冷法和联合制冷法三种。

(1) 冷剂制冷法 冷剂制冷法也称为外加冷源法(外冷法)。它是由独立设置的冷剂制冷系统向原料气提供冷量,其制冷能力与原料气无直接关系。根据原料气的压力、组成及天然气液的回收深度,冷剂(制冷剂或制冷工质)可以分别是氨、丙烷及乙烷,也可以是乙烷、丙烷等烃类混合物,而后者又称为混合冷剂(混合制冷剂)。制冷循环可以是单级或多级串联,也可以是阶式制冷(覆叠式制冷)循环。采用丙烷作冷剂的冷凝分离法天然气液回收原理流程见图 6-2。

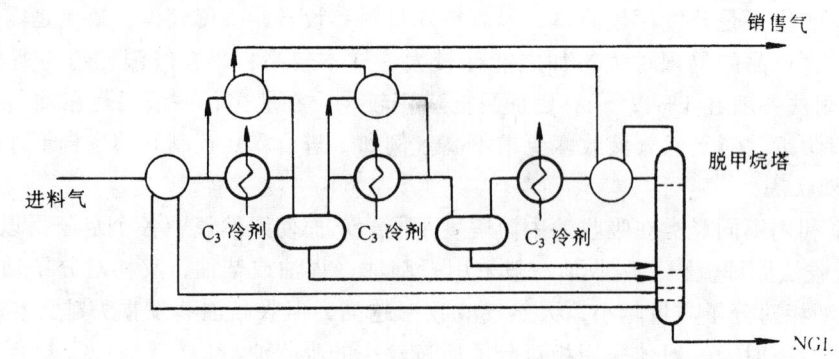

图 6-2 采用丙烷作冷剂的冷凝分离法 NGL 回收原理流程

1) 适用范围。在下列情况下可采用冷剂制冷法:

①以控制外输气露点为主,并同时回收部分凝液的装置。通常,原料气的冷冻温度应低于外输气所要求的露点温度 5℃ 以上。

②原料气较富,但其压力和外输气压力之间没有足够压差可供利用,或为回收凝液必须将原料气适当增压,所增压力和外输气压力之间没有压差可供利用,而且采用冷剂制冷又可经济地达到所要求的凝液收率。

2) 冷剂选用的依据。冷剂选用的主要依据是原料气的冷冻温度和制冷系统单位制冷量所耗的功率,并应考虑以下因素:

①氨适用于原料气冷冻温度高于 -25~-30℃ 时的工况。

②丙烷适用于原料气冷冻温度高于 -35~-40℃ 时的工况。

③以乙烷、丙烷为主的混合冷剂适用于原料气冷冻温度低于 -35~-40℃ 时的工况。

④能使用凝液作冷剂的场合应优先使用凝液。

天然气采用冷剂法回收液烃时在相图上的轨迹见图6-3中的ABC线所示。

(2) 直接膨胀制冷法 直接膨胀制冷法也称膨胀制冷法或自制冷法（自冷法）。此法不另外设置独立的制冷系统，原料气降温所需的冷量由气体直接经过串接在该系统中的各种类型膨胀制冷设备来提供。因此，制冷能力直接取决于气体的压力、组成、膨胀比及膨胀制冷设备的热力学效率等。常用的膨胀制冷设备有节流阀（也称焦耳—汤姆逊阀）、透平膨胀机及热分离机等。

1) 节流阀制冷。在下述情况下可考虑采用节流阀制冷：

①压力很高的气藏气（一般在10MPa或更高），特别是其压力会随开采过程逐渐递减时，应首先考虑采用节流阀制冷。节流后的压力应满足外输气要求，不再另设增压压缩机。如气源压力不够高或已递减到不足以获得所要求低温时，可采用冷剂预冷。

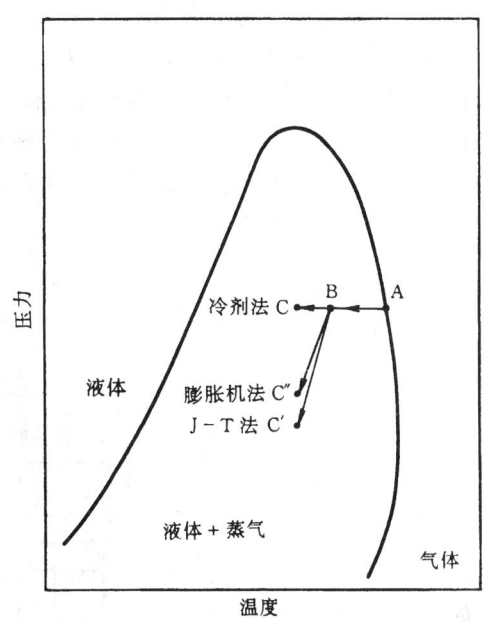

图6-3 天然气液回收在相图上的轨迹线

②气源压力较高，或适宜的冷凝分离压力高于干气外输压力，仅靠节流阀制冷也能获得所需的低温，或气量较小不适合用膨胀机制冷时，可采用节流阀制冷。如气体中重烃较多，靠节流阀制冷不能满足冷量要求时，可采用冷剂预冷。

③原料气与外输气有压差可供利用，但因原料气较贫故回收凝液的价值不大时，可采用节流阀制冷，仅控制其水露点及烃露点以满足管输要求。若节流后的温度不够低，可采用冷剂预冷。

采用节流阀制冷的低温分离法工艺流程示意图见图3-2所示。天然气采用节流阀制冷回收液烃时在相图上的轨迹线见图6-3中ABC'线所示。

2) 热分离机制冷。热分离机是70年代由法国ELF—Bertin公司研制的一种简易有效的气体膨胀制冷设备，由喷嘴及接受管组成，按结构可分为静止式和转动式两种。自80年代末期以来，热分离机已在我国一些天然气液回收装置中得到应用。在下述情况下可考虑采用热分离机制冷：

①原料气量不大且其压力高于外输气压力，有压差可供利用，但靠节流阀制冷达不到所需要的温度时，可采用热分离机制冷。热分离机的气体出口压力应能满足外输要求，不应再设增压压缩机。热分离机的最佳膨胀比约为5，且不宜超过7。如果气体中重烃较多，可采用冷剂预冷。

②适用于气量较小或气量不稳定的场合，而简单可靠的静止式热分离机特别适用于单井或边远井气藏气的天然气液回收。

3) 膨胀机制冷。当节流阀或热分离机制冷不能达到所要求的凝液收率时，可考虑采用膨胀机制冷。其适用情况如下：

①原料气量及压力比较稳定。

②原料气压力高于外输气压力，有足够的压差可供利用。

③气体较贫及凝液收率要求较高。

1964年美国首先将透平膨胀机制冷技术用于天然气液回收过程中。由于此法具有流程简单、操作方便、对原料气组成的变化适应性大、投资低及效率高等优点，因此近二三十年来发展很快，美国新建或改建的天然气液回收装置有90%以上采用了透平膨胀机制冷法。

天然气采用膨胀机制冷回收液烃时的原理流程见图6-4所示。其在相图上的轨迹见图6-3中ABC″线所示。

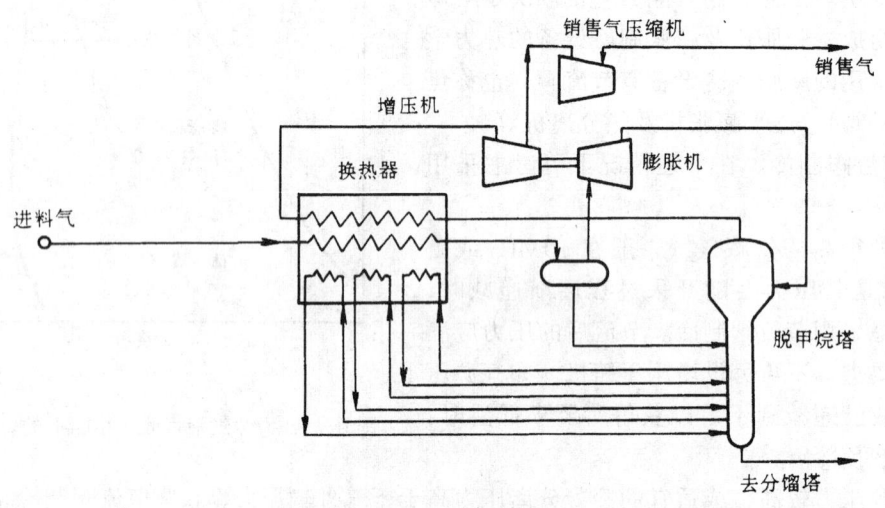

图6-4 采用膨胀机制冷法的NGL回收原理流程

（3）联合制冷法 联合制冷法又称为冷剂与直接膨胀联合制冷法。顾名思义，此法是冷剂制冷法与直接膨胀制冷法二者的联合，即冷量来自两部分：一部分由膨胀制冷法提供；一部分则由冷剂制冷法提供。当原料气组成较富，或其压力低于适宜的冷凝分离压力，为了充分、经济地回收天然气液而设置原料气压缩机时，应采用有冷剂预冷的联合制冷法。

由于我国的伴生气大多具有组成较富、压力较低的特点，所以自80年代以来新建或改建的天然气液回收装置普遍采用膨胀制冷法及有冷剂预冷的联合制冷法，而其中的膨胀制冷设备又以透平膨胀机为主。

目前，天然气液回收装置采用的几种主要工艺方法的烃类收率见表6-1。当以回收C_2^+为目的时，可选用的制冷方法是表6-1中的下面四种。其中，马拉（Mehra）法的实质是

表6-1 一些NGL回收方法的烃类回收率，%

方　法	乙烷	丙烷	丁烷	天然汽油（C_5^+）
吸收法	5	40	75	87
低温油吸收法	15	75	90	95
冷剂制冷法	25	55	93	97
阶式制冷法	70	85	95	100
节流阀制冷法	70	90	97	100
透平膨胀机制冷法	85	97	100	100
马拉法	2~90	2~100	100	100

用物理溶剂（例如 N—甲基吡咯烷酮）代替吸收油，将原料气中的 C_2^+ 吸收后，采用抽提蒸馏的工艺获得所需的 C_2^+。乙烷、丙烷的回收率依市场需求情况而定，分别为 2%～90% 和 2%～100%。这种灵活性是透平膨胀机制冷法所不能比拟的。

需要指出的是，由于天然气的压力、组成及要求的液烃收率不同，因此，天然气液回收中的冷凝分离温度也有不同。根据天然气在冷冻分离系统中的最低冷冻温度，通常又将冷凝分离法分为浅冷分离与深冷分离两种。浅冷分离的冷冻温度一般在 -20～-35℃，而深冷分离的冷冻温度一般均低于 -45℃，最低达 -100℃ 以下。

深冷分离（cryogenic separation 或 deepcut）有时也称做低温分离。但是，天然气工业中提到的低温分离（low temperature separation）就其冷冻温度范围来讲并不都属于深冷分离的范畴，例如，在第三章中所述及的低温分离法即为一例。

第二节　制冷方法

由上可知，采用冷凝分离法回收天然气液的特点之一是需要向原料气提供足够的冷量，使其降温至露点以下（即进入两相区）部分冷凝，而向原料气提供冷量的任务则是通过制冷系统来实现的。因此，冷凝分离法通常又是按照制冷方法不同来分类的。

所谓制冷（致冷）是指利用人工方法制造低温（低于环境温度）的技术。制冷方法主要有三种：

①利用物质相变（如融化、蒸发、升华）的吸热效应实现制冷。
②利用气体膨胀的冷效应实现制冷。
③利用半导体的热电效应实现制冷。

在天然气液回收过程中广泛应用液体蒸发和气体膨胀来实现制冷。利用液体蒸发实现制冷称做蒸气制冷。蒸气制冷又可分为蒸气压缩式（机械压缩式）、蒸气喷射式和吸收式三种类型，目前多采用蒸气压缩式。气体膨胀制冷目前广泛采用透平膨胀机制冷，也有采用节流阀制冷和热分离机制冷的。

在我国天然气工业中，通常也将采用制冷方法使天然气温度降至低温的冷却过程称做冷冻，以示与温度降至常温的冷却过程区别。严格地讲，它与制冷工程中冷冻的涵义不是完全相同的。

从投资来看，氨吸收制冷系统一般可与蒸气压缩制冷系统竞争，而操作费用则取决于所用热源和冷却介质（水或空气）在经济上的竞争力。氨吸收制冷系统对热源的温度要求不高，一般不超过 200℃，故可直接利用工业余热等低温热能，节约大量电能。整个系统由于运动部件少，故运行时噪音小，能适应工况变化，运行稳定。但是，它的冷却负荷一般比蒸气压缩制冷系统大一倍左右。因此，在有余热可以利用以及冷却费用较低的地区，可考虑采用氨吸收制冷系统，而且以在大型天然气液回收装置上应用为主。

一、蒸气压缩制冷

蒸气压缩制冷也称做机械压缩制冷或简称压缩制冷，是天然气液回收过程中最常采用的制冷方法之一。

1. 压缩制冷循环热力学分析

为了制冷，可以选择一种沸点低于环境温度的液体使其蒸发（即汽化）。例如，选用液态丙烷在蒸发器内于常压下汽化，则可获得大约 -40℃ 的低温。在蒸发器中液态丙烷被待冷却的工艺流体（如天然气）加热汽化，而工艺流体则被冷冻降温。然后，将汽化的丙烷压缩到一定压力，经冷却使其冷凝，冷凝后的丙烷再膨胀到常压下汽化，由此构成由压缩、冷凝、膨胀、蒸发组成的单级膨胀的压缩制冷循环。如果循环中的各个过程都是无损失的理想过程，则此单级制冷循环正好与理想热机的卡诺循环相反，称为逆卡诺循环或理想制冷循环[图6-5（b）中1、2、3、4各点连线即为其在 $T—s$ 图上的轨迹线]。

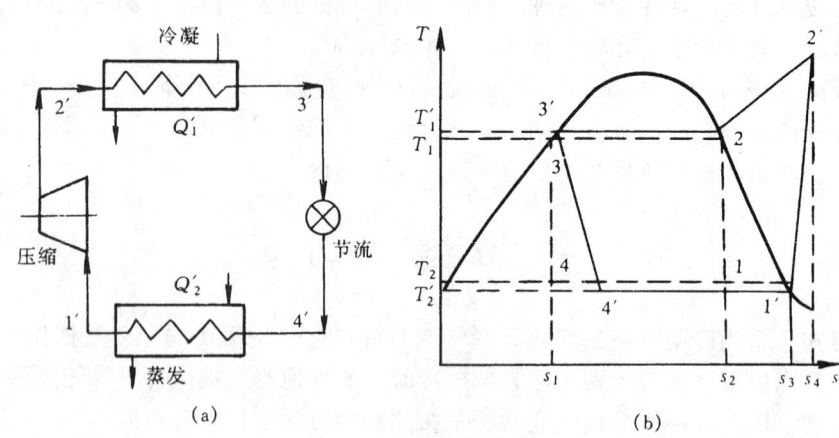

图6-5 实际单级节流压缩制冷循环

根据热力学第二定律，在制冷循环中的压缩功肯定大于膨胀过程回收的功，而制冷循环的效率则用制冷系数来衡量。通常，用制冷循环获得的制冷量 Q_2 与输入净功（压缩功与膨胀功之差） W 的比值表示制冷循环的制冷系数 ε，即

$$\varepsilon = \frac{Q_2}{W} = \frac{m(h_1 - h_4)}{W} \tag{6-1}$$

式中　ε——制冷循环的制冷系数；
　　　Q_2——冷剂在低温下（即在蒸发器中）吸收的热量（制冷量），kJ/h；
　　　W——制冷循环中输入的净功，kJ/h；
　　　h_4、h_1——冷剂进入和离开蒸发器时的比焓，kJ/kg；
　　　m——冷剂循环量，kg/h。

对于逆卡诺循环而言，制冷系数 ε 又可表示为

$$\varepsilon = \frac{Q_2}{W} = \frac{Q_2}{Q_1 - Q_2} = \frac{T_2}{T_1 - T_2} \tag{6-2}$$

式中　Q_1——冷剂在高温下（即在冷凝器中）放出的热量，kJ/h；
　　　T_1——冷剂在高温下的放热（即冷凝）温度，K；
　　　T_2——冷剂在低温下的吸热（即蒸发）温度（或制冷温度），K。

由式（6-2）可知，在相同 T_1 下，理想制冷循环的制冷系数随制冷温度（T_2）的降低而减少。或者说，相同净功获得的制冷量，将随制冷温度的降低而减少。

带节流膨胀的实际单级压缩制冷循环[图6-5（b）中 $1'$、$2'$、$3'$、$4'$ 各点连线则为其在 $T-s$ 图上的轨迹线]与逆卡诺循环相比，主要差异如下：

①压缩过程：逆卡诺循环是等熵压缩过程，压缩机进口为湿气，出口为饱和蒸气。实际

压缩过程为多变过程，有一定的熵增和不可逆损失。压缩机进气一般为饱和蒸气，其至有一定过热度，而出口蒸气则有相当过热度。显然，实际压缩过程的能耗将高于理想过程。

②冷凝过程：逆卡诺循环的冷凝过程是无温差、无压差的理想传热过程。实际冷凝过程存在一定温差和压力降，相应存在一定的不可逆损失。

③膨胀过程：逆卡诺循环是湿蒸气在膨胀机中做外功的等熵膨胀过程，而实际膨胀过程多采用节流阀进行等焓膨胀，膨胀过程中不对外做功，相应产生一定的能量损失。

④蒸发过程：逆卡诺循环的蒸发过程是无温差、无压差的理想传热过程，而实际蒸发过程则存在一定的温差和压力降，相应存在一定的不可逆损失。

带节流膨胀的实际单级压缩制冷循环的制冷系数为蒸发器实际制冷量与压缩机实际压缩功之比，即

$$\varepsilon' = \frac{Q'_2}{W'} = \frac{m(h_{1'} - h_{4'})}{m(h_{2'} - h_{1'})} = \frac{h_{1'} - h_{4'}}{(h_{2'} - h_{1'})} \tag{6-3}$$

式中　ε'——实际单级压缩制冷循环的制冷系数；

　　　W'——实际压缩制冷循环中输入的净功，kJ/h；

　　　Q'_2——冷剂在蒸发器中实际吸收的热量（实际制冷量），kJ/h；

　　　$h_{4'}$，$h_{1'}$——冷剂进入和离开蒸发器时的比焓，kJ/kg；

　　　$h_{2'}$——冷剂离开压缩机时的比焓，kJ/kg。

由于各种损失的存在，带节流膨胀的实际单级压缩制冷循环的制冷系数总是低于逆卡诺循环的制冷系数。理想制冷循环所消耗的功与实际制冷循环所消耗的功之比，称为实际制冷循环的热力学效率。

由上可知，工业上采用的压缩制冷系统是用机械对冷剂蒸气进行压缩的一种实际制冷循环系统，由制冷压缩机、冷凝器、节流阀（或称膨胀阀）、蒸发器（或称冷冻器）等设备组成。压缩制冷系统按冷剂不同可分为丙烷制冷系统、氟里昂制冷系统、氨制冷系统和其它冷剂（如混合冷剂）制冷系统；按压缩级数又有单级和多级（通常为双级）之分。此外，还有分别使用不同冷剂的两个以上单级或多级压缩制冷系统覆叠而成的阶式制冷系统（覆叠制冷系统）。

在压缩制冷系统中，压缩机将蒸发器来的低压冷剂饱和蒸气压缩为高压、高温的过热蒸气后进入冷凝器，用水或空气作为冷却介质使其冷凝为高压饱和液体，再经节流阀节流变为低压液体（同时也有部分液体蒸发），使其蒸发温度相应下降，然后进入蒸发器中蒸发吸热，从而使工艺流体冷冻降温。吸热后的低压冷剂饱和蒸气重返压缩机入口，进行下一个循环。因此，压缩制冷系统包括压缩、冷凝、节流及蒸发四个过程，冷剂在系统中经过这四个过程完成一个制冷循环，并将热量从低温传到高温，从而达到制冷的目的。

2. 简单压缩制冷系统

简单压缩制冷系统是由带节流的单级压缩制冷循环（图6-5）构成的制冷系统。图6-6则为该制冷循环在压焓图上的轨迹图。冷剂在3′点为高压饱和液体，其压力或温度取决于冷剂蒸气冷凝时所采用的冷却介质是水、空气还是其它物质。冷剂由3′点经节流阀等焓膨胀至4′点时将有部分液体蒸发，在压焓图上是一条垂直于横坐标的3′4′线。由图6-5可知，4′点位于气、液两相区，其温度低于3′点。此冷剂蒸气和液体混合物进入蒸发器后，剩余的液体在等压下蒸发吸热，从而使待冷却的工艺流体冷冻降温。通常，冷剂在蒸发器内的蒸发

温度比待冷却工艺流体所要求的最低温度低3～6℃。离开蒸发器的冷剂（1′点）是处于蒸发压力或温度下的饱和蒸气，经压缩后变为高压过热蒸气（2′点）进入冷凝器，在接近等压下冷却与冷凝。冷剂离开冷凝器（3′）时为饱和液体，或为略有过冷的液体。

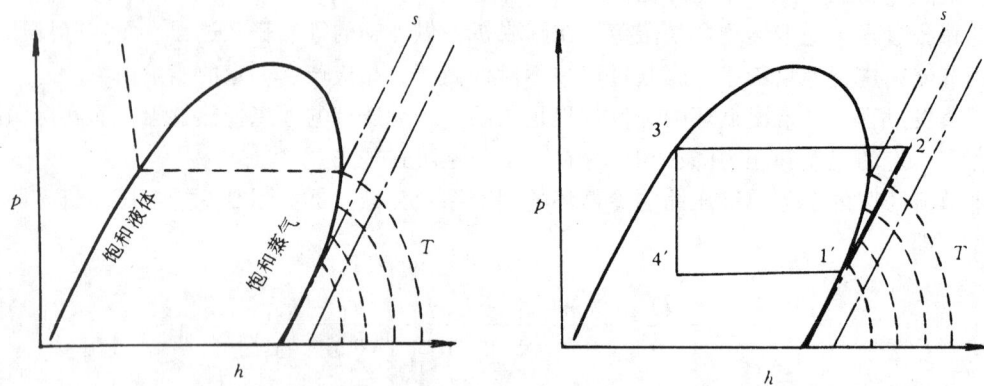

图6-6　简单压缩制冷系统在压焓图上轨迹图

当估算简单压缩制冷系统的冷剂循环量及设备负荷时，其具体方法可概括如下：

（1）确定冷剂循环量　图6-5中 Q'_2 为由待冷却工艺流体决定的蒸发器热负荷。由热平衡可知：

$$Q'_2 + mh_{3'} = mh_{1'} \tag{6-4}$$

或

$$m = Q'_2/(h_{1'} - h_{3'}) \tag{6-5}$$

式中　Q'_2——蒸发器的热负荷，即单位时间内冷剂在蒸发器中吸收的热量（制冷量），kJ/h；

　　　$h_{3'}$——冷剂在3′点处于饱和液体时的比焓，kJ/kg；

　　　$h_{1'}$——冷剂在1′点处于饱和蒸气时的比焓，kJ/kg；

　　　m——冷剂循环量，kg/h。

（2）确定压缩机功率　压缩机的功率可按各种有关方法来计算。例如，首先计算出压缩机的理论压缩（等熵压缩）功率 W_s，然后再由等熵效率（绝热效率）η_s 求出其实际功率 W_{act}。W_{act} 通常也称为压缩机的气体压缩功率或气体功率（Ghp）。

$$W_s = m(h_2 - h_{1'}) \tag{6-6}$$

$$W_{act} = W_s/\eta_s \tag{6-7}$$

式中　W_s——压缩机理论压缩功率，kJ/h；

　　　W_{act}——压缩机实际压缩（多变压缩）功率，kJ/h；

　　　η_s——压缩机的等熵效率（绝热效率）；

　　　h_2——压缩机理论压缩时冷剂在压缩机出口处的比焓，kJ/kg。

压缩机的等熵效率应由制造厂提供。当无确切数据时，对于离心式压缩机此效率可取0.75；对于往复式压缩机此效率可取0.85。

压缩机的制动功率或制动马力（Bhp）系向压缩机轴上提供的功率，亦即压缩机的轴功率。它大于上述确定的压缩机气体功率。对于离心式压缩机,应为气体功率与消耗于轴承和密封件的功率损失之和。对于往复式压缩机,一般可由气体功率除以机械效率求得。

(3) 确定冷凝器热负荷 图6-5中的 Q'_1 为冷剂蒸气在冷凝器中冷凝时放出的热量或冷凝器的热负荷。由冷凝器的热平衡知

$$Q'_1 = m(h_{3'} - h_{2'}) \tag{6-8}$$

式中 Q'_1——冷凝器的热负荷,kJ/h;

$h_{2'}$——压缩机实际压缩时冷剂在压缩机出口 $2'$ 点的比焓,$h_{2'} = \dfrac{(h_2 - h_{1'})}{\eta_s} + h_{1'}$,kJ/kg。

上述各项计算均需要确定冷剂在 $3'$、$1'$、$2'$ 点的比焓。冷剂在各点的比焓目前多用有关软件由计算机完成,也可查取热力学图表。对于采取丙烷、氨或氟里昂作为冷剂的制冷系统,利用压焓图或相应的表即可通过手工完成各设备的能量平衡计算。

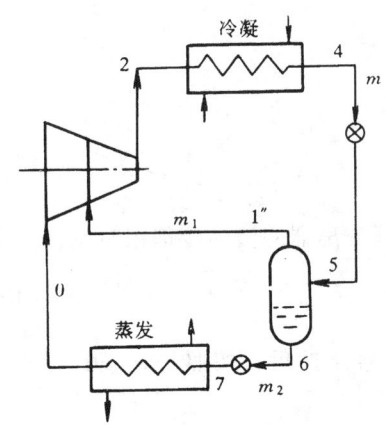
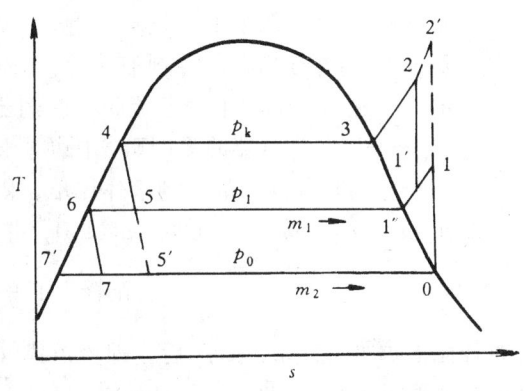

图6-7 带节能器的压缩制冷系统

3. 带节能器的压缩制冷系统

图6-7为由同样类型设备组成的更为复杂的压缩制冷系统,该系统由两级节流、两级压缩制冷循环构成,图6-8则为该制冷循环(冷剂假定为丙烷)在压焓图上的轨迹图。与图6-5相比,此系统增加了一个节流阀和一个在冷凝压力和蒸发压力之间的中间压力下对冷剂进行部分闪蒸的分离器。

由图6-7和图6-8可知,冷剂先由4点等焓膨胀至某中间压力5点。5点压力的确定原则应该是使制冷压缩机每一级的压缩比相同。5点处于气液两相区,其温度低于4点。膨胀产生的饱和蒸气由分离器分出后去第二级压缩,而离开分离器的饱和液体则进一步等焓膨胀至7点。可以看出,此系统中由7点至0点(饱和蒸气)的可利用焓差 Δh 比简单压缩制冷系统要大。在这个系统中,单位质量冷剂

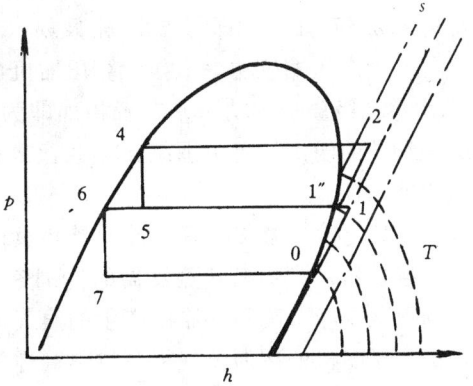

图6-8 带节能器的压缩制冷系统在压焓图上的轨迹图

在蒸发器中所吸收的热量（即单位制冷量）所需的能耗较少，其原因是循环的冷剂中有一部分气态冷剂未经过一级压缩，故进入蒸发器的冷剂中含蒸气较少。这些流经蒸发器的冷剂蒸气基本上不起制冷作用，却会增加压缩能耗。

图6-7中的分离器常称为节能器（省功器）。这个名词通常用来称呼可以降低能耗的换热器或其它设备。无论系统中有多少级压缩，在各级压缩之间都可设置分离器与节流阀的组合设施。此外，还可以在压缩机入口增加一个换热器，使来自蒸发器的低温冷剂蒸气先与进入节流阀前的冷剂液体换热，从而使其在节流前过冷。这个换热器也可称为节能器。

可以采用与简单压缩制冷系统相同的方法估算图6-7所示制冷系统的冷剂循环量及设备负荷等。

(1) 冷剂循环量　假定流经冷凝器的冷剂循环量为 m，节流至5点压力下由分离器分出的冷剂蒸气量为 m_1，离开分离器的冷剂液体量为 m_2。由热平衡可知

$$mh_4 = m_1 h_{1''} + m_2 h_6 \qquad (6-9)$$

式中　m——流经冷凝器的冷剂循环量，kg/h；
　　　m_1——离开分离器的冷剂蒸气量，kg/h；
　　　m_2——离开分离器的冷剂液体量，kg/h；
　　　h_4——进入分离器前面节流阀的冷剂比焓，kJ/kg；
　　　$h_{1''}$——离开分离器的冷剂蒸气比焓，kJ/kg；
　　　h_6——离开分离器的冷剂液体比焓，kJ/kg。

由于 $m = m_1 + m_2$，故可取 $m = 1.0$，并定义 x 为离开分离器的液体冷剂相对量，于是

$$h_4 = (1-x)h_{1''} + xh_6 \qquad (6-10)$$

通过压焓图求得 h_4、$h_{1''}$ 及 h_6 后，即可由式（6-10）解出 x。然后，按照与式（6-5）相似的热平衡求出 m_2，即

$$m_2 = Q'_2/(h_0 - h_6) \qquad (6-11)$$

式中　h_0——离开蒸发器时冷剂蒸气的比焓，kJ/kg。

x 及 m_2 已知后，即可求得 m 及 m_1。

(2) 确定压缩机功率　在计算压缩机功率时，可先由 m_2 求出第一级压缩的功率，再由 m 求出第二级压缩的功率，二者相加即为压缩机的总功率。不同级的蒸气在汇合后进入第二级压缩前的温度，可由围绕此三通管路的热平衡求出。在大多数情况下，此处的温度影响可以忽略不计。

(3) 确定冷凝器热负荷　冷凝器热负荷的计算方法与简单压缩制冷系统相同。如果再安装一个换热器，利用离开蒸发器的冷剂饱和蒸气使来自冷凝器或分离器的冷剂饱和液体过冷，则可减少经节流阀膨胀后产生的蒸气量，因而提高了冷剂在蒸发器中的制冷量。但是，此时进入压缩机的冷剂蒸气将会过热（称为回热），增加压缩机的能耗和冷凝器热负荷。因此，安装这种换热器是否合算，只有通过计算才能得到解答。带过冷和回热的简单压缩制冷系统见图6-9。

当以丙烷为冷剂，假定蒸发器热负荷为1.055MJ/h（或制冷量为293kW），蒸发和冷凝压力分别为0.220MPa（绝）及1.79MPa（绝）时，按照上述方法求得以上两种压缩制冷系统的有关结果见表6-2。

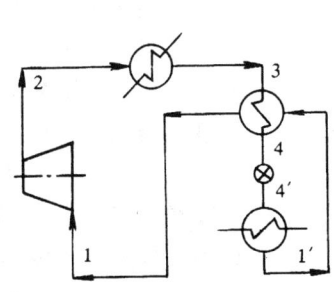 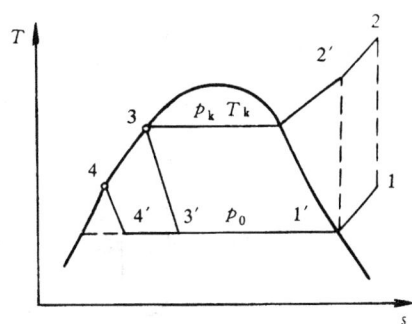

图 6-9 带过冷和回热的简单压缩制冷系统

表 6-2 两种压缩制冷系统工艺计算结果

制冷系统		单级节流		两级节流	
		手工计算	计算机计算[①]	手工计算	计算机计算[①]
冷剂循环量 kg/h	m	5153	5066	4853	4762
	m_1	—	—	1282	1338
	m_2	—	—	3571	3424
压缩机功率 kW	总量	197	191	151	152
	一级	—	—	85	78
	二级	—	—	66	74
冷凝器压力,MPa		1.79	1.84	1.79	—
分离器压力,MPa		—	—	0.81	0.81
蒸发器压力,MPa		0.22	0.215	0.22	0.81
冷凝器热负荷,MJ/h		1.77	1.75	1.60	1.60

① 采用 OPSIM 软件。

由表 6-2 可知，当二者运行条件基本相同时，带节能器的压缩制冷系统的压缩机总功率（151kW）远小于简单压缩制冷系统压缩机的功率（197kW）。尽管如此，当采用往复式制冷压缩机时，由于机架尺寸及投资费用几乎并未减小，故在工业上仍经常应用简单的压缩制冷系统。

4. 分级制冷（分级蒸发）的压缩制冷系统

当工艺流体需要在几个温度等级下冷冻降温，或者说需要提供几个温度等级的制冷量时，可采用分级制冷（分级蒸发）的压缩制冷系统。

图 6-10 所示的制冷系统由两级节流、两级压缩及两级制冷（蒸发）的制冷循环构成。这种制冷系统与带有节能器的制冷循环相似，也是只有一部分冷剂去低压蒸发器循环，故可降低能耗。但是，这种制冷系统需要两台蒸发器（高压与低压），而且由于平均温差较小，其总传热面积较简单制冷系统要大。

由于这种制冷系统可以用一台多级压缩机组满足生产装置中各部位对不同温度等级冷量的需要，故可降低制冷系统的投资，因而在乙烯装置中广泛应用。此外，分级制冷的压缩制

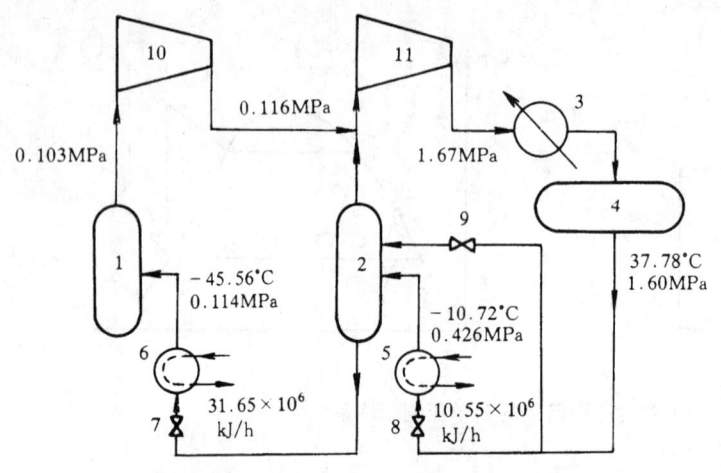

图 6-10 两级制冷的压缩制冷系统
1—吸入罐；2—闪蒸分离器；3—冷凝器；4—冷剂凝液储罐；5——级蒸发器；6—二级蒸发器；7、8、9—节流阀；10、11—压缩机—、二级

冷系统也可与透平膨胀机制冷一起用于天然气液回收装置中，见图 6-11 所示。图 6-11 中，不仅有两台不同温度等级的蒸发器（或称冷冻器），而且还有间隔串联的气/气换热器，从而使流程中的换热系统传热温差变小而且均匀，提高了换热系统的㶲效率。

目前，不少天然气液回收装置的制冷系统采用气体引擎驱动的往复式压缩机。由于压缩比过高时会使压缩机拉杆负荷过大，故通常采用两级压缩。表 6-2 示例中压缩机的总压缩比为 1.79/0.22=8.1，远高于一般压缩比的上限值。因此，从压缩机的角度来讲，制冷系统中带有节能器或采用分级制冷后，只是增加一个蒸发器及一套负荷平衡控制设施，投资增加并不多，故可考虑用于天然气液回收装置中，尤其是在两级制冷的温度等级相差大于 33℃、制冷量约大于 880kW（3.2MJ/h）的情况下应用。

此外，分级制冷的压缩制冷系统还有采用多级节流、多级压缩、多级蒸发的制冷循环的，由于在天然气回收装置中很少采用，故不再多述。

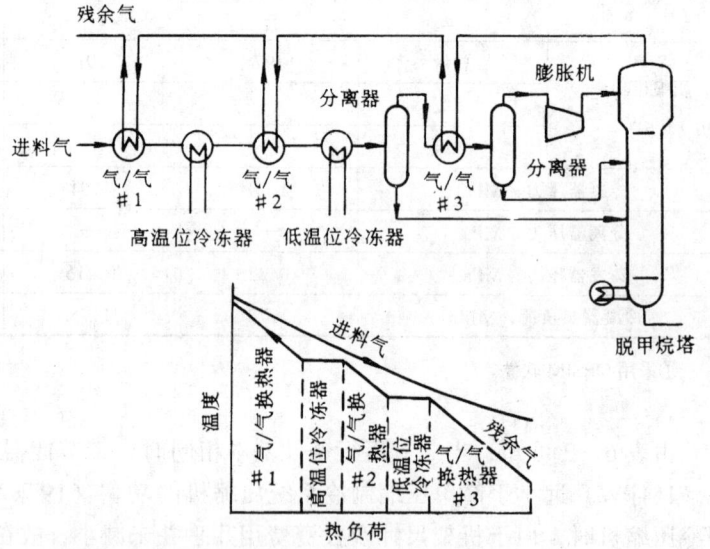

图 6-11 采用两级冷剂制冷与膨胀机制冷的天然气液回收工艺流程

5. 阶式（覆叠式）制冷系统

采用丙烷、氨等冷剂的压缩制冷系统，其制冷温度最低仅约为 -30~-40℃。如果要求更低的制冷温度（例如，低于 -60~-80℃），必须选择像乙烷、乙烯这样的冷剂（其常压下蒸发温度分别为 -88.6℃ 与 -103.7℃）。但是，由于乙烷、乙烯的临界温度较低（乙烷为 32.2℃，乙烯为 9.1℃），在压缩制冷循环中其蒸气不可能在环境温度（空气或温度为 35~40℃ 的冷却水）下冷凝。为此，乙烷或乙烯蒸气需要采用丙烷、丙烯或氨制冷循环蒸发器中

的冷剂提供冷量使其冷凝。

为了获得更低温度等级（例如，低于 -102℃）的冷量，此时就需要选用沸点更低的冷剂。例如，甲烷可以制取 -160℃ 温度等级的冷量。但是，由于甲烷的临界温度为 -82.7℃，在压缩制冷循环中其蒸气必须在低于此温度时才能冷凝。此时，甲烷蒸气就需采用乙烷、乙烯制冷循环蒸发器中的冷剂提供冷量使其冷凝。这样，就形成了由几个单独而又互相联系的不同温度等级冷剂压缩制冷循环组成的阶式（覆叠式）制冷系统。

在阶式制冷系统中，用较高温度等级制冷循环蒸发器中的冷剂来冷凝较低温度等级制冷循环冷凝器中的冷剂。这种制冷系统可满足 -70～-140℃ 制冷温度（即蒸发温度）的要求。

阶式制冷系统常用丙烷、乙烯（或乙烷）及甲烷作为三个温度等级的冷剂。图 6-12 为阶式制冷系统的工艺流程示意图。图中，制冷温度等级高的第一级制冷循环（第一级制冷阶）采用丙烷作冷剂。由丙烷压缩机来的丙烷蒸气先经冷却器（水冷或空气冷却）冷凝为液体，再经节流阀降压后在蒸发器及乙烯冷却器中蒸发（蒸发温度可达 -40℃），一方面使天然气冷冻降温，另一方面使由乙烯压缩机来的乙烯蒸气冷凝为液体。第二级制冷循环（第二级制冷阶）采用乙烯作冷剂。由乙烯压缩机来的乙烯蒸气先经冷却器冷凝为液体，再经节流阀降压后在蒸发器及甲烷冷却器中蒸发（蒸发温度可达 -102℃），一方面使天然气继续冷冻降温，另一方面使由甲烷压缩机来的甲烷蒸气冷凝为液体。制冷温度等级低的第三级制冷循环（第三级制冷阶）采用甲烷作冷剂。由甲烷压缩机来的甲烷蒸气先经冷却器冷凝为液体，再经节流阀降压后在蒸发器蒸发（蒸发温度可达 -160℃），使天然气进一步冷冻降温。此外，各级制冷循环中的冷剂制冷温度常因所要求的冷量温度等级不同而有差别。

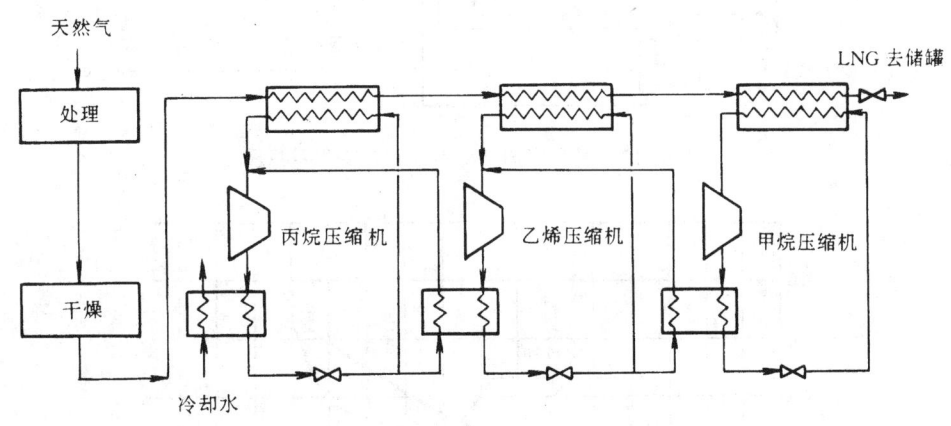

图 6-12 阶式制冷系统工艺流程示意图

阶式制冷系统是能耗较低的深冷制冷系统。以天然气液化装置为例，当装置原料气压力与干气外输压力相差不大时，每液化 1000m³ 天然气的能耗约为 300～320kW·h。如果采用混合冷剂制冷系统和膨胀机制冷系统，其能耗将分别增加 20%～24% 和 40% 以上。另外，由于其技术成熟，故在 60 年代时曾广泛用于液化天然气生产中。

阶式制冷系统的缺点是流程及操作复杂，投资较大。而且，当装置原料气压力大大高于干气外输压力时，膨胀机制冷系统的能耗将显著降低，加之膨胀机制冷系统投资少，操作简单，故目前除极少数天然气液回收装置采用两级阶式制冷系统外，大多采用膨胀机制冷系统。但是，在乙烯装置中由于所需制冷温度等级多，冷剂又是乙烯装置的产品，储存设施完善，加之阶式制冷系统能耗低，故仍广泛采用之。

6. 混合冷剂制冷系统

混合冷剂是指由甲烷至戊烷等烃类混合物组成的冷剂。因此，在一定蒸发压力下其蒸发过程是在一个很宽的温度范围而不是在一个恒定的温度下完成的。利用混合冷剂的这一特点也可以获得所要求的不同制冷温度等级，降低换热系统的传热温差，提高制冷系统的㶲效率。这样，既保留了阶式制冷系统的优点，而且由于只有一台或几台同样类型的压缩机，又使工艺流程大大简化，投资也可减少。因此，自70年代以来混合冷剂制冷系统已在天然气液化装置中普遍取代了阶式制冷系统，在天然气液回收装置中也有采用之。但是，由于混合冷剂制冷系统的能耗高于丙烯—乙烯阶式制冷系统的能耗，加之操作比较复杂，很难适应乙烯装置工况的变化，因而在乙烯装置中至今仍未采用混合冷剂制冷系统。

图 6-13 为采用混合冷剂制冷系统的天然气液回收工艺流程示意图，图 6-14 则为相应的天然气冷却曲线，其混合冷剂的组成%（χ）为：CH_4 30、C_2H_6 25、C_3H_8 35、C_4H_{10} 10。

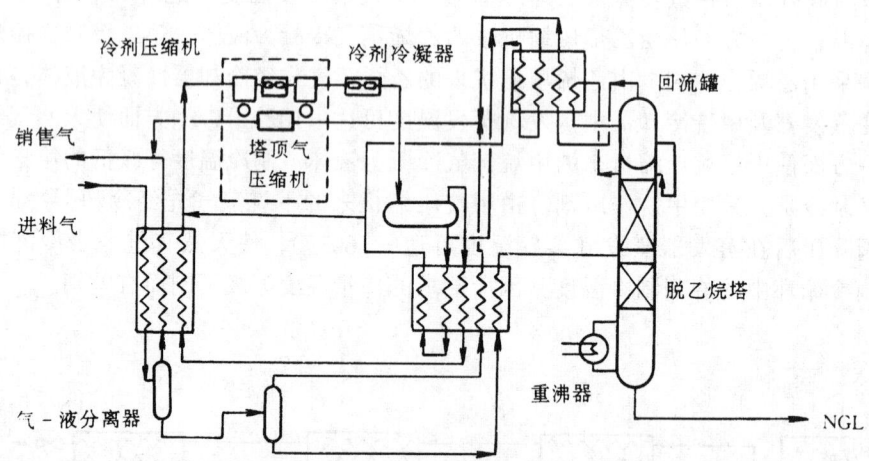

图 6-13　混合冷剂制冷系统工艺流程示意图

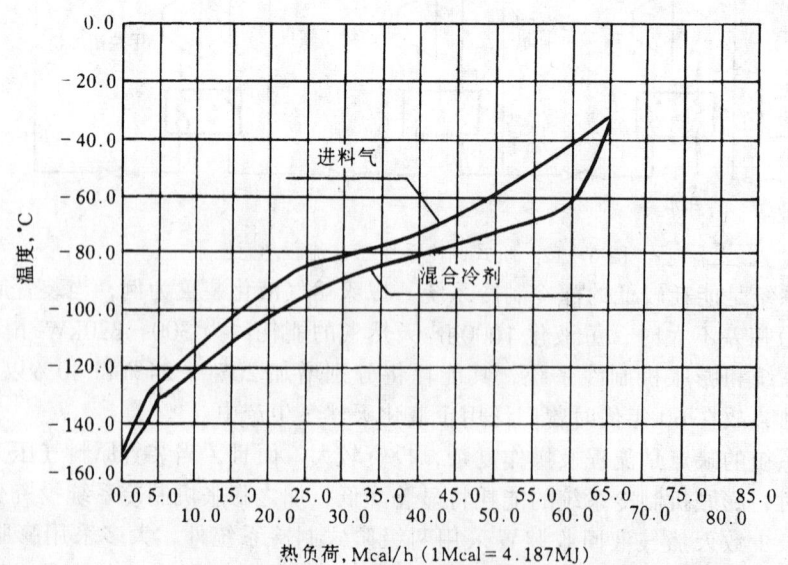

图 6-14　采用混合冷剂制冷的天然气冷却曲线

7. 冷剂的选择

(1) 冷剂的分类　在制冷循环中工作的制冷工质称为制冷剂或简称冷剂。例如，在压缩制冷循环中利用冷剂的相变传递热量，即在冷剂蒸发时吸热，冷凝时放热。因此，理想的冷剂应该是易冷凝、冷凝压力不要太高、蒸发压力不要太低、单位体积的制冷量大、蒸发潜热大及比容小。此外，还要求冷剂不爆炸、无毒、不燃烧、无腐蚀及价格低廉等。事实上，没有一种物质可以完全符合这些要求。现在可用作冷剂的物质有几十种，但常用的不过十几种，根据化学成分，可分为以下几类：

1) 卤化碳冷剂。它们都是甲烷、乙烷、丙烷的衍生物。在这些衍生物中，由氟、氯、溴原子取代了原来化合物中全部或部分氢原子，其中含氟的一类化合物总称为氟里昂。

2) 烃类冷剂。常用的烃类冷剂有甲烷、乙烷、丙烷、丁烷、乙烯和丙烯等，也有由两种或两种以上烃类组成的混合冷剂。混合冷剂的特点是其液体的蒸发过程是在一个温度范围内完成的。在天然气液回收及天然气液化过程中，广泛采用单组分烃类或混合烃类作为冷剂。

3) 无机化合物冷剂。属于此类的冷剂有氨、二氧化碳、二硫化碳和空气等。

4) 共沸溶液冷剂。这是由两种或两种以上的冷剂按一定比例相互溶解而成的冷剂。与单组分冷剂一样，在一定压力下蒸发时保持一定的蒸发温度，且液相和气相都具有相同的组成。

(2) 冷剂的选择　如果工艺流体所需冷冻温度高于 $-25 \sim -35$℃ 时，一般选用丙烷、氨、或氟利昂作冷剂。如果采用深冷分离时，则应选用乙烷、乙烯、甲烷或混合烃类作为冷剂。通常，任何一种冷剂的实际使用温度下限是其常压沸点（即正常沸点）。为了降低压缩机的能耗，蒸发器中的冷剂最好在高于当地的大气压力下蒸发。一般来讲，当压缩机的入口压力大约小于 0.2MPa（绝）时其功率就会明显增加。

氟利昂是以往广为采用的一种冷剂。它们使用起来很安全，但相同制冷量时所需要的功率比丙烷和氨多。此外，由于它们的蒸气压比氨和丙烷低，因而压缩机的压缩比相应也低。当使用氟利昂时，要绝对保证制冷系统中不含水分。氟利昂渗透性较强，补充氟利昂时操作费用很高。值得强调的是，由于氟利昂蒸气会破坏大气上空的臭氧层，因此今后它们的应用将会日趋减少并最后禁止应用。

(3) 冷剂的纯度　用作冷剂的丙烷中往往含有少量的乙烷与异丁烷。由于这些杂质尤其是乙烷对压缩机的功率有一定的影响，故应对丙烷中的乙烷含量加以限制。Blackburn 等人曾对含有不同数量乙烷、异丁烷的丙烷制冷系统中压缩机功率进行了计算，其结果见表 6-3。

表 6-3　丙烷纯度对压缩机功率的影响

丙烷冷剂组成, χ, %			压缩机功率
乙烷	丙烷	异丁烷	kW
2.0	97.5	0.5	194
4.0	95.5	0.5	199
2.0	96.5	1.5	196

8. 蒸发温度对压缩制冷费用的影响

冷剂在蒸发器中的蒸发温度对压缩制冷系统相对费用的大致影响见图 6-15。此图再次表明，应该采用与设置该压缩制冷系统要求相适应的最高蒸发温度。之所以强调这一点，是因为有不少人只顾购买"标准"设备而不太考虑所需要的制冷温度等级，这样就会增加压缩制冷费用。

图6-15右下方的插文表示了在各种制冷温度等级下常用的冷剂，这些温度等级是近似的。实际上，用于某一给定制冷温度等级的冷剂多决定于经济因素，而这些因素又会随不同环境而异。

三、透平膨胀机制冷

透平膨胀机是一种输出功率并使压缩气体膨胀因而压力降低和能量减少的原动机。通常，人们又把其中输出功率且压缩气体为水蒸气或燃气的这一类透平膨胀机另外称为蒸汽轮机或燃气轮机（例如，催化裂化装置中的烟气轮机即属此类），而只把输出功率且压缩气体为空气、天然气等，利用气体能量减少获得低温实现制冷目的的这一类称为透平膨胀机（涡轮膨胀机）。

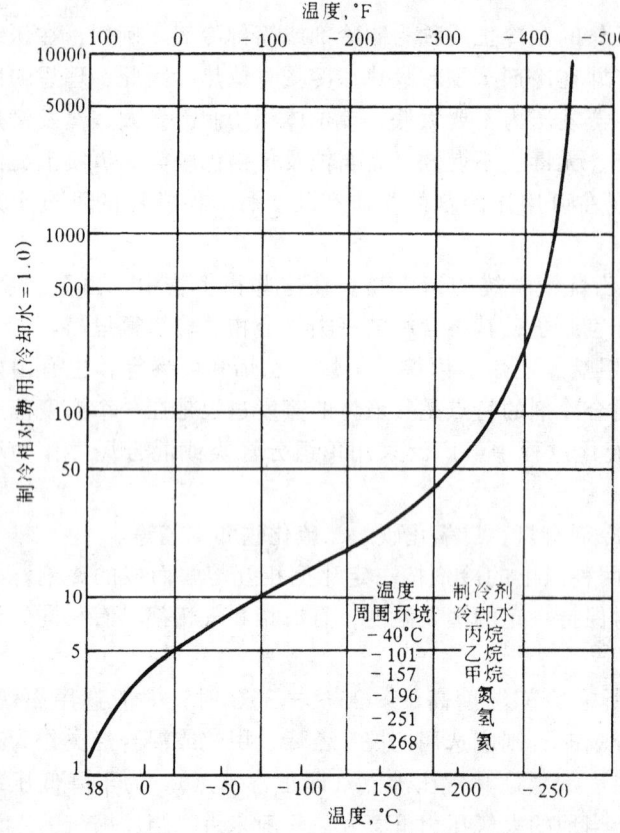

图6-15 冷剂制冷与在环境条件下水冷进行比较的相对费用

本书所指的透平膨胀机即指后者。

由于透平膨胀机具有流量大、体积小、冷损少、结构简单、通流部分无机械摩擦件、不污染制冷工质（即压缩气体）、不需润滑、调节性能好、安全可靠等优点，故自60年代以来已在天然气液回收及天然气液化等加工装置中广泛用做制冷机械。

1．透平膨胀机简介

（1）透平膨胀机结构 图6-16为目前广泛应用的带有半开式工作轮的单级向心径一轴反作用式透平膨胀机结构的局部剖视图。它是由膨胀机通流部分、制动器及机体三部分组成。膨胀机通流部分是获得低温的主要部件，由蜗壳、喷嘴环（导流器）、工作轮（叶轮）及扩压器组成。制冷工质从入口管道进入膨胀机的蜗壳1，把气流均匀地分配给喷嘴环。气流在喷嘴环的喷嘴2中第一次膨胀，把一部分焓降转换成气体的动能，因而推动工作轮3输出外功。同时，剩余的一部分焓降也因气流在工作轮中继续膨胀而转换成外功输出。膨胀后的低温工质经过扩压器4排出到低温管道中。图6—16中的这台透平膨胀机中采用风机作为制动器。制动空气通过风机端盖8上的进口管吸入，经风机轮6压缩后，再经无叶扩压器及风机蜗壳7扩压，最后排入出口管道中。测速器9用来测量透平膨胀机的转速。机体在这里起着传递、支承和隔热的作用。主轴支承在机体11中的轴承座10上，通过主轴（传动轴）5把膨胀机工作轮的功率传递给同轴安装的制动器。为了防止不同温度区的热量传递和冷气体泄漏，机体中还设有中间体 12 和密封设备 13。由膨胀机工作轮、制动风机轮和主轴等旋转零件组成的部件又称为转子。此外，为了使透平膨胀机连续安全运行，还必须有一些辅助设备和系统，如油路系统、密封系统、冷却系统、自动控制系统和保安系统等。

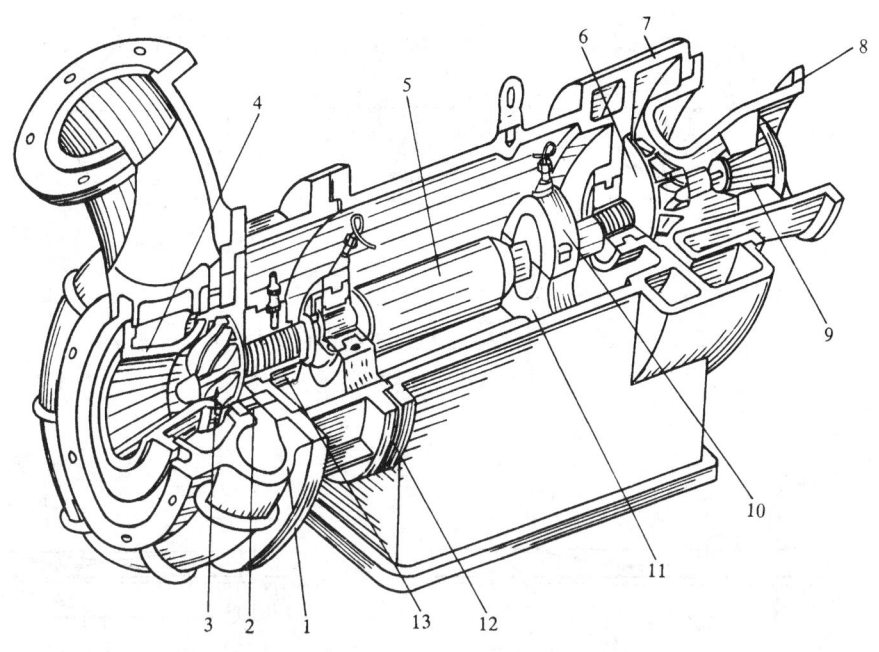

图 6-16 向心径—轴流反作用式透平膨胀机典型结构
1—蜗壳；2—喷嘴；3—工作轮；4—扩压器；5—主轴；6—风机轮；7—风机蜗壳；
8—风机端盖；9—测速器；10—轴承座；11—机体；12—中间体；13—密封设备

(2) 透平膨胀机制冷原理　向心反作用式透平膨胀机的工作过程基本上是离心压缩机的反过程。

从能量转换的观点来看，透平膨胀机是作为一种原动机来驱动它的制动器高速旋转，由于膨胀机工作轮中的气体对工作轮做功，使工作轮出口气体的压力和焓值降低（即产生焓降），从而把气体的能量转换为机械功输出并传递给制动器接收，以转换为其它形式能量的一种高速旋转机械。

如前所述，在向心反作用式透平膨胀机中，具有一定可利用压力能的压缩气体，在喷嘴环的喷嘴中膨胀，压力降低，速度增加，将一部分压力能和焓降转换为动能。在喷嘴环出口处的高速气流推动工作轮高速旋转，同时在工作轮流道中继续膨胀，压力和焓值继续降低。由于气体在工作轮进出口处的速度方向和大小发生变化，即动量矩发生变化，工作轮中的气体便对工作轮做功，从而把气体的能量转换为机械功输出并传递给制动器接收，因而降低了膨胀机出口气体的压力和温度。

(3) 透平膨胀机及其制动器的分类　透平膨胀机按气体在工作轮中的流向分为轴流式、向心径流式（径流式）和向心径—轴流式（径—轴流式）三类，见图 6-17 所示。按气体在工作轮中是否继续膨胀可分为反作用式（反击式）和冲动式（冲击式）两类，见图 6-18 所示。天然气加工装置中采用的透平膨胀机多为向心径——轴流反作用式。

透平膨胀机在使气体降温实现制冷的同时，还需以一定的转速通过主轴输出相应的机械功。这一任务是由所谓的制动器来完成的。透平膨胀机的制动器可分为功率回收型与功率消

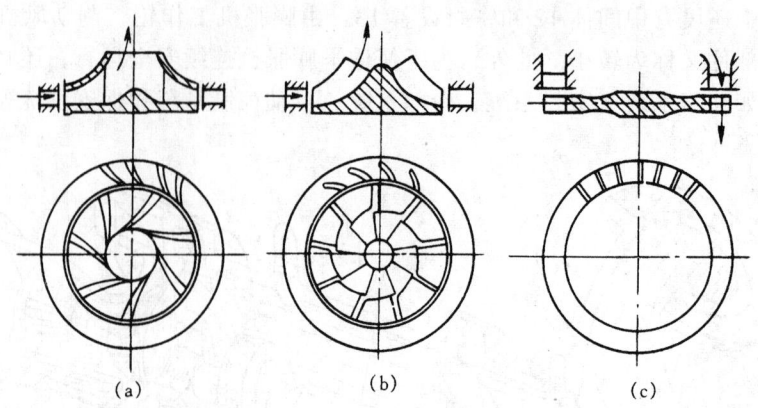

图 6-17 透平膨胀机通流部分的基本型式
(a) 径流式；(b) 径—轴流式；(c) 轴流式

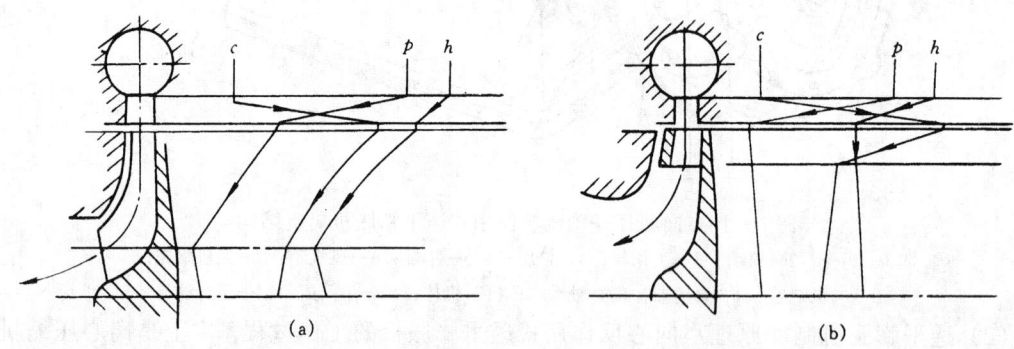

图 6-18 透平膨胀机通流部分气流参数的变化
(a) 反作用式；(b) 冲动式

耗型两类。前者有离心压缩机、异步交流发电机等；后者有风机等。功率回收型制动器一般用在输出功率较大的场合，以提高装置的经济性，而功率消耗型制动器则用在输出功率较小的场合，以简化工艺流程。在天然气加工装置中，利用透平膨胀机带动单级离心压缩机（也叫增压机）是最普遍的方式。这种做法是利用透平膨胀机输出的功率来压缩装置中的工艺气体。接收透平膨胀机输出功率，并维持一定转速的机械称为制动器。

透平膨胀机通流部分的喷嘴环按其喷嘴流道截面变化情况可分为渐缩型喷嘴和缩放型喷嘴。目前天然气加工装置用的透平膨胀机绝大多数采用渐缩型喷嘴。

喷嘴环按其喷嘴流道喉部截面面积是否变化又可分为固定喷嘴和可调节喷嘴。固定喷嘴的流道喉部截面面积在透平膨胀机运行中不能改变，而可调节喷嘴的流道截面面积在透平膨胀机运行中可根据制冷量调节的需要来改变。目前，小型透平膨胀机多采用固定喷嘴，大、中型透平膨胀机普遍采用结构较为复杂的可调节喷嘴，改变喷嘴流道喉部截面面积即可达到调节透平膨胀机制冷量的目的，从而提高其运行时的经济性。

工作轮（叶轮）的结构型式除了按气体在其中的流动方向可分为向心径流式、向心径—轴流式和轴流式外，对于常用的向心径—轴流式工作轮，按轮盘结构型式又可分为半开式和闭式两种，见图 6-19 所示。半开式工作轮制造成本较低，在选用相同的工作轮材料时许用圆周速度可更高些,而且对低压、流量较大的透平膨胀机来说,它与闭式工作轮的效率差别不明显,因而在中小型透平膨胀机中得到了广泛应用。闭式工作轮内泄漏少、效率高,但制造成本较高,因而多用于大型透平膨胀机。目前,这两种透平膨胀机我国均可制造,并用于国内油、气田中。

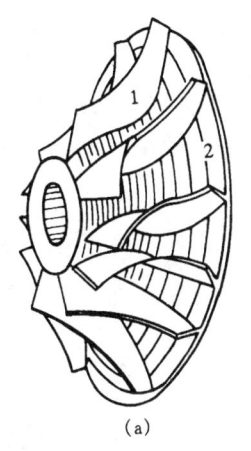 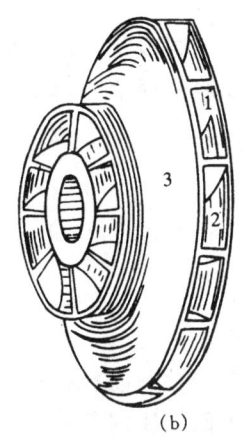 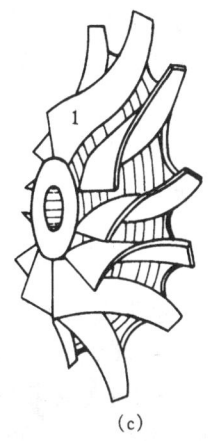

图 6-19 径—轴流式工作轮的型式
(a) 半开式;(b) 闭式;(c) 开式
1—叶片;2—轮背;3—轮盖

透平膨胀机通流部分中气流参数的变化大致如图 6-18 所示。由图可知,在蜗壳中气流参数基本不变。进入喷嘴环后,气流压力(p)下降,速度(c)增加,比焓(h)或温度降低。在工作轮内,反作用式透平膨胀机中的气流继续膨胀,因而压力和比焓(或温度)继续下降,但是气流的速度则由于工作轮输出外功反而减少。对于冲动式透平膨胀机,工作轮内气流基本不再继续膨胀,因而在工作轮中气流的压力和温度基本上没有变化。进入扩压器后,由于截面扩大而使排出气流速度有所减少,而压力和温度也相应稍有回升。

2. 透平膨胀机的等熵效率

压缩气体流过膨胀机进行膨胀时,如果与外部没有热交换(即绝热过程),同时对外做功的过程又是可逆的,则必然是等熵过程。这种理想过程的特点是气体膨胀并对外做功,且其熵值不变,膨胀后的气体温度降低,同时产生冷量。

气体等熵膨胀时,压力的微小改变所引起的温度变化称为微分等熵效应,以 μ_s 表示,即

$$\mu_s = \left(\frac{\partial T}{\partial p}\right)_s \tag{6-12}$$

同样,可导出

$$\mu_s = \left(\frac{\partial T}{\partial p}\right)_s = \frac{T}{c_p} \cdot \left(\frac{\partial V}{\partial T}\right)_p \tag{6-13}$$

由上式可知,由于 $c_p>0$,$T>0$,而且气体总是 $\left(\frac{\partial V}{\partial T}\right)_p>0$,故 μ_s 为正值。因此,气体等熵

膨胀时温度总是降低的，亦即产生焓降，从而实现制冷目的。这是因为在膨胀过程中有外功输出，膨胀后气体的内位能增大，这些能量需要用内动能来补偿，故气体温度必然降低。

通常，把气体在膨胀机中转换为外功的焓降称为膨胀机的制冷量。对于天然气加工装置用的透平膨胀机来说，主要目的是要获得尽可能多的制冷量。但是，由于有各种内部损失存在，实际膨胀过程是熵增大的不可逆过程（多变过程），因而使得透平膨胀机的实际制冷量比等熵膨胀时的理论制冷量要少。

透平膨胀机的实际焓降就是它的实际制冷量。透平膨胀机的实际焓降 Δh_{act}（即透平膨胀机进、出口实际比焓之差）与等熵膨胀的理论焓降 Δh_s（即从透平膨胀机的进口状态等熵膨胀到出口压力下的进、出口比焓之差）之比称为透平膨胀机的等熵效率（绝热效率），常以 η_s 表示，即

$$\eta_s = \Delta h_{act} / \Delta h_s \tag{6-14}$$

式中　η_s——透平膨胀机的等熵效率，以分数表示；
　　　Δh_{act}——透平膨胀机的实际焓降，kJ/kg；
　　　Δh_s——透平膨胀机的等熵焓降（也叫理论焓降），kJ/kg。

对于制冷用的透平膨胀机来说，人们关注的是其实际制冷量（即制冷功率）的大小。透平膨胀机的实际制冷量 Q_{act} 为

$$Q_{act} = m \Delta h_{act} = m \eta_s \Delta h_s \tag{6-15}$$

式中　Q_{act}——透平膨胀机实际制冷量，kJ/h；
　　　m——流过透平膨胀机的气体质量流量，kg/h。

由式（6-15）可知，对于进、出口条件和气体质量流量一定的透平膨胀机来说，等熵效率越高，所获得的实际制冷量越大。因此，等熵效率是衡量透平膨胀机热力学性能好坏的一个重要参数。等熵效率一般应由制造厂家提供。由于使用透平膨胀机的主要优点是既可回收能量，又可获得制冷效果，因此，膨胀机的转速要调整到使膨胀机具有最佳效率。这样做，常导致另一端的同轴增压机在设计中采用折衷方案和降低压缩机效率。对于向心径—轴流反作用式透平膨胀机，其等熵效率约在 70%~85%，而压缩机的效率约为 65%~80%。

实际上，影响透平膨胀机实际制冷量的因素除了内部损失外，还存在着外泄漏和外漏冷等外部损失的影响。当透平膨胀机密封结构良好并有密封气体的情况下，外泄漏量并不大。外漏冷在机壳隔热良好时也可忽略不计。外部损失除上述两分外，还有机械损失。它不影响膨胀机的实际制冷量，但却影响透平膨胀机输出的有效轴功率或制动功率。考虑机械损失后，透平膨胀机的有效轴功率 W_e 为

$$W_e = m \eta_e \Delta h_s \tag{6-16}$$

$$\eta_e = \eta_s \eta_m \tag{6-17}$$

式中　W_e——透平膨胀机的有效轴功率或制动功率，kJ/h；
　　　η_e——透平膨胀机的有效效率，以分数表示；
　　　η_m——透平膨胀机的机械效率，以分数表示，一般 $\eta_m = 0.95 \sim 0.98$。

有效轴功率是选择制冷用透平膨胀机制动器容量大小的主要依据之一。

3. 透平膨胀机进出口工艺参数的确定

膨胀机的进出口条件(T_1,p_1)一般是根据原料气组成、要求的液烃冷凝率及工艺过程的能量平衡等来确定。膨胀机的出口压力 p_2 则是根据工艺过程的要求及膨胀机下游再压缩机的功率来确定。然后,通过试算法(手工或计算机计算)确定膨胀机等熵膨胀时的理论出口温度 T_2 和实际膨胀时的出口温度 T_2'。当已知膨胀机进口压力(p_1)、温度(T_1)、气体在进口的摩尔流量和组成,以及膨胀机出口压力(p_2)时,其具体计算步骤如下:

①由 p_1、T_1 及组成计算膨胀机入口物流的比焓(h_1)和比熵(s_1)。

②假设一个等熵膨胀时的理论出口温度 T_2。

③根据 p_2 及假设的 T_2 对出口物流进行平衡气化(平衡闪蒸)计算,以确定此处有无凝液析出。

④计算膨胀机出口物流的比焓(h_2)和比熵(s_2),如果出口物流为两相流,则 h_2 及 s_2 为气液混合物的比焓及比熵。

⑤如果由步骤④算出的 s_2 等于 s_1,则假设的 T_2 是正确的,否则,就要重复进行步骤②~④,直至 $s_2 = s_1$。

⑥当 $s_2 = s_1$ 时为等熵膨胀过程,此时的理论焓降为 $(h_2 - h_1)_s = \Delta h_s$。

⑦已知膨胀机的等熵效率 η_s,计算实际焓降 $(h_2' - h_1) = \Delta h_{act} = \eta_s \Delta h_s$,并由实际焓降计算实际制冷量。

⑧已知膨胀机的机械效率 η_m,计算输出的有效轴功率 W_e。

⑨由于透平膨胀机的实际焓降小于理论焓降,所以膨胀机实际出口温度 T_2' 将高于上述计算确定的理论出口温度,由 p_2、h_2' 利用 $T-s$ 图或 $h-s$ 图查出 T_2' 或采用与步骤②~⑤相同的方法通过试算法确定膨胀机的实际出口温度 T_2'。

对于上述过程及流经焦耳—汤姆逊阀(节流阀)的膨胀过程,也可利用有关软件通过计算机完成。在进行上述计算时可按下式粗略估计 T_2 的初值,即

$$T_2 = T_1 + T_1[(p_2/p_1)^m - 1] \tag{6-18}$$

式中 T——绝对温度,K;

p——绝对压力,MPa;

m——系数,$m = (k-1)/k$;k 为气体的绝热指数,对于理想气体,$k = c_p/c_v$。

式(6-18)是基于理想气体,并假设等熵膨胀过程中没有液体生成,由式(6-13)推导出来的。尽管如此,该式仍可给出一个很好的 T_2 初值。

[例6-1] 某天然气液回收装置,采用透平膨胀机制冷。已知膨胀机进口气体组成%(χ)为:CH_4 88.97、C_2H_6 8.54、C_3H_8 1.92、N_2 0.48、CO_2 0.09,摩尔流量为343kmol/h,进口压力为2MPa(绝),温度为214K,出口压力为0.5MPa(绝),膨胀机等熵效率为76.5%。试计算膨胀机出口物流的实际温度、制冷量及有效轴功率。

[解] 本例题采用 HYSIM 软件由计算机求解,其有关中间及最终结果值如下:

①由气体组成求得气体分子量 $M = 17.86$,故其质量流量 $m = 6129$(kg/h)。

②由气体组成、进口压力和温度,求得其在进口状态下的比焓 $h_1 = 6421$(kJ/kmol)。

③由气体组成、进口压力和温度以及出口压力,求得膨胀机等熵膨胀(膨胀比2/0.5=4)时的理论焓降 $\Delta h_s = 1901$(kJ/kmol)。

④由气体组成、进口压力和温度、出口压力及等熵效率,求得膨胀机的实际焓降 Δh_{act}

= (0.765×1901) = 1434 (kJ/kmol)，并由此求得膨胀机出口物流的比焓 h'_2 = 4967 (kJ/kmol)。

⑤由气体组成、出口压力及比焓，求得膨胀机出口物流的温度为 175K，带液量为 4.44%（w）。

⑥由气体摩尔流量及膨胀机实际焓降，求得膨胀机的实际制冷量 Q_{act} = 343×1434 = 492 (MJ/h) = 137 (kW)。

⑦膨胀机的机械效率 η_m 取 0.98，故其有效轴功率 W_e = 0.98×137 = 134 (kW)。

由此可知，当进入膨胀机的气体组成、温度及压力已知时，膨胀机出口可以获得的最终温度决定于其膨胀比、带液量及等熵效率。

膨胀机的膨胀比（即物流进、出口绝对压力之比）宜为 2～4。如果膨胀比较大，由于膨胀机效率较低，此时应考虑采用两级或三级膨胀。当采用多级膨胀时，每级膨胀的焓降一般应不大于 115 kJ/kg。但是，是否采用多级膨胀，还应对此工艺过程进行经济分析，并权衡其操作上的难易后确定。

透平膨胀机入口温度宜为 -30～-70℃，入口压力一般不宜高于 6～7MPa。透平膨胀机主轴转速一般在 (1～5)×10^4r/min，甚至更高。

采用透平膨胀机制冷的天然气液回收工艺流程图见图 6-4 及图 6-11 所示。

4．透平膨胀机的运行

影响透平膨胀机选型的因素很多，例如，透平膨胀机必须能在有凝液存在的情况下安全有效地运行。大多数情况下，气流经过膨胀机时会部分冷凝而析出一些凝液，有时析出的凝液量可能超过 20%（w）。凝液的析出将使高速旋转下的膨胀机本身产生某种不平衡过程，引起效率下降。由于通常仅在膨胀机出口出现气、液两相，故可认为大部分凝液正好在工作轮的下游析出。因此在膨胀机的设计与制造中要考虑避免液滴撞击工作轮的叶片以及在转子中积累的问题。一般采用单级向心径—轴流式膨胀机，以解决气流在透平膨胀机中产生凝液时所带来的危害。

有人根据经验认为，膨胀机出口物流中的带液量可高达 20%（w），但一般说来，允许至 10%（w）的带液量是比较合适的。

为了保护膨胀机在低温下安全可靠运行，要严防气体中的水、CO_2 等在膨胀机的低温部位形成固体而引起严重磨损和侵蚀。因此，从原料气中脱水是十分必要的。此外，对气流中可能形成其它固体或半固体的杂质，也必须予以脱除。气流中夹带的胺、甘醇和压缩机的润滑油等都可能在膨胀机的上游、低温换热器及膨胀机入口滤网上造成堵塞。

二氧化碳在天然气液回收装置中，特别是在温度较低的膨胀机出口及脱甲烷塔的顶部都可能形成固体物质（干冰）。因此，对膨胀机入口气流中的二氧化碳含量也应有一定的限制，例如，在 0.5%～1.0%（χ）。通常，可利用图 2-24 快速估算可能形成固体二氧化碳的条件，此图只表示二氧化碳形成固体的近似条件，如果图中指出的运行条件是在形成固体二氧化碳的边缘时，则应进行详细计算。

膨胀机产生的凝液如果送到脱甲烷塔顶部的塔板上，二氧化碳将在塔顶的几块塔板上进行浓缩。这说明最可能形成固体二氧化碳的部位是在塔顶的几块塔板上，而不是在膨胀机的出口。此外，如果原料气中含有苯和环己烷等物质，它们也会随膨胀机产生的凝液送到脱甲烷塔中形成固体，故也必须给予充分重视。

对于透平膨胀机的密封系统、润滑油系统以及控制保护系统等，一般都有比较严格的要求,这里就不再一一介绍。

三、节流阀膨胀制冷

当气体有可供利用的压力能,而且不需很低的冷冻温度时,采用节流阀(也称焦耳—汤姆逊阀)膨胀制冷是一种比较简单的制冷方法。当进入节流阀的气流温度很低时节流效应尤为显著。图3—2与图4—1即为在矿场采用节流阀制冷的两种不同类型低温分离工艺流程图。

1. 节流阀膨胀制冷原理

(1) 节流过程的主要特征 在管道中连续流动的压缩流体通过孔口或阀门时,由于局部阻力使流体压力显著下降,这种现象称之为节流。工程上的实际节流过程,由于流体经过孔口、阀门时流速快、时间短,来不及与外界进行热交换,可近似看作是绝热节流。如果在节流过程中,流体与外界既无热交换及轴功交换(即不对外做功),又无宏观位能与动能变化,则节流前后流体比焓不变,此时即为等焓节流。天然气流经节流阀的膨胀过程可近似看作是等焓节流。

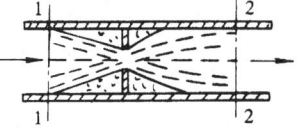

图 6-20 节流过程示意图

图6—20为节流过程的示意图。流体在接近孔口时,截面积很快缩小,流速迅速增加。流体经过孔口后,由于截面积很快扩大,流速又迅速降低。如果流体由截面1—1流到截面2—2的节流过程中,与外界没有热交换及轴功交换,由绝热稳定流动能量平衡方程得

$$h_1 + \frac{v_1^2}{2g} + z_1 = h_2 + \frac{v_2^2}{2g} + z_2 \qquad (6-19)$$

式中 h_1,h_2——流体在截面1—1和截面2—2的比焓,kJ/kg(换算为m);

v_1、v_2——流体在截面1—1和截面2—2的平均速度,m/s;

z_1、z_2——流体在截面1—1和截面2—2的水平高度,m;

g——重力加速度,m/s²。

在通常情况下,动能与位能变化不大,且其值与比焓相比又极小,故式(6—19)中的动能、位能变化可忽略不计,因而可得

$$h_1 - h_2 = 0 \qquad (6-20)$$

或
$$h_1 = h_2$$

上式说明绝热节流前后流体比焓相等,这是节流过程的主要特征。由于节流过程中摩擦与涡流产生的热量不可能完全转变为其它形式的能量,因此,节流过程是不可逆过程,过程进行时流体比熵随之增加。

(2) 节流效应 由于理想气体的焓值只是温度的函数,故理想气体节流前后温度不变。对于实际气体,其比焓是温度和压力的函数,故实际气体节流前后的温度一般将发生变化,这一现象称之为节流效应或焦耳—汤姆逊效应(简称焦—汤效应)。

流体在节流过程中由于微小压力变化所引起的温度变化称之为微分节流效应,以微分节流效应系数 μ_h 表示,即

$$\mu_h = \left(\frac{\partial T}{\partial p}\right)_h \tag{6-21}$$

式中 μ_h——微分节流效应系数。

当压力降为某一有限值时,例如由 p_1 降至 p_2,流体在节流过程中所产生的温度变化称为积分节流效应 ΔT_h,即

$$\Delta T_h = T_2 - T_1 = \int_{p_1}^{p_2} \mu_h \mathrm{d}p = \mu_\mathrm{m}(p_2 - p_1) \tag{6-22}$$

式中 μ_m——压力由 p_1 节流至 p_2 时的平均节流效应系数。

积分节流效应是流体在一定压力降的节流过程中所产生的温差。

理论上,μ_h 的表达式可由热力学关系式推导出来。从比焓的特性可知

$$\mathrm{d}h = c_p \mathrm{d}T - \left[T\left(\frac{\partial V}{\partial T}\right)_p - V\right]\mathrm{d}p \tag{6-23}$$

对于等焓过程,$\mathrm{d}h = 0$,将式(6—23)移项可得

$$\mu_h = \left(\frac{\partial T}{\partial p}\right)_h = \frac{1}{c_p}\left[T\left(\frac{\partial V}{\partial T}\right)_p - V\right] \tag{6-24}$$

式中 c_p——流体的等压比热容。

对于理想气体,由于 $pV = RT$,$\left(\frac{\partial V}{\partial T}\right)_p = \frac{R}{P} = \frac{V}{T}$,故由式(6-24)得 $\mu_h = 0$,即理想气体在节流过程中温度不变。对于实际气体,式(6-24)有以下三种情况:

①当时 $T\left(\frac{\partial V}{\partial T}\right)_p > V$ 时,$\mu_h > 0$,节流后温度降低,称为冷效应;

②当时 $T\left(\frac{\partial V}{\partial T}\right)_p = V$ 时,$\mu_h = 0$,节流后温度不变,称为零效应;

③当时 $T\left(\frac{\partial V}{\partial T}\right)_p < V$ 时,$\mu_h < 0$,节流后温度升高,称为热效应。

图6-21给出了节流效应曲线。曲线A表示了气体微分斜率 $\left(\frac{\partial V}{\partial T}\right)_p$ 大于平均斜率 $\frac{V}{T}$ 的情况,因此,气体在节流膨胀时将会降温。曲线C表示的气体正好相反,节流膨胀时将会升温。曲线B表示的气体在节流膨胀时温度不变。所谓节流膨胀制冷,就是利用压缩流体流经节流阀进行等焓膨胀并产生节流冷效应,使气体温度降低的一种方法。

许多流体的节流效应曲线斜率具有正负值改变的特性。或者说,同一流体在不同状态下节流可能有不同的微分节流效应值,或正、或负、或为零。曲线斜率改变正负值时($\mu_h = 0$)的点称为转化点,相应于转化点的温度称为转化温度(转换温度)。图6-21的右图即为节流效应的转化曲线,其形状具有所有实际流体的共性。在曲线以外,流体在节流膨胀时升温,而在曲线以内,流体在节流膨胀时降

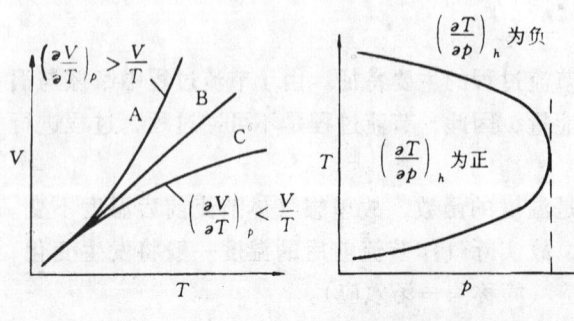

图6-21 节流效应曲线

温。由图 6-21 还可知，流体在不同压力下有不同的转化点，而在同一压力下存在两个转化点，相应有两个转化温度：一为气相转化点，相应为气相转化温度；二为液相转化点，相应为液相转化温度。流体在低于气相转化温度并高于液相转化温度之间（即曲线以内）节流膨胀时降温，而在高于气相转化温度或低于液相转化温度下节流膨胀时升温。大多数气体的转化温度都很高，在室温下节流膨胀时均降温。少数气体（如氦、氖、氢等）转化温度较低，为获得节流冷效应，必须在节流前预冷，使其节流前温度低于转化温度。

由此可知，实际气体节流前后温度的变化决定于气体的性质和所处的状态。因此，要达到节流制冷的目的，必须根据气体的性质选取合适的节流前温度和压力。

必须说明的是，图 6-21 中的曲线只适用在节流膨胀中没有凝液析出的情况。

工程计算中，求取积分节流效应最简便的方法就是利用气体热力学性质图。只要节流过程条件确定后，可从温熵图上直接读出 ΔT_h 的数值。如图 6-22 所示，气体从状态 1（p_1、T_1）等焓膨胀到 p_2，在温熵图上可由等焓线（1—2 线）找出 p_2 下的温度 T_2，或找出状态 2（p_2、T_2），T_2 即为节流后的温度，$\Delta T_h = T_2 - T_1$ 就是所求的积分节流效应。对于天然气这样的多组分混合物，目前大多采用有关软件利用节流前后焓值相等的关系由计算机求得。

2. 节流膨胀（等焓膨胀）与等熵膨胀的比较

将式（6—13）和式（6—24）进行比较后可以得出

$$\mu_s - \mu_h = \frac{V}{c_p} \quad (6-25)$$

式（6-25）中的 V/c_p 为气体对外做功引起的温度降。由于 $V>0$，$c_p>0$，则 $V/c_p>0$，故 $\mu_s > \mu_h$，即气体的微分等熵效应总是大于微分节流效应。因此，对于同样的初始状态和膨胀比，等熵膨胀的温降比节流膨胀要大，如图 6-22 中 1—3 线所示。但是，μ_s 和 μ_h 的差值与温度和压力有关。当压力较低而温度较高时，μ_s 比 μ_h 大得多。随着压力增加，温度降低，μ_s 将接近于 μ_h。在临界点时，μ_s 近似等于 μ_h。

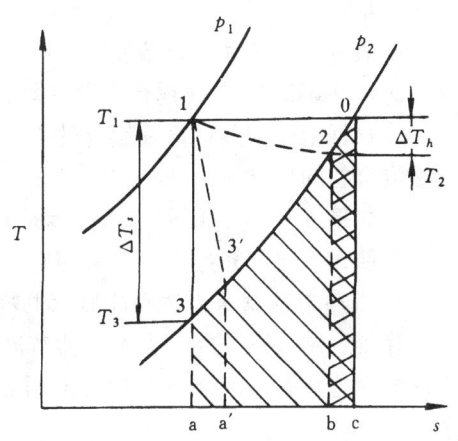

图 6-22 等焓及等熵的温降及制冷量

同样可知，当气体初始状态及膨胀比相同时，等熵膨胀与等焓膨胀单位制冷量之差为

$$q_s - q_h = w_s \quad (6-26)$$

式中 q_s——等熵膨胀的单位制冷量，kJ/kg；
q_h——等焓膨胀的单位制冷量，kJ/kg；
w_s——等熵膨胀的单位膨胀功，kJ/kg。

由此可见，等熵膨胀的制冷量比节流膨胀大，其差值等于膨胀机对外做的功。这两个过程的单位制冷量，在图 6-22 中分别为 03ac 及 02bc 所含的面积。

综上所述，对于气体绝热膨胀过程无论是从温度效应还是从制冷量来讲，等熵膨胀都比节流膨胀要好，而且可以回收膨胀功，因而可提高制冷循环的经济性。

从实用角度看，二者有以下区别：

①节流过程用节流阀,结构简单,操作方便;等熵膨胀过程用膨胀机,结构复杂。

②膨胀机中实际上为多变过程,因而所得到的温度效应及制冷量比等熵过程的理论值小,如图6-22中的1—3′线所示。

③节流阀可以气液两相区内工作,即节流阀出口可以允许有很大的带液量,而膨胀机出口允许的带液量有一定限度。

因此,节流膨胀和等熵膨胀两个过程的应用范围应根据具体条件而定。在制冷系统中,液体冷剂的膨胀过程均采用节流膨胀,而气体冷剂的膨胀既可采用等熵膨胀,也可采用节流膨胀。由于气体节流膨胀只需结构简单的节流阀即可,故在一些高压气藏气的低温分离装置中仍然采用。此外,在温度较低尤其是在两相区中,μ_s 与 μ_h 相差甚小,膨胀机的结构及运行尚存在一定问题,故在天然气加工装置中常采用气体节流膨胀作为最低温度等级的制冷方法。

3. 气体节流膨胀出口温度的确定

前已述及,气体节流膨胀可近似看成是等焓过程。当气体的组成和流经节流阀时的进口压力、温度及出口压力已知时,可用试算法按以下步骤计算其出口温度:

①计算流体在进口压力 p_1 和温度 T_1 时的比焓 h_1,如为两相流,此比焓应为气液混合物的比焓。

②假定一个流体出口温度 T_2。

③按 p_2 和 T_2 条件进行闪蒸计算,求出气、液各相的组成及相对量。

④根据上述闪蒸计算及假定的 T_2,求出口流体的比焓 h_2。如为两相流,此比焓亦应为气液混合物的比焓。

⑤如果 $h_1=h_2$,则假定的温度是对的。否则,重复步骤②~⑤,直到 $h_1=h_2$ 为止。

目前,上述计算过程也多采用有关软件由计算机完成。

4. 气体节流制冷系统和膨胀机制冷系统在深冷分离中的应用

除阶式制冷系统外,采用气体节流制冷循环和膨胀机制冷循环的制冷系统也可达到深冷的目的。这些制冷系统在天然气液回收、天然气液化及天然气提氦等装置中均得到广泛应用。

(1) 气体一次节流制冷系统 图6-23所示为采用气体一次节流制冷循环(简称林德循环)的制冷系统。图中,常温 T_1 和常压 p_1 下的气体(点1)经压缩机A压缩至压力 p_2,再经冷却器B冷却至常温 T_1(点2)后(或由点1等温压缩至点2),进入换热器C冷却至温度 T_3(点3),然后经节流阀节流至常压 p_1(点4)。节流后析出的凝液作为冷剂送至蒸发器E,节流后的气体和在蒸发器中气化的冷剂汇合后返回换热器C入口(点5),将冷却器B来的高压气体预冷后回压缩机进行压缩。

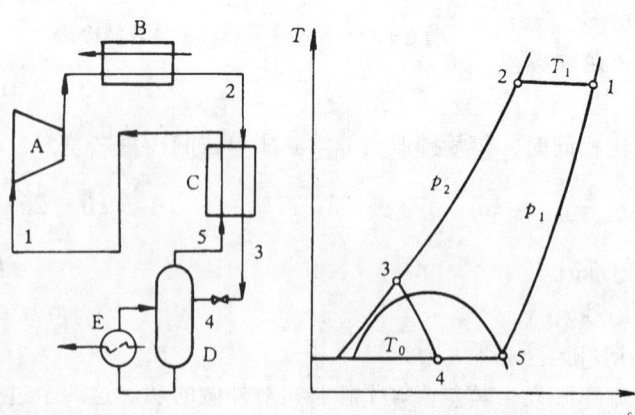

图6-23 气体一次节流制冷系统
A—压缩机;B—冷却器;C—冷凝器;D—分离器;E—蒸发器

采用一次节流制冷循环的前提是冷剂转化温度高于常温,否则不能获得低温。

从热平衡可知,当不计冷量损失时一次节流制冷循环的单位制冷量 q_0 为

$$q_0 = h_1 - h_2 \qquad (6-27)$$

式中 q_0——一次节流制冷循环的单位制冷量,kJ/kg;

h_1、h_2——点 1 和点 2 的比焓,kJ/kg。

式(6-27)中的 $(h_1 - h_2)$ 为气体的等温节流效应,或等温膨胀时的焓差。

(2)带预冷的气体一次节流制冷系统 这种制冷系统由带预冷的气体一次节流制冷循环所构成。该循环是在林德循环的基础上增设预冷设备,因而不仅可适用于转化温度较低的冷剂,而且可以提高制冷循环的热力学效率。

如图 6-24 所示,在常温 T_1 和常压 p_1(点 1)的气体经压缩机 A 压缩至压力 p_2 后,由冷却器 B 冷却至常温 T_1(点 2),又用返回的低温气体在换热器 C 中被冷却至 T_3(点 3),再由外部冷源在预冷器 D 中预冷至 T_2'(点 2'),又进一步在换热器 E 中用返回的低温气体冷却至点 4,然后节流至 5。节流后产生的凝液作为冷剂送至蒸发器 F,在蒸发器 F 中气化的冷剂和节流后的冷剂气体经换热器 E 入口(点 6)、换热器 C 入口(点 7)返回压缩机入口(点 1)。

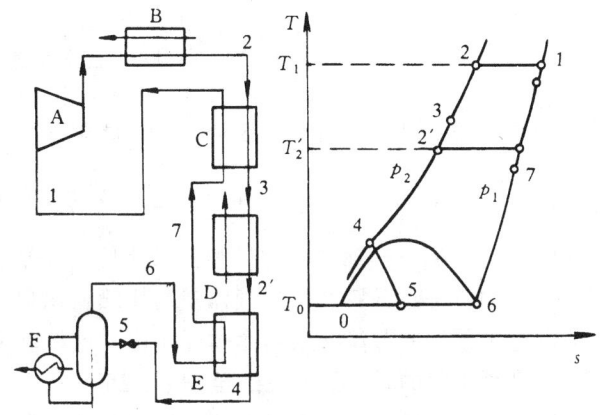

图 6-24 带预冷的气体一次节流制冷系统
A—压缩机;B—冷却器;C—换热器;D—预冷器;
E—换热器;F—蒸发器

从热平衡可知,当不计冷量损失时此制冷循环的单位制冷量 q_0 为

$$q_0 = (h_1 - h_2) + q_p \qquad (6-28)$$

式中 q_p——预冷器提供的单位制冷量,kJ/kg。

由此可见,在带预冷的气体一次节流循环中,由温度等级 T_2' 下提供的冷量 q_p 可以全部转化为温度等级 T_0(即蒸发器中的温度)的冷量,故可大大提高制冷循环的热力学效率。在实际应用中,可采用多级预冷以进一步提高制冷循环的效率。

(3)带预冷和膨胀机制冷的气体节流制冷系统 为进一步提高制冷循环的热力学效率,可采用膨胀机制冷全部或部分代替节流膨胀制冷。图 6-25 所示即为由这种制冷循环构成的带预冷和膨胀机制冷的气体节流制冷系统。

如图 6-25 所示,常温 T_1 和常压 p_1 的气体(点 1)经压缩机压缩至压力 p_2,再经冷却器 B 冷却至常温 T_1(点 2),经换热器 C、D、E 用返回的低温气体和外部冷源预冷至点 3 后分为两部分:一部分进入膨胀机 F 膨胀至点 4 后经过换热器 G 与由蒸发器 H 返回的低温气体汇合;另一部分进入换热器 G 进一步预冷至点 5 并节流至点 6 后,所析出的凝液作为冷剂送至蒸发器 H。节流产生的气体与蒸发器气化的气体经换热器 G 入口(点 7),以及换热器 E、D、C 回收冷量后返回压缩机 A 入口(点 1)。

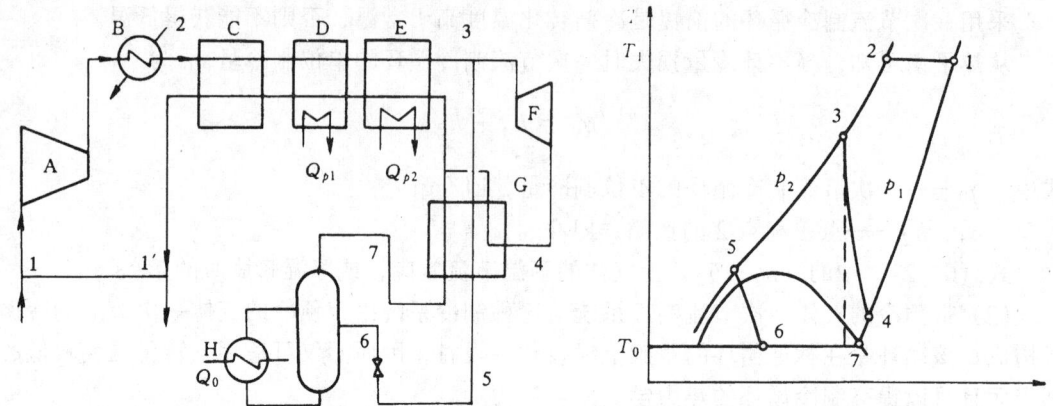

图 6-25 带预冷和膨胀机制冷的气体节流制冷系统
A—压缩机；B—冷却器；C、D、E、G—换热器；F—膨胀机；H—蒸发器

从热平衡可知，当不计冷量损失时该制冷循环的单位制冷量 q_0 为

$$q_0 = (h_1 - h_2) + M(h_3 - h_4) + q_p \tag{6-29}$$

式中 h_3、h_4——膨胀机进口和出口流体的比焓，kJ/kg；

M——进入膨胀机的气体量与压缩机出口气体量之比。

与带预冷的节流膨胀制冷循环相比，这种制冷循环增加了 $M(h_3-h_4)$ 的制冷量。

必须说明的是，图 6-23 至图 6-25 所示的制冷系统均为闭式循环系统。实际上，天然气液回收及天然气液化装置中的这类制冷系统既可采用开式循环系统，也可采用闭式循环系统。开式循环系统中的制冷工质就是需要冷冻降温的工艺气体，而闭式循环系统中作为制冷工质的气体则在封闭系统中循环。由于开式循环系统投资较低，操作简单，尤其当原料气压力高于干气外输压力时，在天然气液回收及天然气液化装置中应用比闭式循环系统更为广泛。图 3-2、图 4-1 及图 6-4、图 6-11 所示的节流阀与膨胀机制冷系统均为开式循环系统。对于图 6-13 所示的混合冷剂制冷系统则是采用闭式循环系统。这是因为当采用开式循环系统时，混合冷剂的组成受原料气组成及操作条件的影响较大，启动时间较闭式循环系统要长，而且操作容易偏离最佳条件。

第三节 天然气凝液回收工艺

前已述及，天然气液回收过程目前普遍采用冷凝分离法，故本节只介绍采用冷凝分离法的天然气液回收工艺方法。

一、工艺方法及设备

通常，天然气液回收工艺方法主要由原料气预处理、压缩、冷凝分离、凝液分馏、干气再压缩以及制冷等部分组成。

1. 原料气预处理

原料气预处理的目的是脱除原料气中携带的油、游离水和泥砂等杂质，以及脱除原料气中的水蒸气和酸性组分等。当采用浅冷分离工艺时，只要原料气中二氧化碳含量不影响商品天然气的质量要求，就可不必脱除原料气中的二氧化碳。但当采用深冷分离工艺时，由于二氧化碳会在低温下形成固体，堵塞管线或设备，故应将其含量脱除到允许范围之内。

脱水设施应设置在气体可能产生水合物的部位之前。流程中有原料气压缩机时，可根据具体情况经过比较后，将脱水设施设置在压缩机的级间或末级之后。当需要脱除原料气中的酸性组分时，一般是先脱酸性组分再脱水。

2. 原料气压缩

(1) 原料气压缩目的　对于高压原料气（例如高压气藏气），进入装置后即可直接进行预处理和冷凝分离。但当原料气为低压伴生气时，由于压力通常仅为 $0.1 \sim 0.3$ MPa，为了提高天然气的冷凝率（即天然气液的数量与原料气总量之比，一般以摩尔百分数表示），以及干气要求在较高的压力下外输时，通常都要将原料气增压至适宜的冷凝分离压力后再进行冷凝分离。当采用膨胀机制冷时，为了达到所要求的冷冻温度，膨胀机进、出口压力必须有一定的膨胀比，因而也应保证膨胀机入口气流的压力。

原料气增压后的压力，应根据原料气的组成、要求的液烃收率（回收的凝液中某烃类或某产品的数量和原料气中该烃类或该产品组分数量之比，一般以摩尔百分数表示），结合适宜的冷凝分离压力和干气外输压力，进行综合比较后确定。

原料气压缩通常都与冷却脱水结合一起进行，即压缩后的原料气冷却至常温后将会析出一部分游离水与液烃，分离出游离水与液烃后的气体再进一步进行脱水与冷冻，从而减少脱水与制冷系统的负荷。

(2) 压缩机组的选择　原料气压缩机可分为往复式或离心式，其选择原则如下：

1) 压缩机的选择。气源比较稳定，排气状态下的气量大于 $15m^3/min$ 或轴功率大于 2000kW（特殊情况下可为 500kW）的原料气压缩机，可选用单机组运行的离心式压缩机；气源不稳定或气量较少的原料气压缩，可选用往复式压缩机。大型往复式压缩机的绝热效率应大于 80%，离心式压缩机应大于 70%。

2) 驱动机的选择。驱动机的选择应考虑能源的供应情况及压缩机的转速。离心式压缩机可选用燃气轮机驱动，往复式压缩机可选用电动机或燃气引擎驱动。

3. 冷凝分离

(1) 多级冷凝与分离　经过预处理和增压后的原料气，在某一压力下经过一系列的冷却与冷冻设备，不断降温与部分冷凝，并在气液分离器中进行气、液分离。由平衡冷凝原理可知，凝液中含有较多的重组分，而气体中则含有较多的轻组分。当原料气采用压缩机增压，或者透平膨胀机制冷时，这种冷凝分离过程通常是在不同压力与温度等级下分几次进行的。由各级分离器分出的凝液，通常是按其组成、温度、压力和流量等，分别送至凝液分馏系统的不同部位进行分馏，也可直接作为产品出装置。

采用多级分离的原因是：

①可以合理利用制冷系统不同温度等级的冷量。当原料气中含有较多的丙烷、丁烷、戊烷及更重烃类时，增压后采用较高温度等级的冷量即可将相当一部分丙烷、丁烷及几乎全部戊烷及更重烃类冷凝，但所需冷量一般较多。如果要使原料气中的一部分乙烷及大部分丙烷冷凝，则需要较低温度等级的冷量。而且，通常是先将前面冷凝下来的凝液分出，故进一步冷冻降温时所需的冷量也往往较少。如前所述，采用冷剂压缩制冷时制冷温度越低，获得单位制冷量所需能耗及运行费用越高。当原料气为低压伴生气时，采用透平膨胀机制冷也是如此。如果采用冷剂与膨胀机联合制冷，冷剂（丙烷、氨等）压缩制冷可以经济地提供较多的冷量，但其温度等级较高，而膨胀机制冷仅在制冷温度等级较低时能耗相对较少，但提供的

冷量也较少,正好与上述要求相适应。因此,可以先采用冷剂预冷,在较高的温度等级(例如,低于 $-25\sim-35$ ℃)下将较重烃类冷凝与分离出来,再用膨胀机制冷,在较低的温度等级(例如,低于 $-80\sim-90$ ℃)下使一部分乙烷及大部分丙烷冷凝与分离。由于已将预冷时析出的凝液分出,使膨胀机入口的气流变贫,不仅减少了膨胀机出口物流的带液量,而且有利于降低膨胀机的制冷温度,使乙烷、丙烷的冷凝率增加。

②可以使原料气初步分离。多级冷凝分离实质上可近似看成是原料气的多次平衡冷凝过程。因此,原料气经过多级冷凝分离后已获得了初步分离,分出的各级凝液在组成也有一定差别。前几级冷凝分离分出的凝液中含重组分较多,后几级冷凝分离分出的凝液中含轻组分较多。这样,就可根据凝液的组成、温度、压力、流量等,分别将它们送至凝液分馏系统的不同部位。

由分馏塔中分离过程的热力学分析可知,分馏塔塔顶与塔底温差越大,则用于分离的能耗也越大。塔顶与塔底温差的大小决定于被分离组分的相平衡关系和塔顶、塔底的组成。在凝液分馏系统中,脱甲烷塔塔顶与塔底的温差和浓度(甲烷含量)差都较大。塔底物流中含有比乙烷更重的烃类较多时,必然温度就越高。如果塔底温度高到接近或高于环境温度,则该塔的冷量在塔底就无法回收。因此,当装置以回收 C_2^+ 目的,原料气为低压伴生气并采用压缩机增压时,如果压缩机级间及末级出口气体冷却与分离后的凝液中甲烷含量很少,可将其直接作为脱乙烷塔或其后分馏塔的进料。对于以后各级冷凝分离所获得的凝液,由于含有较多的甲烷,则应将其送至脱甲烷塔进行分离。这样做,既可以使脱甲烷塔实现多股进料,又可明显降低脱甲烷塔塔底温度,使塔顶与塔底温差变小。而且,还可使脱乙烷塔实现两股进料(另一股进料为脱甲烷塔塔底物流),降低塔的能耗。因此,可以达到较好的节能效果。

此外,在多级冷凝分离过程中先分离出的凝液含重组分较多,温度较高;后分离出的凝液含轻组分较多,温度较低。脱甲烷塔和其它分馏塔一样,塔内温度自上而下逐渐降低,塔内各级板上气液相物流中的轻组分浓度则是从塔底到塔顶不断增加。因此,送至脱甲烷塔的各级低温凝液,可按其组成、温度不同,以多股进料的形式分别进入塔内浓度与温度相对应的部位,这等于在塔外先进行了初步分离(见图 6-11)。这样做,既可减少塔内气液相物流传热和传质的推动力,降低塔内分离过程的能耗,提高其热力学效率,又可合理利用不同温度等级低温凝液的冷量,减少由塔顶冷凝器所要提供的外回流量,从而减少塔顶需用温度等级更低的冷剂提供的冷量。如果将透平膨胀机出口物流分离出的温度等级最低的凝液(通常是将膨胀机出口低温气液混合物流直接进塔顶)作为塔顶进料,并且选好塔的运行压力,适当采用塔侧重沸器(中间重沸器),就可利用塔顶及塔侧低温进料代替塔顶外回流,利用塔侧重沸器代替塔底重沸器,从而使脱甲烷塔所需能耗大大减少(见图 6-4)。

③工艺流程组织的需要。当原料气为低压伴生气并采用多级压缩机增压时,级间及末级出口的气体必须按照压力高低、是否经过干燥器脱水等分别冷却与分离。如果采用透平膨胀机制冷,经过预冷后的物流在进入膨胀机前也必须先进行气液分离,将预冷中析出的凝液分出。气体在膨胀机中膨胀降温时,又会析出一部分凝液。有的装置是将膨胀机出口物流进行气液分离后,再将分出的低温凝液送至脱甲烷塔(如装置以回收 C_3^+ 为目的,则为脱乙烷塔)塔顶,但更多的装置则是将膨胀机出口的气液混合物流直接送至脱甲烷塔(或脱乙烷塔)直径较大的塔顶空间进行气液分离。

然而,多级冷凝分离的级数越多,设备及配套设施就越多,因而投资就会越高,故应根据原料气组成、装置规模、投资及能耗等进行综合比较后,确定合适的分离级数与塔的进料股数。分离级数一般以 2~5 为宜。当装置中有脱甲烷塔时，该塔的进料股数多为 2~4 股；当装置中只有脱乙烷塔和其后的分馏塔时，脱乙烷塔的进料股数多为 1~3 股。

(2) 适宜的冷凝分离压力与温度　如前所述，当原料气为低压伴生气时，为了提高天然气液的冷凝率及满足干气外输的要求，需将原料气进行增压与冷冻。在确定原料气增压后的压力及冷冻后的温度时，首先要考虑在较低的投资及运行费用下获得所要求的凝液冷凝率及收率。因此，当原料气组成及进装置压力已知时，应在冷凝计算的基础上，根据工艺流程、干气外输压力、凝液或产品收率和要求，以及装置的投资和运行费用等因素确定适宜的冷凝分离压力与温度。

这里所说的适宜冷凝分离压力与温度，对于只采用冷剂制冷的装置来讲，一般是指气体在蒸发器中冷冻后的适宜压力与温度；对于采用膨胀机制冷或冷剂与膨胀机联合制冷的装置来讲，一般是指气体在进入膨胀机之前的最后一级气液分离器的适宜压力与温度。

1) 适宜冷凝分离压力的确定。同一组成的原料气在不同冷凝压力和温度下，各组分的冷凝率及物流的总冷凝率是不同的。不同组成的原料气在同一冷凝压力和温度下，各组分的冷凝率及物流的总冷凝率也是不同的。为了确定适宜的冷凝分离压力与温度，应该进行平衡冷凝计算。

通常是先根据经验值规定几个温度等级，通过平衡冷凝计算数据绘制出在不同温度下乙烷（或丙烷）的冷凝率与冷凝压力之间的冷凝曲线。一般说来，提高冷凝压力，被回收组分的冷凝率也在增加，但当压力提高到一定程度后，其冷凝率的增加率却在变慢。而且，随着压力增加，组分间的相对挥发度变小，分离效果变差。因此，压力过高是不合适的。根据冷凝率增加率显著变慢时的压力值，即可初步确定为适宜的冷凝分离压力。如该压力值与凝液分馏系统第一个分馏塔的操作压力基本相同时，可考虑略高于该塔的压力，以便使凝液直接自流进塔。

2) 适宜冷凝分离温度的确定。冷凝分离压力初步确定后，就可确定冷凝温度。在初步确定的冷凝压力下，通过平衡冷凝计算绘制出原料气中各组分及总冷凝率与冷凝温度之间的冷凝曲线。图 6-26 是两组不同组成原料气在同一压力下的冷凝曲线。由图可知，随着冷凝温度降低，丙烷（或乙烷）的冷凝率不断增加。但是，当温度降低到某一值后，丙烷（或乙烷）冷凝率的增加率迅速变慢，而乙烷（或甲烷）等更轻组分的冷凝率却在迅速增加。这样，不仅要耗费较多的冷量来冷凝乙烷（或甲烷）等更轻组分，而且在凝液分馏系统还必须耗费较多的热量将它们由凝液中脱出，既增加了分馏塔的负荷，又造成了能量上的浪费。因此，通常应选定此时的温度为适宜的冷凝分离温度。如果还要求丙烷（或乙烷）有较高的冷凝率和收率，势必需要更低的冷凝温度或更高的冷凝压力，使投资及运行费用增加较多，在经济上很不合理。

由图 6-26 还可看出，当冷凝压力一定时，适宜的冷凝分离温度和原料气的组成也有很大关系。当原料气中重组分含量较多 [图 6-26 (b)] 时，此温度一般较高，反之则较低。因此，组成不同的原料气其适宜冷凝分离温度也应有所不同。

在进行平衡冷凝计算中，由于原料气在达到最终的冷凝压力和温度之前已经过多次冷凝分离，气体组成也在不断变化，因此，应根据计算过程中原料气组成的变化情况进行复核。当原料气的压力高于适宜的冷凝分离压力，或适宜的冷凝分离压力高于干气外输压力时，可采用膨胀制冷法。如只用膨胀制冷法达不到适宜的冷凝温度时，应采用冷剂预冷。对于高压原料气，还要注意此压力与温度应远离（通常是压力宜低于）临界点值，以免气、液相密度

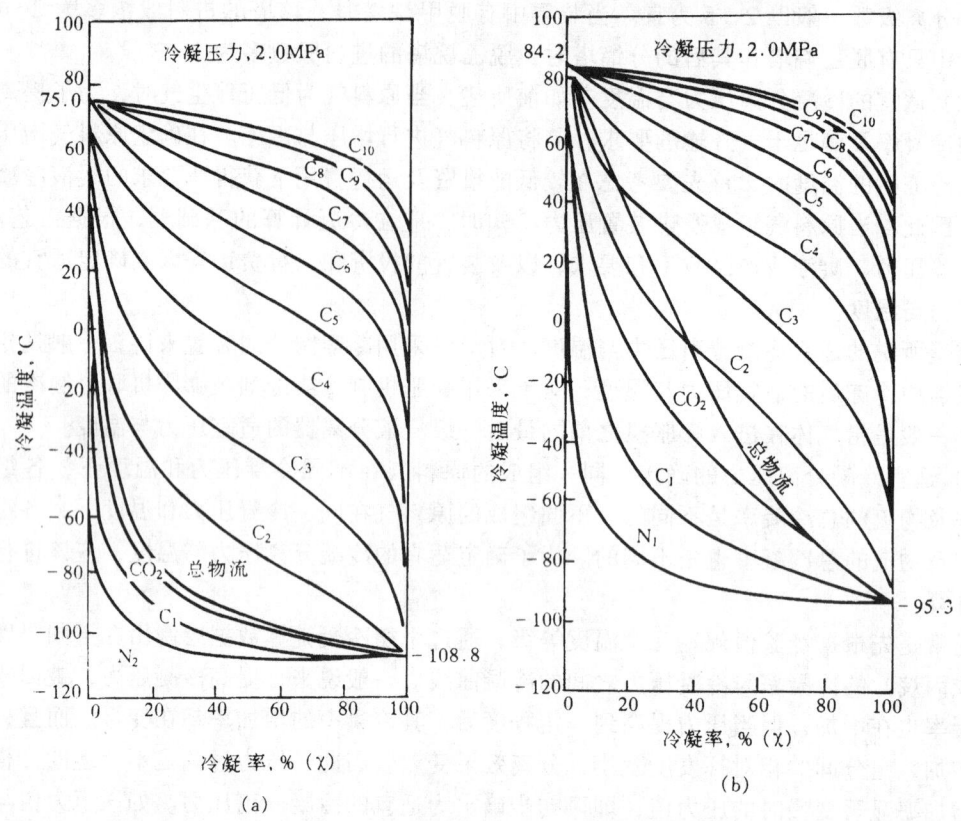

图 6-26 不同组成天然气的冷凝曲线
(a) 原料气 1；(b) 原料气 2

相近，分离困难，导致进膨胀机气流中带液过多，或当压力与温度略有变化，分离效果就会有很大差异，致使实际运行很难控制。

(3) 低温换热设备　冷凝分离系统中一般都有很多换热设备，这些换热设备除了采用管壳式、螺旋板式换热器外，在低温下运行时大多采用板翅式换热器。板翅式换热器可作为气/气、气/液、液/液换热器，也可用作冷凝器或蒸发器，可用于逆流、并流和错流的情况，而且在同一设备内可允许 2～9 股物流之间的换热。

蒸发器是冷剂进行蒸发制冷的主要换热设备。板翅式蒸发器的冷端温差一般应在 3～5℃，管壳式蒸发器的冷端温差一般应在 5～7℃。蒸发器中冷、热流的对数平均温差宜小于 10～15℃。当对数平均温差偏大时，应考虑采用分级制冷的方法。换热器中冷、热流的对数平均温差也宜小于 15～20℃。

在组织冷凝分离系统的低温换热流程时，应使冷流和热流的换热温度比较接近，换热设备的对数平均温差和冷端温差值也应符合上述所要求的数据。由于低温设备温度低，极易散冷，故通常均把板翅式换热器、低温气液分离器及低温调节阀等，根据它们在工艺流程中的不同位置包装在一个或几个矩形箱子里，然后在箱内壁及低温设备外壁之间填充如珍珠岩等绝热材料，一般称之为冷箱。

4. 凝液分馏

由冷凝分离系统获得的天然气液有些装置直接作为产品销售，有些装置则送至凝液分馏系统进一步加工成乙烷、丙烷、丁烷（或丙、丁烷混合物）、天然汽油等产品。凝液分馏系统的作用就是按照上述各种产品的质量要求，利用精馏方法对天然气液进行分离。因此，凝液分馏系统的主要设备就是分馏塔，以及相应的冷凝器、重沸器和其它配套设施等。

(1) 凝液分馏流程　由于凝液分馏系统实质上就是对天然气液进行分离的过程，因此，合理组织分离流程，对于节约投资、降低能耗和提高经济效益都是十分重要的。通常，天然气液回收装置的凝液分馏系统大多采用按烃类相对分子质量从小到大逐塔分离的顺序流程，依次分出乙烷、丙烷、丁烷（或丙、丁烷混合物）、天然汽油等，见图 6-27 所示。或者说，对于回收 C_2^+ 的装置，应先从凝液中脱出甲烷；需要生产乙烷时，再从剩余凝液中分出乙烷。对于回收 C_3^+ 的装置，应先从凝液中脱除甲烷和乙烷。剩余的凝液需要进一步分离时，可根据产品要求、凝液组成进行技术经济比较后确定分离流程。

采用顺序流程的原因是：

①可以合理利用低温凝液冷量。凝液分馏系统中的脱甲烷塔全塔通常均在低温下运行，是各分馏塔中温度最低、投资最多和能耗最大的一个塔。此外，脱乙烷塔的塔顶部位一般也在低温下运行。当装置以回收 C_3^+ 为目的时，脱甲烷塔对保证乙

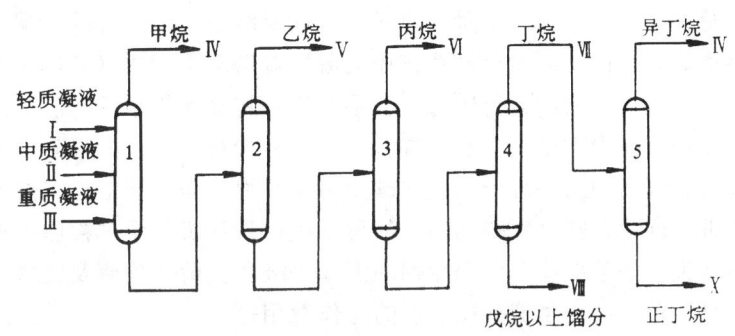

图 6-27　凝液分馏的顺序流程

烷的收率起着决定性作用，而且它的冷量消耗在凝液分馏系统中占绝大多数比例。当装置以回收 C_3^+ 为目的时，脱乙烷塔对保证丙烷的收率也起着决定性作用。因此，采用图 6-27 所示的顺序流程，将冷凝分离系统来的各级低温凝液以多股进料形式直接进入脱甲烷（或脱乙烷塔），如前所述，既可合理利用低温凝液的冷量，减少脱甲烷塔（或脱乙烷塔）的冷量消耗，又可降低塔的负荷。

②可以减少分馏塔的负荷及热量消耗。在图 6-27 所示的顺序流程中，除脱甲烷塔进料为冷凝分离系统来的各级低温凝液外，脱乙烷塔、脱丙烷塔和脱丁烷塔的进料均为前一个分馏塔塔底来的剩余凝液。由于按照凝液中烃类相对分子质量从小到大逐塔分离，故各塔的负荷及相应的冷凝器和重沸器的热负荷都较小。而且，除脱甲烷塔塔底温度通常为低温外，其它各塔塔底温度均高于常温，因而重沸器所需的热量也较小。

(2) 塔侧换热器　一般的精馏，只在分馏塔两端（塔顶和塔底）对塔内物流进行冷却和加热，属于常规精馏，而在塔中间对塔内物流进行冷却和加热的，则属于非常规精馏或复杂精馏。

通常，分馏塔的温度自下而上逐渐降低。对于塔顶温度低于常温、塔底温度高于常温，而且塔顶、塔底温差较大的分馏塔，如在精馏段设置塔侧冷凝器或冷却器（中间冷凝器或冷却器），就可利用比塔顶冷凝器温度等级较高的冷剂作为冷源，以代替一部分塔顶原来用的温度等级较低冷剂提供的冷量，故可降低能耗。同理，在提馏段设置塔侧重沸器（中间重沸器），就可利用比塔底重沸器温度等级较低的物流作为热源，也可降低能耗。对于脱甲烷塔，由于其塔底温度低于常温，因此塔底重沸器本身就是回收冷量的设备。此时如在提馏段适当位置设置塔侧重沸器，就可回收温度等级比塔底更低的冷量。

由于脱甲烷塔全塔通常在低温下运行，而且塔顶、塔底温差较大，如果设置塔侧冷凝器（或冷却器）和塔侧重沸器，就会显著降低能耗。天然气液回收装置中的脱甲烷塔，一般是将冷凝分离系统获得的各级低温凝液以多股进料形式分别进入精馏段的相应部位（尤其是将透平膨胀机出口物流分离出来的低温凝液或将膨胀机出口低温混合相物料作为塔顶进料），同样也可起到塔侧冷凝器（或冷却器）那样的效果。此外，由于脱甲烷塔提馏段的温度比初步预冷后的原料气温度还低，故可用此原料气作为塔侧重沸器的热源，既回收了脱甲烷塔的冷量，又降低了塔底重沸器的能耗，甚至可以取消塔底重沸器。

必须再次强调的是，利用复杂精馏塔来提高塔内分离过程的热力学效率，不是靠降低塔的总热负荷，而是借助所用冷量和热量温度等级不同而实现的。

从提高塔的热力学效率来看，带有塔侧换热器的复杂精馏更适合于塔顶、塔底温差较大的分馏塔。由于这时冷量或热量的温度等级差别较大，故设置塔侧冷凝器和塔侧重沸器的效果更好。因此，凝液分馏系统中的脱甲烷塔多采用之（塔侧重沸器一般为1~2台）。

（3）分馏塔的运行压力　脱甲烷塔是将凝液中甲烷和乙烷进行分离的精馏设备。由塔顶馏出的气体中主要组分是甲烷，此外还有少量乙烷。如果凝液中溶有氮气和二氧化碳，则大多数氮气和相当一部分二氧化碳也将从脱甲烷塔塔顶馏出。选择脱甲烷塔的压力是一个十分关键的问题。它会影响到原料气压缩机、膨胀机和干气再压缩机的投资及操作费用、塔顶乙烷损失、塔顶冷凝器所用冷剂的温度等级和负荷、塔侧及塔底重沸器所能回收冷量的温度等级和负荷，以及凝液分馏系统的操作费用等。

当脱甲烷塔进料组成和乙烷收率一定时，塔顶温度随塔的压力降低而降低。如果要求塔顶的乙烷损失更少，则在相同塔压下所需的塔顶温度更低。因此，从避免采用过低温度等级的冷量考虑，应尽量采用较高的运行压力。而且，运行温度过低，对塔的材质要求也更高。但是，随着塔压增加，甲烷对乙烷的相对挥发度降低，当塔板数一定时，要保证一定的分离要求，就必须增加回流比，或者保持回流比恒定而增加塔板数。而且，塔压增加后无论是保持回流比恒定还是增加回流比，都会使塔的热力学效率降低，能耗增加。在对上述因素综合考虑之后，脱甲烷塔不宜采用较高的压力。此外，由于塔压较低，低压下塔内物流的冷量也可通过塔侧重沸器和塔底重沸器回收，降低整个装置的能耗。如果是以低压伴生气为原料气，采用压缩机增压且干气外输压力要求不高时，脱甲烷塔就更应采用较低压力。

通常，脱甲烷塔压力为0.7~3.2MPa。当脱甲烷塔运行压力高于3.0MPa时，称之为高压脱甲烷塔；当脱甲烷塔运行压力低于0.8MPa时，称之为低压脱甲烷塔；脱甲烷塔运行压力介乎高压与低压之间时，称之为中压脱甲烷塔。

对于回收乙烷的装置，脱乙烷塔及其后各塔的运行压力应根据塔顶产品的要求、状态（气相或液相）及塔顶冷凝器或分凝器冷却介质的温度来确定。对于脱丙烷塔、脱丁烷塔（或脱丙、丁烷塔），塔顶温度宜比冷却介质温度高于10~20℃，产品的冷凝温度最高不应超过50℃。

（4）回流比及进料状态对分馏塔能耗的影响　回流比会影响分馏塔塔板数、热负荷及产品纯度等。当产品纯度一定时，降低回流比会使塔板数增加，但由重沸器提供的热负荷及由冷凝器取走的热负荷减少，故会提高塔的热力学效率。

当装置以回收 C_2^+ 为目的时，凝液分馏系统中的脱甲烷塔回流占系统冷量消耗的比例相当大。如分离要求相同，回流比越大，塔板数虽可减少，但所需冷量也越大。因此，对脱甲烷塔一类的低温分馏塔，回流比要严格限制。即使对在常温以上运行的脱丙烷塔、脱丁烷塔

（或脱丙、丁烷塔），回流比也不宜过大。

塔的进料状态一般以进料中液相所占的分率 q 来表示。在凝液分馏系统中，大部分能量消耗在脱甲烷塔等低温分馏塔上。因此，合理选择这些塔的进料状态对于降低能耗是十分重要的。邹仁鋆对高温精馏和低温精馏时进料状态 q 值对相对操作费用的影响进行了分析。高温精馏时，塔底用低压蒸汽加热，塔顶用冷却水冷凝；低温精馏时，塔底用0℃丙烯蒸气加热以回收冷量，而塔顶用-100℃液态乙烯蒸发制冷。分析表明，对于低温分馏塔（塔顶温度＜塔底温度＜常温）应尽量采用饱和液体甚至过冷液体；对于高温分馏塔（塔底温度＞塔顶温度＞常温，例如脱丙烷塔、脱丁烷塔），在高浓度进料（D/F 值较大，D 和 F 分别为塔顶产品与进料的摩尔流量）时，应适当降低进料的 q 值，即提高进料温度，而在低浓度进料（D/F 值较小）时，应尽量采用较高的 q 值。对于在中等温度范围运行的分馏塔（塔底温度＞常温＞塔顶温度，例如塔顶在低温下运行的脱乙烷塔），以及热源、冷剂的相对价格有较大变动或有余热可以利用的场合，则应根据具体情况综合比较后，才能确定最佳的进料状态。

（5）分馏塔的选型 塔型的选择应考虑处理量、操作范围、塔板效率、投资和压力降等因素，一般可选用填料塔；直径较大（大于1.5m）的分馏塔，也可选用浮阀塔。填料宜选用规整填料，如金属板波纹填料。这种填料效率高、压降小、通量大，具有良好的传质性能，是一种高效填料。它在较大直径的塔内等板高度仍为 0.2~0.3m，其缺点是价格较高。采用金属板波纹填料时，喷淋密度一般不小于 $5m^3/(m^2·h)$，气相动能因子宜为 0.7~2$kg^{0.5}/(m^{0.5}·s)$。当选用浮阀塔时，由于凝液在塔内不易起泡，塔内降液管中液体停留时间取 3~3.5s 即可。

凝液分馏系统中各塔的典型工艺参数见表6-4。表中数据并非设计值，只是以往采用的典型数据。实际选用时取决于很多因素，诸如进料组成、能耗及投资等。

表 6-4 典型的分馏塔工艺参数

塔　　名	操作压力，MPa	实际塔板数，块	回流比[1]	回流比[2]	塔效率，%
脱甲烷塔	1.38~2.76	18~26	顶部进料	顶部进料	45~60
脱乙烷塔	2.59~3.10	25~35	0.9~2.0	0.6~1.0	50~70
脱丙烷塔	1.65~1.86	30~40	1.8~3.5	0.9~1.1	80~90
脱丁烷塔	0.48~0.62	25~35	1.2~1.5	0.8~0.9	85~95
丁烷分离塔	0.55~0.69	60~80	6.0~14.0	3.0~3.5	90~110
凝液稳定塔	0.69~2.76	16~24	顶部进料	顶部进料	40~60

[1]回流量与塔顶产品量之比，mol/mol。
[2]回流量与进料量之比，m^3/m^3。

5. 干气再压缩

当采用透平膨胀机制冷时，由膨胀机出口物流分离出来的干气或由脱甲烷塔（或脱乙烷塔）塔顶馏出的干气压力一般可满足管输要求。但是，有时即使经过膨胀机驱动的压缩机增压后，其压力仍不能满足外输要求时，则还要设置再压缩机，将干气增压至所需之值。干气再压缩机的选择原则与原料气压缩机相同。

6. 制冷

制冷系统的作用是向需要冷冻至低温的原料气及分馏塔塔顶冷凝器提供冷量。当装置采用冷剂制冷法时，由单独的制冷系统提供冷量。当采用膨胀制冷法时，所需冷量是由原料气或分离出凝液后的气体直接经过工艺过程中各种膨胀制备来提供。此时，制冷系统与冷凝分离系统在工艺过程中结合为一体。

如果原料中 C_3^+ 烃类含量较多，装置以回收 C_3^+ 烃类为目的，且对丙烷的收率要求不高（例如丙烷收率低于65%～70%）时，通常大多采用浅冷分离工艺。此时，一般仅用冷剂制冷法（冷剂为丙烷、氨等）即可。如果对丙烷的收率要求较高（例如，丙烷收率高于75%～80%），或以回收 C_2^+ 烃类为目的时，此时就要采用深冷分离工艺，选用透平膨胀机制冷法、冷剂与膨胀联合制冷法或混合冷剂制冷法。

当以低压伴生气为原料气时，如果原料气先经压缩再进行冷凝分离，并采用冷剂与膨胀机联合制冷，此时由于透平膨胀机制冷的压力能也来自原料气压缩机，故应根据原料气的组成及产品收率，选用适宜的冷凝分离温度与压力，以及合适的冷剂制冷与膨胀机制冷的冷量分配。

膨胀机在两相区内运行时，虽然获得的冷量有限，但其制冷温度等级很低（例如，可低于-80～-90℃）。冷剂制冷法（冷剂为丙烷、氨等）虽可提供较多的冷量，但其制冷温度等级较高（例如，一般在-25～-30℃）。因此，也要对冷剂制冷和膨胀机制冷提供冷量的温度等级、数量及能耗，以及膨胀机的运行状况和提供冷量的方式等予以综合考虑，以确定选用何种制冷方法。

二、工艺方法的选择

1. 选择工艺方法时主要考虑因素

由于天然气液回收有许多工艺方法，每种方法都有自己的特点，因此，正确选择合适的工艺方法是十分必要的。通常，在选择工艺方法时需要考虑的因素有：

原料气处理量；原料气组成和压力；烃类产品（例如乙烷、丙烷等）的收率；干气外输压力；其它技术经济因素等。

(1) 原料气处理量　一般说来，低温油吸收法不适用于处理量大的装置，而采用冷剂制冷和透平膨胀机制冷的冷凝分离法则适用于任何处理量的天然气液回收装置。

(2) 原料气组成和压力　原料气组成和压力对选择工艺方法的影响如下：

1) 原料气组成。原料气中的杂质如二氧化碳、硫化氢含量以及比甲烷、乙烷更重烃类的含量，对工艺方法的选择均有很大的影响。

原料气中二氧化碳、硫化氢等杂质含量对于选择脱除这些杂质的预处理方法以及确定在天然气液回收装置低温部位中防止固体二氧化碳形成的操作条件都是十分重要的。如果原料气中含有大量比乙烷更重的烃类，则在冷凝分离系统中需要更多的冷量。因此，就要选择能耗较低的工艺方法。

①由于原料气中二氧化碳的相对挥发度介于甲烷和乙烷之间，故需脱除二氧化碳以符合商品气或商品乙烷的质量要求。如果装置所要求的乙烷收率很高，原料气则必须冷冻至-90℃左右。这样，当原料气中二氧化碳含量较高时，还应脱除二氧化碳以防其在低温部位形成固体。

图2-24可快速估算可能形成固体二氧化碳的条件。大多数情况下是在原料气预处理系统中脱除二氧化碳，然而有时也可从商品乙烷中脱除二氧化碳。

②由于原料气中的硫化氢将会分布到干气、商品乙烷和商品丙烷中，为了符合这些产品

的质量要求也需脱除原料气中的硫化氢。

原料气中的硫化羰（COS）会在加工过程中浓缩到商品丙烷中。如果原料气中含有 20×10^{-6} (φ) 的 COS 和 5% (χ) 的丙烷，商品丙烷中 COS 的浓度将会达到 400×10^{-6} (φ)。如式（5-1）所示，CO_2 和 H_2S 还会在酸式催化剂上反应生成 COS。因此，当原料气中 CO_2 和 H_2S 含量较高时，它们就会在原料气脱水的分子筛干燥器中发生上述反应。为了防止发生这种反应，就要选择专用的分子筛。

有时会碰到这样一个问题，即刚从天然气液回收装置生产出的商品丙、丁烷（液化石油气）中 H_2S 和总硫含量符合质量要求，但是当用户使用时其含量却又不符合要求。造成这一问题的原因是，在商品丙、丁烷中有水存在，在储存和输送过程中水与 COS 会反应生成 H_2S。因此，在大多数情况下要求商品丙、丁烷中的 COS 含量小于 2×10^{-6} (φ)。

天然气中有时还含有硫醇并会分布到商品丙烷、丁烷及天然汽油中。因此，在某些情况下还需脱除硫醇，以使这些产品质量符合要求。

关于脱除天然气中酸性组分（CO_2、H_2S 等）方法的选择，本书将在下一章中介绍。

③如前所述，脱水的目的是为了防止在装置的低温部位由于生成水合物而堵塞设备和管线。脱水方法的选择取决于工艺过程中的最低操作温度、脱水后气体的露点（或水含量）要求以及投资和运行费用等。

④天然气液回收装置的低温换热设备常常选用铝合金制的板翅式换热器。但是，如果原料气中含有汞，汞会与铝反应生成汞齐。与一般腐蚀不同，汞齐的生成速度很快（例如在几天之内），并会引起板翅式换热器的泄漏。

一般采用活性炭、Hg SIV 吸附剂来脱除原料气中的汞。

⑤当原料气中的氧含量大约超过 10×10^{-6} (φ) 时，将会对分子筛干燥剂带来不利影响。这是因为在分子筛床层再生过程中原料气中的微量氧在分子筛的催化作用下可与烃类发生反应，生成水和二氧化碳，从而增加了再生后分子筛中的残留水量，影响分子筛的脱水性能。降低再生温度则是一种有效的预防措施。

2）原料气压力。由于原料气压力直接关系到原料气压缩机功率的大小，因此，原料气压力也是影响天然气液回收装置经济性的一个重要因素。

（3）商品乙烷及丙烷的收率　装置所要求的商品乙烷及丙烷收率高低，对工艺方法的选择有很大的影响。一般说来，几种常见的工艺方法可能达到的烃类产品收率见表 6-5。

表 6-5　烃类产品收率与工艺方法的关系

工艺方法	低温油吸收	丙烷制冷	乙烷/丙烷阶式制冷	混合冷剂制冷	透平膨胀机制冷
丙烷收率[①]，%	90	90	98	98	98
乙烷收率[①]，%	60	50	85	92	92

①可能达到的最高值。

（4）干气外输压力　干气或销售气的外输压力是影响装置能耗及原料气压力的一个重要因素。此外，原料气与干气之间可利用的压差对工艺方法的选择也有很大的影响，它将决定在装置中是采用原料气预压缩还是干气再压缩。

（5）其它技术经济因素　如前所述，选择工艺方法取决于很多因素，如果有两、三种工艺方法均可选用时,应根据产品价格、公用设施、劳动力费用等进行全面、详细的比较,以便从中选择最佳的工艺方法。

2. 工艺方法选择

通过以上介绍可以看出,选择工艺方法时需要考虑的因素很多,在不同条件下选择的工艺方法也往往不同。因此,需要根据具体条件进行技术经济论证之后才能得出明确的结论。例如,当以回收 C_2^+ 为目的时,对于低温油吸收法、阶式制冷法及透平膨胀机制冷法这三种制冷方法,国外曾发表过很多对比数据,各说不一,只能作为参考。但是,从装置投资来看,膨胀机制冷法则是最低的。而且,只要其制冷温度处于热力学效率较高的范围内,即使干气需

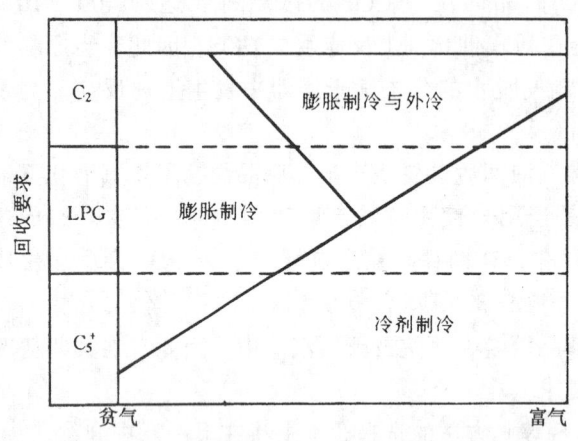

图 6-28 小型天然气液回收装置工艺方法的选择

要再压缩到膨胀前的气体压力,其能耗与热力学效率较高的阶式制冷法相比,差别也不是太大。因此,从发展趋势来看,膨胀机制冷法应作为优先考虑的工艺方法。

对于以回收 C_3^+ 为目的的小型天然气液回收装置,可先根据原料气(通常是伴生气)组成的贫富参照图 6-28 初步选择相应的工艺方法。当干气外输压力接近原料气压力,不仅回收乙烷而且要求丙烷收率达 90% 左右时,也可先参照图 6-29 初步选择相应的工艺方法。

需要说明的是,当装置所要求的乙烷收率高于 90% 时,投资及操作费用就会明显增加。这是因为:

①需要增加膨胀机的级数(即增加膨胀比)以获得更低的温度等级,因而就要相应

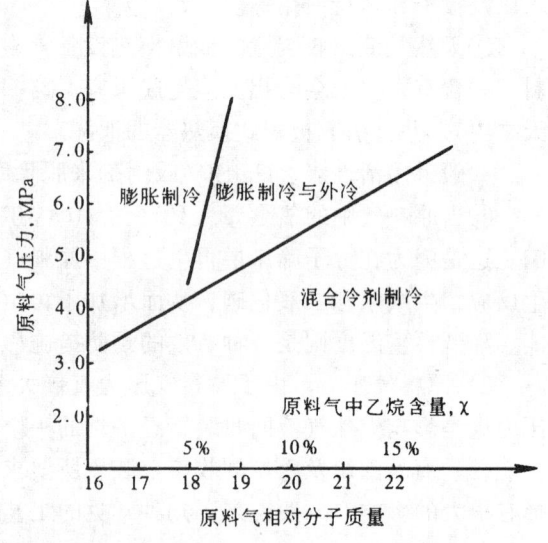

图 6-29 丙烷收率为 90% 的工艺方法选择

提高原料气的压力。不论是提高原料气集气管网的压力等级,还是在装置中增加原料气压缩机,都会使投资及操作费用增加。

②原料气压力提高后,使装置中设备、管线等压力等级也提高,投资也随之增加。

③由于制冷温度降低,用于低温部位的钢材等用量及投资也相应增加。因此,要求过高的乙烷收率在经济上并不合算。一般认为,当以回收 C_2^+ 为目的时,乙烷收率在 50%~90% 是比较合适的。但是,无论何种情况都应进行综合比较后确定最佳的乙烷或丙烷收率。

三、以回收 C_3^+ 烃类为目的天然气液回收装置工艺流程

1. 采用冷剂制冷法的浅冷分离工艺流程

前已述及,当原料气中 C_3^+ 烃类含量较多,天然气液回收装置又是以回收 C_3^+ 烃类为目

的，且对丙烷的收率要求不高时，通常多采用浅冷分离工艺。对于只是为了控制天然气的烃露点（生产管输气），而对烃类收率没有特殊要求的"露点控制"装置，一般也都采用浅冷分离工艺。在我国及北美，这一方法多用于加工 C_3^+ 含量较多的伴生气，处理量为 $2\times10^4 \sim 20\times10^4 \text{ m}^3/\text{d}$ 不等。

图 6-30 为我国采用冷剂制冷法的天然气液回收装置的典型工艺流程图。进装置的原料气为低压伴生气，压力一般为 0.1~0.3MPa，先在原料气分离器中除去游离的油、水和其它杂质，然后去压缩机增压。由于装置规模较小，原料气中 C_3^+ 烃类较多，一般选用两级往复式压缩机，将原料气增压到 1.6~2.4MPa。增压后的原料气用水冷却至常温，然后经过气/气换热器（也称贫富气换热器）预冷后进入冷剂蒸发器（图中冷剂为氨），将原料气冷冻至 -15~-25℃。此时，原料气中较重烃类冷凝为液体，气液混合物送至低温分离器内进行分离。分出的干气主要成分是甲烷、乙烷，凝液主要成分是 C_3^+ 烃类，也有一定数量的乙烷。各级凝液混合一起或分别进入脱乙烷塔中脱除乙烷及更轻组分，塔底油则进入稳定塔（或脱丙、丁烷塔）。稳定塔从塔顶脱除的丙、丁烷即为油气田液化石油气，塔底则为稳定后的天然汽油（我国习惯称为稳定轻烃）。如装置还要求生产丙烷，则另需增加一个脱丙烷塔。为预防水合物的形成，一般采用乙二醇或二甘醇作为水合物抑制剂，在原料气进入低温部位之前注入并在低温分离器底部回收，再生后循环使用。

国内这些采用浅冷分离工艺的装置，大多采用氨压缩制冷或透平膨胀机制冷法，也有一些采用氨吸收制冷法。国外多采用丙烷、氟利昂压缩制冷、节流膨胀制冷或透平膨胀机制冷法，但以冷剂制冷法居多。

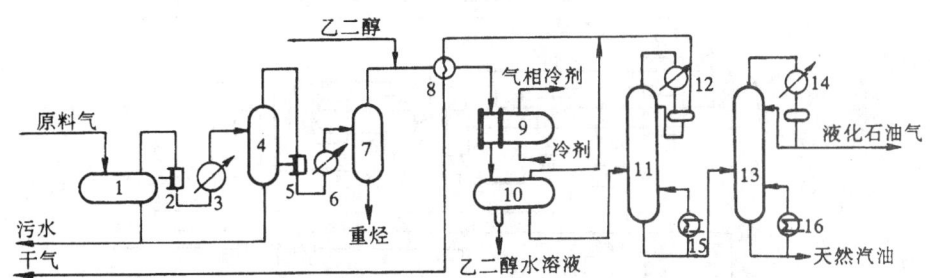

图 6-30 采用冷剂制冷法的天然气液回收工艺流程
1—原料气分离器；2、5—原料气压缩机；3、6—水冷却器；7—分离器；8—气/气换热器；
9—冷剂蒸发器；10—低温分离器；11—脱乙烷塔；12—脱乙烷塔塔顶冷凝器；
13—脱丁烷塔；14—脱丁烷塔塔顶冷凝器；15、16—重沸器

2．采用透平膨胀机制冷法的工艺流程

对于高压气藏气，当其压力高于外输压力，有足够压差可供利用，而且压力及气量比较稳定时，由于组成较贫，往往只采用透平膨胀机制冷法即可满足凝液回收要求。

我国四川石油管理局的 4 套天然气回收装置即全部采用这种方法。其中，川西北矿区的一套天然气液回收装置原料气处理量为 $30\times10^4\text{m}^3/\text{d}$，压力为 3.60MPa，温度为 14℃。该装置采用单级径—轴流向心反作用式透平膨胀机制冷，干气外输压力为 1.64MPa，最低制冷温度为 -87℃，丙烷收率约为 66%（χ），丙、丁烷产量为 11t/d，C_5^+ 产量为 4.5t/d。

3．采用冷剂氨与透平膨胀机联合制冷法的工艺流程

对于丙烷收率要求较高、原料气较富或其压力低于适宜冷凝分离压力而设置压缩机的天

然气液回收装置，大多采用冷剂与膨胀机联合制冷法，冷剂为丙烷或氨。现以国内胜利油田某装置采用的氨冷与透平膨胀机制冷相结合的工艺流程介绍于下。

(1) 设计条件　装置原料气处理量为 $50 \times 10^4 \mathrm{m}^3/\mathrm{d}$，原料气为伴生气，其组成见表6-6。最低制冷温度为 $-85 \sim -90$℃，丙烷收率为 $80\% \sim 85\%$（χ），液烃产量为 $110 \sim 130 \mathrm{t/d}$。

表6-6　胜利油田某联合制冷法装置的原料气组成,%（χ）

组分	N_2	CO_2	C_1	C_2	C_3	iC_4	nC_4	iC_5	nC_5	C_6	C_7	合计
组成	0.02	0.53	87.25	3.78	3.74	0.81	2.31	0.82	0.65	0.06	0.03	100.0

由表6-6可知，该原料气中 C_3^+ 含量约为 $250 \mathrm{g/m}^3$，属于富气，但与我国各油田生产的伴生气相比，还是较贫的原料气。由于原料气中丙烷、丁烷含量为 6.86%，经计算仅采用透平膨胀机制冷所得冷量尚不能满足要求，故还需采用外加冷源（冷剂为氨）联合制冷。

(2) 工艺流程简述　该装置采用的工艺流程见图6-31所示。自集输系统来的伴生气经压缩机1增压至4.0MPa，经水冷器2冷却后进入分水器3，除去气体中的游离水、机械杂质及可能携带的原油，然后去分子筛干燥器4脱除其中的微量水。干燥后的气体经过滤器5后，依次流过板翅式换热器6、7，氨蒸发器8，板翅式换热器11，温度自40℃冷冻到 -50℃左右，并有大量凝液析出。经一级凝液分离器12分离后，凝液自分离器底部进入板翅式换热器11复热后去脱乙烷塔17的中部；自一级凝液分离器分出的气体去透平膨胀机14，压力由3.7MPa膨胀至1.6MPa，温度降至 $-85 \sim -90$℃。膨胀后的气液混合物进入二

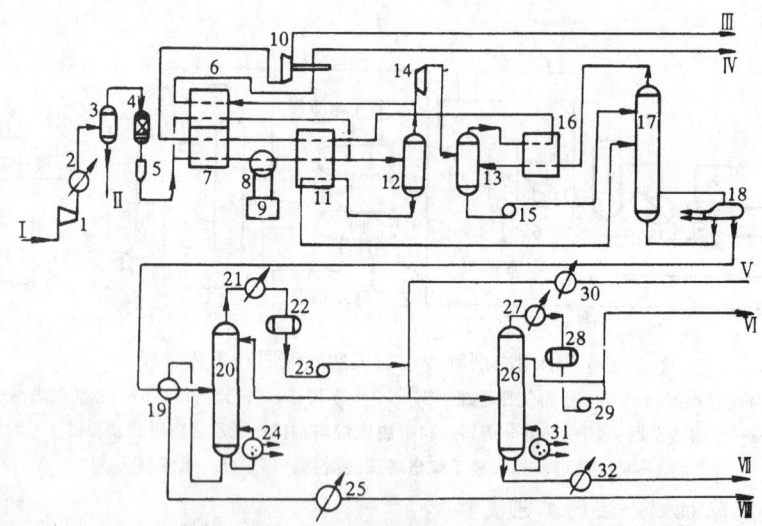

图6-31　某氨与膨胀机联合制冷法装置的工艺流程

1—原料气压缩机；2—水冷却器；3—分水器；4—分子筛干燥器；5—过滤器；6、7、11、16—板翅式换热器；8—氨蒸发器；9—氨循环制冷系统；10—膨胀机驱动的增压机；12—第一凝液分离器；13—第二凝液分离器；14—透平膨胀机；15—凝液泵；17—脱乙烷塔；18—脱乙烷塔塔底重沸器；19—换热器；20—脱丁烷（液化气）塔；21—塔顶冷凝器；22—脱丁烷塔塔顶部回流罐；23—液化气回流泵；24—液化气塔底重沸器；25—天然汽油冷却器；26—丁烷塔；27—丁烷塔塔顶冷凝器；28—丁烷塔回流罐；29—丁烷塔回流泵；30—液化气冷却器；31—丁烷塔塔底重沸器；32—丁烷冷却器

Ⅰ—原料气；Ⅱ—冷凝水；Ⅲ—干气；Ⅳ—低压干气；Ⅴ—液化气；Ⅵ—高含丙烷液化气；Ⅶ—丁烷；Ⅷ—天然汽油

级凝液分离器 13 进行气液分离，分出的凝液用泵 15 送入脱乙烷塔 17 的顶部，分出的气体则为干气，经板翅式换热器 16、11、7 回收冷量后再由膨胀机驱动的增压机 10 增压（逆升压流程）后进入输气管道。脱乙烷塔 17 顶部馏出的气体经板翅式换热器 16 冷却后进入二级凝液分离器 13 的下部，以便回收一部分丙烷。自脱乙烷塔底部得到的凝液，经液化气塔（脱丁烷塔）20 脱出丙、丁烷作为液化石油气，液化气塔 20 底部所得产品为天然汽油。如有必要，还可将液化石油气经丁烷塔分为丙烷和高含丁烷的液化石油气，或丁烷和高含丙烷的液化石油气。

脱乙烷塔压力为 1.6MPa，塔顶温度为 -45℃，塔底温度为 72℃。液化气塔压力为 1.4MPa，塔顶温度为 70℃，塔底温度为 133℃。丁烷塔压力为 1.5 MPa，塔顶温度为 49℃，塔底温度为 85℃。所有产品出装置前都被冷却或升温至 25~45℃。

四、以回收 C_2^+ 为目的的天然气液回收装置工艺流程

当天然气液回收装置以回收 C_2^+ 烃类为目的时均需采用深冷分离工艺。根据制冷系统不同，目前常用的工艺方法主要有阶式制冷法、膨胀机制冷法及冷剂和膨胀机联合制冷法。对于无外加冷源（辅助冷源）的膨胀机制冷法，根据原料气压力、组成和烃类收率不同，又可分为单级膨胀机制冷和两级膨胀制冷。采用膨胀机制冷法时，常将干气再压缩后进入输气管道。当原料气中 C_2^+ 烃类较多（例如高于 190mL/m³ 原料气），且要求 C_2 收率较高时，如采用膨胀机制冷，则必须增设外冷源，才能满足冷量要求。通常多采用丙烷预冷，但个别装置也有采用丙烷—乙烷阶式制冷，将原料气预冷至 -60℃ 以下时再进入膨胀机。当有丙烷预冷时，如采用两级膨胀制冷，则可进一步提高 C_2 的收率。

1. 采用两级透平膨胀机制冷法的工艺流程

我国大庆油田在 80 年代中期从 Linde 公司引进的两套 $60×10^4 m^3/d$ 的天然气液回收装置均采用两级透平膨胀机制冷法，原料气为伴生气，制冷温度一般为 -90~-100℃，乙烷收率为 85%，每套装置混合液烃产量为 $5×10^4 t/a$。

（1）设计条件 装置原料气处理量为 $60×10^4 m^3/d$，最低制冷温度为 -105℃。原料气进装置压力为 0.127~0.147 MPa（绝），温度为 -5℃（冬季）~20℃（夏季）。

装置只生产混合液烃，要求其中的甲烷/乙烷（摩尔比）不大于 0.03。

（2）工艺流程简述 该装置采用的工艺流程见图 6-32 所示。装置由原料气压缩、脱水、两级膨胀制冷和凝液脱甲烷等四部分组成。

1）原料气压缩。自集输系统来的低压伴生气 I 脱除游离水后进入压缩机 1 增压至 2.76MPa，经冷却器 2 冷却至常温进入沉降分水罐 3，进一步脱除游离水 II。由沉降分水罐 3 顶部分出的气体依次经过膨胀机驱动的增压机 4、5（正升压流程），压力增加到 5.17MPa，再经冷却器 6 冷却后进入一级凝液分离器 7，分出的凝液直接进入脱甲烷塔 15 的底部。

2）脱水。由一级凝液分离器分出的气体进入分子筛干燥器 8 中脱除其中的微量水，脱水后，水含量可降至 $1×10^{-6}$（φ），气体经粉尘过滤器 9 除去其中可能携带的分子筛粉末，然后进入制冷系统。

分子筛干燥器共两台，并联切换操作，周期为 8h。再生气为经过燃气透平回收的余热加热至 300℃ 左右的干气，整个切换过程为自动控制。

3）膨胀机制冷。经脱水后的气体自过滤器 9 经板翅式换热器 10 冷冻至 -23℃ 进入二级凝液分离器 11。分出的凝液进入脱甲烷塔的中部，分出的气体再经板翅式换热器 12 冷冻至

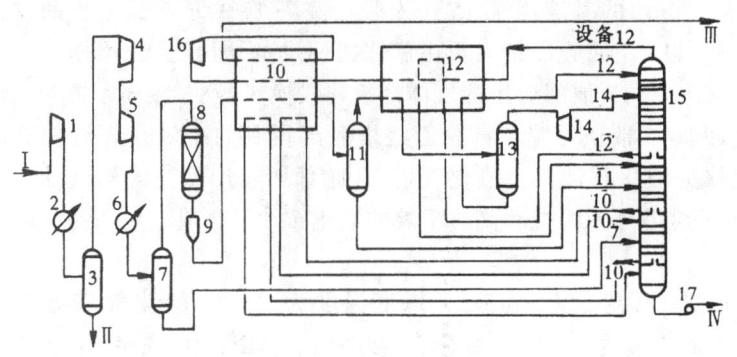

图 6-32 某两级膨胀机制冷法装置工艺流程
1—油田气压缩机；2—冷却器；3—沉降分水罐；4—膨胀机驱动的增压机一；
5—膨胀机驱动的增压机二；6—冷却器；7—凝液分离器一；8—分子筛干燥器；
9—粉尘过滤器；10—多股流板翅式换热器一；11—凝液分离器二；12—多股流
板翅式换热器二；13—凝液分离器三；14—透平膨胀机一；15—脱甲烷塔；
16—透平膨胀机二；17—混合轻烃泵；
Ⅰ—油田气；Ⅱ—脱出水；Ⅲ—干气；Ⅳ—混合烃

-56℃后去三级凝液分离器 13 进行气液分离。由三级凝液分离器 13 分出的凝液经板翅式换热器 12 进入脱甲烷塔的顶部，分出的气体经一级透平膨胀机 14 膨胀至 1.73MPa，温度降至 -97～-100℃，然后此气液混合物直接进入脱甲烷塔 15 的顶部偏下部位。

自脱甲烷塔顶部分出的干气经板翅式换热器 12、10 复热至 28℃ 后进入二级透平膨胀机 16，压力自 1.70 MPa 降至 0.45 MPa，温度降至 -34～-53℃，再经板翅式换热器 10 复热至 12～28℃ 后外输。

4) 混合凝液脱甲烷。由于该装置只生产混合液烃，故只设脱甲烷塔，塔顶温度为 -97～-100℃，塔底不设重沸器，塔中部则有塔侧冷却器和重沸器，分别由板翅式换热器 12 和 10 提供冷量和热量。脱甲烷后的混合液烃由塔底经泵 17 增压后送出装置。

2．采用冷剂（丙烷）与透平膨胀机联合制冷法的工艺流程

我国辽河油田在 80 年代后期从日本挥发油公司（JGC）引进的 $120×10^4$ m³/d 天然气液回收装置采用丙烷制冷与透平膨胀机制冷相结合的工艺方法，产品有乙烷、丙烷、液化石油气和天然汽油。

(1) 设计条件　装置原料气处理量为 $120×10^4$ m³/d，原料气为伴生气，其组成见表 6-7，最低制冷温度为 -117℃，乙烷收率为 85%。原料气进装置压力为 0.5 MPa，温度为 35℃。

表 6-7　辽河油田某丙烷与膨胀机联合制冷法装置的原料气组成[①]，%（χ）

组分	N_2	CO_2	C_1	C_2	C_3	iC_4	nC_4	iC_5	nC_5	C_6	C_7^+	合计
组成	0.33	0.03	87.53	6.20	2.74	0.62	1.22	0.36	0.30	0.21	0.46	100.0

① 有机硫为 $(0.13～3.92)×10^{-6}$，总硫为 $(0.17～4.72)×10^{-6}$。

(2) 产品质量要求　乙烷（气体）、丙烷、液化石油气和天然汽油的质量要求如下：

①乙烷（气体）：纯度为 97%（w），其中甲烷<1%（w），丙烷<1%（w），二氧化碳<3%（w）；水露点低于 -40℃。

②液化石油气：丙、丁烷纯度为 96%（w），其中 C_5^+<3%（w），乙烷及更轻组分<1%（w），二氧化碳<3%（w）；水露点低于 -40℃。

③天然汽油：丁烷<1%（w）。

(3) 工艺流程简述　该装置采用的工艺流程见图 6-33 所示。自集输系统来的伴生气

Ⅰ，经冷却、分水、过滤后，在 0.5MPa、35℃下进入压缩机 1。该压缩机为燃气透平驱动的两级离心式压缩机，第一级出口压力为 1.6 MPa，第二级出口压力为 3.4MPa，级间有水冷却器及凝液分离器。二级压缩后的气体经水冷却器 2 冷却后去重烃分离器 3，分出游离水和重烃Ⅱ，气体去分子筛干燥器 4。

气体在压缩前、级间和压缩后冷却分出的液体全部送入一个三相分离器（图中未画出）。顶部分出的气体作为余热锅炉燃料，中部分出的重烃去脱乙烷塔底部，底部分出的游离水去污水处理系统。

干燥器 4（内装 4A 分子筛）可将气体中的水脱除至 1×10^{-6}（φ）。干燥器有 2 台，切换操作。再生气采

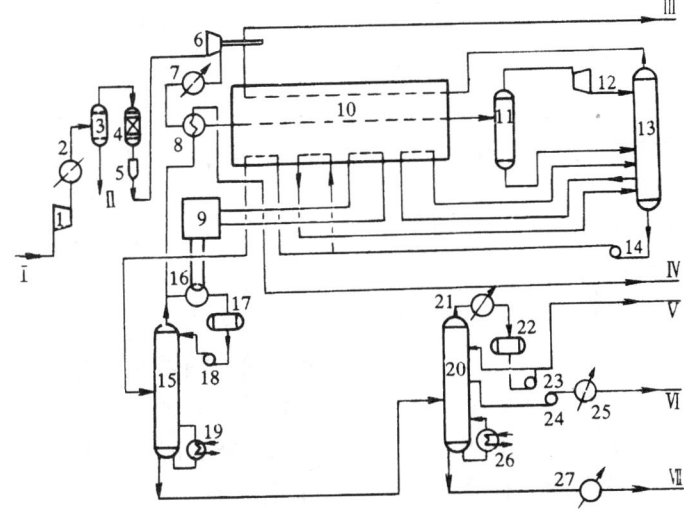

图 6-33　某丙烷与膨胀机联合制冷法装置的工艺流程
1—原料气压缩机；2—水冷却器；3—重烃分离器；4—分子筛干燥器；5—粉尘过滤器；6—膨胀机驱动的增压机；7—增压机后冷却器；8—乙烷—原料气换热器；9—丙烷循环制冷系；10—六股流板翅式换热器（冷箱）；11—凝液分离器；12—透平膨胀机；13—脱甲烷塔；14—脱甲烷塔底泵；15—脱乙烷塔；16—脱乙烷塔塔顶部冷凝器；17—脱乙烷塔塔顶部回流罐；18—脱乙烷塔回流泵；19—脱乙烷塔塔底部重沸器；20—脱丁烷塔；21—脱丁烷塔塔顶部冷凝器；22—脱丁烷塔塔顶部回流罐；23—脱丁烷塔回流泵；24—脱乙烷塔中部液化石油气抽出泵；25—泵 24 出口液化石油气冷却器；26—脱丁烷塔底部重沸器；27—天然汽油冷却器
Ⅰ—原料气；Ⅱ—分出的重烃和水分；Ⅲ—干气；Ⅳ—乙烷；Ⅴ—丙烷；
Ⅵ—液化石油气；Ⅶ—天然汽油

用干气Ⅲ，经余热锅炉加热到 290℃后去再生。再生后的气体自干燥器顶部流出，经冷却、分水后，由再生气压缩机压缩送入干气Ⅲ中外输。

脱水后的气体经过过滤器 5 滤掉分子筛粉尘后，先经膨胀机驱动的增压机 6（正升压流程）压缩到 4.5MPa，再经水冷却器 7 和换热器 8 进入板翅式换热器（冷箱）10 冷冻至 -63℃，然后去凝液分离器 11 进行气液分离。

自凝液分离器 11 底部分出的凝液进入脱甲烷塔 13 的中部，顶部分出的气体进入透平膨胀机，压力降至 0.8MPa，温度降至 -117℃，然后去脱甲烷塔 13 的顶部进行气液分离，分出的凝液作为塔顶进料，塔顶温度为 -112℃。由脱甲烷塔塔顶馏出的气体经板翅式换热器 10 复热后作为该装置的干气产品Ⅲ外输。

由脱甲烷塔 13 引出的侧线液体经板翅式换热器 10 升温重沸后返回塔的中部。底部的液体经泵 14 增压后分为两路进入板翅式换热器 10，一路升温重沸后仍返回塔底，另一路升温后送入脱乙烷塔 15 的中部。

脱乙烷塔 15 操作压力为 2.05MPa。塔顶馏出的气体乙烷分为两路，一路经换热器 8 复热到接近常温后作为乙烷气体产品Ⅳ外输；另一路经丙烷制冷系统 9 在冷凝器 16 中冷凝为液体进入回流罐 17，再用泵 18 送入塔 15 顶部作为塔顶回流。塔 15 底部设有重沸器 19，塔底馏出物靠本身压力进入脱丁烷塔 20 的中部。

脱丁烷塔 20 操作压力为 1.5MPa。塔顶馏出的气体丙烷经冷凝器 21 冷凝后进入回流罐 22，用泵 23 增压后分为两路，一路作为塔 20 的塔顶回流，另一路即为丙烷产品Ⅴ。丙烷产品既可作为本装置的冷剂，又可将其混入液化石油气Ⅵ中，或直接出装置。

由塔 20 侧线引出的液体是丙、丁烷混合物，用泵 24 增压后经冷却器 25 冷至常温后即为液化石油气产品。

脱丁烷塔 20 底部馏出物分为两路：一路经重沸器 26 加热后返回塔底；另一路经冷却器 27 冷却后即为天然汽油Ⅶ产品。

该装置的冷剂制冷系统 9 利用自产丙烷产品Ⅴ作为冷剂，设有两个制冷温度等级：一个温度等级是 $-33℃$，用于原料气在板翅式换热器 10 中的冷冻；另一个温度等级为 $-17℃$，用于脱乙烷塔顶部乙烷气体在冷凝器 16 中的冷凝。

装置年开工以 8000h 计，乙烷收率为 85% 时的产品产量为：干气 $106×10^4 m^3/d$，乙烷 $8.7×10^4 t/d$，液化石油气 $11.7×10^4 t/d$，天然汽油 $5.7×10^4 t/d$。

公用设施用量见表 6-8。

表 6-8 某丙烷与膨胀机联合制冷法装置公用设施用量[①]

公用设施名称	燃料气，m^3/h	电，kW	循环水，t/h	新鲜水，t/h	蒸汽，t/h[②]
公用设施用量	1155	1072	2249	50	8

① 装置本身及场外设施总用量。
② 由余热锅炉提供。

五、国外天然气液回收工艺的发展概况

自 80 年代以来，国外以节能降耗、提高液烃收率及减少投资为目的，对天然气液回收装置的工艺方法进行了一系列改进，出现了许多新的工艺方法。大致说来，有以下几个方面。

1. 膨胀机制冷法工艺的发展

（1）气体过冷法（GSP）和液体过冷法（LSP） 1987 年 Ortloff 公司等提出的 GSP 和 LSP 是对单级膨胀机制冷工艺（ISS）和多级膨胀机制冷工艺（MTP）的改进。GSP 是针对较贫气体（C_2^+ 烃类按液态计小于 $400mL/m^3$）；LSP 是针对较富气体（C_2^+ 烃类按液态计大于 $400mL/m^3$）而改进的工艺方法。表 6-9 列出了处理量为 $283×10^4 m^3/d$ 的装置采用 GSP、ISS 和 MTP 等工艺方法的主要指标对比。

表 6-9 ISS、MTP 及 GSP 法主要指标对比

工艺方法	ISS	MTP	GSP
C_2 回收率，%	80.0	85.4	85.8
CO_2 冻结情况	冻结	冻结	不冻结
再压缩功率，kW	6478	4639	3961
制冷压缩功率，kW	225	991	1244
总压缩功率，kW	6703	5630	5205

(2) 直接换热法（DHX） 此法由加拿大埃索资源公司首先提出，并在 Judy Creek 厂的天然气液回收装置实践后结果良好，其工艺流程如图 6-34 所示。

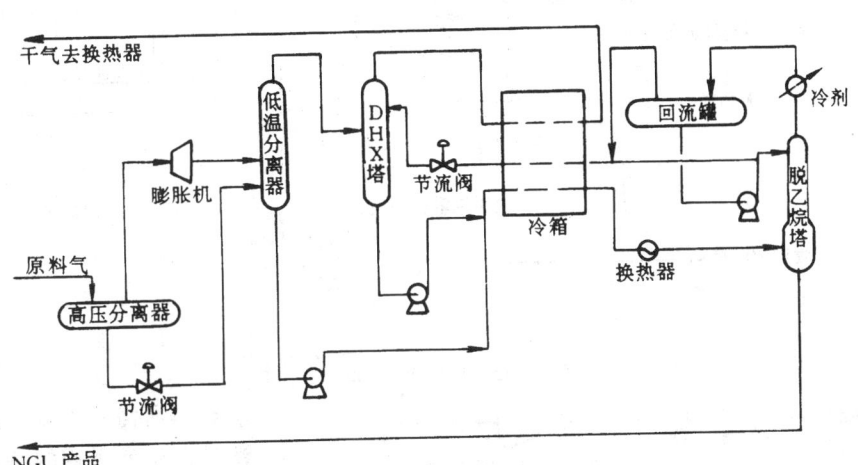

图 6-34 直接换热法（DHX）工艺流程

图 6-34 中的 DHX 塔相当于一个吸收塔。该法的实质是将脱乙烷塔回流罐的液烃经过换冷、节流降温后，进入 DHX 塔塔顶，用以吸收低温分离器进塔气体中的 C_3^+ 组分，从而提高 C_3^+ 的收率。装置改造后的实践表明，在不回收乙烷的情况下，将常规的膨胀机制冷法（ISS）装置改造成采用 DHX 工艺后，在相同条件下 C_3^+ 收率可由 72% 提高到 95%，而改造的投资却较少。

2. 冷剂制冷法工艺的发展

与传统的单组分冷剂或阶式制冷法相比，混合冷剂制冷（MRC）法采用的冷剂可根据冷冻温度的高低配制冷剂的组分与组成，一般是以乙烷、丙烷为主。当压力一定时，混合冷剂在一个温度范围内随着温度逐渐升高而逐步汽化，因而在换热器中与待冷冻的天然气的传热温差很小，故其㶲效率很高。当原料气与外输干气压差甚小，或在原料气较富的情况下，采用混合冷剂制冷法的工艺更为有利。

图 6-35 为 Costain Petrocarbon 公司采用的 PetroFlux 法工艺流程图。与常规透平的膨胀机制冷法（ISS）（见图 6-36）相比，该法具有下述特点：

①在膨胀机制冷法中，高压天然气经膨胀机制冷后压力降低。如商品气要求较高压力，则需将膨胀后的低压干气再压缩，故其能耗是相当可观的。PetroFlux 法压降较小，原料气经加工后可获得较高压力的商品气，并可利用中、低压天然气为原料气，得到较高的天然气液收率。

②回流换热器的运行压力高于透平膨胀机制冷法中稳定塔的压力，因而提高了制冷温度，降低了能耗。

③PetroFlux 法中换热器的传热温差普遍比透平膨胀机制冷法中换热器的传热温差要小得多，因而明显提高了换热系统的㶲效率。

3. 油吸收法工艺的发展

马拉（Mehra）法是近年来发展的一种油吸收法的改进工艺，其实质是用物理溶剂（例如，N—甲基吡咯烷酮）代替吸收油，吸收原料气中的 C_2^+ 或 C_3^+ 组分后采用闪蒸或汽提的

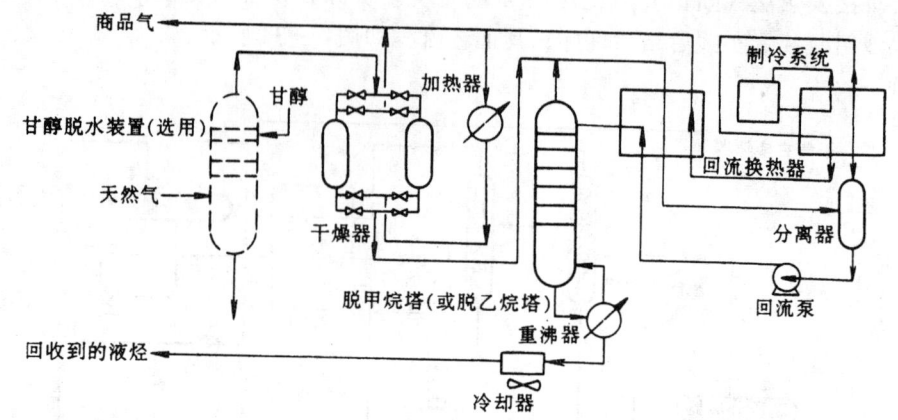

图 6-35 PetroFlux 法工艺流程

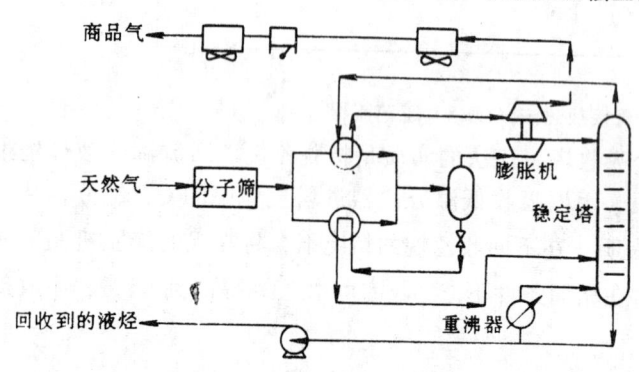

图 6-36 常规透平膨胀机制冷法工艺流程

方法获得所需的乙烷、丙烷等。马拉法借助于所采用的特定溶剂，采用不同的操作参数，可回收 C_2^+、C_3^+、C_4^+ 或 C_5^+ 等。例如，乙烷和丙烷的收率可分别为 2%～90% 和 2%～100%，依市场需要而定。这种灵活性是只能获得宽馏分凝液的透平膨胀机法所不能比拟的。马拉法又可分为抽提—闪蒸和抽提—汽提两种流程，其特点如下：

① 抽提—闪蒸：其吸收过程与常温油吸收法一样，但抽提塔（吸收塔）塔底富溶剂经减压后进行多级闪蒸，使目的产物从富溶剂中分离出来。通过选择合适的闪蒸条件，在最初的闪蒸过程中先分出某些不想回收的组分，并使其循环返回抽提塔，或直接进入外输干气中。汽提塔的作用是保证天然气液中较轻组分的含量合格。

② 抽提—汽提：此流程是对上述抽提—闪蒸流程的改进，其投资和运行费用都可大大降低。原料气进入抽提—汽提塔（吸收蒸出塔或吸收解吸塔）的抽提段（吸收段）中，采用特定的贫溶剂进行吸收，将其中的 C_2^+ 或 C_3^+ 组分回收下来，塔顶干气基本上是甲烷（或甲烷与乙烷）。自抽提段流至汽提段（蒸出段）的富溶剂中除了含有 C_2^+ 或 C_3^+ 组分外，还含有一定数量的甲烷（或甲烷与乙烷）。汽提段底部设有重沸器，将塔底液体部分气化作为汽提气，在汽提段中将富溶剂中挥发性最大的甲烷（或甲烷与乙烷）几乎全部汽提出来。同时，也有一部分挥发性较小的乙烷（或丙烷）被汽提出来。乙烷（或丙烷）被汽提出来后，在抽提段与贫溶剂接触过程中又被重新吸收，再同富溶剂返回汽提段，在两段中重复进行吸收与汽提。因此，采用吸收和汽提联合操作的抽提—汽提塔，就可保证不致有过多的乙烷（或丙烷）进入塔顶干气，又能保证不致有过多的甲烷（或甲烷与乙烷）进入塔底液体，从而达到使甲烷与 C_2^+（或使甲烷、乙烷与 C_3^+）分离的目的。

由抽提—汽提塔塔底流出的富溶剂进入产品汽提塔。塔顶馏出物即为所需要的天然气液产品，塔底液体则为再生后的贫溶剂，经冷却或冷冻后循环返回抽提—汽提塔塔顶。

由此可见，此法的特点是选择良好的物理溶剂，并且靠调节抽提—汽提塔塔底富溶剂的泡点来灵活地选择天然气液产品中较轻组分的含量。马拉法还可与冷剂（丙烷）制冷法结合，采用本法生产的 C_5^+ （相对分子质量控制在 70~90）为溶剂，当分别用于回收 C_2^+ 或 C_3^+ 时，C_2 或 C_3 收率均可达 90%。

第七章 天然气脱硫

由气井井口采出或从矿场分离器分出的天然气除含有水蒸气外,往往还含有一些酸性组分。这些酸性组分一般是硫化氢(H_2S)、二氧化碳(CO_2)、硫化羰(COS)、硫醇(RSH)及二硫化物(RSSR′)等,通常也叫酸气或酸性气体(acid gas)。天然气中最常见的酸性组分是H_2S、CO_2、COS。为示区别,本书以下将酸性组分含量超过管输气或商品气质量要求的天然气称为酸性天然气或含硫气(sour gas)。

天然气中含有酸性组分时,会造成金属腐蚀,并且污染环境。当天然气用作化工原料时,它们还会引起催化剂中毒,影响产品质量。此外,CO_2 含量过高,会降低天然气的热值。因此,必须严格控制天然气中酸性组分的含量,其允许值视天然气的用途而定。

当天然气中的酸性组分含量超过管输气或商品气质量要求时,必须采用合适的方法脱除后才能管输或成为商品气。从天然气中脱除酸性组分的工艺过程称为脱硫、脱碳,习惯上统称为天然气脱硫。脱硫后的天然气通常称为净气或净化气,而脱出的酸性组分一般还应回收其中的硫元素(硫磺回收)。当回收硫磺后的尾气不符合向大气排放的标准时,还应对尾气进行处理。

对于管输天然气,要求其 H_2S 含量不应大于 $20mg/m^3$。当天然气用作合成氨或合成甲醇原料气时,其硫含量要求小于 $1mg/m^3$。如天然气采用深冷分离的方法回收凝液时,其 CO_2 含量(φ)往往要求很低。因此,对天然气硫含量要求很严的天然气化工厂,或对天然气 CO_2 含量要求很严的天然气加工厂,还应根据需要设置二次脱硫装置。

第一节 脱硫方法的分类与选择

一、脱硫方法的分类

目前,国内外报道过的脱硫方法有近百种。这些方法一般可分为间歇法、化学吸收法、物理吸收法、联合吸收法(化学—物理吸收法)、直接转化法,以及在80年代工业化的膜分离法等。其中,采用溶液或溶剂作脱硫剂的脱硫方法习惯上又统称为湿法,采用固体作脱硫剂的脱硫方法又统称为干法。

1. 间歇法

间歇法按其脱硫原理又可分为化学反应法与物理吸附法两种,其特点是反应或吸附过程都是间歇进行的。属于前者的有海绵铁法、氧化铁浆液法(Slurrisweet)、锌盐浆法(Chemsweet)法及苛性钠法。由于脱硫剂在使用失效后即废弃掉,因而仅适用于 H_2S 含量很低及流量很小的天然气脱硫。属于后者的有分子筛法,它适用于天然气中酸性组分含量低及同时脱水的场合。海绵铁法及分子筛法因采用固体脱硫剂,故又都属于干法,通常也统称为固体床脱硫法。

2. 化学吸收法

这类方法又称化学溶剂法。它以碱性溶液为吸收溶剂(化学溶剂),与天然气中的酸性组分(主要是 H_2S 和 CO_2)反应生成某种化合物。吸收了酸性组分的富液在温度升高、压力降低时，该化合物又能分解释放出酸性组分。这类方法中最有代表性的是醇胺（烷醇胺）法和碱性盐溶液法。属于前者的有一乙醇胺（MEA）法、二乙醇胺（DEA）法、二甘醇胺（DGA）法、二异丙醇胺（DIPA）法、甲基二乙醇胺（MDEA）法，以及一些有专利权的方法如胺防护（Amine Guard）法、Ucarsol法、Flexsorb法和Gas/Spec法等。醇胺法是最常用的天然气脱硫方法。此法适用于从天然气中大量脱硫，如果需要的话，也可用于脱除CO_2。属于后者的有Benfield法、Catacarb法和氨基酸盐（Alkazid）法等。它们虽也能脱除H_2S，但主要用于脱除CO_2，在天然气工业中应用不多。

3. 物理吸收法

这类方法又称为物理溶剂法。它们采用有机化合物为吸收溶剂（物理溶剂），对天然气中的酸性组分进行物理吸收而将它们从气体中脱除。在物理吸收过程中，溶剂的酸气负荷（即单位体积或每摩尔溶剂所吸收的酸性组分体积或摩尔量）与原料气中酸性组分的分压成正比。吸收了酸性组分的富剂在压力降低时，随即放出所吸收的酸性组分。物理吸收法一般在高压和较低温度下进行，溶剂酸气负荷高，故适用于酸性组分分压高的天然气脱硫。此外，物理吸收法还具有溶剂不易变质、比热容小、腐蚀性小以及能脱除有机硫化物等优点。由于物理溶剂对天然气中的重烃有较大的溶解度，故不宜用于重烃含量高的原料气，且多数方法因受溶剂再生程度的限制，净化度（即原料气中酸性组分的脱除程度）不如化学吸收法。当净化度要求较高时，则需采用汽提或真空闪蒸等再生方法。

目前，常用的物理吸收法有：①Selexol法，吸收溶剂为聚乙二醇二甲醚；②Rectisol（冷甲醇）法，吸收溶剂为甲醇；③Purisol法，吸收溶剂为N—甲基吡咯烷酮（NMP）；④Fluor法，吸收溶剂碳酸丙烯酯；⑤Estasolvan法，吸收溶剂为磷酸三丁酯（TBP）。

物理吸收法的溶剂通常靠多级闪蒸进行再生，不需蒸汽和其它热源，还可同时使气体脱水。海上采出的天然气需要大量脱除CO_2时常常选用这类方法。

4. 联合吸收法

联合吸收法兼有化学吸收和物理吸收两类方法的特点，使用的溶剂是醇胺、物理溶剂和水的混合物，故又称为混合溶液法或化学—物理吸收法。目前，常用的联合吸收法有：①萨菲诺（Sulfinol）法，吸收溶剂为环丁砜（二氧化四氢噻吩）和DIPA的水溶液（Sulfinol—D法）或环丁砜和MDEA的水溶液（Sulfinol—M法），习惯称为砜胺法；②Optisol法，吸收溶剂由醇胺、有机溶剂和水组成。此外，还有Amisol、Selefining、Ucarsol LE法等。

5. 直接转化法

这类方法以氧化—还原反应为基础，故又称为氧化还原法。此法包括借助于溶液中氧载体的催化作用，把被碱性溶液吸收的H_2S氧化为硫，然后鼓入空气，使吸收剂再生，从而使脱硫与硫回收合为一体。直接转化法目前虽在天然气工业中应用不很多，但在焦炉气、水煤气、合成气等气体脱硫及尾气处理方面却有广泛应用。这类方法由于吸收溶剂的硫容量（即单位质量或体积吸收溶剂能够吸收的硫的质量）较低（一般在0.3g/L以下），故适用于原料气压力较低及处理量不大的场合。属于直接转化法的有Stretford、Lo-Cat及Sulferox等法。

化学吸收法、物理吸收法、联合吸收法及直接转化法因都采用液体脱硫剂，故又统称为湿法。

6. 膜分离法

这类方法是70年代以来发展起来的一门新的分离技术，它借助于膜在分离过程的选择渗透作用脱除天然气中的酸性组分。目前已工业化的方法有 AVIR、Cynara、杜邦（DuPont）、Grace 等法，大多用于从 CO_2 含量很高的天然气中分离 CO_2。

二、脱硫方法的选择

在选择脱硫方法时，图 7-1 作为一般性指导是有用的。由于需要考虑的因素很多，人们不能只按绘制图 7-1 时所用的条件去选择某种脱硫方法，也许经济因素和局部情况会支配着某一方法的选择。

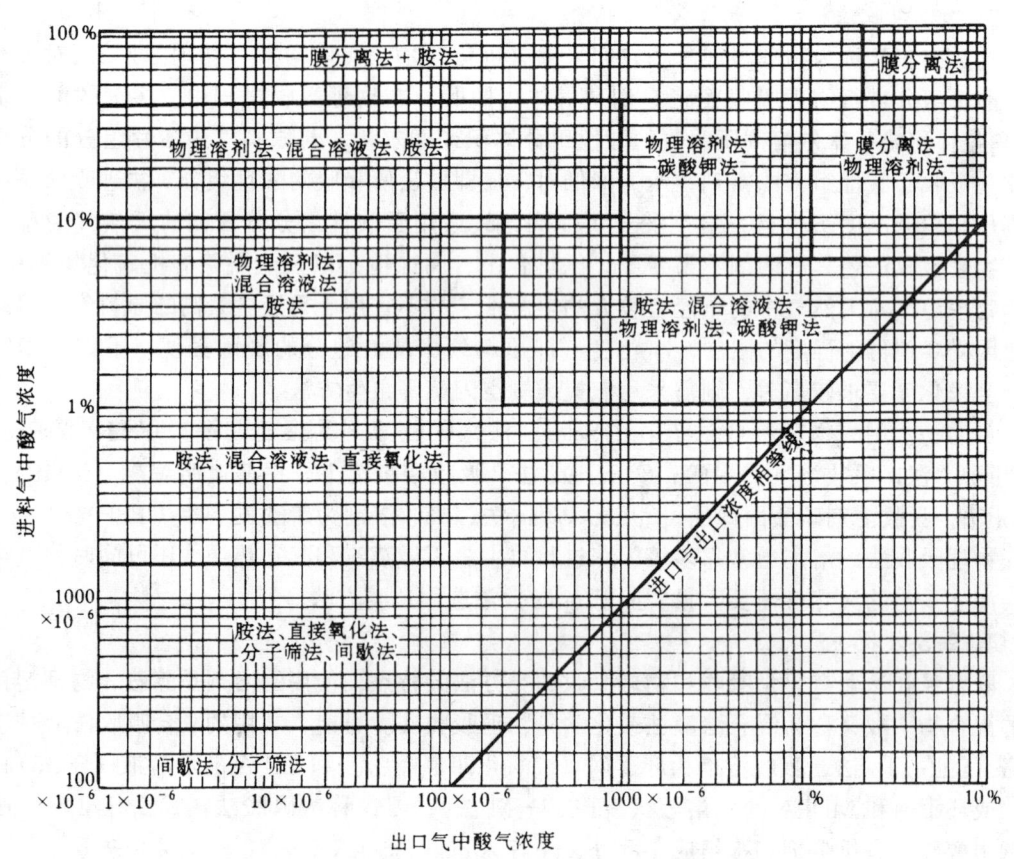

图 7-1 天然气脱硫方法选择指导

1. 考虑因素

天然气脱硫方法的选择，不仅对于脱硫过程本身，就是对于下游工艺过程包括硫磺回收、脱水、天然气液回收以及液烃产品处理等方法的选择都有很大影响。在选择脱硫方法时需要考虑的主要因素是：

（1）天然气中酸性组分的类型和含量　大多数天然气中的酸性组分是 H_2S 和 CO_2，但有的还可能含有 COS、CS_2、RSH 等。只要气体中含有这些组分中的任何一种，就会排除选择某些脱硫方法的可能性。

原料气中酸性组分含量也是一个应着重考虑的因素。有些方法可用来脱除大量的酸性组分，但有些方法却不能把天然气净化到符合管输的要求，还有些方法只适用于酸性组分含量低的天然气脱硫。

此外，原料气中的 H_2S、CO_2 及 COS、CS_2 和 RSH（即使其含量非常少），不仅对气体脱硫，就是对下游工艺过程都会有显著影响。例如，在天然气液回收过程中，H_2S、CO_2 及其它硫化物将会以各不相同的数量进入液体产品。在回收凝液之前如不从天然气中脱除这些酸性组分，就可能要对液体产品进行处理，以符合产品的质量要求。

（2）天然气中的烃类组成 通常，大多数硫磺回收装置采用克劳斯法。克劳斯法生产的硫磺质量对存在于酸气（从酸性天然气中获得的酸性组分）中的烃类特别是重烃十分敏感。因此，当有些脱硫方法采用的吸收溶剂会大量溶解烃类时，就可能要对获得的酸气进一步处理。

（3）对脱除酸气后的净化气及对所获得的酸气的要求 作为硫磺回收装置的原料气（酸气），其组成是必须考虑的一个因素。如酸气中的 CO_2 浓度大于 80% 时，为了提高原料气中 H_2S 的浓度，就应考虑采用选择性脱硫方法的可能性，包括采用多级气体脱硫过程。

（4）对需要脱除的酸性组分的选择性要求 在各种脱硫方法中，对脱硫剂最重要的一个要求是其选择性。有些方法的脱硫剂对天然气中某一酸性组分的选择性可能很高，而另外一些方法的脱硫剂则无选择性。还有一些脱硫方法，其脱硫剂的选择性受操作条件的影响很大。

（5）原料气的处理量 有些脱硫方法适用于处理量大的原料气脱硫，有些方法只适用于处理量小的原料气脱硫。

（6）原料气的温度、压力及净化气所要求的温度、压力 有些脱硫方法不宜在低压下脱硫，而另外一些方法在脱硫温度高于环境温度时会受到不利因素的影响。

（7）其它 如对气体脱硫、尾气处理有关的环保要求和规范，以及脱硫装置的投资和操作费用等。

尽管需要考虑的因素很多，但按原料气处理量计的硫潜含量或硫潜量（kg/d）是一个关键因素。与间歇法相比，当原料气的硫潜量大于 45kg/d 时，应优先考虑醇胺法脱硫。虽然目前还没有一种醇胺法能满足所有要求，但由于这类方法技术成熟，脱硫溶剂来源方便，对上述因素有很大的适应性，因而是最重要的一类脱硫方法。据统计，全世界 2000 多套气体脱硫装置中，有半数以上采用醇胺法脱硫。在美国，目前已建的天然气脱硫装置采用的工艺方法也以醇胺法为主，其次是砜胺法。

近十年来，MDEA 法的应用在美国增长甚快。为了降低能耗，已由单一的 MDEA 法而发展成与 MEA（或 DEA）和环丁砜配制成混合胺法或砜胺（即 Sulfinol—M）法。据统计，90 年代后 MDEA 的用量已占醇胺总量的 30% 左右。

2. 选择原则

根据工业实践，在选择各种醇胺法和砜胺法时有下述几点原则：

①当酸气中 H_2S 和 CO_2 含量不高，CO_2/H_2S（CO_2 与 H_2S 含量之比）≤6，并且同时脱除 H_2S 及 SO_2 时，应考虑采用 MEA 法或混合胺法。

②当酸气中（CO_2/H_2S）≥5，且需选择性脱除 H_2S 时，应采用 MDEA 法或其配方溶液法。

③酸气中酸性组分分压高、有机硫化物含量高，并且同时脱除 H_2S 及 CO_2 时，应采用 Sulfinol—D 法；如需选择性脱除 H_2S 时，则应采用 Sulfinol—M 法。

④DGA 法适宜在高寒及沙漠地区采用。

⑤酸气中重烃含量较高时，一般宜用醇胺法。

第二节 醇 胺 法

早在 30 年代醇胺法就已广泛用于从天然气中脱除酸性组分。最先采用的溶剂是三乙醇胺（TEA），由于它的反应能力和稳定性差，故目前主要采用 MEA、DEA、DIPA、DGA 及 MDEA。

醇胺法尤其适用于酸性组分分压低和/或要求净化气中酸性组分含量低的场合。由于醇胺法使用的吸收溶剂是醇胺的水溶液，溶液中含水可使被吸收的重烃量减至最低程度，故此法非常适用于重烃含量高的天然气脱硫。有些醇胺溶液还具有在 CO_2 存在下选择性脱除 H_2S 的能力。

醇胺法的缺点是有些醇胺与 COS 或 CS_2 的反应是不可逆的，会造成溶剂降解损失，故不宜用于 COS 或 CS_2 含量高的天然气脱硫。醇胺还具有腐蚀性，与原料气中的 H_2S、CO_2 等会造成设备腐蚀。此外，醇胺作为脱硫溶剂，其富液在汽提时要加热，不仅能耗较高，而且在高温下汽提时会降解，故损耗也较大。

一、醇胺与 H_2S、CO_2 的主要化学反应

醇胺类化合物分子结构的特点是其中至少有一个羟基和一个胺基。羟基可降低化合物的蒸气压，并能增加化合物在水中的溶解度，因而可以配制成水溶液；而胺基则使化合物水溶液呈碱性，以促进其对酸性组分的吸收。醇胺法使用的醇胺类化合物有伯醇胺（如 MEA）、仲醇胺（如 DEA）和叔醇胺（如 MDEA）三类，它们与 H_2S、CO_2 的主要反应见表 7-1 所示。

表 7-1 醇胺吸收 H_2S、CO_2 的主要反应

醇胺类型	H_2S	CO_2
伯醇胺	$2RNH_2 + H_2S \rightleftharpoons (RNH_3)_2S$ $(RNH_3)_2S + H_2S \rightleftharpoons 2RNH_3HS$	$2RNH_2 + CO_2 \rightleftharpoons RNHCOONH_3R$ $2RNH_2 + H_2O + CO_2 \rightleftharpoons (RNH_3)_2CO_3$ $(RNH_3)_2CO_3 + H_2O + CO_2 \rightleftharpoons 2RNH_3HCO_3$
仲醇胺	$2R_2NH + H_2S \rightleftharpoons (R_2NH_2)_2S$ $(R_2NH_2)_2S + H_2S \rightleftharpoons 2R_2NH_2HS$	$2R_2NH + CO_2 \rightleftharpoons R_2NCOONH_2R_2$ $2R_2NH + H_2O + CO_2 \rightleftharpoons (R_2NH_2)_2CO_3$ $(R_2NH_2)_2CO_3 + H_2O + CO_2 \rightleftharpoons 2R_2NH_2HCO_3$
叔醇胺	$2R_3N + H_2S \rightleftharpoons (R_3NH)_2S$ $(R_3NH)_2S + H_2S \rightleftharpoons 2R_3NHHS$	$2R_3N + H_2O + CO_2 \rightleftharpoons (R_3NH)_2CO_3$ $(R_3NH)_2CO_3 + H_2O + CO_2 \rightleftharpoons 2R_3NHHCO_3$

由表 7-1 可知，醇胺与 H_2S、CO_2 的主要反应均为可逆反应。当酸性组分分压高和/或温度低时，反应向右侧进行，贫醇胺溶液（贫液）从原料气中吸收酸性组分（正反应），并且放热；而在酸性组分分压低和/或温度高时，反应向左侧进行，从富醇胺溶液（富液）中将酸性组分释放出来，使溶液得到再生（逆反应），并且吸热。在脱硫装置中，正反应通常在吸收塔内进行，而逆反应则在汽提塔（也称再生塔）内进行。

二、醇胺性能比较

几种常用醇胺的主要物理和化学性质见表 7-2。用于气体脱硫的醇胺溶液及其它一些溶液的主要性质和典型操作条件见表 7-3。

表 7-2 几种常用醇胺的物理和化学性质

性质	MEA	DEA	DIPA	MDEA
相对分子质量	61.09	105.14	133.19	119.17
相对密度	1.0179 (20/20℃)	1.0919 (30/20℃)	0.9890 (45/20℃)	1.0418 (20/20℃)
沸点,℃	—	—	—	—
101.3kPa 下	170.4	268.4①	248.7	230.6
6.67kPa 下	100.0	187.2	167.0	164.0
1.33kPa 下	68.9	150.0	133.0	128.0
蒸汽压(20℃),Pa	28	<1.33	<1.33	<1.33
凝固点,℃	10.2	28.0	42.0	-14.6
闪点(开口),℃	93.3	137.8	—	126.7
水中溶解度(20℃)	完全互溶	96.4%	87.0%	完全互溶
粘度,mPa·s	24.1 (20℃)	380.0 (30℃)	198.0 (45℃)	101.0 (20℃)
反应热,kJ/kg	—	—	—	—
H_2S	1905	1190	1140	1050
CO_2	1920	1510	2180	1420

① 在此温度下 DEA 分解。

表 7-3 气体脱硫溶液性能比较①

	工艺方法	MEA	DEA	DGA	DIPA	MDEA	混合溶液	Selexol	K_2CO_3
	醇胺类型	伯醇胺	仲醇胺	伯醇胺	仲醇胺	叔醇胺	叔醇胺	—	—
	反应性	强	中等	中等	中等	中等	中等	—	—
	稳定性	较好	好	较好	好	好	好	好	极好
	对烃类的吸收能力	弱	中等	强	中等	中等	强	强	无
	蒸发损失	高	中等	高	中等	低	低	低	
	对 H_2S 选择性	无	无	无	有	有	有	有	无
	脱除有机硫能力	弱	弱	中等	弱	弱	强	强	无
	腐蚀性	强	中等	中等	弱	弱	弱	弱	弱
	起泡性	弱	弱	弱	中等	强	强	—	—
	价格	低	低	中等	中等	高	高	高	低
降解性	H_2S	无	无	无	无	无	无	无	无
	CO_2	轻	轻	轻	轻	微	微	无	无
	COS	有	较轻	轻	轻	较轻	无	无	无
	溶液浓度,w,%	15~20	20~35	45~65	30~40	40~55	50~80	100	25~35
酸气负荷	mol 酸气/mol 溶液	0.3~0.4	0.5~0.6	0.3~0.4	0.3~0.4	0.3~0.45	0.3~0.4	—	—
	m³ 酸气/m³ 溶液	—	—	—	—	—	22~44	30~44	30~60
	溶液循环量 m³ 溶液/mol 酸气	0.38~0.62	0.23~0.47	0.19~0.28	0.25~0.42	0.25~0.42	—	—	—

续表

工艺方法		MEA	DEA	DGA	DIPA	MDEA	混合溶液	Selexol	K_2CO_3
蒸汽比耗，kg/m^3 溶液		120~144	108~132	132~156	—	108~132	96~132	无	72~96
重沸器温度，℃		116	118	127	124	121	121	—	—
溶液凝点，℃		-9.5	-6.7	-40	-8.9	-31.7	-28.9	—	—
反应热 kJ/kg 酸气	H_2S	1440	1280	1570		1165	1165	—	—
	CO_2	1535	1465	1980	—	1395	1395	—	—

①编者对部分内容作了修改。

1. 一乙醇胺（MEA）

MEA 常用于酸性组分分压低的场合。MEA 是相对分子质量最小的伯醇胺，故其反应能力、挥发度及腐蚀性最强。因此，采用的溶液浓度较低，蒸发损失最大，再生能耗较高，对烃类的吸收能力最小。

采用 MEA 可很容易地将进料气中 H_2S 含量降低至 $5mg/m^3$ 以下。但是，它既可脱除 H_2S，又可脱除 CO_2，一般无选择性。

MEA 在脱硫过程中会和 CO_2 发生降解反应，生成难以再生的噁唑烷酮等化合物，使一部分溶剂丧失脱硫能力。MEA 与 COS 和 CS_2 的反应是不可逆的，会造成溶剂损失和某些副产物在溶剂中积累。由于 MEA 是伯醇胺，故其与酸性组分反应生成的化合物较难再生。此外，通常还要在比重沸器更高的温度下进行复活。

2. 二乙醇胺（DEA）

DEA 是目前较广泛采用的脱硫溶剂。与 MEA 相比，它与 H_2S 和 CO_2 的反应热较小，碱性及腐蚀性较弱，蒸发损失较小，溶液浓度较高，酸气负荷较大。所以，溶液循环量、投资及操作费用都较低。然而，DEA 对 H_2S 也没有选择性。

60 年代中期在 DEA 法基础上改良的 SNPA—DEA 法可以达到很高的酸气负荷（0.7mol 酸气/mol 溶液），而且没有腐蚀性，但对进料气的酸性组分分压要求较高（例如，在 0.4MPa）。

3. 二异丙醇胺（DIPA）

DIPA 是在壳牌（Shell）公司 ADIP 法中采用的脱硫溶剂，对 H_2S 有一定的选择性。ADIP 法的蒸汽用量少，腐蚀性小，适用于含 COS 的原料气。但是，DIPA 与 CO_2 和 COS 发生降解反应的能力大于 MEA、DEA 或 DGA。DIPA 也可用于从液化石油气中脱除 H_2S 和 COS。

4. 二甘醇胺（DGA）

DGA 是与 DEA 具有同样相对分子质量的伯醇胺。采用 DGA 的脱硫方法称为 Flour Econamine 法，其溶液浓度（w）为 50%~70%，酸气负荷可到 0.4mol 酸气/mol 溶液。

DGA 溶液浓度（w）为 65% 时的凝点为 -40℃，故适用于高寒及沙漠地区。DGA 也常用于酸性组分分压低的场合，但价格较高，而且与 COS、CS_2 等的反应是不可逆的。

5. 甲基二乙醇胺（MDEA）

MDEA 是叔醇胺。虽然它与 H_2S 的反应能力不如 MEA，但当原料气中同时含有 H_2S 和 CO_2 时，它对 H_2S 具有良好的选择性，故可用于提高硫磺回收装置原料气中的 H_2S 含量以及用于 SCOT 法尾气处理过程中的 H_2S 回收等。

MDEA 溶液浓度（w）可达 50%，酸气负荷可达 0.4mol 酸气/mol 溶液。由于其可选择性吸收 H_2S（因而吸收 CO_2 较少）且易再生，故再生时的能耗也少。此外，MDEA 的腐蚀性也较小。而且，MDEA 还可与很多溶剂复配使用（例如，一些以 MDEA 为主的混合胺液或 MDEA 配方溶液）。

6. 混合胺液及空间位阻胺等专利溶剂

近年来，还有一些新的脱硫溶剂用于天然气脱硫。例如，联碳（Union Carbide）公司胺防护法使用的一些脱硫溶剂，就是由 MEA、DEA 与缓蚀剂复配而成。由于这些溶液浓度较高（例如，MEA $w=30\%$，DEA $w=50\%$），故溶液的循环量和再生时的能耗都可大大减少。Dow 化学公司 Gas/Spec 法和 Union Carbide 公司 Ucarsol 法使用的另一些脱硫溶剂则是以 MDEA 为主，复配有其它醇胺、缓冲剂、缓蚀剂、促进剂及消泡剂，可以控制溶剂与 H_2S、CO_2 的反应程度和速度。这些有专利权的溶剂可用于诸如选择性脱除 H_2S，在深度脱除或不深度脱除 H_2S 的情况下脱除一部分或大部分 CO_2，以及脱除 COS 等。

此外，埃克森（Exxon）公司在 80 年代所研制的 Flexsorb 溶剂是空间位阻胺。通过它的空间位阻效应和碱性来控制胺与 CO_2 的反应。目前已有很多型号的空间位阻胺，分别用于不同情况下的天然气脱硫。

三、醇胺法工艺流程与设备

1. 工艺流程

醇胺法脱硫的典型工艺流程见图 7-2。由图 7-2 可知，采用的主要设备是吸收塔、汽提塔、换热和分离设备等。尽管有些吸收塔采用多股进料，但对不同醇胺溶液来讲其基本流程相同。

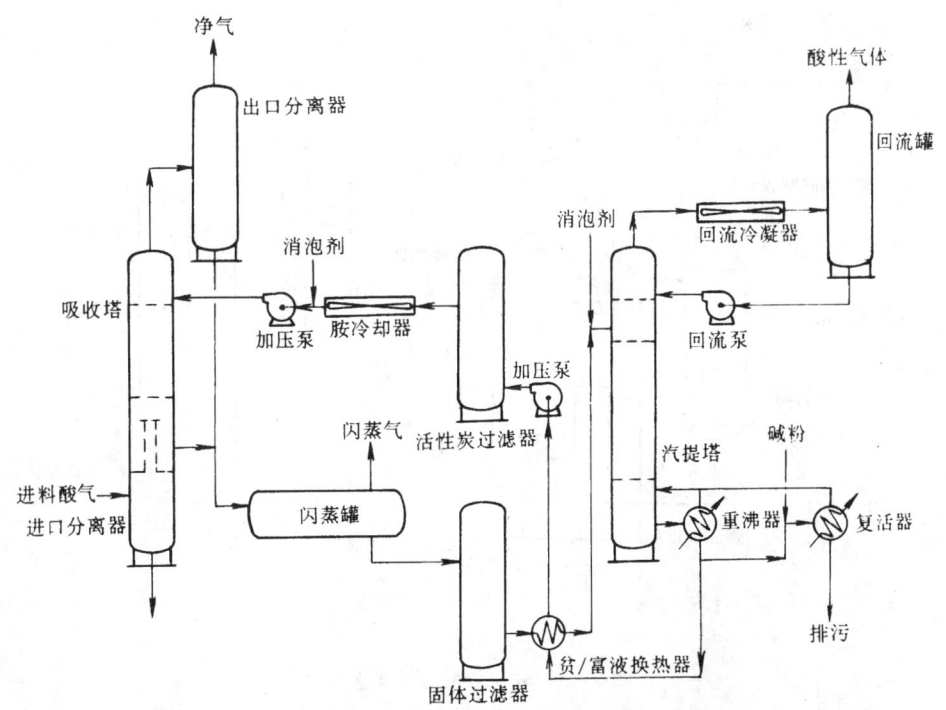

图 7-2 典型的醇胺法脱硫工艺流程

图7-2中，进料气经进口分离器除去游离的液体及夹带的固体杂质后进入吸收塔的底部，与由塔顶部自上而下流动的醇胺溶液逆流接触，脱除其中的酸性组分。离开吸收塔顶部的是净化气，经出口分离器除去气流中可能携带的溶液液滴后出装置。由于从吸收塔得到的净化气是被水汽饱和的，因此在管输或作为商品气之前通常都要脱水。

由吸收塔底部流出的富液先进入闪蒸罐，以脱除被醇胺溶液吸收的烃类。然后，富液再经过滤器后进贫/富液换热器，利用热贫液将其加热后进入在低压下运行的汽提塔上部，使一部分酸气在汽提塔顶部塔板上从富液中闪蒸出来。随着溶液在塔内自上而下流至底部，溶液中其余的 H_2S、CO_2 就会被在重沸器中加热汽化的气体（主要是水蒸气）进一步汽提出来。因此，离开汽提塔底部的是贫液，只含有少量未汽提出来的残余酸性气体。此贫液经过贫/富液换热器及溶液冷却器冷却，温度降至比进料气进吸收塔的温度高5~6℃（使其温度保持在进料气露点温度以上），然后进入吸收塔内循环使用。

从富液中汽提出来的酸气和水蒸气离开汽提塔顶，经冷凝器进行冷凝和冷却。冷凝水作为回流返回汽提塔顶。由回流罐分出的酸气根据其组成和流量，或送往硫磺回收装置，或压缩后回注地层以提高原油采收率，或送往火炬，等等。

图7-3是采用BASF公司的活化MDEA（aMDEA）分流法脱碳工艺流程。该流程采用两股醇胺溶液在不同位置进入吸收塔，即半贫液进入塔的中部，而贫液则进入塔的顶部。从低压闪蒸罐底部流出的是未完全汽提好的半贫液，将其送到酸性组分浓度较高的吸收塔中部。从吸收塔顶部进入的贫液则与酸性组分浓度很低的气流接触，使净化气中的酸性组分含量降低到所要求的指标。离开吸收塔底部的富液先适当降压闪蒸，继而又在更低压力下闪蒸，同时还用汽提塔塔顶来的气体进行汽提，离开低压闪蒸罐顶部的气体即为所脱除的酸性气体。此流程的优点是装置处理量可以提高，汽提的能耗较少，主要用于天然气及合成气脱碳。

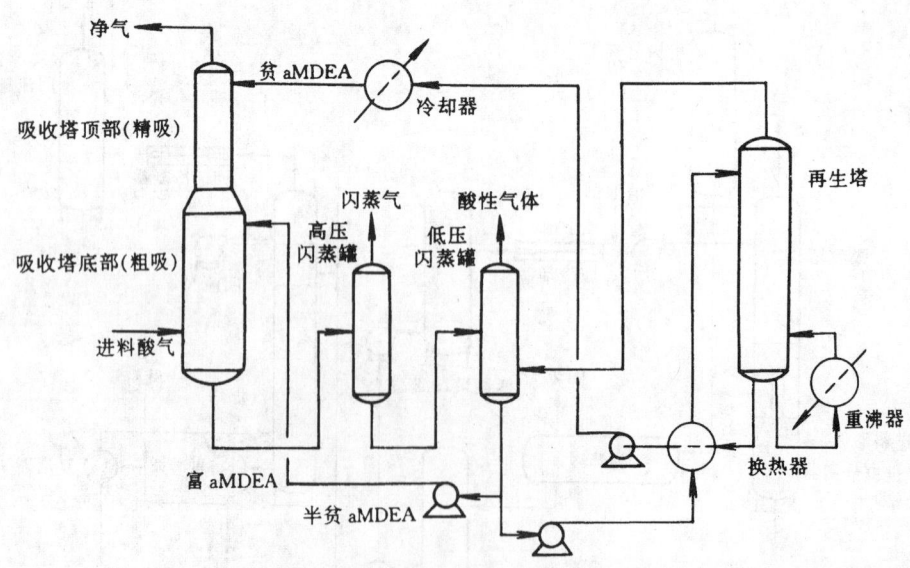

图7-3 分流的醇胺法工艺流程

2. 主要设备

(1) 吸收系统 高压吸收系统由进口分离器、吸收塔（接触器）和出口分离器等组成。

吸收塔可为填料塔或板式塔，板式塔常用浮阀塔板。吸收塔的最大空塔气速可由 Souders-Brown 公式确定，见式（7-1）。降液管流速一般取 0.08～0.1m/s。

浮阀塔的实际塔板数一般为 20 块，在顶部塔板上还设有捕雾器。塔板间距一般为 0.45～0.6m，顶部塔板与捕雾器的距离为 0.9～1.2m。

$$v_g = 0.0762[(\rho_1 - \rho_g)/\rho_g]^{0.5} \qquad (7-1)$$

式中 v_g——最大空塔气速，m/s；

ρ_1——醇胺溶液在操作条件下密度，kg/m³；

ρ_g——气体在操作条件下密度，kg/m³。

为防止液泛和允许溶液起泡，由式（7-1）求出的气速应分别降低 25%～35% 和 15%。然后，再由降低后的气速计算塔径。

有些低压 MEA 吸收塔在贫液进料口上常设有 2～5 块水洗塔板，用来除去气流携带的醇胺液滴，也可用来加入补充水。

此外，应该核算一下在吸收塔入口和出口条件的烃露点。这是由于脱除酸性组分后，气体的烃露点上升，而且烃类凝析将会使溶液严重起泡。还应核算一下，在吸收塔内由于温度上升、压力下降，有无烃类的反凝析。

(2) 汽提（或再生）系统 汽提系统由富液闪蒸罐、贫/富液换热器、汽提塔、重沸器、塔顶冷凝器、溶液冷却器及泵等组成。此外，对于伯醇胺等还需要有复活器。

1) 汽提塔。与吸收塔相似，可为填料塔或板式塔，塔径也用类似方法计算。通常在富液进料口下面约 20 块塔板，用以从溶液中将 H_2S、CO_2 汽提出来。在进料口上面也有几块塔板，用于降低溶剂的蒸发损失。

汽提蒸汽量取决于所要求的贫液质量、醇胺类型和塔高。蒸汽耗量大致为 0.12～0.18t/t 溶液。小型汽提塔的重沸器可采用直接燃烧加热炉（火管炉）。火管表面热流率为 20.5～26.8W/m²，以保持管壁温度低于 150℃。大型汽提塔的重沸器可采用水蒸气或热油作热源。

重沸器的热负荷包括：将酸性醇胺溶液加热至沸点的热量；将醇胺与酸性气体生成的化合物分解的热量；将回流液（冷凝水）汽化的热量；加热补充水的热量；重沸器及汽提塔的热损失。通常，还要考虑 15%～20% 的安全裕量。

汽提系统冷换设备的热负荷和换热面积可近似按醇胺溶液的循环量 V_L（m³ 溶液/h）来估计，见表 7-4 所示。

表 7-4 汽提系统冷换设备热负荷和换热面积估计值

换热设备	热负荷，MJ/h	换热面积，m²
重沸器	335V_L [1]	4.62V_L
贫/富液换热器	209V_L	4.60V_L
空气冷却器	70V_L	4.17V_L
回流冷凝器	140V_L	2.13V_L

[1] V_L 系醇胺溶液循环量，其值以 m³ 溶液/h 来计。

汽提塔塔顶排出气体中水蒸气摩尔数与酸气摩尔数之比称为该塔的回流比。水蒸气经塔顶冷凝器冷凝冷却为水后送回塔顶作回流。含饱和水蒸气的酸气去硫磺回收装置,或灼烧后放空。对于伯醇胺和低 CO_2/H_2S 比的酸性气体,回流比为 3;对于叔醇胺和高 CO_2/H_2S 比的酸性气体,回流比为 1.2。

为保证下游克劳斯硫磺回收装置硫磺产品质量,汽提塔塔顶排出的酸性气体中烃类含量不应超过 2%。

2) 贫/富液换热器。贫/富液换热器一般采用管壳式和板框式换热器。富液走管程。为减轻设备腐蚀和减少富液中酸性组分的解吸,富液出换热器的温度不应过高。此外,富液进换热器的流速也应限制在 0.6~1.2m/s。

贫液冷却器的作用是将换热后的贫液温度进一步降低,一般采用管壳式换热器或空气冷却器。采用管壳式换热器时贫液走壳程,冷却水走管程。

3) 富液闪蒸罐。富液中溶解有烃类时容易起泡,酸气中含有过多的烃类还会影响克劳斯硫磺回收装置的硫磺质量。为使富液进汽提塔前尽可能地解吸出溶解的烃类,可设置一个或几个闪蒸罐。通常采用卧式罐,闪蒸(即解吸)出的烃类作为燃料气用。当闪蒸气中含有 H_2S 时,可用贫液来吸收。

闪蒸压力愈低,闪蒸温度愈高,闪蒸效果愈好。目前吸收塔运行压力为 4~6MPa,闪蒸罐的压力为 0.5MPa。对于两相分离(原料气为贫气,吸收压力低,富液中只有甲烷、乙烷),溶液在罐内停留时间为 10~15min;对于三相分离(原料气为富气,吸收压力高,富液中还溶有较重烃类),溶液在罐内停留时间为 20~30min。

4) 复活器。复活器是使降解的醇胺尽可能复活,使热稳定的盐类释放出游离醇胺,并除去不能复活的降解产物。MEA 等伯醇胺由于沸点低,可采用半连续蒸馏的方法,将汽提塔重沸器出口的一部分贫液送至复活器内加热复活。通常是向复活器中加入 2/3 的贫液和 1/3 的强碱($w=10\%$ 的氢氧化钠或碳酸钠溶液),加热后使醇胺和水由复活器中蒸出。为防止热降解发生,复活器温度升至 149℃ 时加热停止。降温后,再将复活器中剩余的残渣(固体颗粒、溶解的盐和降解产物等)除去。

3. 工业装置实例

我国第一批采用 MDEA 的天然气脱硫装置是川东净化总厂垫江分厂的 3 套脱硫装置,每套处理能力为 $125\times10^4 m^3/d$。这些装置原用砜胺法处理高含硫天然气,后因改为处理低含硫天然气,原料气中 CO_2/H_2S 比不断升高,导致下游克劳斯装置操作困难,故于 1986 年改用 MDEA 法选择性脱硫。原料气中 H_2S 含量约为 0.2%,CO_2 含量约为 1.9%。在装置处理量为 $135\times10^4 m^3/d$、吸收塔压力为 3.6~4.1MPa、气液比为 3500~4000 及原料气中 CO_2/H_2S 比在 7~10 间波动时,净化气中 H_2S 含量稳定在 $20mg/m^3$ 以下(大部分在 $10mg/m^3$ 以下),酸气中 H_2S 浓度在 20%~25%,可以满足下游克劳斯装置的要求,而且能耗、溶剂消耗均有明显下降。

1989 年投产的川东净化总厂渠县分厂 2 套脱硫装置是我国第二批采用 MDEA 法的天然气脱硫装置,总处理能力为 $400\times10^4 m^3/d$。原料气中 H_2S 含量为 $4g/m^3$,CO_2 含量为 $30g/m^3$,MDEA 溶液浓度为 43%。在单套处理能力为 $220\times10^4 m^3/d$ 时,溶液循环量仅为 $16m^3/h$,净化气中 H_2S 含量小于 $20mg/m^3$,CO_2 共吸收率为 25.9%,酸气中 H_2S 浓度可达 30% 以上。

四、H_2S、CO_2 在醇胺溶液中的溶解度

在确定醇胺法脱硫溶液循环量时,如果不是凭借经验粗略估计,就必须有 H_2S、CO_2 等在醇胺溶液的热力学平衡溶解度数据。Kent 和 Eisenberg 等在 1974 年首先提出用拟平衡常数法关联实验数据来确定 H_2S、CO_2 在 MEA 和 DEA 水溶液中的平衡溶解度。之后,Mather 等人系统地用实验方法测定了 H_2S、CO_2 在 MEA、DEA、DIPA、MDEA、TEA 及 DGA 等水溶液中的溶解度,并且也用拟平衡常数来修匀实验数据。近年来,人们又进一步发展采用数学模型法来关联已发表的实验数据,使之由特殊到一般,扩大了其适用范围。

值得指出的是,国内近十年来也在致力于 H_2S、CO_2 在醇胺水溶液中溶解度的研究,尤其是比较集中地研究了 H_2S、CO_2 在 MDEA 水溶液的溶解度,并进一步开展了 H_2S、CO_2 在化学与物理混合溶剂中平衡溶解度的研究。

酸性天然气中一般会同时含有 H_2S 和 CO_2,而 H_2S 和 CO_2 与醇胺之间的反应会相互影响,即其中的一种酸性组分即使微量存在,也会使另一种酸性组分的平衡分压产生很大差别。只有一种酸性组分(H_2S 或 CO_2)存在时醇胺溶液的平衡溶解度远大于 H_2S 和 CO_2 同时存在时的数值。

目前,H_2S 和 CO_2 同时存在时在 MEA、DEA、DGA 及 MDEA 等醇胺溶液中的平衡溶解度可通过模型计算,也可从有关文献中查得。其中,H_2S 和 CO_2 同时存在时在 40℃ 和 60℃ 于 MEA 溶液中的平衡溶解度见图 7-4 至图 7-7。

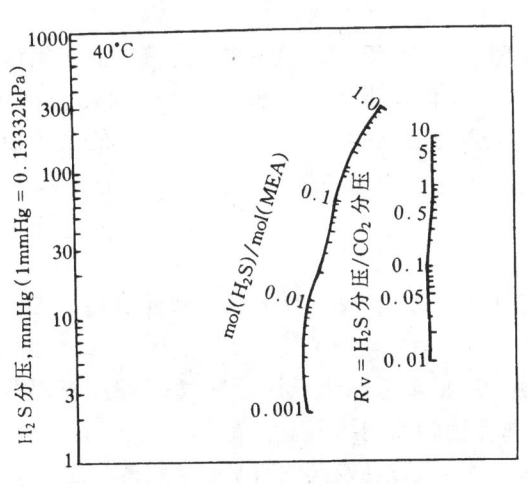

图 7-4 在 40℃ 下有 CO_2 存在时 H_2S 在 $w=15.3\%$ MEA 溶液中的平衡数据

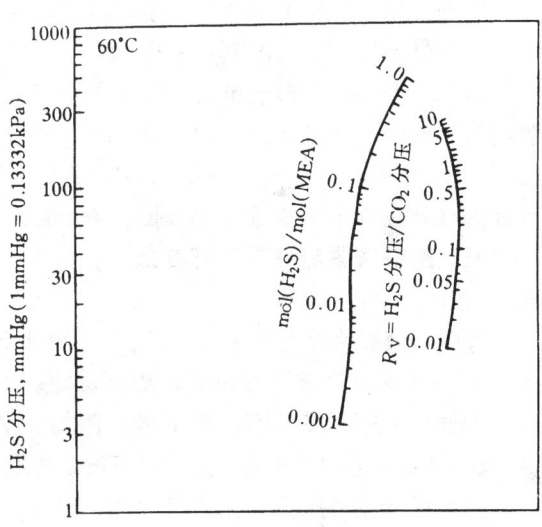

图 7-5 在 60℃ 下有 CO_2 存在时 H_2S 在 $w=15.3\%$ MEA 溶液中的平衡数据

[**例 7-1**] 某压力为 6.3MPa(绝)的天然气,流量为 $1.42\times 10^6 m^3$(N)/d,其 H_2S 和 CO_2 含量(χ)分别为 0.5% 和 2.0%,需用 15.3%(w)的 MEA 溶液将 H_2S 脱除到 $5.72mg/m^3$ 以符合管输气标准。假定吸收塔进气温度为 32℃,贫液入塔温度为 43℃,试求 H_2S、CO_2 在塔底富液中的平衡溶解度。

[**解**] 因吸收过程中有反应热放出,此处取溶液在塔内的温升为 17℃,故离开吸收塔底的富液温度为 60℃。假定为理想气体,故原料气中 H_2S 分压 $=0.005\times 6.3\times 10\times 750=237$(mmHg)(31.6kPa)

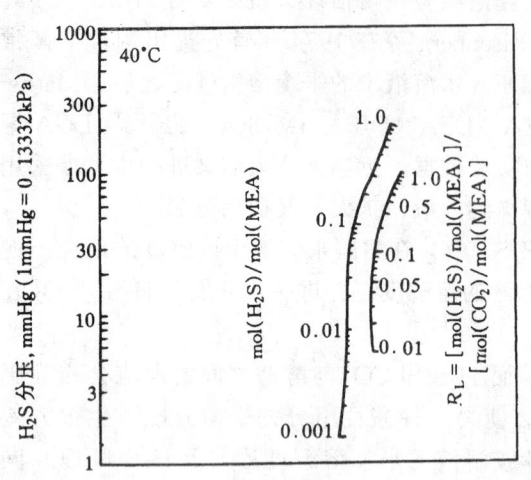 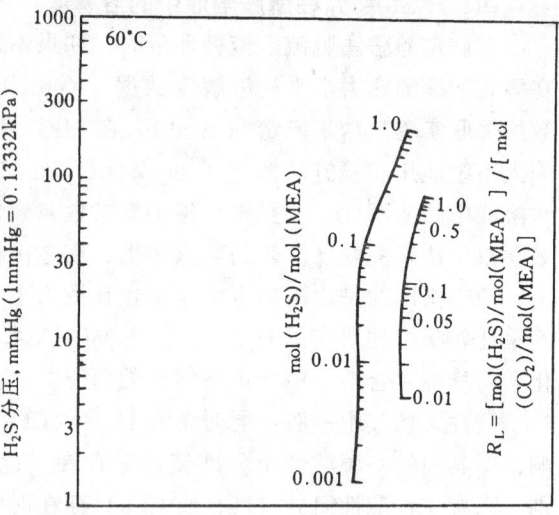

图 7-6 在 40℃ 下有 H_2S 存在时 CO_2 在 $w=15.3\%$ MEA 溶液中的平衡数据

图 7-7 在 60℃ 下有 H_2S 存在时 CO_2 在 $w=15.3\%$ MEA 溶液中的平衡数据

同理，原料气中 CO_2 分压 $=0.02\times6.3\times10\times750=945$（mmHg）（126.0kPa）

酸气分压比 $R_v=237/945=0.25$

当 H_2S 分压为 237mmHg、$R_v=0.25$ 时，由图 7-5 查得 H_2S 在 MEA 溶液中的平衡溶解度为 0.096。当 H_2S 分压为 237mmHg 及 H_2S 的平衡溶解度为 0.096mol H_2S/molMEA 时，由图 7-7 查得 $R_L=$（molH_2S/molMEA）/（molCO_2/molMEA）$=0.17$，故 CO_2 的平衡溶解度为 $0.096/0.17=0.565$（molCO_2/molMEA）。

五、醇胺法脱硫装置工艺参数

1. 醇胺溶液循环量

醇胺溶液循环量是醇胺法脱硫中一个十分重要的工艺参数。对于常规和同时脱除 H_2S 和 CO_2 的情形，通常可按以下步骤来确定：

①选择合适的醇胺溶液和浓度。例如，MEA 和 DGA 适用于低压原料气；DEA 应用性更广泛；DGA 适用于寒冷地区及 MDEA 适用于选择性脱除 H_2S 等。

②根据吸收塔压力和原料气组成，计算 H_2S、CO_2、RSH 及其它有机硫化物的分压。

③估计吸收塔塔底富液出口温度。由于吸收过程是放热的，该温度一般比原料气入口温度高 10~20℃。

④计算或从图表中查取原料气中 H_2S、CO_2 等在富液中溶解达到平衡（即被富液吸收达到平衡）时的负荷。这就需要有 H_2S、CO_2 等酸性组分在不同条件下于各种醇胺溶液中的平衡溶解度数据。这些数据还应考虑到 H_2S 和 CO_2 同时存在时的相互影响。

⑤从动力学角度考虑，H_2S、CO_2 等在富液中的实际溶解度（酸气负荷）不可能达到平衡值，故需根据经验确定实际的溶解度。对于富液，其酸气负荷大致是平衡溶解度的 70%~80%；对于贫液（汽提过的），其残余酸气负荷（mol 酸气/mol 溶液）因醇胺类型不同而异。伯醇胺贫液的残余酸气负荷为 0.05~0.10，仲醇胺贫液的残余酸气负荷是 0.03~0.05，而对专用的 MDEA 配方贫液，其残余酸气负荷可低至 0.005。

⑥根据富液酸气负荷及贫液残余酸气负荷,确定溶液的净酸气负荷。

⑦根据溶液的净酸气负荷及原料气中酸性组分流量,计算醇胺溶液循环量。

⑧根据溶液的净酸气负荷,计算 H_2S、CO_2 等被富液吸收时的反应和溶解热。

⑨估计贫液进吸收塔的温度(38~54℃)及净化气出吸收塔的温度(比原料气进吸收塔温度高 8~17℃ 和/或比贫液高 0~8℃)。

⑩对吸收塔进行热平衡计算,检查所有假定是否合适。如不合适,应根据相互关系重新假定。

MEA、DEA、DGA 及 MDEA 溶液的循环量,也可按照下述公式快速估算:

$$(溶液循环量,m^3 溶液/h) = K \times (原料气体积流量,10^6 m^3/d) \times (原料气中被脱除的酸性气体含量 \chi,\%) \quad (7-2)$$

式中 K——醇胺溶液循环量计算系数,$(m^3 溶液/h)/(10^6 m^3 原料气/d)$(原料气中被脱除的酸性气体含量 χ,%),其值见表 7-5。

表 7-5 醇胺溶液循环量计算系数 $K^{①}$

溶 剂	MEA	DEA		DGA	MDEA	混合溶液
		一般负荷	高负荷			
溶液浓度 w,%	20	30	35	60	50	75
酸气负荷 mol 酸气/mol 溶液	0.35	0.50	0.70	0.30	0.40	0.40
K	16.44	11.63	7.62	10.26	10.02	不定

①表中 K 值适用于压力高于 2.70MPa 及温度低于 49℃ 的吸收塔。

[**例 7-2**] 接[例 7-1],并假定塔底富液中的酸气负荷为平衡值的 70%,求溶液循环量。

[**解**] (1) 塔底富液中酸气负荷的确定 因吸收过程中有反应热放出,取溶液的温升为 17℃,故离开吸收塔底富液温度为 60℃。

H_2S、CO_2 在 MEA 溶液中的溶解度可按有关方法(如查图、表和计算等)来确定。由上例可知,60℃ 下 CO_2 和 H_2S 的平衡溶解度分别为 $0.565 mol CO_2/mol MEA$ 和 $0.096 mol H_2S/mol MEA$,故在吸收塔底富液中的酸气负荷为

$$\alpha_{CO_2} = 0.565 \times 0.70 = 0.3955 \ (mol CO_2/mol MEA)$$

$$\alpha_{H_2S} = 0.096 \times 0.70 = 0.0672 \ (mol H_2S/mol MEA)$$

按实际生产经验(或查有关图表)知,汽提后贫液中残余的酸气负荷为

$$\alpha_{CO_2}^0 = 0.1275 \ (mol CO_2/mol MEA)$$

$$\alpha_{H_2S}^0 = 0.0025 \ (mol H_2S/mol MEA)$$

因此,溶液的净酸气负荷为

$$\Delta \alpha_{CO_2} = 0.3955 - 0.1275 = 0.2680 \ (mol CO_2/mol MEA)$$

$$\Delta \alpha_{H_2S} = 0.0672 - 0.0025 = 0.0647 \ (mol H_2S/mol MEA)$$

(2) 溶液循环量的确定 如不考虑净气中微量的 H_2S、CO_2,则原料气中所有的 H_2S、

CO_2 均为 15.3%（w）的 MEA 溶液所吸收，即脱除的酸性气体量为

$$q_{mol(CO_2)} = \frac{0.02 \times 1.42 \times 10^6}{24 \times 22.4} = 52.83 \text{ (kmol/h)}$$

$$q_{mol(H_2S)} = \frac{0.005 \times 1.42 \times 10^6}{24 \times 22.4} = 13.21 \text{ (kmol/h)}$$

$$q_{mol(CO_2)} + q_{mol(H_2S)} = 52.83 + 13.21 = 66.03 \text{ (kmol/h)}$$

15.3%（w）的 MEA 溶液相当于 2.5kmolMEA/m³ 溶液。因溶液净酸气负荷合计为 $(0.2680 + 0.0647) = 0.3327$ mol $(CO_2 + H_2S)$/molMEA，故需 MEA 溶液的摩尔流量为

$$q_{mol(MEA)} = 66.03/0.3327 = 198.5 \text{ (kmol/h)}$$

或需 15.3%（w）的 MEA 溶液的体积流量（即溶液循环量）为

$$q_{V(MEA)} = 198.5/2.5 = 79.39 \text{ (m}^3\text{/h)}$$

如按式（7-2）快速估算，则 MEA 溶液循环量为

$$q_{V(MEA)} = 16.44 \times 1.42 \times (0.5 + 2.0) = 58.36 \text{ (m}^3\text{/h)}$$

由于快速估算值是按酸气负荷为 0.35mol $(CO_2 + H_2S)$/molMEA、MEA 溶液浓度为 20%（w）求得的，如按上述计算方法将其折算为酸气负荷为 0.3327 mol $(CO_2 + H_2S)$/molMEA、MEA 溶液浓度为 15.3%（w）时的溶液循环量，则其数值与本例计算值相近。

对于酸性天然气中同时含有 H_2S 和 CO_2 而采用选择性脱除 H_2S 的情形，由于使 CO_2 的吸收量远离平衡，故 H_2S 的吸收量可以提高，此时就无法采用上述方法计算溶液循环量。为此，国内有人提出 H_2S 的第二平衡程度的概念及计算选择性吸收过程溶液循环量的方法。

目前，天然气脱硫的工艺计算多采用有关软件（例如，Bryan 研究与工程公司开发的 TSWEET 软件）由计算机完成。关于醇胺法天然气脱硫装置吸收塔等的工艺计算原则、计算程序及计算结果示例等可参见有关文献。

2. 压力与温度

醇胺法脱硫装置正常运行时的压力与温度大致如表 7-6 所示。

表 7-6 醇胺法脱硫装置工艺参数

工艺参数	富液出吸收塔（液位调节阀出口）	贫/富液换热器				溶液冷却器		塔顶冷凝器		回流泵		升压泵		胺液泵	
		富液侧		贫液侧											
		进口	出口	进口	出口	进口	出口	进口	出口	进口	出口	进口	出口	进口	出口
压力 kPa	275~550	—	—	—	—	20~40	205~275	20~40	345~450	0~275	345[①]				
温度 ℃	38~82	38~82	88~104	115~121	77~88	77~88	38~54	88~107	38~54	—	—	—	—	—	—

① 高于吸收塔压力之差值。

六、醇胺法脱硫装置操作注意事项

醇胺法脱硫装置运行比较平稳，经常遇到的问题有溶剂降解、设备腐蚀和溶液起泡等。因此，应在设计与操作中采取措施防止与减缓这些问题的发生。

1. 溶剂降解

醇胺降解大致有热降解、氧化降解和化学降解三种，是造成脱硫装置溶剂损失的主要原因。

MEA 对热降解是稳定的，但易发生氧化降解。受热情况下，氧可能和气流中的 H_2S 反应生成元素硫，后者进一步和 MEA 反应而生成二硫代氨基甲酸盐等热稳定的降解产物。DEA 对热降解不稳定，而对氧化降解的稳定性和 MEA 类似。

化学降解在溶剂降解中占有主要地位，即醇胺与原料气中的 CO_2 和/或有机硫化物发生副反应，生成难以完全再生的化合物。MEA 与 CO_2 发生副反应生成的碳酸盐可转变为噁唑烷酮，再经一系列反应生成乙二胺衍生物。由于乙二胺衍生物碱性比 MEA 强，其硫化物和碳酸盐均难以再生，从而导致溶剂损失，而且还会加速设备腐蚀。DEA 与 CO_2 发生类似副反应后，溶剂最终只是部分丧失脱硫能力。MDEA 是叔醇胺，不和 CO_2 反应生成噁唑烷酮一类降解产物，也不和 COS、CS_2 等有机硫化物反应，因而基本不存在化学降解问题。

避免空气进入系统（例如溶剂罐充氮保护、溶液泵入口保持正压等）及对溶剂进行复活等，都可减少溶剂的降解损失。

此外，就溶剂丧失脱硫能力而言，醇胺与气体中较强的酸（如 SO_2、有机酸等）反应生成无法再生的热稳定盐，也可视为广义的降解。在 MEA 复活器中回收的溶剂就是游离的及热稳定盐中的 MEA。

2. 设备腐蚀

醇胺法脱硫装置存在有电化学腐蚀、化学腐蚀和应力腐蚀等三种类型。腐蚀类型及程度取决于醇胺种类、溶液中的杂质、溶液的酸气负荷、设备的操作温度及溶液流速等。

酸性组分（H_2S 和 CO_2）是最主要的腐蚀剂，其次是溶剂的降解产物。溶液中悬浮的固体颗粒（主要是腐蚀产物如硫化铁）对设备的磨损，以及溶液在换热设备和管路中流速过快，都会加速硫化铁膜脱落而使腐蚀加快。

脱硫装置的应力腐蚀是由醇胺、CO_2、H_2S 和设备的残余应力共同作用下发生的，在温度大于 90℃ 的部位更易发生。

保持溶液清洁（例如，原料气进吸收塔前先在进口分离器中分出固体颗粒与液滴，对溶液进行过滤等），避免空气进入系统，选择合适的酸气负荷以及使用缓蚀剂等，都可有效地使腐蚀得到控制。

3. 溶液起泡

醇胺降解产物、溶液中悬浮的固体颗粒、原料气中携带的游离液（烃或水）、化学剂和油脂等，都是引起溶液起泡的原因。溶液起泡会使脱硫效果变坏，甚至使处理量剧降直至停工。因此，在开工及运行中都要保持溶液清洁，除去溶液中的硫化铁、烃类和降解产物等，并且定期进行清洗。新装置通常用碱液和去离子水冲洗，老装置则需用酸液清除铁锈。有时，也可适当加入消泡剂，但这只能作为一种应急措施。根本措施是查明起泡原因并及时排除。

4. 补充水分

由于离开吸收塔的净化气及离开回流冷凝器的酸气都含有饱和水蒸气，而且净化气离塔的温度远高于原料气，故需不断向系统中补充水分。小型装置定期补充即可，而大型装置（尤其是酸气量很大）则宜连续加水。补充水可以随回流一起打入汽提塔内，也可打入吸收塔顶的水洗塔板上。

为防止杂质随补充水进入系统,造成腐蚀、起泡与堵塞,故补充水应符合质量要求 (mg/m³):氯 20,TDS 100,总硬度 50,钠/钾 10,铁 10。

5. 溶剂正常损耗

醇胺法脱硫装置中的溶剂损失来自两方面:一是正常的工艺综合损失;二是非正常的泄漏等损失。而且,后者往往大于前者,尤其是吸收塔内溶液起泡时等更是如此。其中,工艺综合损失包括:

①溶剂随净化气离开吸收塔的蒸发损失。MEA 由于挥发性高,其蒸发损失约为 $7.2 kg/10^6 m^3$ 过程气;DEA、DGA、DIPA 和 MDEA 由于挥发性较低,其蒸发损失为 $0.32 \sim 0.48 kg/10^6 m^3$ 过程气。

②溶剂随净化气离开吸收塔的携带损失,其量平均为 $8.0 \sim 48.0 kg/10^6 m^3$ 过程气。保持吸收塔内空塔气速小于液泛速度的 70%,在吸收塔顶设置捕雾器以及 2 块水洗塔板等,都可明显减少溶剂的携带损失。

③由富液闪蒸罐的闪蒸气和三相富液闪蒸罐的液烃带走的溶剂损失,此量一般很小。

④由汽提塔塔顶气带走的溶剂损失,此量十分微小。

⑤复活损失。此损失决定于伯醇胺多长时间复活一次。

对于设计良好而又运行正常的脱硫装置来讲,DEA、DIPA 和 MDEA 溶液的消耗量平均为 $33 kg/10^6 m^3$ 过程气。MEA 由于其挥发性强和需要复活,损失约为 $48 kg/10^6 m^3$ 过程气,而 DGA 则居中。

第三节 砜胺法及其它脱硫方法

目前国内外采用的气体脱硫方法有近百种,除主要采用醇胺法外,还有其它一些方法。例如,间歇法中有海绵铁法、分子筛法,化学吸收法中有碱性盐溶液法和近年来开发的空间位阻胺法,物理吸收法中有 Selexol 等法,联合吸收法主要是砜胺法,直接转化法中有 Lo-Cat 法、改良 A、D、A(Stretford)法等,以及 80 年代后发展起来的膜分离法等。这里仅重点介绍一些常用或有代表性的脱硫方法。

一、砜胺法(Sulfinol 法)

砜胺法或 Sulfinol 法属于联合吸收法。它的脱硫溶液由环丁砜(物理溶剂)和醇胺(DIPA 或 MDEA 等化学溶剂)复配而成,兼有物理吸收法和化学吸收法两者的优点,其操作条件和脱硫效果大致与相应的醇胺法相当,但物理溶剂的存在使溶液的酸气负荷大大提高,尤其是当进料气中酸性气体分压高时此法更为适用,见图 7-8 所示。此外,此法还可脱除有机硫化物。

和其它物理吸收法类似,此法对重烃尤其是芳香烃也具有较高的溶解能力。因此,应有适当措施以保证作为硫磺回收装置进料气的质量。

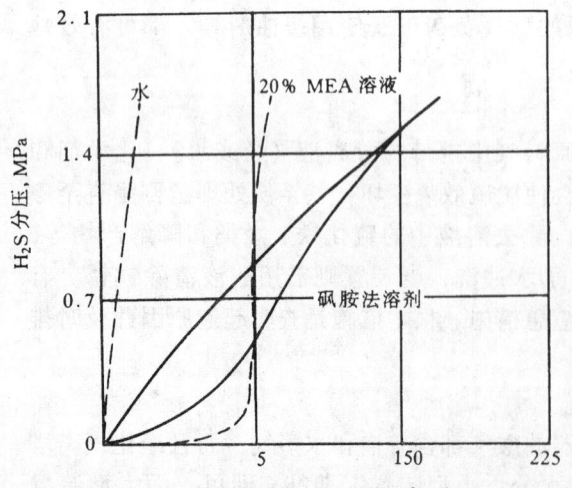

图 7-8 H_2S 在溶剂中的平衡溶解度

Sulfinol—D 法（Sulfinol 法）的脱硫溶液由环丁砜与 DIPA 组成。该法自 60 年代工业化以来，目前已有上百套装置在运行。80 年代初期开发的 Sulfinol—M 法（新 Sulfinol 法）的脱硫溶液由环丁砜与 MDEA 组成。由于溶液中有 MDEA，故对 H_2S 具有良好的选择性。与 MDEA 溶液相比，此溶液更能适应 CO_2 含量很高的原料气的净化。该法曾在美国原用 Sulfinol—D 法的两套装置上进行了工业试验，其主要结果见表 7-7。

表 7-7 Sulfinol—D 法和 Sulfinol—M 法比较

数据来源	操作压力，MPa	原料气组成，φ，%		Sulfinol—M 法的 CO_2 脱除率，%[①]	溶液循环量下降率，%	蒸汽耗量下降率，%
		CO_2	H_2S			
工厂 A	6.3	8	2000～3000 mL/m^3	60	30	28
工厂 B	7.5	10	8	20	60	60

①Sulfinol—D 法的 CO_2 脱除率几乎为 100%。

由表 7-7 可知，由于 CO_2 脱除率大幅度降低，溶液循环量和重沸器蒸汽耗量也明显降低。同时，由于 MDEA 不和 CO_2 反应生成噁唑烷酮等降解产物，故溶剂耗量也有所减少。据报道，对进料气中含 H_2S 很少而基本上是脱除 CO_2 的过程，Sulfinol—M 法溶液的再生可借助简单的加热闪蒸来完成，故可进一步降低能耗。

除了 Sulfinol 法采用化学—物理混合溶剂外，近年来还开发了 Selefining 法（由叔醇胺、有机溶剂和少量水组成脱硫溶液）、Optisol 法（由醇胺、有机溶剂和水组成脱硫溶液）、Amisol 法（由醇胺和甲醇组成脱硫溶液）、UcarsolLE 法等联合吸收法，并且已在工业上得到应用。

二、空间位阻胺法

1. 空间位阻胺法

1984 年美国埃克森（Exxon）研究与工程公司根据在醇胺中引入某些基团可增加胺基的空间位阻效应，从而改善醇胺溶剂选择性吸收性能的特点，研制成功了 Flexsorb SE 空间位阻胺法脱硫溶剂。到 90 年代初，国外已有近 30 多套装置在运行或正在设计与施工中。此外，尚有用于其它情况的 PS 和 HP 法，以及新近问世的 SE Plus 法。

空间位阻胺是指化合物胺基（H_2N—）上的一个或两个氢原子被体积较大的烷基或其它基团取代后形成的胺类。为了判明各种基团的空间位阻效应，曾对一系列双分子的核取代反应进行了研究，结果表明各种烷基的空间位阻效应是有规律的，并由此提出了 Taft 空间位阻常数表（见表 7-8）。而且，当用于脱硫的醇胺胺基上的氢原子被空间位阻常数大于 1.74 的基团取代后，对 H_2S 的选择性吸收（简称选吸）性能可比 MDEA 提高很多。

目前已证实有空间位阻效应的化合物有空间位阻的仲醇胺、二胺基醚及某些碱性天然有机化合物。其中，空间位阻的仲醇胺是指具有以下结构的一类化合物：

$$R_1—NH—(\underset{R_3}{\overset{R_2}{C}})_m—[O—(C)_n—]_p—OH$$

表 7-8 建议的烷基空间位阻常数

基团	结构式	空间位阻常数（$-E_s$）
甲基	CH_3-	0
乙基	CH_3-CH_2-	0.07
正丙基	$CH_3-CH_2-CH_2-$	0.36
正丁基	$CH_3-CH_2-CH_2-CH_2-$	0.39
异丁基	$(CH_3)_2CH-CH_2-$	0.39
异丙基	$(CH_3)_2CH-$	0.47
另丁基	$CH_3-CH_2-CH(CH_3)-$	1.13
叔丁基	$(CH_3)_3C-$	1.74
另戊基	$CH_3-CH_2-CH-CH_2-CH_3$	1.98

对于 R_1 基团，Exxon 公司引入的是叔丁基。同时，为了提高化合物的沸点，减少溶剂损失，又在分子中引入一定数量的乙氧基。

作为脱硫溶剂的另一个重要性能是对 H_2S 的反应活性，通常以 pK_a 值来衡量。pK_a 值高则溶剂碱性强，与 H_2S 的反应活性也好。MDEA 的 pK_a 值约为 8.5（20℃），其它几种空间位阻胺的性能见表 7-9 所示。

表 7-9 空间位阻胺的性能

化合物	pK_a, 20℃	沸点,℃（mmHg）	$-E_s$
叔丁胺基乙醇（TBE）	10.2	90（25）	2.10
叔丁胺基乙氧基乙醇（TBEE）	10.3	117（10）	2.10
叔丁胺基正丙醇（TBP）	11.05	106（20）	2.13
叔丁胺基异丁醇（TBB）	10.8	90（10）	2.70
叔丁胺基异丙醇（2—TBP）	10.63	85（20）	2.67
3—氮杂—2,2—二甲基已二醇（ADMHD）	10.05	125（0.8）	2.13

表 7-9 中所列空间位阻胺均有良好的水溶性，pK_a 值都超过 10，因而和 CO_2 反应有空间位阻效应，和 H_2S 反应却有良好的活性。其中，以 TBEE 的选择性最好，其它醇胺的选择性依次排序是：

TBEE＞TBB＞TBE＞ADMHD＞TBP＞2—TBP＞MDEA

1983 年在美国某炼厂的 SCOT 尾气处理装置上进行了空间位阻胺法脱硫工业试验。装置原用 MDEA 溶液，工业试验中改用 Flexsob SE 溶液，结果表明空间位阻胺的选吸性能比 MDEA 更好，在同样条件下，用空间位阻胺时溶液循环量可下降 40%。

由于空间位阻胺作为脱硫溶剂具有选择性好、不起泡、性质稳定、对装置腐蚀轻微等一系列优点，故近年来有一定进展。在国内，四川石油管理局天然气研究院等单位目前也已开发了空间位阻胺新产品，并通过室内脱硫试验，证实了其选吸性能优于 MDEA，但因产品成本高，尚未在工业上应用。

2．几种选择性脱硫方法比较

表 7-10 为选择性脱硫方法的技术经济比较。

表 7-10　选择性脱硫方法的技术经济比较

工艺方法		投资及操作费用，百万美元							技术经济比较排序							
		主体设备	溶剂一次装量	总投资	四年蒸汽费用	四年电费用	四年补充溶剂费用	四年操作费用	总投资及四年操作费用	投资费用	操作费用	溶剂费用	专利费用	操作经验	性能及适应性	总分	排序
MDEA 配方溶液	A	100	15	115.0	237.3	32.8	30.0	300.1	415.1	2	2	1	1	1	1	8	1
	B	101.5	15	116.5	242.3	30.1	30.0	302.4	418.9	2	2	1	1	3	1	10	2
空间位阻胺	C	93.4	51.8	145.2	236.4	30.5	103.6	370.6	515.8	1	2	4	2	3	1	13	3
化学—物理溶剂	选择性 D	113	19.4	132.4	204.2	37.7	38.8	280.7	413.1	3	1	2	2	2	2	12	3
	非选择性 E	135.5	28.0	163.5	281.6	53.0	56.1	390.7	554.2	4	3	3	2	2	3	17	4

MDEA 法、Sulfinol—M 法及空间位阻胺法等均属于选择性脱硫方法。从表 7-10 中可看出：

①非选择性化学—物理溶剂脱硫法 E（可能是 Sulfinol—D），无论是投资费用或加上操作费用的总费用均为最高，因此，在不必完全脱除 CO_2 的情况下不宜采用。

②空间位阻胺法 C（可能是 Flexsorb SE 或 SE Plus）虽然设备费用最低，但因溶剂费用为 MDEA 配方溶液的 2.5～3 倍，总投资及总费用均较高。

③两种 MDEA 配方溶液 A 和 B（可能分别是 Ucarsol HS 和 Gas/Spec SS）的投资和操作费用几乎完全相同，仅因前者操作经验更为丰富而排在首位。

④选择性化学—物理溶剂 D（可能是 Sulfinol—M）与两种 MDEA 配方溶液相比，投资要高一些，但由于蒸汽耗量低 15% 左右，故其总费用较 A、B 还略低一些。考虑到表中仅计四年的操作费用，如时间更长则 D 更具优势，效益将更加显著。据此，D 的排序似应与 B 并列第 2 位而不是与 C 并列第 3 位。

因此，总的来说选择 A、B 及 D 三种选择性脱硫方法均是较好的。实际上究竟选用何种方法，还决定于其它一些原因，例如，如还需脱除有机硫化物，则 Sulfinol—M 法更具优势。

三、Selexol 法

物理吸收法采用有机溶剂在高压和常温或低温下吸收 CO_2 和 H_2S，而再生则可有不同方式，通常是将富溶剂在常压有时是在真空下进行闪蒸达到再生目的，再生时一般不消耗热量。

物理吸收法的工艺流程有单级吸收、分流吸收及两级吸收等。物理吸收法采用的溶剂应该是熔点低、粘度小、化学稳定性好、无毒、无腐蚀性、容易得到，以及对气体中的酸性组分有选择性等。此法脱除的酸性组分量与酸性组分分压成正比。

Selexol 法属于物理吸收法，其溶剂为聚乙二醇二甲醚的混合物，除用于脱除天然气中的大量 CO_2 外，还可用来同时脱除 H_2S。该溶剂无毒、沸点高，可采用碳钢设备。

图 7-9 为最基本的 Selexol 法工艺流程，适用于脱除大部分的 CO_2。富溶剂大约在 67kPa（绝）的真空下闪蒸再生。

在图 7-9 中，原料气先与吸收塔底来的富溶剂混合，经冷却后进行气液分离，分出的气体再进入吸收塔底部。分离出的液体经过 4 级闪蒸：第 1 级为高压闪蒸，以回收被其吸收的甲烷；第 2 级为中压闪蒸，用以在较高的压力下释放出 CO_2；第 3 级及第 4 级分别为常压及真空闪蒸。在这些闪蒸中有两级并不是必需的，但却可明显提高该法的经济性。在较高的压力（中压）下闪蒸得到的 CO_2，可通过膨胀机来回收能量或用来制冷，或再压缩回注地层。采用常压可降低真空闪蒸的负荷。

当吸收压力为 6.80MPa、真空闪蒸压力为 34 kPa（绝）时，净化气中的 CO_2 含量为 1%，可以满足大多数天然气的净化要求。如闪蒸压力较高，则净化气中 CO_2 含量也较高，例如为 2%~3% 或 5%。在常压下闪蒸时净化气中的 CO_2 含量大约为 3.5%。

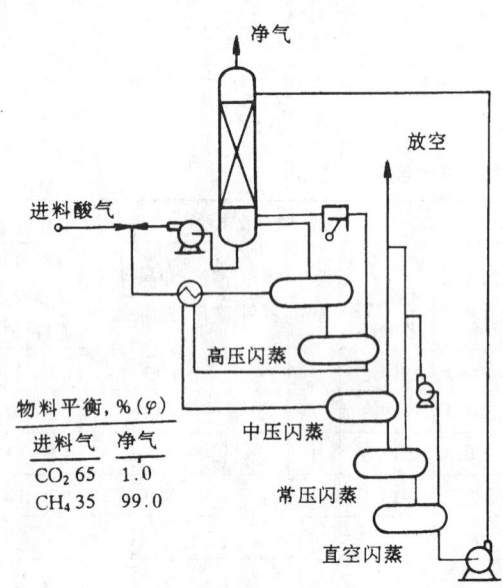

图 7-9 Selexol 法基本工艺流程

需要注意的是，Selexol 法溶剂也可溶解重烃。对于含重烃较多的富气，应采取措施来防止。

还有一种采用分流循环的 Selexol 法（图 7-10），可有效地脱除原料气中的 H_2S。由于溶剂对 H_2S 的溶解度明显大于 CO_2，故当原料气中的 CO_2 大部分被脱除时，净化气中的 H_2S 含量可达 $6mg/m^3$。

在分流循环的 Selexol 法中，大部分溶剂进入吸收塔的下部，并通过闪蒸比较经济地进行再生。一般来说，离开塔下部的气体中 CO_2 含量小于 1%。少量的 Selexol 溶剂用闪蒸气进一步汽提再生后进入吸收塔上部，用来脱除原料气中的 H_2S。这样，就可使再生时不用热量，故尤其适合于海上平台采用。

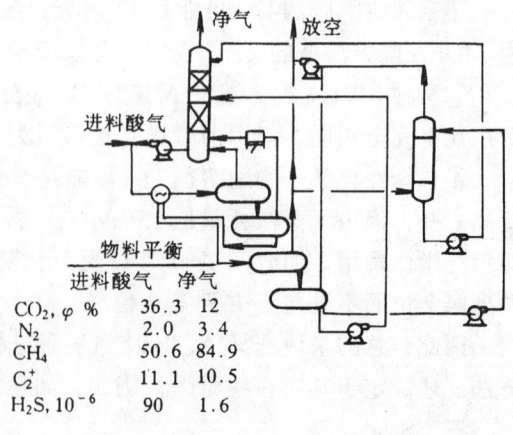

图 7-10 分流循环的 Selexol 法工艺流程

另一种脱除 H_2S 的方法是，先在吸收塔内用被 CO_2 饱和的 Selexol 溶剂来处理酸性原料气，并通过冷却除去吸收过程中放出的热量。Selexol 富剂经闪蒸后除去大部分 CO_2，闪蒸气则返回到吸收塔顶出口的气体中，再送至第二套 Selexol 法装置中回收 CO_2。

由吸收塔来的 Selexol 富剂经闪蒸后，采用水蒸气汽提来脱除 H_2S。脱除的 H_2S 作为硫磺回收装置的原料气。汽提后的 Selexol 溶剂进行冷却，再用 CO_2 饱和后返回吸收塔。据报道，此法可用来处理含有 65% CO_2 和 5% H_2S 的原料气。采用此法约可回收 90% 的 CO_2，并可用于强化采油，销售气也符合管输要求。

四、改良 A.D.A 法（Stretford 法或蒽醌/钒酸盐法）

直接转化法（或氧化还原法）是指将 H_2S 在液相中直接氧化为元素硫的气体脱硫方法。这类脱硫方法已有 60 多年的发展历史，至今仍在工业上使用的方法约有 20 余种。

与醇胺法相比，直接转化法的优点为：
①净化度高，净气中 H_2S 含量可低于 5 mg/m^3。
②在脱硫的同时直接生产元素硫，基本上无气相污染。
③多数方法可以选择性脱除 H_2S 而基本上不脱除 CO_2。
④操作温度为常温，操作压力为高压或常压。

这类方法已在焦炉气、水煤气、合成气、克劳斯装置尾气等气体脱硫中广为应用，近年来也在天然气脱硫中得到推广。60 年代中期由蒽醌法改进而成的改良 A.D.A（蒽醌二磺酸盐）法是直接转化法中最具有代表性、应用最普遍的方法，到 80 年代中期，国外在运行、施工或设计中的改良 A.D.A 法装置已超过 150 套。在国内，现有 30 余家中型氮肥厂使用改良 A.D.A 法脱硫，其中常压和压力装置各约占一半，原料气中 H_2S 含量为 1~10g/m^3，净化气中 H_2S 含量为 5~20 mg/m^3。溶液硫容量在 0.2~0.3g/L 之间。采用的脱硫溶液为 Na_2CO_3、$NaVO_3$ 和蒽醌二磺酸盐的稀溶液，推荐的脱硫溶液组成主要有两种，见表 7-11，组成（Ⅰ）适用于原料气 H_2S 含量高和压力下操作，组成（Ⅱ）适用于原料气 H_2S 含量低和常压下操作。

表 7-11 几种直接氧化法脱硫溶液的典型组成

工艺方法	总碱 N	Na_2CO_3 g/L	$NaHCO_3$ g/L	A.D.A g/L	$NaVO_3$ g/L	$KNaC_4H_4O_6$[②] g/L	栲胶 g/L	PDS
栲胶法	0.3~0.4	—	—	—	1~1.5	—	2~2.5	—
改良 A.D.A 法（Ⅰ）	1	7~10	60~80	10	5	2	—	—
改良 A.D.A 法（Ⅱ）	0.4	5	25	5	1	1	—	—
PDS 法[③]	0.2~0.6	—	—	0.01~0.05[①]	—	—	—	0.001~0.005

①A.D.A 作为助催化剂，也可以不加。
②酒石酸钾钠。
③以酞菁钴磺酸盐为脱硫剂。

1. 改良 A.D.A 法反应机理

改良 A.D.A 法的反应机理可用以下几个反应式表示：

$$Na_2CO_3 + H_2S \rightarrow NaHS + NaHCO_3 \qquad (7-3)$$

$$4NaVO_3 + 2NaHS + H_2O \rightarrow Na_2V_4O_9 + 4NaOH + 2S \qquad (7-4)$$

$$Na_2V_4O_9 + 2NaOH + H_2O + 2A.D.A(氧化态) \rightarrow 4NaVO_3 + 2A.D.A(还原态) \qquad (7-5)$$

$$2A.D.A(还原态) + O_2 \rightarrow 2A.D.A(氧化态) + H_2O \qquad (7-6)$$

上述反应不受压力影响，温度可允许到 49℃，溶液无腐蚀性。其中，反应式 (7-3)

中碱液吸收 H_2S 是瞬间不可逆反应，溶液中其它添加剂基本上对吸收过程无影响。由于钒酸盐氧化 HS^- 的速度远大于 A.D.A，而且随钒酸盐浓度的增加而增加，故反应式（7-4）中钒酸盐的 V^{5+} 氧化 HS^- 是快速反应，约在 1～3min 内即有元素硫析出。通常，将这类由醌类氧载体和变价金属离子（或其盐类）组成的体系又称为二元氧化还原体系。

2. 工艺流程

改良 A.D.A 法的工艺流程见图 7-11 所示（包括熔硫部分）。原料气在吸收塔中与脱硫溶液逆流接触而将所含的 H_2S 脱除。吸收塔可以采用任何一种高效气—液接触设备。常用的是木格填料塔或喷射塔。因吸收过程中有元素硫产生，为防止其堵塞填料或设备，对 H_2S 含量高的原料气可先选用喷射塔脱除大部分 H_2S 后，再用填料塔精脱。

氧化器一般采用氧化槽，其尺寸应能保证脱硫溶液在槽内有充分的停留时间，使氧载体复原为氧化态（约 10～20min）。氧化槽底部有空气分布器以提高氧化效果。在操作中除注意硫堵塞外，还应注意副反应的发生。当溶液中吸收的 H_2S 量大于其钒酸盐能氧化的量时，钒就会生成一种黑色的复杂化合物而沉淀出来，要长时间通入空气才能使其恢复为可溶性的钒酸盐。另一个值得注意的副反应是生成硫代硫酸盐，其生成量取决于再生前 HS^- 转化为硫的程度、溶液 pH 值和操作温度。pH 值和操作温度越高，硫代硫酸盐生成量越大。装置正常运行时，脱硫溶液中的 $Na_2S_2O_3$ 积累量可允许达到 20%（ω）左右。达到此浓度后，可将少量溶液从系统中抽出进行处理。

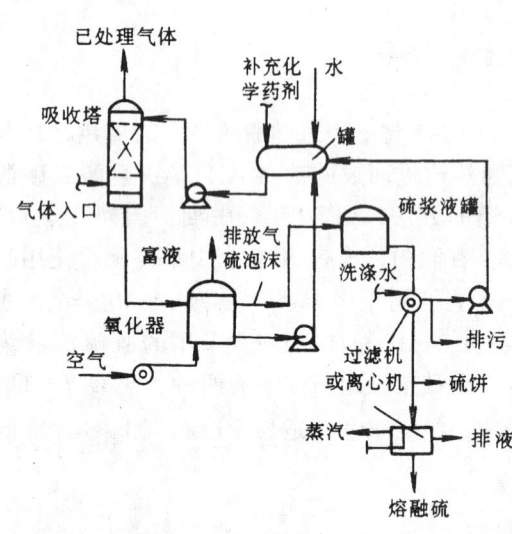

图 7-11　改良 A.D.A 法的工艺流程

某些改良 A.D.A 法脱硫装置也存在溶液起泡问题，其主要原因是溶液变质、副反应产物积累以及细菌的污染等。

改良 A.D.A 法和其它直接转化法一样，在工业上应用也有一定的局限性，主要有以下几点：

①硫容量低。改良 A.D.A 法硫容量为 0.2～0.3g/L，其它直接转化法硫容量也大致如此。因此，这类方法溶液循环量大，常压装置的电耗要占生产成本的 70% 以上，压力装置更高。故选用这类方法时，首先要考虑该法的硫容量及有关经济指标。

②脱硫过程中发生的副反应较多，因而与常用的克劳斯法相比，硫回收率较低，硫磺的纯度也较差。

③近年来在改良 A.D.A 法脱硫溶液中发现有细菌污染问题，因而使氧化器内溶液起泡，碱耗量剧增，元素硫的浮选变差。

④目前直接转化法脱硫溶液中使用的氧载体、螯合剂等大多数价格较贵，因而影响了此法的应用。

五、固体床脱硫法

属于固体床脱硫法的有海绵铁法、分子筛法、SulfaTreat 法及 CT8—4 法等。

1. 海绵铁法

对于 H_2S 含量低（$\varphi < 0.3 \times 10^{-3}$）、$CO_2/H_2S$ 比值高、产量低的天然气，国外通常采用海绵铁法脱硫。海绵铁法采用浸渍在木屑上的氧化铁，从而形成具有大量氧化铁表面积的固体床层，故又称为固体床氧化铁法。海绵铁法为间歇操作。在两塔流程中，一个塔从原料气中脱除 H_2S，而另一个塔则进行再生或更换海绵铁床层。在海绵铁床层中发生的脱硫和再生反应式为

① 脱硫反应：$Fe_2O_3 + 3H_2S \rightarrow Fe_2S_3 + 3H_2O$ (7-7)

$Fe_2O_3 + 6RSH \rightarrow 2Fe(RS)_3 + 3H_2O$ (7-8)

② 再生反应：$2Fe_2S_3 + 3O_2 \rightarrow 2Fe_2O_3 + 6S$ (7-9)

$4Fe(RS)_3 + 3O_2 \rightarrow 2Fe_2O_3 + 6RSSR$ (7-10)

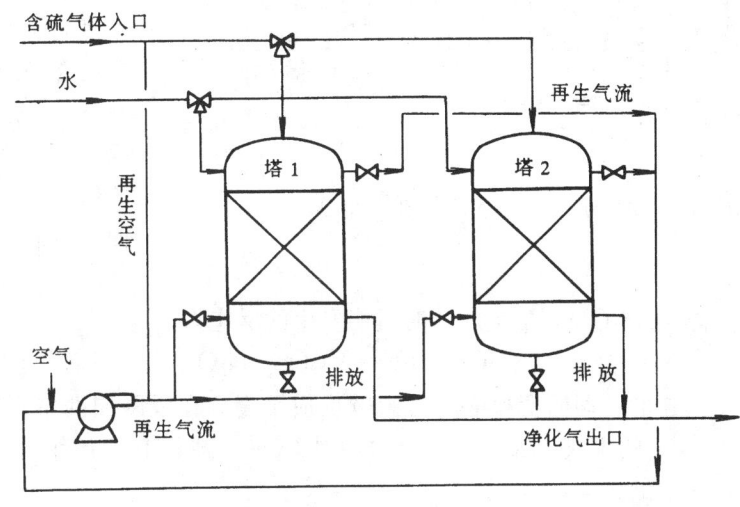

图 7-12　海绵铁法工艺流程

只有 α 和 γ 型氧化铁可用于气体脱硫，生成的硫化铁易于再生而重新氧化为活性的氧化铁。脱硫反应在常温和碱性条件下进行最为理想，故需经常检查床层碱度，通过喷注苛性钠水保持床层 pH 值在 8～10。温度高于 50℃ 或在中性、酸性条件下，都会使硫化铁失去结晶水而变得难以再生。典型的海绵铁法工艺流程见图 7-12 所示。

虽然海绵铁法的固体脱硫剂是可以再生的，但考虑到海绵铁价格较低以及气体中烃类吸附在固体床层上的可能性，所以在床层失效后一般即将其更换。更换时必须十分小心，因为打开床层卸料时，海绵铁中的硫化铁与空气接触后立即剧烈氧化升温，可能导致床层自燃，故卸料前应先将整个床层淋湿。

2. 分子筛法

分子筛也可用于从气体中脱除硫化物。当用来选择性脱除 H_2S 时，可将 H_2S 脱除到 $6mg/m^3$。分子筛还可用来同时脱水与脱有机硫，或用来脱除 CO_2。

图 7-13 为采用分子筛脱水、脱硫时

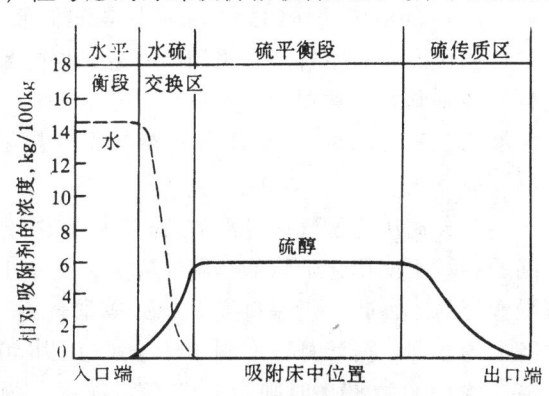

图 7-13　在硫化物达到透过点时分子筛床层中水和硫化物的分布

H$_2$S 达到透过点时吸附剂床层中水和硫化物的吸附分布情况。由于分子筛对水的吸附能力最强，其次为 RSH、H$_2$S 和 CO$_2$，因而当 H$_2$S 的吸附传质段达到床层出口时，床层可分为水吸附饱和段（水平衡段）、水与硫化物交换段、硫化物饱和吸附段（硫平衡段）及硫化物吸附传质段等 4 段。由于 H$_2$S 为要脱除的组分，故当 H$_2$S 达到透过点时床层就必须再生。

分子筛床层再生时会使床层上所吸附的 H$_2$S 浓缩到流量较低的再生气流中，故必须将此再生气流进行处理或去火炬排放。在再生过程中，再生气流中的 H$_2$S 浓度将会出现一个高峰值，此时的 H$_2$S 浓度大约是原料气中 H$_2$S 浓度的 30 倍。操作中，可将出现 H$_2$S 高峰值时的再生气送往火炬，而其余的再生气则可重新返回原料气中。

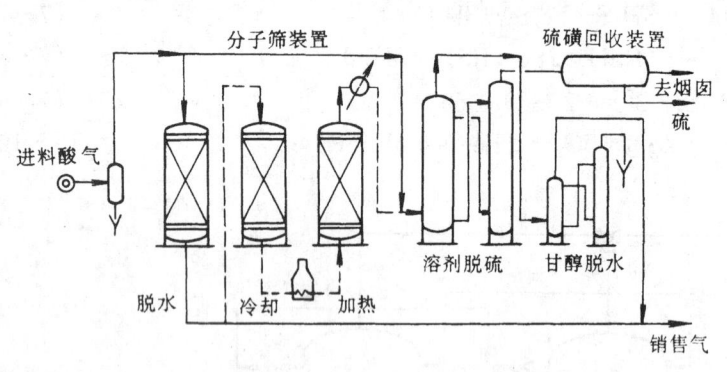

图 7-14　分子筛脱硫的综合工艺流程

含 CO$_2$ 的气体在分子筛床层上脱硫时可能发生的反应为

$$CO_2 + H_2S \rightleftharpoons COS + H_2O$$

这种反应是可逆的，即温度和浓度会影响反应平衡。在吸附周期中可生成 COS，较高的温度也有利于 COS 的生成。因此，必须采用对 COS 生成没有催化作用的分子筛（例如，Cosmin 105A）。

图 7-14 为采用分子筛脱硫的综合工艺流程图。

六、膜分离法

50 年代开发的膜分离法先是在液体分离、海水淡化等工业领域应用，70 年代后开始由 Dow 化学公司和孟山都（Monsanto）公司用于气体分离。目前，用于气体分离的主要有中空纤维管式膜分离器和卷式膜分离器，分别采用中空纤维膜（例如，DuPont 及 Prism 型）和卷式膜（例如，Separex 和 Grace 型）。

Monsanto 公司研制的 Prism 中空纤维管式膜分离器结构见图 7-15 (a)，主要用于分离氢气和生产富氧空气。它采用涂有硅氧烷的聚砜不对称膜材料，是阻力型复合膜。分离器结构类似列管式换热器，壳程直径一般为 $10\sim25$cm，内装 $1\times10^4 \sim 10\times10^4$ 根中空纤维，分离器长 $3\sim6$m。Separex 公司的卷式膜分离器见图 7-15 (b)，主要用于从天然气中分离 CO$_2$。

膜分离法用于气体分离的特点是：①在分离过程中不发生相变，能耗低，但有烃类损失问题；②不使用化学药剂，副反应少，基本上不存在腐蚀问题；③设备简单，占地面积小，操作容易。因此，当原料气中 CO$_2$ 等酸性组分含量越高时，采用膜分离法分离 CO$_2$ 等在经济上越有利。据计算，原料气中含 CO$_2$ 为 40% 时，醇胺法的操作费用为膜分离法的 1.13 倍；含 CO$_2$ 为 80% 时则为 1.67 倍。所以，膜分离法对 CO$_2$ 等酸性组分含量很高的原料气分离有很广泛的应用前景。

1. 膜的性能及膜分离基本公式

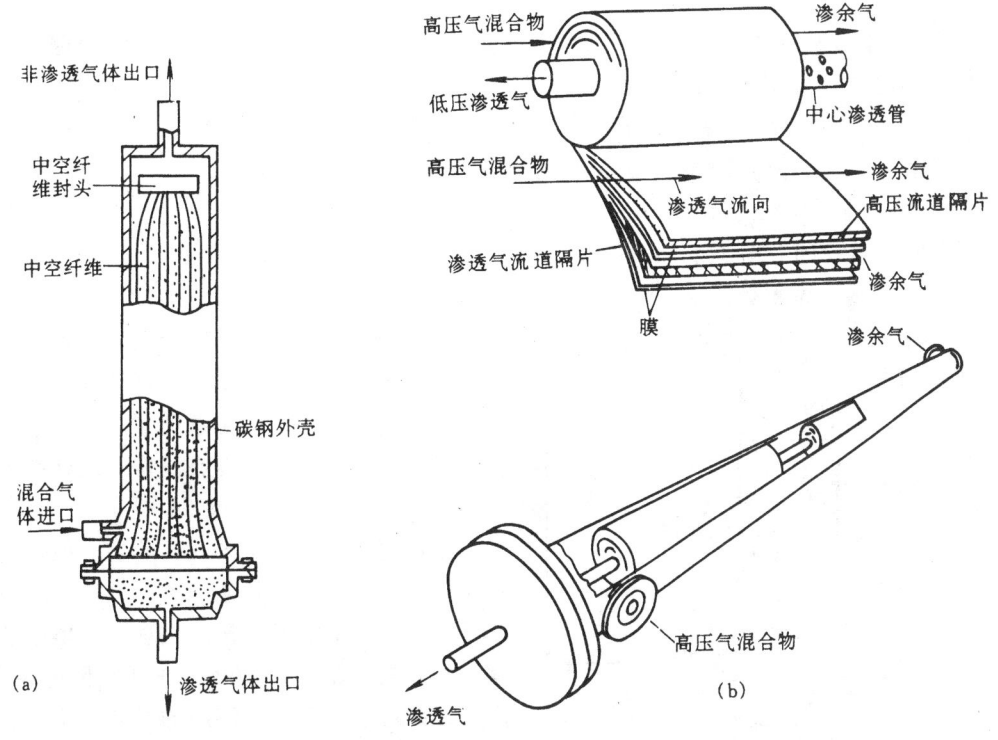

图 7-15 膜分离器结构示意图
(a) 中空纤维膜；(b) 卷式膜

膜分离法是利用气体混合物各组分在压差作用下透过膜时渗透量的差异来实现混合物分离的工艺方法。由于水蒸气、H_2S 和 CO_2 等组分易于透过膜，故使渗透气中水蒸气、H_2S 和 CO_2 得到富集，而残余气（渗余气）则主要为脱除水蒸气、H_2S 和 CO_2 后的其它组分，如 CH_4、C_2H_6 和 N_2 等。

用于气体分离的膜材料按材质大致可分为多孔质膜和非多孔质膜两种，它们的渗透机理完全不同。目前，气体分离中常用的为非多孔质膜，其材料主要是醋酸纤维、聚酰亚胺和聚砜等。醋酸纤维膜分离 H_2S/CO_2 的效果较好，还具有相当理想的分离水蒸气的能力，故应用最广泛。其不足点是热畸变温度低，只能用于操作温度低于 40～50℃ 的场合，而聚砜材料则可达 90℃。

(1) 膜的性能　膜的性能包括物化稳定性和分离透过特性两方面。膜的物化稳定性是指膜的强度、允许使用压力及对有机溶剂和各种化学药剂的抵抗性，它是决定膜的使用寿命的主要因素。膜的分离透过特性包括分离效率、渗透通量和通量衰减系数三个方面。

1) 分离效率。对于不同的膜分离过程和分离对象可以用不同的表示方法。对于一些混合物的分离，可以用分离系数 α_i 或分离系数 β_i 表示。

$$\alpha_i = \left(\frac{y_i}{1-y_i}\right) / \left(\frac{x_i}{1-x_i}\right) \tag{7-11}$$

$$\beta_i = y_i / x_i \tag{7-12}$$

式中　x_i——原料气或原料液中组分 i 的摩尔分数；

　　　y_i——透过气（渗透气）或透过液中组分 i 的摩尔分数。

2) 渗透通量（渗透流率）。通常用单位时间通过单位膜面积的透过物量表示。

3）通量衰减系数。因为分离过程的浓差极化、膜的压密及膜孔堵塞等原因，膜的渗透通量将随时间而衰减，可用式表示为

$$J_\theta = J_0 \theta^m \quad (7-13)$$

式中　J_0——初始时的渗透通量，$m^3/(m^2 \cdot h)$ 或 $kmol/(m^2 \cdot h)$；
　　　θ——使用时间，h；
　　　J_θ——时间 θ 时的渗透通量，$m^3/(m^2 \cdot h)$ 或 $kmol/(m^2 \cdot h)$；
　　　m——衰减系数。

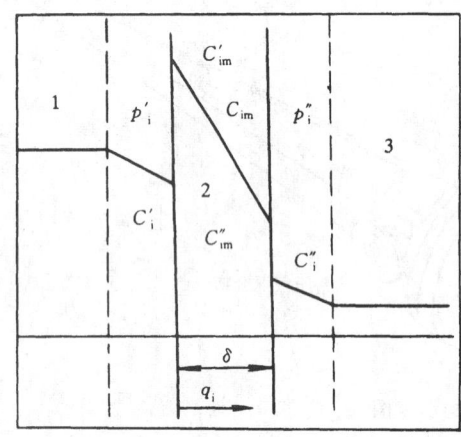

图 7-16　气体通过非多孔质膜的传质过程
1—高压侧；2—膜内；3—低压侧

对于任何一种膜分离过程，总希望分离效率高，渗透通量大，实际上这两者往往存在矛盾。通常，分离效率高的膜，渗透通量小；渗透通量大的膜，分离效率低，故常需在这两者之间找出折衷的最佳选择。

（2）膜分离的基本公式　非多孔质膜的分离效果基本上和气体流动状态无关，气体渗透过程可用溶解扩散机理来解释。按此机理，气体渗透过程分为三个阶段，即①气体分子在高压侧（原料气侧）表面的吸附或溶解；②溶解的气体分子在膜两侧浓度差或压力差的推动下，在膜内扩散并移动至膜低压侧表面；③气体分子从膜的低压侧（渗透气侧）表面解吸。气体通过非多孔质膜的传质过程见图 7-16 所示。图中 c_i'、c_i'' 分别表示高、低压侧膜表面处气体中 i 组分的浓度；p_i'、p_i'' 分别表示高、低压侧膜表面处气体中 i 组分的分压；c_{im}'、c_{im}'' 分别表示高、低压侧表面处 i 组分在膜中的浓度。

根据上述机理，气体通过致密的非多孔质膜的简化数学模型可表示为

$$q_i = K_i A(p_{H,i} - p_{L,i})/\delta \quad (7-14)$$

式中　q_i——组分 i 通过膜的渗透量，cm^3/s；
　　　A——膜面积，cm^2；
　　　$p_{H,i}$——组分 i 在高压侧（原料气侧）的分压，kPa；
　　　$p_{L,i}$——组分 i 在低压侧（透过气侧或渗透气侧）的分压，kPa；
　　　δ——膜厚度，cm；
　　　K_i——组分 i 的渗透系数，$(cm^3 \cdot cm)/(cm^2 \cdot kPa \cdot s)$。

式中的渗透系数 K_i 是表示气体组分 i 在不同膜材料上渗透的难易程度。需分离的气体组分对膜应有较大的 K 值，这样才能适应膜分离的要求。另一个影响膜分离的重要参数是分离因子，即要求分离开的两种气体组分渗透系数之比。

$$\alpha_{ij} = K_i/K_j \quad (7-15)$$

式中　α_{ij}——组分 i 与组分 j 之间的分离因子；
　　　K_i——组分 i 的渗透系数；
　　　K_j——组分 j 的渗透系数。

工业上选用膜材料时,既要求有较大的渗透系数,也要求有合适的分离因子。非多孔质膜的渗透系数比多孔质膜小,但其分离因子却大得多,故广泛用于气体分离。换句话说,气体混合物中各个组分由于渗透系数不同,故以不同的渗透通量透过膜。渗透通量大的组分汇集成为渗透气,渗透通量小的组分汇集成为渗余气或残余气。在醋酸纤维膜上采用相同条件时,天然气净化中常见气体的相对渗透系数见表7-12。利用表中数据计算可知,$\alpha_{H_2S-CH_4}$为50,$\alpha_{CO_2-CH_4}$为30,即H_2S、CO_2等酸性组分对CH_4均有较大的分离因子,故可利用膜分离法从天然气中分离H_2S和CO_2。但是,即使分离因子很大时分离也并不完全,即渗透气中仍会含有一些残余气组分,而残余气中也会含有一些渗透气组分。

表7-12 气体在醋酸纤维卷式膜上的相对渗透系数

组 分	水蒸气	He	H_2	H_2S	CO_2	O_2	CO	CH_4	N_2	C_2H_6
相对渗透系数	100.0	15.0	12.0	10.0	6.0	1.0	0.3	0.2	0.18	0.10

2.工业装置实例

目前,美国已有多套膜分离装置在运行,大多数是从注CO_2进行强化采油得到的伴生气中分离CO_2和H_2S。采用的膜分离器中元件结构主要为Monsanto公司的Prism中空纤维膜和Separex公司的卷式膜。由这些膜分离器可组成一级膜分离流程、二级膜分离流程以及膜分离和醇胺法相结合的串级流程。

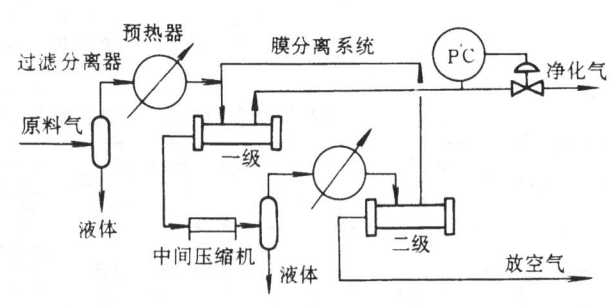

图7-17 某二级膜分离装置工艺流程

选用一级或二级膜分离流程的主要考虑因素是渗透气(即被富集的酸性气体)中烃类的回收问题。当原料气中酸性组分浓度为10%时,采用一级膜分离可使渗余气(即净化气)中酸性组分浓度降为1%,而随渗透气排出的烃类损失量可达20%以上。若用二级膜分离回收烃类,则烃类损失量可降至4%以下。

(1)二级膜分离流程 图7-17为美国1993年底投产的一套膜分离法橇装装置的工艺流程图,属于典型的二级膜分离流程。装置的各物流组成和工艺参数见表7-13。

表7-13 某二级膜分离装置各物流组成和工艺参数

物流	压力 MPa	温度 ℃	组成,χ,%(干基)				流量 $10^3m^3/d$
			CO_2	CH_4	N_2	C_2^+	
原料气	6.51	30.0	11.0	86.3	0.6	2.1	845
放空气①	0.04	34.4	81.1	18.7	0.1	0.1	99
净化气②	6.40	35.0	1.9	95.2	0.6	2.3	746

①放空气即渗透气。
②净化气要求CO_2小于2%,水蒸气小于$0.0644kg/10^3m^3$。

从运行情况看,经过一级膜分离后,烃损失量约为原料气中烃含量的24%;经过二级膜分离回收渗透气中的烃类后,平均烃损失量降至2.06%。同时,由于膜分离装置还具有良好的脱水效果,净化气不需进一步脱水即可管输。

（2）串级脱硫流程　为了保证净化气和进克劳斯装置的酸气质量，可把膜分离法和醇胺法结合使用，即所谓串级或集成法脱硫流程。图7-18为美国一套串级脱硫装置的原理流程图。该装置先用Separex膜分离器将原料气中H_2S含量从20%降至3%，然后再用醇胺法进一步处理，而膜分离器的渗透气和醇胺法装置脱除的酸性气体混合后的H_2S含量则高达71.6%。图7-18中各物流的组成和工艺参数见表7-14。

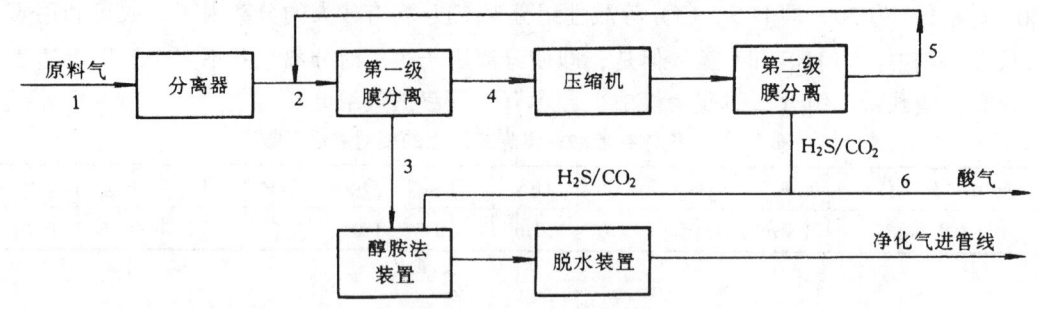

图7-18　某串级脱硫装置原理流程

表7-14　某串级脱硫装置各物流组成和工艺参数

物流		原料气1	混合气2	一级渗余气3	一级渗透气4	二级渗余气5	混合酸气6
组成，x，%	CO_2	10	11.5	2	16	13.7	23
	CH_4	64.9	64.2	86.49	48.8	63.19	4.8
	C_2H_6	5	4.2	8.6	2.4	3.1	0.1
	H_2S	20	20	3	32.7	20	71.6
	H_2O	0.1	0.1	0.01	0.1	0.01	0.5
流量	m^3/h	17110	29830	12625	16872	12742	4130
	kmol/h	763	1331	563	753	568	184
压力	MPa	6.65	6.65	6.55	1.82	1.72	1.35

膜分离法除用于从天然气中脱除CO_2外，还可用于从天然气中脱除H_2S。但是，对含H_2S的原料气，现有膜材料的透过特性（渗透特性）决定了其净化度不可能很高，通过一级膜分离通常不能达到H_2S含量为$20mg/m^3$或$5mg/m^3$的管输指标。另外，醋酸纤维膜在分离干燥原料气中的H_2S时效果良好，但当原料气中同时存在H_2S和水时，分离效果明显下降。因此，当原料气中水含量过高时应先进行预脱水。

在膜分离过程中需要考虑的另一个重要因素是烃损失率。在膜分离中必然有部分烃类（主要是CH_4）随CO_2、H_2S进入渗透气中。一般来讲，其值随原料气压力升高而增加。采用二级膜分离流程虽可降低烃损失率，但在同样条件下其投资和成本都和醇胺法装置（加上甘醇法脱水装置）大致相当。由此可见，膜分离法的主要优点并不反映在其投资和成本上，而是其操作灵活性大，管理方便，对环境影响小，占地面积少以及便于橇装等。

对于同时含有大量H_2S和CO_2的原料气，使用串级流程较为理想，但应对原料气中酸性组分含量、CO_2/H_2S比、原料气压力和净化气质量要求以及公用设施价格等因素综合考虑后，才能合理决策。

第八章 克劳斯法硫磺回收

天然气中含有 H_2S 时，不仅会污染环境，而且对天然气的生产和利用都有不利影响，故需采取措施脱除其中的 H_2S。此外，从天然气中脱除的 H_2S 又是生产硫磺的重要原料。例如，来自醇胺法等脱硫装置的酸气中含有相当数量的 H_2S，可用来生产优质硫磺。这样做，既可使宝贵的硫资源得到综合利用，又可防止环境污染。

大约直到70年代初，主要只是从经济上考虑是否需要进行硫磺回收（制硫）。如果在经济上可行，那就建设硫磺回收装置；如果在经济上不可行，就把脱除的酸气灼烧后放空。但是，随着世界各国对环境保护的要求日益严格，当前把天然气中脱除下来的 H_2S 转化成硫磺，不只是从经济上考虑，更重要的是出于环境保护的需要。例如美国在1985年规定，天然气净化厂进料气中硫潜量在 2t/d 以上时就要建硫磺回收装置，并视规模及其它因素决定硫回收率是否达到99%以上。

从 H_2S 生产硫磺的方法很多。其中，有些方法是以醇胺法等脱硫装置得到的高浓度 H_2S 的酸气生产硫磺，但不能用来从酸性天然气中脱硫，例如，目前广泛应用的克劳斯（Claus）法即如此。有些方法则是以脱除酸性天然气中的 H_2S 为主要目的，生产的硫磺只不过是所选用工艺流程的结果产品，例如，用于天然气脱硫的直接转化法（如改良 A.D.A 法）等即属此类方法。

在天然气中主要以 H_2S 形式存在的硫资源，国外目前几乎全部是以克劳斯法转化为硫磺（即元素硫）而回收的。1991年全世界从 H_2S 回收硫磺为2600万t，占硫产量5760万t 的45%。其中，从 H_2S 回收的硫磺中有58%来自天然气，39%来自原油。北美是元素硫的最大产地，而美国的硫产量居世界第一，1991年为1080万t，占世界硫产量的19%。1993年我国生产的硫产品折合成元素硫的总产量约为600万t，但其中533万t来自黄铁矿，而从原油及天然气中回收的元素硫量仅分别为6.3万t和9.4万t。

第一节 克劳斯法硫磺回收基本原理

一、硫的物理性质

在克劳斯法硫磺回收装置（以下简称克劳斯装置）中，由于工艺需要，过程气（即装置中除进出物料外，内部任一处的流体）的温度变化较大，故生成的元素硫的相态、分子形态及其它一些性质等也在相应变化。因此，在介绍克劳斯法硫磺回收基本原理之前，首先简单回顾一下硫的有关物理性质。

元素硫在不同温度有多种同素异形体，并因温度变化而有相变。通常条件下硫是固态，有两种由八原子环（S_8 环）组成的结晶形式（斜方晶形的菱形硫和针状晶形的单斜硫）与一种无定形形式。菱形硫和单斜硫的转变温度为95.5℃，即在常温下直到95.5℃是处于稳定晶形的菱形硫，由折叠的 S_8 环组成；在95.5℃以上直到熔点为止，单斜硫则是固态硫（固硫）的稳定晶形，仍由 S_8 环组成，但环的排列和原子间距离与菱形硫有所不同。无定形硫是将液态硫（液硫）加热到接近沸点时倾入冷水迅速冷却得到的固态硫，由于具有弹性，故又称之为"弹性"硫。它在常温下可以缓慢地转变为菱形硫。

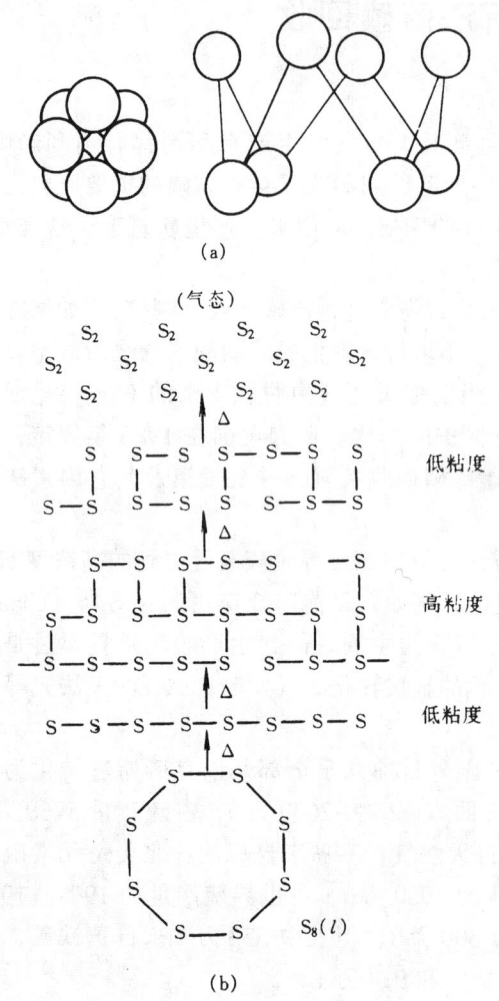

图8-1 液硫随温度升高所发生的物理变化模型
(a) 八原子组成的硫分子的两个模型；
(b) 用来说明液态硫所发生物理变化的模型

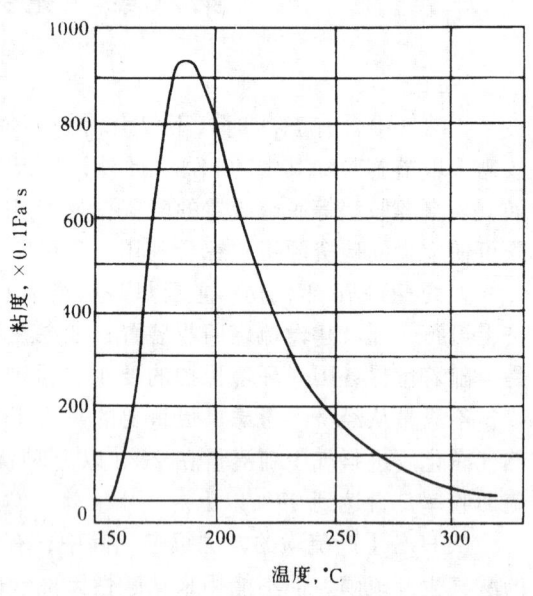

图8-2 液硫粘度随温度的变化

菱形硫的熔点是112.8℃，密度为2.07g/cm³。单斜硫的熔点是119.3℃，密度为1.96g/cm³。固态硫在熔化时变成黄褐色易流动的液体，其分子也是由S_8环构成。当液态硫继续加热到大约160℃时，环状分子S_8开始断裂，变成链状的S_8分子。随着温度的进一步升高，生成的原子链相互连接成长链。但是，从187℃到硫的沸点444.6℃为止，这些长链又断裂变短，见图8-1所示。这些变化表现为液态硫在粘度上的特有变化，即从熔点起液态硫的粘度随温度升高而降低，大约在157℃时粘度降到最低值，以后由于短链连接成长链，粘度又开始增加，到187℃时达到最高值。之后，由于硫原子链断裂越来越多，于是粘度又很快降低，一直到沸点时为止，见图8-2所示。继续加热至沸点时，液态硫气化为硫蒸气。硫蒸气中有许多由不同数量硫原子构成的硫分子平衡存在，如S_2、S_3、S_4、S_5、S_6、S_7、S_8、S_9和S_{10}，但主要的硫分子形态是S_2、S_6和S_8。随着温度升高，硫蒸气分子中的原子数逐渐减少：$S_8 \rightarrow S_6 \rightarrow S_4 \rightarrow S_2 \rightarrow S$。800~1400℃时硫蒸气中基本上是$S_2$，大于1700℃时主要是硫原子。硫蒸气中各种形态硫分子间的平衡组成见图8-3。

二、克劳斯法反应

目前，从含H_2S的酸气中回收硫磺时主要是采用氧化催化制硫法，通常称之为克劳斯法。经过近一个世纪的发展，克劳斯法已经经历了由最初的直接氧化，之后将热反应与催化反应分开，使用合成催化剂以及反应向低于硫露点下延续等4个阶段，并已日趋成熟。

1883年最初采用的克劳斯法是在铝钒土或铁矿石催化剂床层上，用空气中的氧将H_2S直接燃烧（氧化）生成元素硫和水，即

$$H_2S + \frac{1}{2}O_2 \rightleftharpoons S + H_2O \quad (8-1)$$

上述反应是高度放热反应，故反应过程很难控制，反应热又无法回收利用，而且硫磺收率也很低。为了克服这一缺点，1938年德国Farben工业公司对克劳斯法进行了重大改进。这种改进了的克劳斯法（改良克劳斯法）是将H_2S的氧化分为两个阶段：①热反应段，即在反应炉（也称燃烧炉）中将1/3体积的H_2S燃烧生成SO_2，并放出大量热量，酸气中的烃类也全部在此阶段中燃烧；②催化反应段，即将热反应中H_2S燃烧生成的SO_2与酸气中其余2/3体积的H_2S在催化剂上反应生成元素硫，放出的热量较少。

由图8-4可以看出，由于在反应炉后设置余热回收设备（例如余热锅炉），炉内反应放出的热量约有80%可以回收，而且催化转化反应器（转化器）的温度也可通过

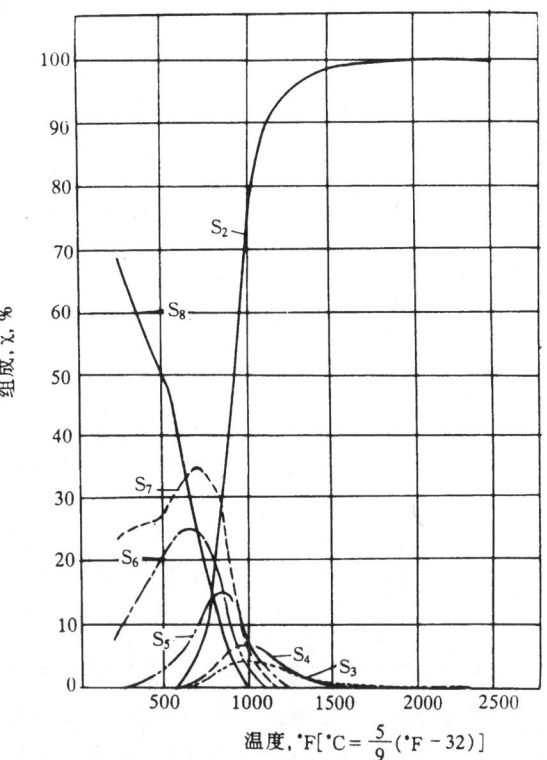

图8-3 H_2S和化学计量空气反应生成的硫蒸气平衡组成

控制进口过程气的温度加以调节，基本上排除了反应器温度难以控制的问题，因而大大提高了装置的处理量。因此，目前克劳斯装置都是采用改良克劳斯法。

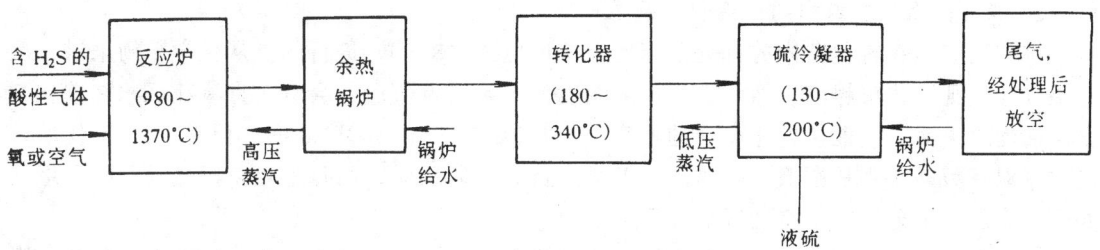

图8-4 改良克劳斯法示意图（直通法）

1. 反应炉内的高温热反应

以图8-4中采用直通法（部分燃烧法）的改良克劳斯法（以下统称克劳斯法）为例，酸气先在反应炉内与空气中的氧进行热反应，其反应温度与酸气的H_2S含量有关。

由于酸气除含H_2S外还含有CO_2、N_2和水蒸气等，来自炼厂气、焦炉气或水煤气的酸气中还可能含有NH_3和HCN等，故反应炉内实际发生的反应非常复杂，但主要的反应为

$$H_2S + \frac{2}{3}O_2 \rightleftharpoons SO_2 + H_2O \tag{8-2}$$

$$\Delta_r H_m^{\ominus}(298K) = -518.9 (kJ \cdot mol^{-1})$$

$$2H_2S + SO_2 \rightleftharpoons \frac{3}{x}S_x + 2H_2O \tag{8-3}$$

$$\Delta_r H_m^{\ominus}(298K) = -96.1 (kJ \cdot mol^{-1})$$

其总反应为

$$3H_2S + \frac{3}{2}SO_2 \rightleftharpoons \frac{3}{x}S_x + 3H_2O \tag{8-4}$$

$$\Delta_r H_m^{\ominus}(298K) = -615.0 (kJ \cdot mol^{-1})$$

通常，克劳斯装置进料气中含有饱和水蒸气，H_2S 含量（χ）为 30%～80%，烃类含量（χ）为 0.5%～1.5%，其余主要为 CO_2。对于这样组成的进料气来讲，克劳斯法反应炉的温度大约在 980～1370℃。在此温度下生成的元素硫分子形态主要是 S_2，而且生成 S_2 的克劳斯反应是轻度吸热反应，即

$$2H_2S + SO_2 \rightleftharpoons \frac{3}{2}S_2 + 2H_2O$$

$$\Delta_r H_m^{\ominus}(298K) = 47.45 (kJ \cdot mol^{-1})$$

2．催化转化反应器内的低温催化反应

催化反应是在转化器内的催化剂床层上按反应式（8-3）进行的。从化学平衡来讲，反应温度越低则转化率越高。然而，当反应温度低于硫露点值后，会有大量液硫沉积在催化剂表面而使之失活，故催化转化反应的温度一般控制在 180～340℃ 之间。但是，70 年代后开发的低温克劳斯法则是在低于硫露点温度下进行克劳斯反应，而且是可以把硫磺回收和尾气处理结合的新工艺，本章将在以后介绍。

由反应式（8-3）可知，克劳斯法的主要优点是催化反应段放出的反应热大大降低，因而有利于反应温度的控制。

3．克劳斯法化学反应的热力学分析

（1）平衡常数 以反应（8-3）为例，该反应为可逆反应，低压下此气相克劳斯反应的平衡常数 K_p 可表示为

$$K_p = \frac{(p_{S_x})^{3/x}(p_{H_2O})^2}{(p_{H_2S})^2(p_{SO_2})} = \frac{[S_x \text{的摩尔浓度}]^{3/x}[H_2O \text{的摩尔浓度}]^2}{[H_2S \text{的摩尔浓度}]^2[SO_2 \text{的摩尔浓度}]}\left[\frac{\pi}{\text{总摩尔数}}\right]^{(3/x-1)}$$

(8-5)

式中 K_p——气相克劳斯反应式(8-3)在某一给定温度下的平衡常数;

p——反应达到平衡时体系中 i 组分(即 S_x、H_2O、H_2S 及 SO_2 等)的分压,kPa(绝)或 atm(绝);

π——体系总压,kPa(绝)或 atm(绝)。

式(8-3)中反应生成的 S_x 可以是 S_2、S_3、S_4、S_5、S_6、S_7 及 S_8 等,其反应平衡十分复杂。但是,反应温度越低(例如,在各级转化器中),硫蒸气中 S_5、S_6、S_7 及 S_8 等相对分子质量较大的硫分子含量越多,反应温度越高(例如,在反应炉中),硫蒸气中 S_2、S_3 及 S_4 等相对分子质量较小的硫分子含量越多(见图8-3)。因此,由式(8-3)可知,反应温度较低时,由于硫蒸气分子构成的变化,也有利于反应向右移动。

(2)平衡转化率 克劳斯反应为可逆反应。在考虑到反应生成的硫蒸气中除含有 S_2、S_6 和 S_8 外还存在其它形态的硫分子的因素后,H_2S 转化成元素硫的平衡转化率与温度的关系见图8-5所示。

由图8-5及式(8-5)可知:

①平衡转化率曲线约在550℃时为最低点,以此最低点可将克劳斯反应过程分为两部分。曲线右边部分为火焰反应区,H_2S 的转化率随温度升高而增加,这表示了反应炉内的情况;曲线左边部分为催化反应区,H_2S 的转化率随温度降低迅速增加,这表示了转化器内的情况。

②温度和压力对 H_2S 转化率的影响可用硫蒸气中不同的硫分子形态来解释。在火焰反应区内,硫蒸气中主要是 S_2,从反应式可知,反应是吸热的,并且由3个摩尔反应物生成3.5个摩尔产物,因而温度升高和压力降低有利于反应进行;在催化反应区内,硫蒸气中主要是 S_6、S_8,反应是放热的,同时反应物的摩尔数大于产物的摩尔数,因而温度降低和压力升高有利于反应进行。

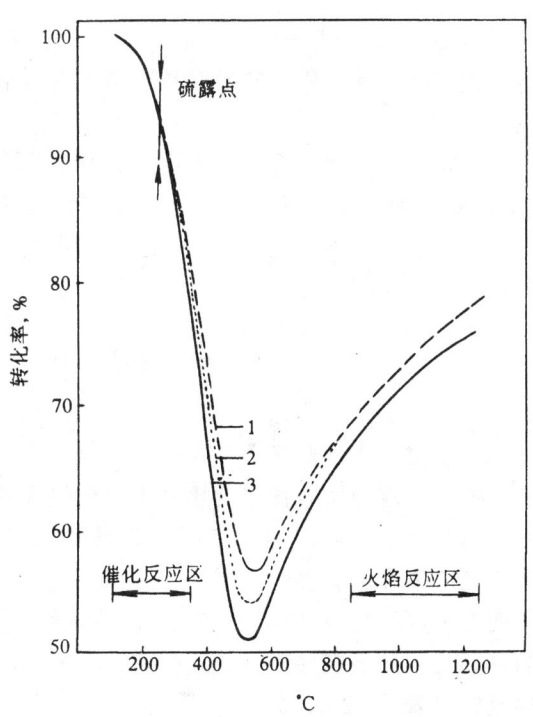

图8-5 H_2S 转化为硫的平衡转化率
1—1953年 Gamson 和 Elkins 数据,S_2、S_6、S_8;
2—近期数据,S_2、S_6、S_8;3—近期数据,所有形态的硫,S_x($S_2 \sim S_8$)

③从反应动力学角度看,随着反应温度降低,克劳斯反应速度也逐渐变慢,低于350℃时的反应速度已不能满足工业要求,而此温

度下的平衡转化率也仅为 80%~85%。因此，必须使用催化剂加速反应，以求在较低的温度下达到较高的转化率。

④反应炉及各级转化器出口过程气中除含有硫蒸气外，还含有 N_2、CO_2、H_2O、H_2 以及未反应的 H_2S 和 SO_2、COS、CS_2 等硫化物。由于降低硫蒸气分压有利于反应进行，而且硫蒸气又远比过程气中其它组分容易冷凝，因而可在反应炉和各级转化器之后设置硫冷凝器，将反应生成的元素硫从过程气中冷凝与分离出来，以便增加平衡转化率。此外，从过程气中分出硫蒸气后也能相应降低下一级转化器出口过程气的硫露点，从而使下一级转化器可以在更低的温度下操作，见表 8-1 所示。

表 8-1 理论硫露点及其相应硫产率

系统压力，MPa	理论硫露点，K	硫产率，%	备注
0.05	527	93.5	不除硫
0.1	553	92.0	不除硫
0.2	580	89.7	不除硫
0.1	508	97.1	除去70%的硫

⑤尽管图 8-5 表明，在催化反应区中温度较低对克劳斯反应有利，但为了有较高的反应速度，并确保过程气的温度高于硫蒸气露点值，过程气在进入各级转化器之前必须进行再热。

⑥从化学平衡来看，氧气用量过剩并不能增加转化率，因为多余的氧气将和 H_2S 反应生成 SO_2，而不是元素硫。然而，提高空气中的氧气含量（富氧空气）和酸性气体中的 H_2S 含量则有利于增加转化率。这一思路已在新的工艺方法如氧基回收工艺（COPE 法）中得到应用。

第二节 工艺流程和主要设备

一、工艺方法选择

通常，克劳斯装置包括热反应、余热回收、硫冷凝、再热及催化反应等部分。由这些部分可以组成各种不同的克劳斯法硫磺回收工艺，从而处理不同 H_2S 含量的进料气。目前，常用的工艺方法有直通法（部分燃烧法）、分流法、硫循环法及直接氧化法等，其原理流程见图 8-6 所示。不同工艺方法的主要区别在于保持热平衡的方法不同。在这几种工艺方法的基础上，又根据预热、补充燃料气等措施的不同，派生出各种不同的变型工艺方法，其适用范围见表 8-2。

由表 8-2 可知，当进料气中 H_2S 含量大于 55% 时采用直通法，H_2S 含量在 15%~55% 之间采用分流法或带有预热的直通法。应该指出的是，表 8-2 中划分范围并非是严格的，关键是反应炉内燃烧 H_2S 所放出的热量必须维持反应炉内的火焰处于稳定状态，否则将无法正常运行。当 H_2S 含量小于 15% 时则需采用带有预热的分流法、硫循环法、直接氧化法以及其它的方法（如 Lo-Cat 法、改良 A.D.A 法等）。

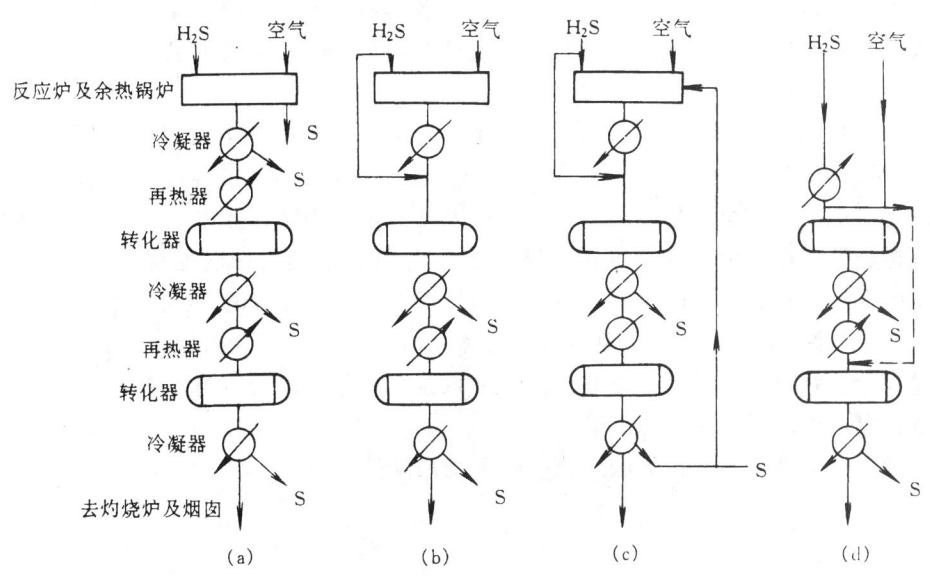

图 8-6 各种变型的克劳斯法原理流程
(a) 直通法；(b) 分流法；(c) 硫循环法；(d) 直接氧化法

表 8-2 各种变型的克劳斯法

进料气中 H_2S 含量，χ，%	推荐的工艺方法
55～100	直通法
30～55	直通法，或带有酸气和/或空气预热的直通法
15～30	分流法，或带有进料和/或空气预热的直通法
10～15	带有酸气和/或空气预热的分流法
5～10	采用燃料气或带有酸气和/或空气预热的分流法、或直接氧化法、硫循环法
<5	硫循环法或变型的直接氧化法，或其它硫磺回收方法

二、工艺流程

1. 直通法

直通法也称部分燃烧法。该法的特点是全部进料气都进入反应炉，而按照化学计量配给的空气仅供进料气中全部烃类及供进料气中 1/3 体积的 H_2S 燃烧，即使进料气中的 H_2S 部分燃烧生成 SO_2，从而保证过程气中 H_2S 与 SO_2 的摩尔比为2。反应炉内虽无催化剂，但 H_2S 仍能有效地转化为硫蒸气，其转化率随反应炉的温度和压力不同而异。实践表明，在反应炉所能达到的高温下，炉内 H_2S 转化率一般可达 60%～75%。其余的 H_2S 将继续在转化器内按反应式（8-3）进行催化反应。通过部分燃烧和两级催化转化，直通法克劳斯装置的总转化率可达95%以上。

图 8-7 即为以一部分酸气为燃料，采用在线加热炉进行再热的直通法三级硫磺回收装置工艺流程图。反应炉中的温度可高达 1100～1600℃。由于温度高，副反应十分复杂，会生成少量的 COS 和 CS_2 等，故风气比（即空气量与酸气量的比值）和操作条件是影响硫收率的关键。

从反应炉出来含有硫蒸气的高温燃烧产物进入余热锅炉回收热量。一部分进料气作为再热器（在线加热炉）的燃料，通过燃烧将一级硫冷凝器出来的过程气再热，使其在进入转化器之前达到所需的反应温度。

再热后的过程气流过一级转化器反应后，接着进入二级硫冷凝器，经冷却后除去液硫。排出液硫后的气体去二级再热器，再热至所需的温度后进入二级转化器，使 H_2S 和 SO_2 进一步转化成元素硫。由二级转化器出来的气流进入三级硫冷凝器并除去液硫。排除液硫后的气体去三级再热器，再热后进入三级转化器，使 H_2S 和 SO_2 最大程度地转化成元素硫。由三级转化器出来的过程气进入四级硫冷凝器冷却，以除去最后生成的硫。脱除液硫后的尾气因仍含有 H_2S、SO_2、COS、CS_2 和硫蒸气等含硫化合物，或经灼烧后向大气排放，或去尾气处理装置进一步处理。各级硫冷凝器分出的液硫流入液硫槽，经各种方法成型为固体后即为硫磺产品，也可直接以液硫状态外输。

从硫磺回收的观点来看，直通法的总硫收率是最高的。

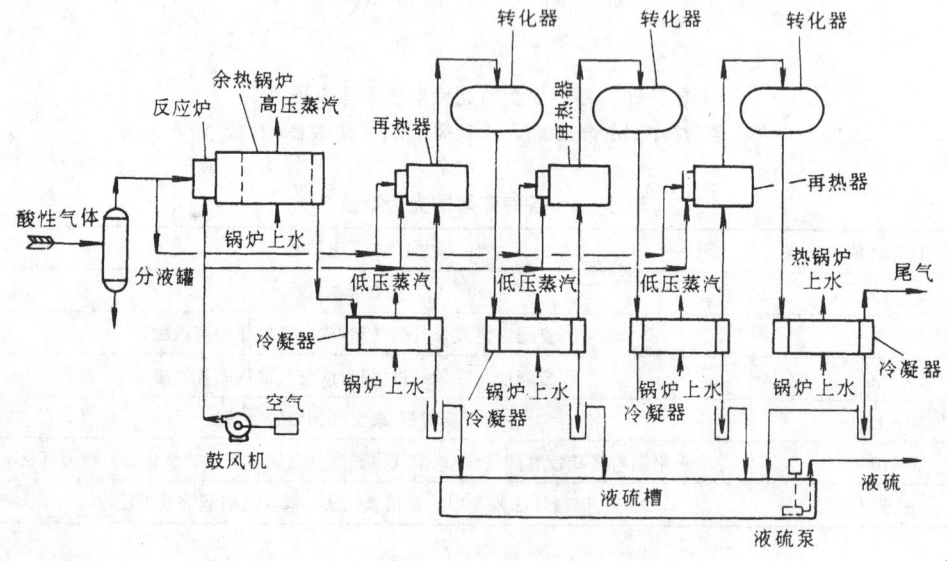

图 8-7　直通法三级硫磺回收工艺流程

2. 分流法

当进料气中 H_2S 含量在 15%～30% 时，采用直通法难以使反应炉内燃烧稳定，此时就应使用分流法。

在分流法中，由于进料气中 H_2S 含量较低，燃烧反应热不足以使整个进料气温度升高到令人满意的程度，故先只使 1/3 进料气进入反应炉，与按照化学计量配给的空气混合，使进料气中的 H_2S 和烃类燃烧，H_2S 按反应式（8-2）全部反应生成 SO_2。反应炉的温度通常只达 1000℃ 左右。燃烧后的气体中要求没有过剩氧存在，因为氧的存在对制硫不利。因此，与直通法一样，反应炉的风气比和操作条件是影响硫收率的关键。

从反应炉出来的含有 SO_2 的高温气体，经余热锅炉回收热量后，与其余的 2/3 进料气混合，使其达到一级转化器所要求的入口温度后进入一级转化器。以后的流程与直通法相同。

在分流法中，有 2/3 的进料气不经过反应炉直接进入转化器，故要求进料气中不得含有重烃和有机化合物，以免引起催化剂结焦和影响硫磺产品的色泽和气味。在分流法中，全部元素硫都在转化器中生成，故在生产规模相同的条件下，分流法的转化器比直通法大得多。

分流法一般都采用两级催化转化，H_2S 总转化率大致为 89%～92%，比较适合于规模不大（小于 10t/d）的硫磺回收装置采用。

3. 直接氧化法

进料气中 H_2S 含量在 5%～10% 时推荐采用此法。它是将进料气预热后和空气混合至适当温度，直接进入转化器内进行催化反应。进入转化器的空气量仍按进料气中 1/3 体积的 H_2S 完全燃烧生成 SO_2 来配给。在转化器内主要按反应式（8-2）和式（8-3）进行反应。

4. 硫循环法

当进料气中 H_2S 含量在 5%～10% 甚至更低时可考虑采用此法。它是将一部分液硫产品返回反应炉内，在另一个专门的燃烧器中使其燃烧生成 SO_2，并使过程气中 H_2S 与 SO_2 的摩尔比为 2。除此之外，流程中其它部分均与分流法相似。

三、主要设备

克劳斯法硫磺回收装置的主要设备有反应炉、余热锅炉、转化器、冷凝器等，其作用及特点如下所述。

1. 反应炉

反应炉又称为燃烧炉，是克劳斯法硫磺回收工艺中最重要的设备。反应炉的主要作用是：①使进料气中 1/3 体积的 H_2S 转化为 SO_2，使过程气中 H_2S 和 SO_2 的摩尔比保持为 2；②使进料气中烃类、NH_3 等组分在燃烧过程中转化为 CO_2、N_2 等惰性组分。

（1）火焰温度 直通法的反应温度最好能达到 1250℃，因为较高的温度从热力学和动力学两方面都有利于提高转化率。但炉温也应避免大于 1600℃，因为此时不仅选择耐火材料困难，而且还会生成多种氮氧化物，在它们的催化下使 SO_2 又进一步生成 SO_3，导致后面的转化器中催化剂很快因硫酸盐化而失活。

反应炉内温度和进料气中的 H_2S 含量密切有关。当进料气中 H_2S 含量低于 30% 时，就必须采用分流法才能维持火焰温度。

（2）炉内停留时间 反应物流在炉内的停留时间是决定反应炉体积的重要设计参数。高温下克劳斯反应通常在 1s 内即可完成。国外设计的反应炉停留时间至少为 0.5s。但是，进料气中 H_2S 和杂质含量、进料气和空气混合的均匀程度、燃烧室的结构等因素均对炉内反应速度有影响。国内很多克劳斯装置进料气中 H_2S 含量较低，炉温也相应较低，为确保达到高的转化率，故取反应炉停留时间为 1～2.5s。进料气中 H_2S 含量较多时，停留时间可以短一些。

（3）火嘴 火嘴的作用是使进料气和空气有效混合，提供使杂质（如烃类、NH_3 等）和 H_2S 同样能完全燃烧的稳定火焰，因而维持反应炉的正常运行。根据进料气的压力不同，火嘴大致可分为低压涡流、强制混合和预混合三类。

2. 余热锅炉

余热锅炉以往称为废热锅炉，其作用是通过产生高压蒸汽从反应炉出口的高温气流中回收热量，并使过程气的温度降至下游设备所要求的温度。余热锅炉高温气流入口侧管束的管口内应加陶瓷保护套管，入口侧管板上应加耐火保护层。通常，小型克劳斯装置的反应炉和余热锅炉组合为一个整体。对于大型克劳斯装置（大于 30t/d），采用与余热锅炉分开的外反应炉更为经济。

余热锅炉有釜式和自然循环式两种型式，采用卧式安装以保证将全部管子浸没在水中。

3. 转化器

转化器的作用是使过程气中的 H_2S 和 SO_2 在其催化剂床层上继续反应生成元素硫，同时也使过程气中的 COS、CS_2 等有机硫化物在催化剂床层上水解为 H_2S 和 CO_2。

目前，克劳斯装置常用的转化器类似一个卧式圆柱体，气体顶进底出。考虑到压力降，转化器内催化剂床层厚度一般为 0.9~1.5m。规模较大的装置，每个转化器为一个单独的容器，但规模较小（100t/d 以下）的装置，大多是采用纵向或径向隔板把一个容器分为数个转化器。规模大于 800t/d 的装置也有采用立式的。

转化器的空速一般在 $1000\sim2000h^{-1}$（对过程气而言）。通常，各级转化器都采用相同的空速。由于一级转化器进口过程气中反应物的浓度比下游转化器要高 5~25 倍，故即使对过程气而言空速相同，但对反应物而言其在下游转化器中的实际空速要比一级转化器低很多。

4. 硫冷凝器

硫冷凝器的作用是把克劳斯反应生成的硫蒸气冷凝为液硫而除去，同时回收过程气的热量。目前，几乎全部采用卧式管壳式冷凝器，安装时应放在系统最低处，而且大多数倾斜度为 1%~2%。回收的热量用来发生低压蒸汽或预热锅炉给水。几个冷凝器可以分别设置，也可以把产生蒸汽压力相同的冷凝器组合在一个壳体内。

气—液分离器安装在硫冷凝器的下游，以便从过程气中分出液硫，并从排出管放出。分离器可以与硫冷凝器组合成一个整体，也可以是一个单独的容器，并可设置金属丝网捕雾器或碰撞板，以减少出口气流中夹带的液硫量。通常，按空塔气速为 6.1~9.1m/s 来确定分离器尺寸。

5. 捕集器

捕集器的作用是从末级冷凝器出口气流中进一步回收液硫和硫雾。某些工业装置的实践表明，采用捕集器后可使硫产量提高 2%。近年来大多数工业装置的捕集器采用金属丝网型，当气速为 1.5~4.1m/s 时，平均捕集效率可达 97% 以上，尾气中硫雾含量约为 0.56g/m^3。

6. 尾气灼烧炉

由于 H_2S 毒性远比 SO_2 大，一般不允许直接排放，故采用尾气灼烧炉将尾气中的含硫化合物转化为 SO_2 后再排放。

第三节 操作条件分析及影响硫回收率的因素

一、操作条件分析

1. 热反应（燃烧）

在直通法克劳斯装置中，进入反应炉内的酸性气体与按照化学计量配给的空气进行燃烧。空气由鼓风机送入炉内。根据下游是否建有尾气处理装置，燃烧过程的压力在 20~97kPa。

在燃烧过程中由于有副反应发生，生成像 H_2、CO、COS 及 CS_2 这样的产物。其中，H_2S 裂解似乎是生成 H_2 的最可能的原因，而 CO、COS 及 CS_2 的生成量则与进料气中的 CO_2 和/或烃类数量有关。重烃、NH_3 及氰化物在还原气氛中很难燃烧完全。重烃可能只是部分燃烧并生成焦炭或焦油状含碳物质，这些物质很易被下游转化器中的催化剂吸附而使其失活，并影响硫的色泽。NH_3 及氰化物可以燃烧生成 NO，而 NO 对 SO_2 氧化生成 SO_3 的反应有催化作用，生成的 SO_3 可造成催化剂的硫酸盐化，还可引起转化器、硫冷凝器等的严重腐蚀。未燃烧的 NH_3 则可生成铵盐，使转化器、硫冷凝器及液硫排除管堵塞。当进料气中含有 NH_3 与氰化物时，有时可采用专门的两级燃烧的燃烧器或一个单独的燃烧器，以确保燃烧完全。

进料气中 H_2S 含量过低时，火焰就难以保持稳定。保持燃烧稳定的最低火焰温度大约是 980℃。如前所述，当进料气中 H_2S 含量过低时，常采用分流法、硫循环法及直接氧化法等。但是，这些方法的进料气中全部或部分烃类、NH_3 及氰化物等，未经燃烧即进入一级转化器中。这样，将会引起重烃生成焦炭等含碳物质和 NH_3 生成铵盐，从而导致催化剂失活和设备堵塞。防止这些问题发生同时又可改善火焰稳定性的办法是将空气或进料气预热，以及采用富氧燃烧工艺等。水蒸气、热油或热气体加热的换热器及明火加热炉均可用来预热燃烧用的空气或进料气。空气及进料气一般预热到大约 230～260℃。其它改善火焰稳定性的方法，还有向进料气中掺入燃料气以及采用氧气或富氧空气进行燃烧等。

2. 余热回收

大多数克劳斯装置采用火管式余热锅炉，产生的蒸汽压力一般在 1.03～3.45MPa。余热锅炉出口温度通常应高于过程气硫露点温度，然而有时也会出现硫冷凝，尤其是在负荷不足，以及准备从过程气中排放这些硫（或者通过管道由下游的设备排放这些硫）时更是如此。

也可以采用其它方法来冷却高温过程气。例如，采用甘醇水溶液、氨液、循环冷却水（不汽化）以及油浴等。在当地缺乏优质的锅炉给水，或者生产的蒸汽无法利用时，采用上述一种冷却介质时的优点就更为明显。

有些小型克劳斯装置可以采用闭式蒸汽系统，产生的蒸汽压力为 0.14～0.21MPa，在高位冷凝器中用空气将其冷凝，凝结水则靠重力返回锅炉作为锅炉给水。

3. 硫冷凝

在一级转化器之前（分流法等除外）和其它各级转化器之后均有硫冷凝器。除了最后一级转化器外，这些冷凝器的设计出口温度一般为 165～182℃。这样，冷凝下来的液硫粘度较低，而且冷凝器中过程气一侧的金属表面温度高于亚硫酸和硫酸的露点温度。根据采用的冷却介质不同，末一级硫冷凝器的出口温度可低至 127℃。但是，由于可能生成硫雾或硫烟，过程气和冷却介质之间的温差应避免过大，这对于末一级硫冷凝器尤为重要。

4. 再热

过程气进入转化器的温度应按下述要求确定，即：①比预计的出口硫露点高 14～17℃；②尽可能地低，以使 H_2S 的转化率最高，但也要高到足以得到令人满意的反应速度；③对一级转化器而言，还应高到足以使 COS 和 CS_2 水解生成 H_2S 和 CO_2，即

$$COS + H_2O \rightleftharpoons CO_2 + H_2S \tag{8-6}$$

$$CS_2 + 2H_2O \rightleftharpoons CO_2 + 2H_2S \tag{8-7}$$

图 8-8 为几种常用的再热方法，即热气体旁通法（高温掺合法）、直接明火加热法（在线燃烧炉法）和间接加热法（过程气换热法）等。热气体旁通法是从余热锅炉引出一部分热

过程气（温度一般为480～650℃），将其与硫冷凝器出口的气体混合。直接明火加热法是采用在线燃烧炉将燃料气或酸性气体燃烧，然后使燃烧产物掺和到硫冷凝器出口气体中使之升温。间接加热法采用加热炉或换热器来加热硫冷凝器出口的过程气。高压蒸汽、热油及热的过程气都可用作间接加热的加热介质，有时还可采用电加热。

通常，热气体旁通法操作费用最低，易于控制，压力降也小，但是总硫收率较低，尤其是负荷降低时更加显著。有时，在一、二级转化器之前采用热气体旁通法，而在三级转化器前采用间接加热法。

直接明火加热法可以设计成将过程气加热至所需的任一温度值，其压力降也较小。缺点是如果采用酸性气体燃烧，可能生成 SO_3，使催化剂硫酸盐化而失活；如果采用燃料气燃烧，可能生成烟炱，堵塞床层使催化剂失活。

间接加热法是在各级转化器之前设置一个换热器。此法费用最贵，而且压降最大。此外，转化器进口温度还受加热介质温度的限制。例如，采用4.14MPa的高压蒸汽（254℃）作为热源时，转化器的进口温度最高约为243℃。这样，催化剂通常不能再生，而且COS和 CS_2 水解也较困难。但是，间接加热法的总硫收率一般最高，而且，催化剂由于硫酸盐化和炭沉积而失活的可能性也较小。

综上所述，采用不同的再热方法将会影响到总硫收率。各种再热方法按总硫收率依次递增的顺序为：①热气体旁通法；②在线燃烧炉法；③气/气换热器法；④用燃料气燃烧或蒸汽加热的间接加热法。热气体旁通法通常只适用于一级转化器，直接明火加热法适用于各级转化器，间接加热法一般不适用于一级转化器。

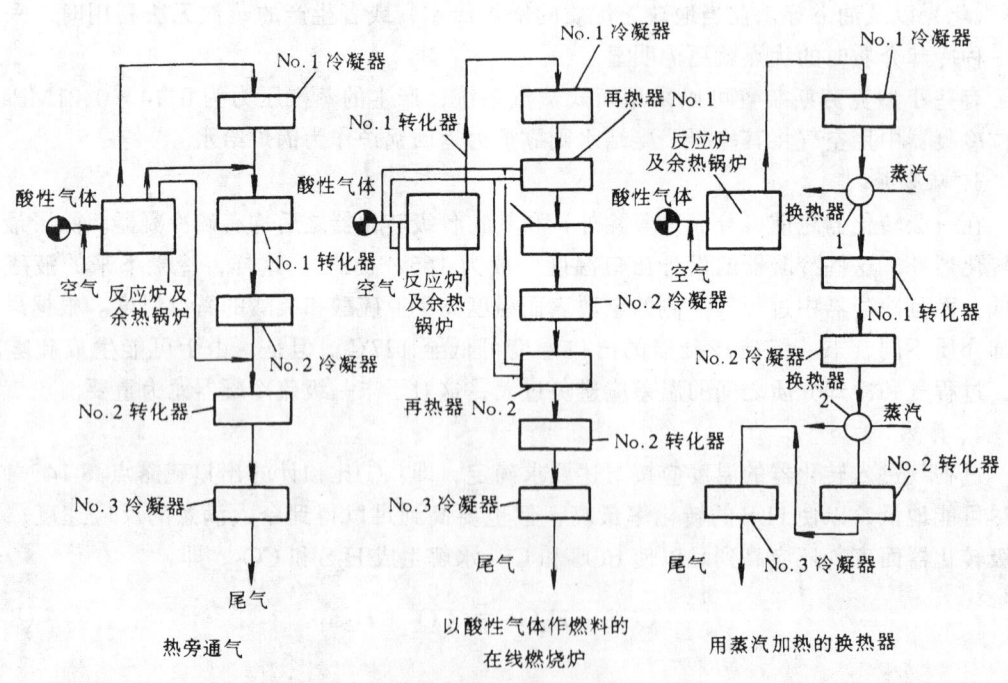

图8-8 各种再热方法

5. 转化器

转化器内的克劳斯反应是放热的，因而较低的温度有利于化学平衡。但是，较高的温度可使 COS 和 CS_2 水解更完全，见图 8-9 所示。因此，一级转化器的操作温度通常要高到足可使 COS 和 CS_2 水解，而二、三级转化器的操作温度只要高到反应速度令人满意，并且避免液硫沉积即可。采用三级转化器的克劳斯装置的各级转化器入口温度范围是：一级转化器，232～249℃；二级转化器，199～221℃；三级转化器，188～210℃。

由于克劳斯反应和 COS、CS_2 水解反应都是放热的，故过程气在各级转化器反应时将会产生温升。一级转化器的温升一般为 44～100℃，二级转化器温升为 14～33℃，三级转化器温升为 3～8℃。因有散热损失，三级转化器测得的出口温度常略低于入口温度。

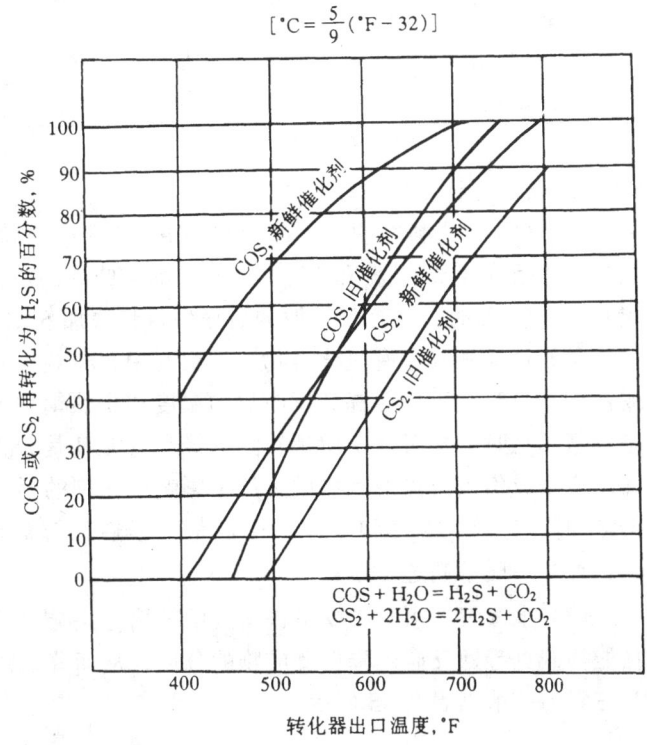

图 8-9 COS 和 CS_2 在转化器内的水解

二、影响硫回收率的因素

以直通法两级转化克劳斯装置为例，典型的硫回收率和硫损失如表 8-3 所示。

表 8-3 直通法两级转化克劳斯装置硫回收率和硫损失

项 目	硫回收率	硫平衡转化率损失 (H_2S+SO_2)	有机硫损失 (COS, CS_2)	硫蒸气损失	夹带液硫损失	合计
占进料气中硫的比例（质量），%	96.2	2.7	0.35	0.25	0.5	100.0

影响硫回收率的因素很多，其中以进料气质量（H_2S 含量和杂质含量）、风气比和催化剂活性等尤为重要，现将其分别介绍如下。

1. 进料气中 H_2S 含量

进料气中 H_2S 含量高，可以增加硫回收率和降低装置投资，其关系大致如表 8-4 所示。

因此，在上游的脱硫装置中采用选择性脱硫方法可以有效地降低酸性气体中 CO_2 的含量，这对提高克劳斯装置进料气的 H_2S 含量和装置的硫回收率，以及降低装置投资都十分有利。

表 8-4 进料气中 H_2S 含量和硫回收率与装置投资的关系

H_2S 含量,%	16	24	58	93
装置投资比	2.06	1.67	1.15	1.00
硫回收率,%	93.7	94.2	95.0	95.9

2. 进料气和过程气的杂质

(1) CO_2 进料气中一般都含有 CO_2。它不仅会降低进料气中 H_2S 含量，也会与 H_2S 在反应炉中反应生成 COS 和 CS_2，这两者都可使硫回收率降低。当进料气中 CO_2 含量从 3.6% 增加至 43.5% 时，随尾气排放的硫损失量将增加 52.2%。

(2) 烃类和其它有机化合物 进料气中含有烃类和其它有机化合物（例如进料气中夹带脱硫溶剂）时，不仅会提高反应炉的温度和余热锅炉的热负荷，也增加了空气的需要量。在空气量不足时，相对分子质量较大的烃类（尤其是芳香烃）和醇胺类脱硫溶剂将在高温下与硫反应生成焦炭或焦油状物质，严重影响催化剂的活性。此外，进料气中含有过多的烃类还会增加反应炉内 COS 和 CS_2 的生成量，影响总转化率，故要求进料气中的烃类含量（以 CH_4 计）一般不超过 2%。

(3) 水蒸气 水蒸气既是进料气中的惰性组分，又是克劳斯反应的产物。因此，它的存在能抑制克劳斯反应，降低反应物的分压，从而降低总转化率。过程气温度、水含量和转化率三者的关系见表 8-5 所示。

表 8-5 过程气温度、含水量和转化率的关系

气流温度,℃	转化率,%		
	含水 24%	含水 28%	含水 32%
175	84	83	81
200	75	73	70
225	63	60	56
250	50	45	41

(4) NH_3 当反应炉内空气量不足、温度也不够高时，进料气中的 NH_3 不能完全转化为 N_2 和 H_2O，大部分转化为硫氢化铵和多硫化铵，堵塞硫冷凝器的管程，增加系统压力降，严重时会使装置停产。同时，未完全转化的 NH_3 还可能在高温下生成各种氮氧化物，导致设备腐蚀和催化剂中毒。据报道，进料气中的 NH_3 含量应控制在 NH_3 与 H_2S 的体积比小于 0.042%。

应该指出的是，虽然进料气中杂质对克劳斯装置的设计和操作有很大影响，但一般不在进装置前预先脱除，而是通过改进克劳斯装置的设备或操作条件等办法来解决。

3. 风气比

风气比是指进入反应炉的空气与酸气的体积比。当酸气中 H_2S、烃类及其它可燃组分含量已知时，可按化学反应的理论需氧量计算出风气比。对酸气中的 CH_4 及除 H_2S 以外其它可燃组分，通常均假定完全燃烧。除了在反应炉内因裂解等副反应而使反应物的计量关系产生一点偏移之外，总的来说是按照化学计量反应的。尤其是，为了获得尽可能趋近于 100%

的总转化率,应保证进入各级转化器的过程气中 H_2S/SO_2 的摩尔比为2。风气比的微小偏差即空气不足或过剩,都会导致 H_2S/SO_2 比值不当,使硫平衡转化率损失剧烈增加,从而降低转化率与硫回收率,尤其是空气不足时对硫平衡转化率损失的影响更大,见图8-10。

克劳斯装置进料气组成% (φ):H_2S 93.0;CO_2 0.0;烃 0.5(相对分子质量30);H_2O 6.5。

在实际运行中,为了严格有效地控制风气比,需要有一套比较复杂的收集信息、判断和反馈调节空气量的系统,例如 ADA(空气需求量分析仪)系统。只有像 ADA 这样精确调节风气比的系统在有效工作,才能保证装置的总硫回收率,这对以后将要介绍的低温克劳斯法尤为重要。

此外,如果反应前过程气中 H_2S/SO_2 之摩尔比为2时,在任何转化率下反应后过程气中 H_2S/SO_2 之比也为2;如反应前过程气中 H_2S/SO_2 之比与2有任何微小的偏差,都会使反应后过程气中 H_2S/SO_2 之比与2偏差更大,而且转化率越高,偏差越大,见图8-11所示。因此,目前大多数克劳斯装置都采用紫外分光光度计或在线气相色谱仪连续监测尾气中 H_2S/SO_2 的比值,尤以使用前者居多。国内一些克劳斯装置由于实现了过程气在线跟踪分析及风气比自动控制,促成了克劳斯反应过程的最佳化操作,其经济效益及环境效益都十分显著。

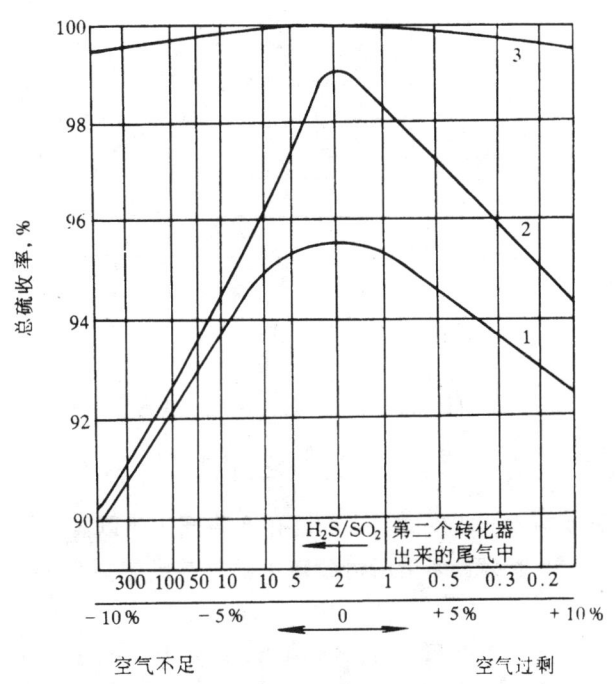

图8-10 风气比不当对过程气 H_2S/SO_2 比值和硫回收的影响
1—两级转化克劳斯法;2—两级转化克劳斯法+低温克劳斯法;3—两级转化克劳斯法+SCOT法

4. 催化剂

虽然克劳斯反应对催化剂的要求并不苛刻,但为保证实现克劳斯反应过程的最佳效果,仍然需要催化剂有良好的活性和稳定性。此外,由于反应炉常常产生远高于平衡值的 COS 及 CS_2,还需要一级转化器的催化剂具有促使 COS、CS_2 水解的良好活性。目前常用的催化剂大体分为两类,一类是铝基催化剂,如高纯度活性氧化铝(Al_2O_3 含量约为95%)及加有添加剂的活性氧化铝。后者主要成分是活性氧化铝,同时还加入1%~8%的钛、铁和硅的氧化物作为活性剂;另一类是非铝基催化剂,例如,二氧化钛(TiO_2)含量高达85%的钛基催化剂(用以提高 COS、CS_2 水解活性)等

5. 操作温度

克劳斯法自工业化以来,虽然在工艺上不断改进,使硫回收率有了很大提高,但因 H_2S 与 SO_2 反应生成元素硫的过程是可逆反应,由于受到化学平衡的限制,H_2S 和 SO_2 不可能

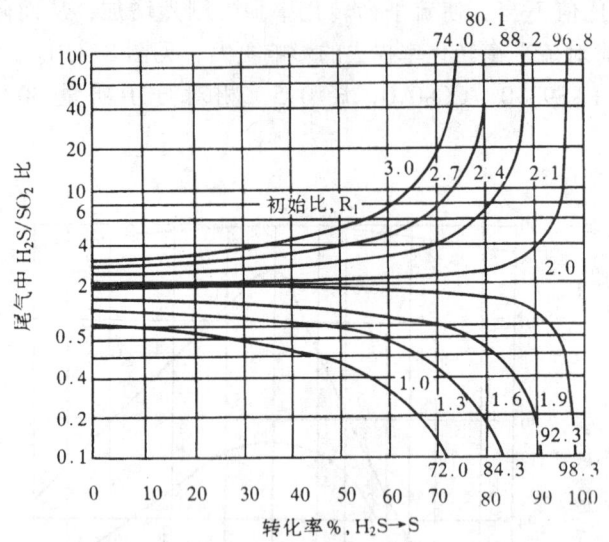

图 8-11 尾气中 H_2S/SO_2 之比和转化率的关系

完全转化为元素硫，故在装置尾气中不可避免地含有一定量的 H_2S 和 SO_2，影响了硫回收率。由表 8-3 可知，与化学平衡有关的硫损失高达 2.7%，而末级转化器出口过程气的温度是影响这项硫损失的关键因素。

进料气中可能含有一定量的 COS、CS_2。在反应炉中，进料气中含有的 CO_2、烃类与含硫化合物反应，也会生成 COS、CS_2。这两种有机硫化物十分稳定，除非将 COS、CS_2 转化为 H_2S 和 SO_2，否则它可以无变化地通过各级转化器，最后随尾气排放出装置，成为装置的有机硫损失。为了减少有机硫损失，应使一级转化器在较高温度下操作，并采用可促使 COS 和 CS_2 水解的催化剂。但是，采用较高的反应温度会使一级转化器中克劳斯反应的平衡转化率降低，所以需增加转化器的级数以提高硫回收率。目前，新建克劳斯装置多采用两级转化，并常继之以低温克劳斯法或超级克劳斯法以取得更好的效果。

由上述可知，为促使 COS、CS_2 进行水解反应，一级转化器出口过程气温度必须保持在 310~340℃ 甚至高至 370℃。以后各级转化器由于已将大量元素硫从过程气中分出，也不存在 COS、CS_2 的水解问题，故可在较低温度下操作，以获得较高的转化率。例如，对于进料气中 H_2S 含量较高的直通法克劳斯装置，二级转化器出口温度一般为 240~260℃，三级转化器出口温度则为 180~220℃。

6. 空速

空速是控制气体与催化剂接触时间的重要参数。空速过高时，过程气在催化剂床层上停留时间过短，使平衡转化率降低。此外，空速过高也会使床层温升增加，反应温度提高，这也不利于提高转化率。反之，空速过低会使催化剂床层体积过大。实验测定的空速与转化率之间关系如表 8-6 所示。

表 8-6 空速和转化率的关系[①]

空速，h^{-1}	240	480	960	1920
转化率，%	27.3	26.4	25.8	24.0

①反应温度 260℃，床层高度 0.8m，进料气组成为 H_2S 6.78%，SO_2 2.39%，H_2O 26.9%，N_2 63.9%。

综上所述，提高进料气质量，严格控制风气比，采用性能良好的催化剂和合适的操作温度，是实现克劳斯反应过程最佳化的必要条件，同时也是在下游进行尾气处理的前提与基础。

第四节 硫磺回收催化剂

从20世纪30年代改良克劳斯法硫磺回收工艺在工业上应用至今,所用催化剂大致经历了天然铝钒土、活性氧化铝和多种催化剂同时发展的三个阶段。

克劳斯装置最初使用的催化剂是天然铝钒土,它的价格低廉且有较好活性,但因强度差,对有机硫化物水解反应几乎无活性,以及对克劳斯反应的活性不如活性氧化铝等,70年代起欧美各国陆续采用高纯度活性氧化铝催化剂(例如S-201,R10-11等),到80年代初几乎全部取代了天然铝钒土。对同一装置而言,采用活性氧化铝催化剂后虽然总转化率至少可提高3%,但也存在容易发生硫酸盐化、对有机硫化物(尤其是COS)水解反应的活性较低,以及相对天然铝钒土而言,床层压力降增大等,故又开发了一系列加有添加剂(钛、铁和硅等氧化物,含量在1%~8%)的活性氧化铝催化剂。天然铝钒土、高纯度活性氧化铝及加有添加剂的活性氧化铝催化剂,统称为铝基硫磺回收催化剂。

自20世纪80年代以后,针对铝基催化剂的缺陷,结合尾气处理工艺的发展,又开发了一系列新型催化剂,诸如对有机硫化物水解反应活性很高的钛基催化剂(TiO_2含量高达85%以上)等,出现了以铝基催化剂为主,多种催化剂同时发展的局面。现将这些催化剂的主要性能分述如下。

一、铝基硫磺回收催化剂

1. 天然铝矾土

天然铝矾土是一种主要含Al_2O_3水合物的矿物,用作炼铝和制备Al_2O_3的原料,在耐火材料工业上也有广泛应用。天然铝矾土除含Al_2O_3水合物外,还含少量Fe_2O_3、SiO_2和TiO_2。其所含Al_2O_3水合物($Al_2O_3·3H_2O$或$Al_2O_3·H_2O$)有α型三水铝石、β型三水铝石、一水软铝石和一水硬铝石等多种形式。作为硫磺回收催化剂时,一般选用α型三水铝石的铝钒土矿,在400~500℃加热脱水,使之活化成为活性氧化铝。

目前,国内除少数小型装置外,大部分均已改用活性氧化铝催化剂。

2. 活性氧化铝

国外广泛应用的几种活性Al_2O_3催化剂的主要化学组成和物理性质见表8-7所示。法国Rhone—Poulenc公司生产的CR催化剂特点是大孔率高、堆积密度小,以体积为基准的催化剂用量较其它催化剂少。例如,川东天然气净化总厂引进装置使用CR催化剂已达10年,仍有较好效果。美国LaRoche公司的S-201催化剂特点是Al_2O_3含量高,可用于低温克劳斯法。美国Alcoa公司生产的S-100催化剂,具有良好的机械强度和转化活性,球粒表面光滑,可降低气体流动阻力,大大减少形成沟流的倾向。德国BASF公司生产的R10-11催化剂也具有良好的机械强度,而且对COS、CS_2水解反应有较好的活性。

目前国内在工业上使用的主要有齐鲁石化公司等研制的LS-811及四川石油管理局天然气研究院等研制的CT6-2催化剂,它们的性能和技术指标大致与CR催化剂相当,见表8-8所示。国内硫磺回收装置采用这些催化剂后总转化率已达92%~95%,不仅经济效益可观,而且也有助于解决尾气对大气的污染问题

3. 促使有机硫水解和抗硫酸盐化催化剂

活性Al_2O_3催化剂中的Al_2O_3和Fe_2O_3在使用过程中会与过程气中的SO_2、SO_3和O_2反应生成硫酸盐,这些硫酸盐占据了催化剂的表面活性中心,降低了催化剂的活性。

表 8-7 国外 4 种 Al_2O_3 催化剂的主要化学组成和物理性质

	公司	Rhone-Poulenc	LaRoche	BASF	Alcoa
	牌号	CR	S-201	R10-11	S-100
	外形	球状, φ 4~6mm	球状, φ 5~6mm	球状, φ 5mm	球状, φ 5~6mm
化学组成 w, %	Al_2O_3	>95	93.6	>95	95.1
	Fe_2O_3	0.05	0.02	<0.05	0.02
	SiO_2	0.04	0.02	—	0.02
	Na_2O	<0.1	0.35	<0.1	0.30
	灼烧失重	4.0	6.0	5.0	4.5
物理性质	堆积密度, t/m³	0.67	0.69~0.75	0.70	0.72
	比表面积, m²/g	260	280~360	300	340
	孔体积, cm³/g	—	—	0.5	0.55
	大孔率（大于70nm）, cm³/g	—	0.08~0.14	—	0.11
	压碎强度, kg	12	14~18	15	25
	磨耗率, %	—	0.5~1.5	<1	—

表 8-8 国产 2 种活性 Al_2O_3 催化剂的主要化学组成和物理性质

牌号	外形	化学组成, w, %					物理性质					物相
		Al_2O_3	Fe_2O_3	SiO_2	Na_2O	灼烧失重	堆积密度, t/m³	比表面积, m²/g	孔体积, cm³/g	压碎强度, kg	磨耗率, %	
LS-811	球状, φ 5~7mm	93.6	0.02	0.27	0.25	—	0.67	237	0.42	13.6	0.9	$\gamma—Al_2O_3$ 为主，少量 $\eta—Al_2O_3$
CT6-2	球状, φ 4~6mm	93.4	0.12	0.60	0.19	5.1	0.69	200	—	16	0.53	$\gamma—Al_2O_3$ 为主，少量 $\chi—Al_2O_3$

在硫磺回收装置正常运行中，SO_2 虽可与催化剂的 Al_2O_3 生成硫酸盐，但数量不多。然而，如来自反应炉或再热器的过程气中有 SO_3 或 O_2 存在，即使其含量只有百万分之几，也会加速催化剂的硫酸盐化，即

$$Al_2O_3 + 3SO_2 + \frac{3}{2}O_2 \rightleftharpoons Al_2(SO_4)_3 \qquad (8-8)$$

$$Al_2O_3 + 3SO_3 \rightleftharpoons Al_2(SO_4)_3 \qquad (8-9)$$

在操作过程中，催化剂表面上生成的硫酸盐的量并不是无限增加，因为它能与过程气中 H_2S 反应，重新生成 Al_2O_3，即

$$Al_2(SO_4)_3 + H_2S \rightleftharpoons Al_2O_3 + 4SO_2 + H_2O \qquad (8-10)$$

当反应式（8-8）、式（8-9）生成硫酸盐的速度与反应式（8-10）硫酸盐被还原的速度相等时，硫酸盐量不再增加，达到平衡状态。催化剂床层温度低，过程气中SO_2、SO_3和氧含量高，有利于催化剂的硫酸盐化；反之，催化剂床层温度高，过程气中H_2S含量高，则有利于降低催化剂中硫酸盐含量。因此，过程气中的氧含量、SO_3含量和催化剂的硫酸盐化密切有关，见图8-12所示。

因此，对在低于硫露点温度下操作的低温克劳斯反应催化剂，由于过程气中H_2S含量较低，微量氧的影响更加显著，催化剂的硫酸盐化也比常规克劳斯法更为严重。为此，除了研制新的钛基催化剂外，还研制了抗硫酸盐化的活性Al_2O_3催化剂，较具代表性的是LaRoche公司的S-501催化剂。据称，这是一种以Na_2O为助催化剂的活性Al_2O_3，特别适用于低温克劳斯反应。在较低的反应温度下，此催化剂吸附大量液硫并发生硫酸盐化后，仍对有机硫水解反应有良好的活性，见表8-9所示。

此外，Rhone—Poulenc公司研制的CRS-21催化剂是以TiO_2作助催化剂的铝基催化剂，Al_2O_3的含量（w）大于90%，TiO_2的含量（w）约为5%，其特点是不仅具有良好的抗硫酸盐化能力，还具有很高的有机硫水解反应活性。国内齐鲁石化公司研制的LS-821

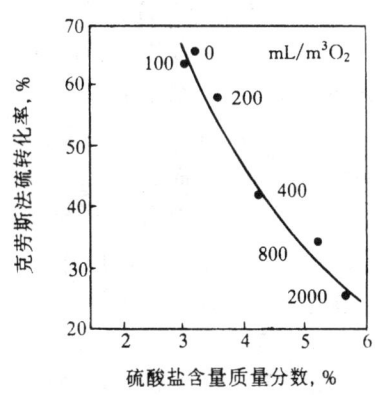

图8-12 过程气中氧含量与催化剂中硫酸盐含量和H_2S转化率的关系

也是一种加有助催化剂的高活性有机硫水解催化剂，在2000t/a的直通法克劳斯装置上进行工业试验表明，在一级转化器下部装填该催化剂后，与全部使用LS-811催化剂相比，在同样条件下一级转化器转化率可由74%提高到80%，COS的水解反应转化率则由92%提高到近100%，故使装置的总硫转化率由94.6%提高到95.8%，每年增产硫约24t。

表8-9 几种催化剂对COS水解反应转化率的比较（135℃）

新鲜的S-201		硫酸盐化的S-201		硫酸盐化的S-501	
硫吸附量,%	转化率,%	硫吸附量,%	转化率,%	硫吸附量,%	转化率,%
25.0	87	20.7	18	24.0	53
48.0	71	40.6	7	57.0	30
—	—	60.0	5	79.5	9

Rhone—Poulenc公司研制的AM催化剂，是在活性Al_2O_3小球表面浸渍过渡金属的氧化物、硫化物或硫酸盐作为活性组分的抗硫酸盐化催化剂。该催化剂通常放置在二级或三级转化器床层顶部，其量约为硫磺回收催化剂用量的30%。AM催化剂不仅对过程气中微量氧的脱除率可达99%以上，使下层活性Al_2O_3催化剂得到保护，而且它本身对克劳斯反应也具有良好的催化活性。AM催化剂在法国Lacq气田硫磺回收装置（进料气中H_2S含量为60%）采用AM催化剂前后的效果见表8-10。

表 8-10 AM 催化剂对总转化率的影响[①]

催化剂	装填位置	总硫转化率,%	尾气中硫含量,%
CR	二级转化器	93.8	1.178
AM+CR	二级转化器	95.5	0.979

①一级转化器中均使用 CR 催化剂。

4. 低温克劳斯反应催化剂

一般来说,常规克劳斯装置上采用的活性 Al_2O_3 催化剂(如 S-201)都可用于低温克劳斯反应。虽然低温克劳斯反应生成的大量液硫都吸附在催化剂上,但由于液硫本身对克劳斯反应也有催化作用,故对催化剂活性影响不大。直到催化剂的微孔被液硫充满后,才会因比表面积显著降低而影响活性。在 135℃ 时,新鲜 S-201 吸附液硫量达 50% 时,转化率仍保持在 98% 以上,吸附液硫量超过 65% 后活性才会显著降低。

S-501、德国鲁奇(Lurgi)公司生产的 RP-AM2-5 催化剂都是适用于低温克劳斯反应的催化剂。它们都加有活性组分的 Al_2O_3,有较高的抗硫酸盐化能力,对过程气中 COS、CS_2 水解反应也有一定的活性。此外,我国四川石油管理局天然气研究院研制的 CT6-4 也是一种用于低温克劳斯反应的催化剂,其性能与 RP-AM2-5 相当。

5. 选择性催化氧化催化剂

目前在硫磺回收和尾气处理中逐步推广的 Selectox 法、超级克劳斯法和 Modop 法,均为选择性催化氧化工艺。它们采用的催化剂也是硫磺回收催化剂中另一个重要发展方向。除 Modop 法采用钛基催化剂 CRS-31 外,其它两种方法所用催化剂虽也属铝基型,但和一般活性 Al_2O_3 硫磺回收催化剂有很大区别。

(1) Selectox 法催化剂 由美国加里福尼亚联合油品公司(Unocal)等研制而成,是在 SiO_2—Al_2O_3 担体上加入钒(V)和铋(Bi)的氧化物。担体中 Al_2O_3 含量至少达 20%~30%,以 V_2O_5、BiO_2 计的 V 和 Bi 含量分别应达 7% 和 8% 以上。在空气存在下该催化剂可使 H_2S 氧化为 SO_2,并且具有很高的稳定性和压碎强度,使用寿命最长可达 10 年以上。目前有 Selectox-32(用于尾气处理)和 Selectox-33(用于硫磺回收)两种牌号。这些催化剂也可用作活性 Al_2O_3 硫磺回收催化剂的保护剂(除氧剂),其作用与 AM 催化剂类似。

(2) 超级克劳斯法催化剂 这种催化剂以 α—Al_2O_3 为担体,其上浸有活性金属氧化物(如 Fe_2O_3 或 $Fe_2O_3+Cr_2O_3$)。该催化剂可选择性地将 H_2S 氧化为元素硫,即使有过量空气存在,SO_2 生成量也极少。此外,它对过程气中水含量不敏感,对克劳斯反应基本上没有活性,也不会因副反应而生成 COS 或 CS_2,并且具有良好的热稳定性、化学稳定性和机械强度,使用寿命在 2 年以上。

我国四川石油管理局天然气研究院研制的 CT6-6 超级克劳斯法催化剂已在工业装置完成侧线试验,即将投入工业生产。

二、钛基硫磺回收催化剂

与活性 Al_2O_3 催化剂相比,钛基催化剂对过程气中的 COS、CS_2 有良好的水解活性(在 280~320℃ 下),而且 TiO_2 与过程气中 SO_2 反应生成的 $Ti(SO_4)_2$ 和 $TiSO_4$ 在相应的操作温度下是不稳定的,因而基本上不存在催化剂硫酸盐化的问题。当过程气中存在游离氧时,这类催化剂还很可能具有将 H_2S 直接氧化为元素硫的催化活性。

目前,国外采用的钛基催化剂有两类:一类仍以活性 Al_2O_3 为主要成分,添加一定量钛作为活性组分，如 Rhone—Poulenc 公司的 CRS-21；另一类是由 TiO_2 粉末、水和少量成型添加剂混合成型后经焙烧而成，如 Rhone—Poulenc 公司的 CRS-31。然而，钛基催化剂由于价格比活性 Al_2O_3 催化剂贵很多，故目前使用还不普遍。

1. CRS-31 催化剂

该催化剂 TiO_2 含量在 85% 以上，可用于克劳斯装置一级转化器中，在较高的操作温度下使过程气中的 COS、CS_2 比较完全地进行水解反应。例如，在 310℃ 时 CRS-31 催化剂对 COS 的转化率可达 99%，对 CS_2 为 95%。CRS-31 催化剂也可装在二级转化器中取代 AM 与 CR 两种催化剂，转化率可提高至 95%。

2. S-701 催化剂

该催化剂系美国 LaRoche 公司产品，其成分及使用情况均与 CRS-31 类似。S-701 催化剂的特点是在一级转化器操作温度下对 CS_2 水解反应有很高的活性（例如，在 300℃ 时 CS_2 的转化率也在 90% 以上），在最后一级转化器的较低操作温度下仍对克劳斯反应具有良好的活性。此外，S-701 催化剂基本上不存在因硫酸盐化而失活的问题，因而可在较低温度下使用，使总转化率有较大提高，也可大大降低再热设备的能耗。据估计，对直接采用天然气作再热燃料的克劳斯装置而言，使用 S-701 催化剂所增加的费用，一年之内即可从节省的燃料费中回收。

三、硫磺回收催化剂的失活及防治

硫磺回收催化剂在使用过程中由于种种因素会使其活性降低，即所谓失活。以活性 Al_2O_3 为例，失活的主要原因有微孔结构变化及外部影响等。由于内部微孔结构变化导致失活时无法再恢复其活性，而由于外部因素影响产生的失活，一般可通过再生使其部分或全部恢复活性。

1. 老化

催化剂在使用过程中由于高温的作用会使其微孔结构发生变化，引起比表面积逐渐减少，活性相应降低，即所谓老化。此外，Al_2O_3 还可与过程气中的水蒸气产生水合反应，加快催化剂的老化。实践表明，当转化器温度不超过 500℃ 时，催化剂的老化过程很缓慢，而且只要操作平稳，活性 Al_2O_3 的使用寿命都在 3 年以上。如果转化器在操作中超温，活性 Al_2O_3 将会发生相变化，逐步生成高温 Al_2O_3（主要形态为 κ、θ 和 δ—Al_2O_3）而使比表面积剧降，导致催化剂永久性失活。

2. 硫沉积

当转化器温度低于硫露点时，过程气中的硫蒸气会冷凝并沉积在催化剂微孔中。此外，硫蒸气也会因吸附作用和随之发生的毛细管冷凝作用而沉积在催化剂微孔中。硫沉积导致催化剂比表面积减少，活性降低。然而，催化剂由于硫沉积失活一般是可逆的，可采取适当提高床层温度或在停工时用过热蒸气吹扫的办法把沉积的硫脱出来。

3. 炭沉积

进料气中所含烃类和上游脱硫装置操作不正常时携带过来的醇胺类脱硫溶剂，在反应炉内当燃烧不完全时会生成炭状或焦油状物质沉积在催化剂上，即所谓炭沉积。对于分流法克劳斯装置，由于进料气总量的 2/3 未进入反应炉，因而更易发生炭沉积。催化剂上有少量炭沉积时对其活性一般影响不大，但当催化剂表面沉积的焦油量（w）为 1%~2% 时，催化剂就有可能完全失活。

工业上曾采用提高床层温度（约达 500℃），并适当加大进反应炉空气量的办法进行烧炭，但因烧炭过程中温度和空气量很难控制，一旦超温会造成催化剂永久失活，故此再生方法现已很少采用。因此，解决炭沉积的根本措施是消除其起因。

4. 磨耗和机械杂质污染

催化剂在使用中不可避免会有磨耗，但目前国内外所用活性 Al_2O_3 催化剂的磨耗率大多在 1% 以下，已不是影响催化剂失活的主要因素。

机械杂质是指过程气中夹带的铁锈、耐火材料碎屑及催化剂粉化后产生的细粉等，它们也会影响催化剂的活性和增加气体流动的阻力降。然而，只要装置设计和操作合理，催化剂的强度较高，机械杂质污染对催化剂的活性和寿命影响不大。

上述硫沉积、炭沉积、磨耗和机械杂质污染等均属于影响催化剂活性的外部物理因素。

5. 硫酸盐化

硫酸盐化对催化剂活性的影响属于外部化学因素。如前所述，活性 Al_2O_3 催化剂的硫酸盐化是影响其活性的最重要因素。催化剂的硫酸盐化与过程气中的氧含量、SO_3 含量等密切有关，见图 8-12 所示。

工业实践表明，适当提高转化器操作温度和过程气中 H_2S 含量，可以使已硫酸盐化的催化剂还原再生，其还原操作条件则应根据装置和催化剂的情况而定。此外，采用除氧催化剂及抗硫酸盐化的催化剂，也是防止硫酸盐化的有些措施。

第五节 克劳斯法工艺计算

在克劳斯法制硫过程中，由于有各种形态的气相硫（$S_2 \sim S_8$）产生，它们相互之间的平衡关系常常无法确切得知，而且进料气中其它组分如 CO_2、烃类、NH_3 等同时又有很多副反应发生，因此，克劳斯装置的工艺计算是很复杂的。通常，要关联化学平衡、热平衡及物料平衡由计算机完成这些计算。例如，由 Bryan 研究和工程公司开发的 TSWEET 软件，即可用于硫磺回收装置的设计、改造和优化，目前，已为许多设计和生产经营公司所采用。但是，如果不考虑副反应，利用人工进行简化计算，也可得到较为满意的结果。

一、克劳斯装置反应炉内化学反应的复杂性

1. 反应炉中的实际反应物与产物

如果用纯 H_2S 气体作为克劳斯法制硫的进料气，并又与纯氧一起在反应炉内燃烧，则反应后的过程气中仅含有 H_2S、SO_2、H_2O 及不同形态的硫分子。实际上，进料气中除 H_2S 外，通常还含有 CO_2、H_2O、烃类及 NH_3 等，空气中除 O_2 外，还有 N_2、CO_2 及 H_2O 等，故化学反应十分复杂，反应后过程气中的组分也非常繁多。

反应炉内可能出现的反应分为基本反应与副反应两部分。基本反应包括了式（8-2）至式（8-4）所列的热反应和催化反应、烃类的完全燃烧反应等。副反应则包括生成或消耗 CO、H_2、COS、CS_2 等的反应等。

2. 平衡时气相中各种形态硫分子的构成

如前所述，不同温度下硫蒸气中平衡存在的各种形态硫分子的构成是不同的。由图 8-13 可知，在反应炉高温下生成的硫蒸气主要由 S_2 构成，而出反应炉的过程气中的硫蒸气则随着温度降低将会发生下列反应，即

$$3S_2 \rightleftharpoons S_6 \tag{8-11}$$

$$\Delta_r H_m^{\ominus}(298K) = -272.2(kJ \cdot mol^{-1})$$

$$4S_2 \rightleftharpoons S_8 \tag{8-12}$$

$$\Delta_r H_m^{\ominus}(298K) = -404.4(kJ \cdot mol^{-1})$$

$$4S_6 \rightleftharpoons 3S_8 \tag{8-13}$$

$$\Delta_r H_m^{\ominus}(298K) = -124.5(kJ \cdot mol^{-1})$$

在各级转化器中由于操作温度较低,故硫蒸气主要由 S_6、S_8 构成。实际计算中,只考虑硫蒸气中有 S_2、S_6 和 S_8 三种形态硫分子平衡存在即已足够准确。即使这样,克劳斯法的过程气组成也十分复杂,大致包括 H_2S、SO_2、CO_2、H_2O、CO、COS、CS_2、H_2、S_2、S_6、S_8、N_2 等组分。

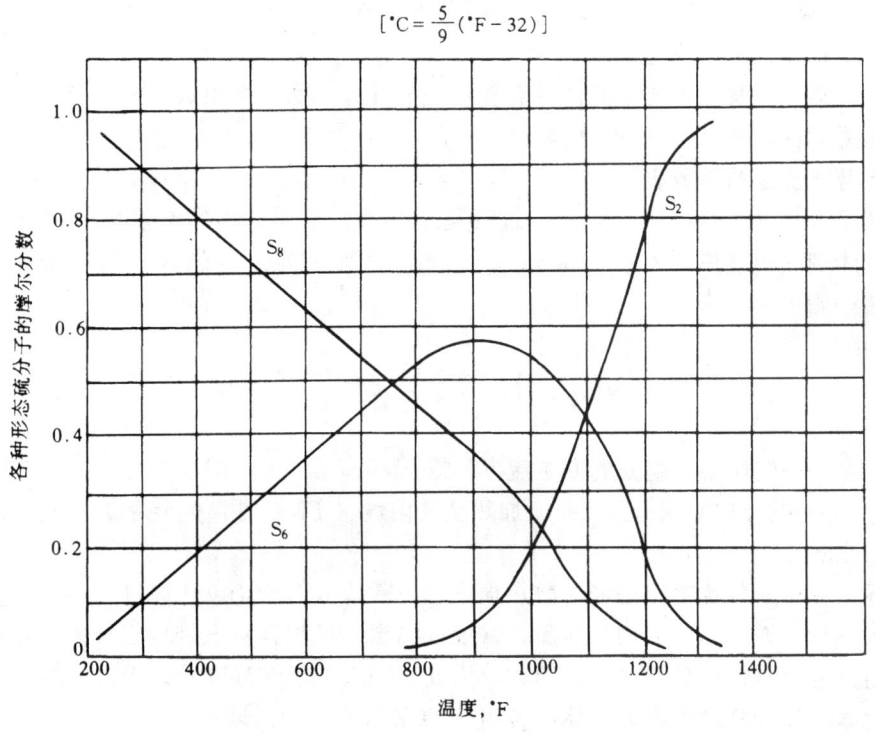

图 8-13 0.1MPa 下平衡时硫蒸气中各种形态硫分子的构成

二、克劳斯反应的化学平衡

由上可知,克劳斯法制硫过程中的主要反应可用反应式(8-2)至式(8-4)来表示,但实际上在火焰反应区(反应炉内)因有许多副反应发生,平衡时反应产物的组成远为复杂。在催化反应区(转化器内),除有 H_2S、SO_2 反应生成元素硫外,也还有 COS、CS_2 的

水解及 S_2、S_6、S_8 间的反应平衡问题。

在以往克劳斯装置反应炉简化计算中，不仅未涉及化学平衡计算，而且还将副反应忽略不计，只是进行粗略地计算。例如，理论证明高温下克劳斯反应的硫处于峰值时的氧量系数 $\alpha<1$，且此时产物中的 H_2S/SO_2 之比不等于 2，因为有副反应发生而降低了氧耗量。因此，H_2S 与 SO_2 是在低于化学计量关系下发生反应的，而以往粗略计算则是以化学计量关系为前提。如要比较精确地确定过程气的组成，就必须用严格的化学平衡计算方法，通过关联化学平衡、物料平衡和热平衡精确得出复杂气相反应产物的平衡组成。由于化学平衡涉及众多已知或未知的化学反应而十分复杂，为充分利用所能得到的数据，并便于计算复杂的气相混合物平衡组成，目前大多数采用平衡常数法或最小自由能法。

平衡常数法是由物料平衡方程和足够数量的任意选择的独立平衡方程（要求已知平衡常数与温度的关联式）组成一个方程组，方程的总数应等于求解的未知数的个数，通过解方程组来确定平衡组成。平衡常数法通常采用计算机解法，但如将副反应忽略不计，采用手工简化计算的图解法也可得到较为满意的结果。最小自由能法是根据在每种元素的原子数守恒条件下，平衡时系统吉布斯自由能达到最小，从而求出相应产物的平衡组成。最小自由能法无需了解过程中发生的化学反应个数，可任意规定平衡时反应产物的组分数（只要有足够的热力学数据）。如果以同样的数据为基础，这两种方法都能得到相同的结果。但因最小自由能法的简明性，正在得到广泛应用。

关于平衡常数法及最小自由能法计算复杂气相反应产物平衡组成的方法与步骤，以及有关组分的热力学性质等可查取有关文献。

三、克劳斯反应的热效应

克劳斯反应是强放热反应。如假定过程是绝热的，反应放出的热量全部用于加热过程气，入方气体带入的总热量为 $(\sum n_i \Delta h_{m,i})_{in}$，出方气体带走的总热量 $(\sum n_i \Delta h_{m,i})_{out}$，则此过程的热平衡可表示为

$$(\sum n_i \Delta h_{m,i})_{in} - (\sum n_i \Delta h_{m,i})_{out} = 0 \qquad (8-14)$$

式中　n_i——气体中 i 组分的摩尔流率，kmol/h；

$\Delta h_{m,i}$——气体中 i 组分从 298K 加热至某温度（TK）时含标准摩尔生成焓在内的摩尔焓变，kJ/kmol。

在实际的克劳斯装置中仍需考虑散热损失，一般取 $0.209MJ/m^3$ 进料气。

由于入方和出方气体一般均为常压、常温或高温，可将其看成是理想气体混合物，故气体中任一组分的摩尔焓变只是温度的函数。因此，当入方气体温度及各组分的摩尔流量已知时，通过化学平衡计算求出出方气体中各组分的摩尔流量后，即可按式（8-14）猜算反应温度 t_R。

$\Delta H_{m,i}$ 是理想气体混合物中 i 组分从 298K 加热至某温度（TK）时含标准摩尔生成焓在内的摩尔焓变。因此，在式（8-14）的热平衡计算中已将过程的反应热考虑在内。某温度下理想气体混合物中任一组分含标准摩尔生成焓在内的摩尔焓变 $\Delta H_m(TK)$ 为

$$\Delta H_m(TK) = \Delta_f H_m^\ominus(298K) + \int_{T_0}^{T} c_{p,m} dT - \int_{T_0}^{298} c_{p,m} dT \qquad (8-15)$$

式中 $\Delta H_m(TK)$——理想气体混合物中任一组分从298K加热至某温度（TK）下含标准摩尔生成焓在内的摩尔焓变，kJ/kmol；

$\Delta_f H_m^{\ominus}(298K)$——理想气体混合物中任一组分的标准摩尔生成焓，kJ/kmol。

$c_{p,m}$——理想气体混合物中任一组分的定压摩尔热容，kJ/(kmol·K)。

$\int_{T_0}^{T} c_{p,m} dT$ 是理想气体混合物中任一组分在某温度（TK）时的摩尔焓，kJ/kmol，可从有关表中查取，也可由下述温度多项式函数来计算，即

$$\int_{T_0}^{T} c_{p,m} dT = H_0^{\circ} + A + BT + CT^2 + DT^3 + ET^4 + FT^5 \tag{8-16}$$

式中 H_0°——理想气体混合物中任一组分在参比状态 T_0、p_0 下的摩尔焓，此处采用0K和0MPa下的 $H_0^{\circ} = 0$；

A, B, C, D, E, F——温度多项式系数（见表8-11和表8-12）；

T——温度，K。

表8-11 S_2、S_6、S_8 摩尔焓的温度多项式系数

组分	$\Delta_f H_m^{\ominus}(298K)$ kJ/mol	A	B	C	D	E
S_2	128.49	-402.207	30.79691	4.27652×10^{-3}	-7.957497×10^{-7}	5.90905×10^{-11}
S_6	102.88	-1664.789	46.40035	0.1448115	-1.060079×10^{-4}	2.790892×10^{-8}
S_8	102.80	-2768.039	69.08666	0.1898345	-1.387961×10^{-4}	3.651368×10^{-8}

表8-12 有关组分摩尔焓的温度多项式系数[①]（$T°R$，$1K=1.8°R$）

组分	$\Delta_f H_m^{\ominus}(298K)$ kJ/mol	A	B	$C\times10^3$	$D\times10^6$	$E\times10^{10}$	$F\times10^{14}$	G	M
CH_4	-74.85	-5.58114	0.564834	-0.282973	0.417399	-1.525576	1.958857	-0.623373	16.043
H_2S	-20.17	-0.61782	0.238575	-0.024457	0.041067	-0.130126	0.144852	-0.045932	34.08
O_2	0	-0.98176	0.227486	-0.037305	0.048302	-0.185243	0.247488	0.124314	31.999
N_2	0	-0.68925	0.253664	-0.014549	0.012544	-0.017106	-0.008239	0.050052	28.013
H_2	0	12.32674	3.199617	0.392786	-0.293452	1.090069	-1.387867	-4.938247	2.016
H_2O	-241.82	-2.46342	0.457392	-0.052512	0.064594	-0.202759	0.236310	-0.339830	18.015
CO	-110.52	-0.97557	0.256524	-0.022911	0.022280	-0.056326	0.045588	0.092470	28.01
CO_2	-395.43	4.77805	0.114433	0.101132	-0.026494	0.034706	-0.013140	0.343357	44.01
COS	-138.41	0	0.093707	0.088184	-0.028705	0.041818	0	0.248827	60.07
SO_2	-296.85	1.39432	0.110263	0.033029	0.008912	-0.077313	0.129287	0.194796	64.063
CS_2	117.07	0	0.086102	0.070821	-0.024743	0.035946	0	0.139229	76.131

① $c_p = (B + 2CT + 3DT^2 + 4ET^3 + 5FT^4) \times 4.1868 \times M$ J/(mol·K)

$H = \int_0^T c_p dT = 2.326 \times M \times (A + BT + CT^2 + DT^3 + ET^4 + FT^5)$ J/mol

$S = \int_0^T \frac{c_p}{T} dT = (G + B\ln T + 2CT + 3/2 DT^2 + 4/3 ET^3 + 5/4 FT^4) \times 4.1868 \times M$ J/(mol·K)

请注意，表8-12中温度多项式系数只适用于 $T°R$，故须先将 TK 换算成 $T°R$（$1K = 1.8°R$）后，再代入式（8-16）中计算。

[**例8-1**] 某克劳斯装置进料气温度为43.3℃，压力为0.1427MPa（绝），其组成见表8-13所示。

表8-13 进料气组成

组 成	H_2S	CO_2	H_2O	烃类（按 C_1 计）	合计
χ, %	60.65	32.17	6.20	0.98	100.00
kmol/h	132.02	70.03	13.49	2.14	217.68

环境温度：干球37.8℃，湿球23.9℃；空气鼓风机出口温度：82.2℃。

试用平衡常数法对其反应炉进行简化工艺计算，过程气中各组分的摩尔焓由有关表中直接查取。

[**解**]

(1) 进料气中1/3的 H_2S 及全部烃类燃烧所需的氧气量

$$H_2S + \frac{3}{2}O_2 \rightarrow H_2O + SO_2$$

$$\Delta H = -518.89 \text{ (MJ/kmol)}$$

$$CH_4 + 2O_2 \rightarrow CO_2 + 2H_2O$$

$$\Delta H = -802.81 \text{ (MJ/kmol)}$$

因此，燃烧所需的氧气量为

H_2S 燃烧耗氧：$\frac{1}{3} \times \frac{3}{2} \times 132.02 = 66.01$ （kmol/h）

烃类（按 C_1 计）燃烧耗氧：$2 \times 2.14 = 4.28$ （kmol/h）

合计耗氧：$= 70.29$ （kmol/h）

(2) 物料平衡 假定有 x kmol/h 的 H_2S 与 SO_2 反应生成 S_2，则

$$2H_2S + SO_2 \rightarrow \frac{3}{2}S_2 + 2H_2O$$

$$x \quad 1/2x \quad 3/4x \quad x$$

$$\Delta H = 47.45 \text{ (MJ/kmol)}$$

因此，燃烧—反应段的物料平衡见表8-14所示。

表8-14 燃烧—反应段的物料平衡

物流, kmol/h		H_2S	CO_2	H_2O	SO_2	N_2	O_2	S_2	S_6	S_8	烃类（按 C_1 计）	合计
入方	进料气	132.02	70.03	13.49	—	—	—	—	—	—	2.14	217.68
	空气	—	—	9.94	—	264.29	70.29	—	—	—	—	344.52
出方	燃烧产物	88.02	72.17	71.71	44.01	264.29	—	—	—	—	—	540.20
	反应产物	88.02 $-x$	72.17	71.71 $+x$	44.01 $-\frac{1}{2}x$	264.29	—	$\frac{3}{4}x$	—	—	—	540.20 $+\frac{1}{4}x$

(3) 热力学平衡温度 假定气流经过燃烧器及反应炉的压力降为11.0kPa，故反应炉过

程气出口的压力 $p=0.1427-0.011=0.1317$ MPa(绝)或 1.30atm(绝)(1atm=0.1MPa)。

由式(8-5)知,反应式(8-3)处于平衡时的平衡常数 K_p(系统总压为 1.30atm)为

$$K_p = \frac{[71.71+x]^2[\frac{3}{4}x]^{3/2}}{[88.02-x]^2[44.01-\frac{1}{2}x]}[\frac{1.30}{540.20+\frac{1}{4}x}]^{1/2}$$

假定 x 分别为 58.97、61.24 及 63.50kmol/h,按上式分别计算出 K_p 值后,由图 8-14 查出相应的热力学平衡温度(反应平衡温度),见表 8-15 所示。

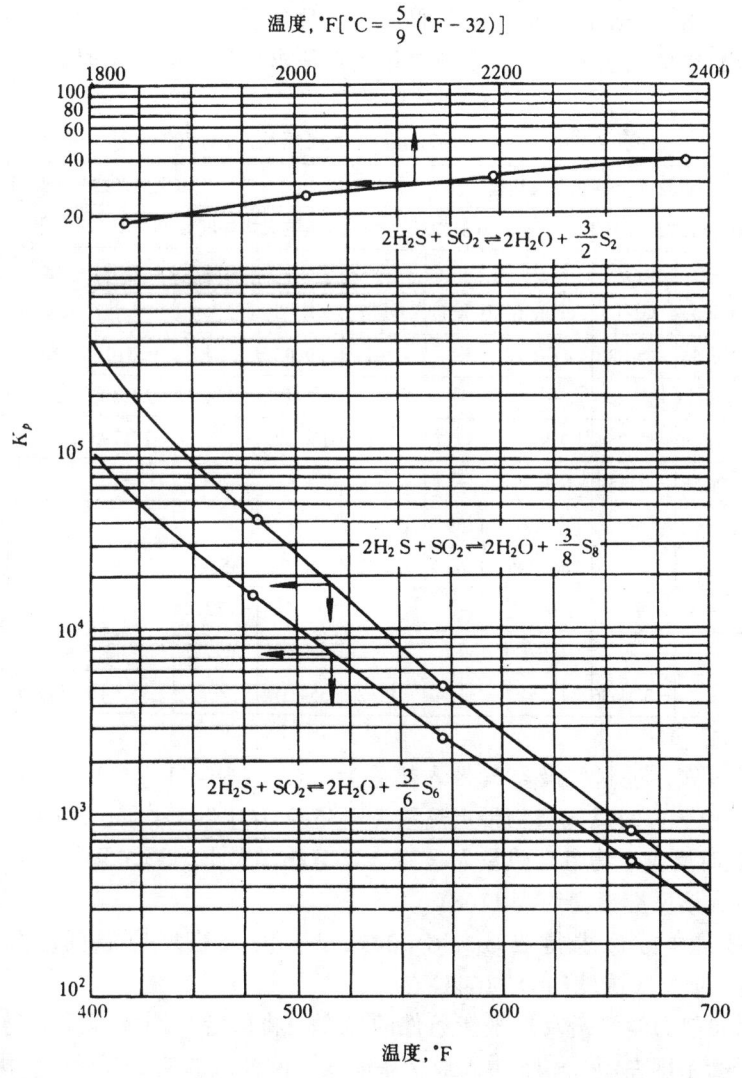

图 8-14 克劳斯反应平衡常数与温度的关系

表 8-15　x 为不同值时的平衡温度

x（假定值），kmol/h	58.97	61.24	63.50
K_p（计算值）	19.8	27.7	39.5
平衡温度（由图 8-14 查出），℃	1027	1143	1310

（4）火焰反应温度　由有关表中查得摩尔焓，再根据热平衡确定不同 x 时的火焰反应温度。绝热情况下，入口气体（进料气和空气）带入的热量和出口气体（反应产物或过程气）带走的热量相等。因此，由此计算出的火焰反应温度应和热力学平衡温度一致。具体的步骤是，按热平衡计算出不同 x 时的火焰反应温度，并与上述求出的热力学平衡温度对假定的 x 画成图，图中两曲线的交点即可同时满足热力学平衡与热平衡条件。

例如，当 $x=58.97$ kmol/h 时，分别假定火焰反应温度为 1149℃ 与 1204℃，并求出反应产物相应带走的热量见表 8-16 所示，再用内插法求得满足热平衡时的火焰反应温度。

表 8-16　$x=58.97$ kmol/h 时火焰反应温度的确定

组分	进料气及空气带入热量						反应产物带走热量					
	进料气（43.3℃）			空气（82.2℃）			假定火焰温度为 1149℃			假定火焰温度为 1204℃		
	q_m kmol/h	ΔH_m MJ/kmol	Q GJ/h	q_m kmol/h	ΔH_m MJ/kmol	Q GJ/h	q_m kmol/h	ΔH_m MJ/kmol	Q GJ/h	q_m kmol/h	ΔH_m MJ/kmol	Q GJ/h
H_2S	132.02	-19.54	-2.580	—	—	—	29.05	27.87	0.810	29.05	30.66	0.891
CO_2	70.03	-394.73	-27.643	—	—	—	72.17	-338.17	-24.406	72.17	-334.94	-24.173
H_2O	13.49	-241.20	-3.254	9.94	-239.77	-2.383	130.68	-197.38	-25.793	130.68	-194.82	-25.459
CH_4	2.14	-74.18	-0.159	—	—	—	—	—	—	—	—	—
O_2	—	—	—	70.29	1.69	0.119	—	—	—	—	—	—
N_2	—	—	—	264.29	1.67	0.442	264.29	35.71	9.439	264.29	37.62	9.944
SO_2	—	—	—	—	—	—	14.52	-239.25	-3.474	14.52	-236.16	-3.429
S_2	—	—	—	—	—	—	44.23	169.17	7.483	44.23	171.24	7.574
合计	217.68	—	-33.636	344.52	—	-1.822	554.94	—	-35.941	554.94	—	-34.652

由表 8-16 可知，进料气及空气带入热量为 -(33.636+1.822) = -35.458（GJ/h）；火焰反应温度为 1149℃ 时反应产物带走热量为 -35.941 GJ/h（小于 -35.458 GJ/h）；火焰反应温度为 1204℃ 时反应产物带走热量为 -34.652 GJ/h（大于 -35.458 GJ/h）。因此，用内插法由热平衡求得火焰反应温度约为 1168℃。

同理，采用同样方法求得当 $x=61.24$ kmol/h 的火焰反应温度约为 1166℃，$x=63.50$ kmol/h 的火焰反应温度约为 1164℃。

（5）同时满足热力学平衡及热平衡条件的温度　将假定不同 x 值时计算出的火焰反应温度和热力学平衡温度在图 8-15 中画成 2 条曲线，两曲线的交点即可同时满足热力学平衡及热平衡条件。由图 8-15 可知，该交点处 $x=61.69$ kmol/h，温度为 1165℃，相当于转化率为 70.1%。

第六节 克劳斯法发展动向

克劳斯法制硫过程经过半个多世纪的发展，至今虽日益完善成熟，但也存在着一些问题，诸如空气中的大量氮气稀释了过程气、转化器之间过程气温度反复变化（冷却和再热）以及必须严格控制风气比等。因此，国内外围绕这些问题进行了大量的研究与开发工作，而且有些已经实现了工业化。下面仅介绍其中几种已工业化的新工艺方法。

一、氧基硫磺回收工艺

如前所述，当从 H_2S 含量低的进料气中回收硫磺时，可以采用氧气或富氧空气来维持反应炉的温度，即所谓的氧基硫磺回收工艺。此外，对已建的克劳斯装置，也可采用氧气或富氧空气来代替空气。由于相应减少了惰性气体 N_2，因而处理量可大幅度增加。

从理论上讲，不同浓度的富氧空气和纯氧均可用于氧基硫磺回收工艺，但因受反应炉耐火材料的限制，炉温一般不应超过 1550℃，而且火

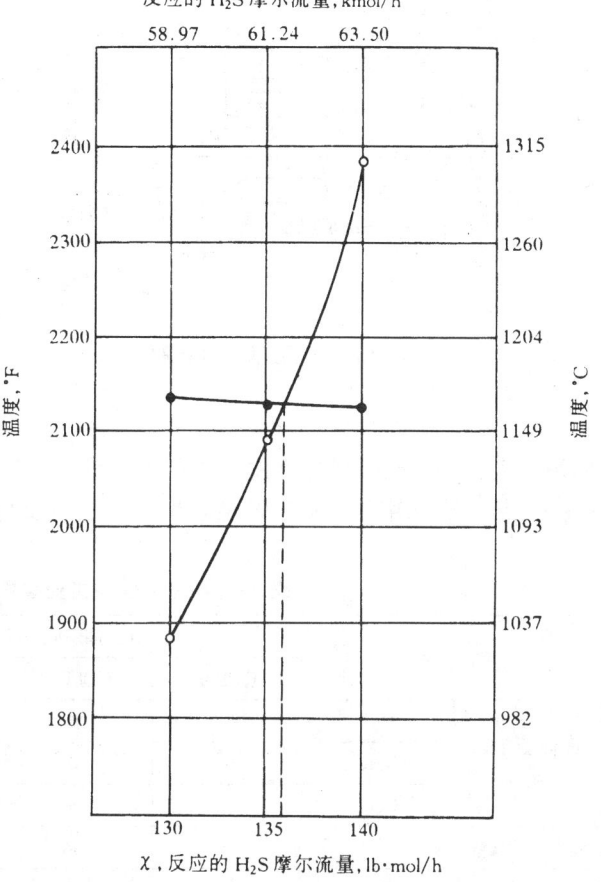

图 8-15 反应炉温度的计算

嘴能适应的温度和余热锅炉负荷也有一定限制，故如不采取措施，富氧空气中氧含量只能提高至 28%～30%。

目前，根据富氧空气中氧含量不同，又可把采用富氧空气的硫磺回收工艺分为低（氧含量<28%）、中（氧含量 28%～45%）、高（氧含量>45%）富氧技术三种。当进料气中不含 NH_3，采用低富氧技术时，硫磺回收装置的生产能力约可提高 20%～25%；采用中富氧技术（进料气中含 H_2S 较多）时，生产能力约可提高 75%；采用高富氧技术（进料气中含 H_2S 较多）时，生产能力约可提高 150%。

1. COPE 法

COPE 法系采用富氧空气的克劳斯法。1985 年初，由美国空气产品与化学品公司设计的 COPE 法最先在 Lake Charles 炼厂两套已建克劳斯装置的改造中应用，其主要目的是提高装置处理量和降低改造投资。这两套装置改造后的原理流程见图 8-16 所示。

COPE 法采用了一种特殊设计的高效率、高能量混合火嘴，保证了气体混合充分和火嘴火焰平稳，并且用循环鼓风机将一级硫冷凝器出口的一部分过程气返回反应炉以调节炉温。

继 Lake Charles 炼厂后，美国 Champlin 炼厂两套已建克劳斯装置也改用 COPE 法。这

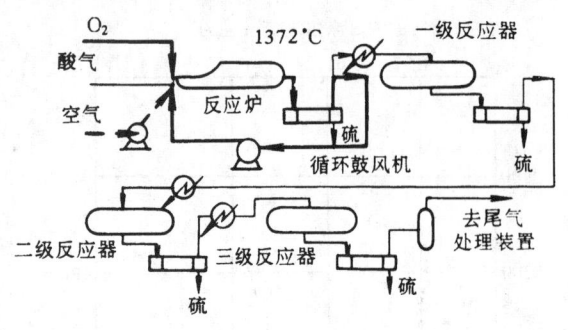

图 8-16 COPE 法原理流程

两套装置改造后采用 29% 的富氧空气，取消了过程气循环系统，装置处理量从 66t/d 提高到 81t/d。上述四套装置改造前后的操作数据见表 8-17。

2. 其它富氧克劳斯工艺

除 COPE 法外，近年来国外还开发了其它一些富氧克劳斯工艺，如 Parson 公司的 SuRe 法及 Lurgi 公司的 Oxyclaus 法，均与 COPE 法类似。Parson 公司另开发的 PS Claus 法系采用变压吸附获得富氧空气，其投资较相应的克劳斯装置少，但电耗则较大。此外，为控制富氧条件下的反应炉温度，Brown 公司还开发了 NoTICE 法，其意为无约束的克劳斯扩建工艺，此法的关键是将部分液硫用纯氧浸没燃烧发生 SO_2 送入反应炉以降低炉温。

表 8-17 COPE 法工业装置改造前后操作数据

项 目		Lake Charles 炼厂			Champlin 炼厂	
		COPE 法	COPE 法	常规法	COPE 法	常规法
进料气组成, φ,%	H_2S	89	89	89	73	68
	NH_3	0	0	0	6	7
	CO_2	5	5	5	7	9
氧浓度 φ,%		65	54	21	29	21
硫磺回收量, t/d		199	196	108	81	66
余热锅炉出口温度,℃		407	405	360	—	—
反应炉温度,℃		1410	1379	1301	1399	1243
反应炉压力, kPa		60	66	66	52	54

二、超级克劳斯法

超级克劳斯法是一种将常规克劳斯法与直接氧化法相结合的工艺。自荷兰 Comprimo 公司于 1988 年在德国一个 100t/d 的硫磺回收装置上实现工业化以来，至 1998 年已有 70 套以上工业装置在运行或施工。从 90 年代起，超级克劳斯法装置又开始采用以 SiO_2 为主剂的新一代催化剂，降低了反应器操作温度，不仅有利于提高硫回收率，也降低了过程气再热的热负荷。

超级克劳斯法的原理流程见图 8-17 所示。图中左侧部分为常规两级转化克劳斯法，与右上侧部分结合一起就成为超级克劳斯法-99，其特点之一是在三级转化器中放置了催化氧化催化剂。超级克劳斯法-99 的另一个特点是采用化学计量空气量的约 95%，以维持过程气中 H_2S 过剩。通常，二级转化器出口过程气中 H_2S 浓度为 0.8%～3.0%，而 SO_2 浓度很低。这部分剩余的 H_2S 在三级转化器中，通过补充的空气将其直接氧化为元素硫，只有极少量的 H_2S 被氧化为 SO_2。由于装置的硫回收率可达 99% 左右，故称之为超级克劳斯法-99（Superclaus-99）。

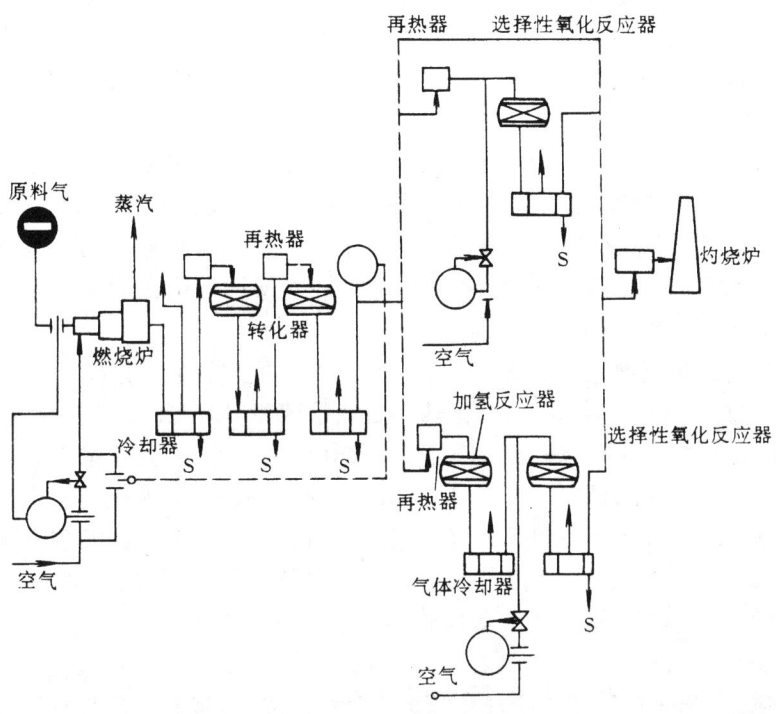

图 8-17 超级克劳斯法的原理流程

图 8-17 中的左侧部分与右下侧部分结合一起后就成为超级克劳斯法-99.5，其特点是在二级转化器与催化氧化转化器之间，增设一个加氢反应器，将过程气中的硫化物全部转化为 H_2S，因其硫回收率可达到 99.5% 左右，故称之为超级克劳斯法-99.5（Superclaus-99.5）。

超级克劳斯法既可用于新建装置，也可用于已建装置的改造，还可与 COPE 法等结合使用。超级克劳斯法的硫回收率和装置投资见表 8-18 所示。

表 8-18 超级克劳斯法的硫回收率及装置投资比，%

项 目		两级转化克劳斯法	两级转化加上超级克劳斯法-99	两级转化加上超级克劳斯法-99.5
	空气用量比	100	96.2	100
二级转化或加氢还原后	硫转化率	96.7	96.7①	96.7①
	过程气中 H_2S 浓度	2.2	4.0	3.3
	过程气中 SO_2 浓度	1.1	0.3	~0
催化氧化的硫转化率		—	2.6	2.9
硫蒸气损失率		0.2	0.2	0.2
硫回收率		96.5	99.1	99.4
装置投资比		100	105	120

① 由于超级克劳斯法在 H_2S/SO_2 比值大于 2 下操作，故此值偏高。

由表 8-18 可知，超级克劳斯法-99 和超级克劳斯法-99.5 的投资仅比常规两级转化克劳斯法分别增加 5%和 20%，而硫回收率则提高 2.6%和 2.9%。即使在原有两级克劳斯装置上改建，投资也仅增加 17%和 30%，仍低于其它尾气处理方法。

三、MCRC 法

MCRC 法又称为亚露点克劳斯法，是加拿大矿场和化学资源公司提出的一种把常规克劳斯装置和尾气处理装置结合一起的新方法。此法的特点是使最后一个或两个转化器在低于硫露点温度下进行克劳斯反应（低温克劳斯反应），因而硫回收率有明显提高。自 1980 年第一套工业装置投产后，已有十多套 MCRC 装置投入使用，规模为 13~550t/d，进料气中 H_2S 含量为 31%~91%。

MCRC 装置的转化器有 3 个或 4 个。3 个转化器的设计硫回收率为 98.5%~99.2%，4 个转化器的则为 99.3%~99.4%。我国四川石油管理局川西北矿区天然气净化厂在 1989 年从加拿大 Delta 公司引进了一套 MCRC 装置（转化器为 3 个），处理量为 $6 \times 10^4 m^3/d$，进料气中 H_2S 含量（φ）为 53.6%，硫产量为 46t/d，硫回收率为 99%。在对 MCRC 法进行消化、吸收的基础上，1995 年四川石油管理局又自行将该厂原有一套常规两级转化克劳斯装置改造为 MCRC 装置。改造后此装置也有 3 个转化器，处理量为 $7.4 \times 10^4 m^3/d$，进料气中 H_2S 含量同上，硫产量为 52.6t/d，硫回收率也为 99%。

1. 工艺流程和操作

加拿大 Pine River 厂采用 4 个转化器的典型 MCRC 装置原理流程见图 8-18 所示。图中，1 号转化器以前的流程与常规克劳斯装置相同，关键是后面的几个转化器。按图示，它们分别处于再生、一级低温克劳斯反应和二级低温克劳斯反应状态。2 号硫冷凝器出来的过程气经换热器再热后进 2 号转化器，使已完成低温克劳斯反应的转化器再生。2 号转化器出来的带有大量硫蒸气的过程气在 3 号硫冷凝器中冷凝并分出液硫，出 3 号硫冷凝器的过程气不经再热直接进 3 号转化器，在低于硫露点的温度下进行克劳斯反应，生成的液硫吸附在催化剂上。3 号转化器出来的过程气在 4 号冷凝器中进一步冷凝并分出液硫后，进入 4 号转化器。当 3 号或 4 号转化器中的催化剂上吸附了足够多的液硫后，就需切换到再生状态，如此周而复始完成一个循环。Pine River 厂的设计和运行数据见表 8-19 所示。

表 8-19 Pine River 厂设计和运行数据

数据来源	进料气组成,%（干基）						进料气量 $10^3 m^3/d$	硫转化率 %	硫回收率 %
	N_2	CO_2	H_2S	COS	CH_4	合计			
设计	—	44.38	55.22	0.11	0.29	100.0	746.5	99.52	99.36
运行	0.09	49.28	50.08	0.04	0.51	100.0	614.1	99.2~99.67	99.0~99.48

MCRC 装置的全部操作过程都采用计算机控制，平均切换时间仅 2s，故操作过程平稳可靠。为确保过程气中 H_2S/SO_2 的比值处于最佳值，对进反应炉的空气量采用前馈的反馈自动控制。

2. 技术特点

①MCRC 装置低温克劳斯反应催化剂的再生热源为前面常规克劳斯反应段（1 号转化器）经冷凝、分离液硫和再热后的过程气，因而把硫磺回收和尾气处理有机地结合为一体。

②装置操作与管理方便。4 个转化器的流程每 24h 切换一次，3 天完成一个循环；3 个

转化器的流程则大约16h切换一次。

③除三通程序切换阀门外，全部设备皆可按常规克劳斯装置的要求设计、制造，无任何特殊要求。装置的运行成本大致和同样转化器数目的常规克劳斯装置相当，投资也只略有增加，但硫回收率能提高2%~5%，见表8-20。

④MCRC装置采用孔隙率高、比表面积大的S-201活性氧化铝作为低温克劳斯催化剂。反应生成的液硫吸附在催化剂微孔表面上，

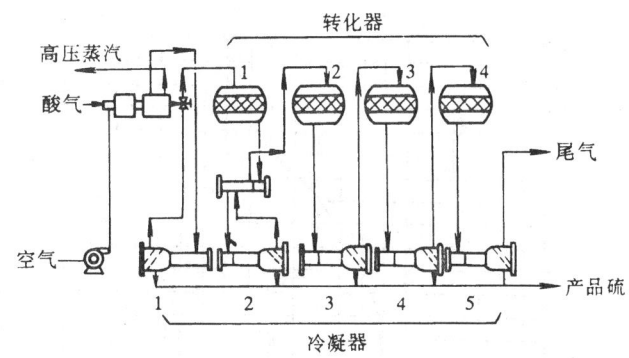

图8-18 4个转化器的MCRC法原理流程

硫吸附容量高，而床层压力降则和常规克劳斯装置差不多（约35kPa）。由于用过程气再生，过程气中的H_2S可把催化剂在吸附周期中生成的硫酸盐大部分还原，从而使催化剂恢复活性。

表8-20 常规克劳斯法和MCRC法投资和硫回收率比较

项　目	四级转化常规克劳斯法	三级转化常规克劳斯法	二级转化常规克劳斯法	3个转化器的MCRC法	4个转化器的MCRC法	常规克劳斯法加SCOT法
投资比	1.18	1.00	0.80	1.10	1.25	1.80
硫回收率，%	97.0~98.0	93.5~97.0	92.5~95.0	98.5~99.0	99.0~99.5	99.5~99.8

第七节　硫磺的储存与装运

克劳斯装置生产的硫磺可以以液硫（约138℃）或固硫（常温）形式储存与装运。通常可设置一个由不锈钢或耐酸水泥制成的溢流罐或槽储存液硫。如果以液硫形式装运，可由溢流罐将液硫直接泵送到槽车，或送至中间储罐。如果以固硫形式装运，则将液硫冷却与固化，或者送至成型机、造粒塔等成为片状硫或粒状硫。

一、液硫脱气

克劳斯装置生产的液硫在装运时对环境和安全卫生的要求很严格。由于生产的液硫中一般均含有少量的H_2S，故必须将其从液硫中脱除，即所谓液硫脱气。

1.H_2S在液硫中的溶解度

当H_2S溶解于液硫中时会生成多硫化氢（H_2S_x，x通常为2）。如图8-19所示，H_2S在液硫中的溶解度虽随温度升高而降低，但由于多硫化氢的生成量随温度升高迅速增加，故按H_2S计的总溶解度也随温度升高而增加。克劳斯装置生产的液硫温度一般为138~154℃，但在储运或输送时液硫的温度可降至127℃。在这种情况下，H_2S就会从液硫中逸出并聚集液硫上部的空间中。

克劳斯装置生产的液硫是从各级硫冷凝器中分离出来的。由于各级硫冷凝器的温度和

H_2S 分压都不同，因而得到的液硫中 H_2S 和 H_2S_x 含量也不同。实际测出的含量（按 H_2S 计）见表 8-21 所示。

2. 液硫脱气工艺

通常，脱气前液硫中的总 H_2S 含量平均为 $250 \sim 300 \mu g/g$。曾对总 H_2S 含量为 $7\mu g/g$、$15\mu g/g$ 和 $100\mu g/g$ 的液硫铁路槽车进行试验后表明，液硫中总 H_2S 含量为 $15\mu g/g$ 是安全装运液硫的上限。因此，脱气设备应按脱气后液硫中 H_2S 最大含量为 $10\mu g/g$ 来设计。

目前，工业上最广泛采用的液硫脱气工艺有循环喷洒法和汽提法两种。

(1) 循环喷洒法 此法是法国阿奎坦国家石油公司（SNPA）于60年代研究成功的，广泛用于大型克劳斯装置上，其工艺流程见图 8-20 所示。

图中，来自克劳斯装置的液硫不断收集在储槽中，达到一定液位后液硫泵 A 自动启动，液硫通过喷嘴喷洒到脱气池内。由于降温和搅动作用，液硫释放出大量 H_2S，使 H_2S 含

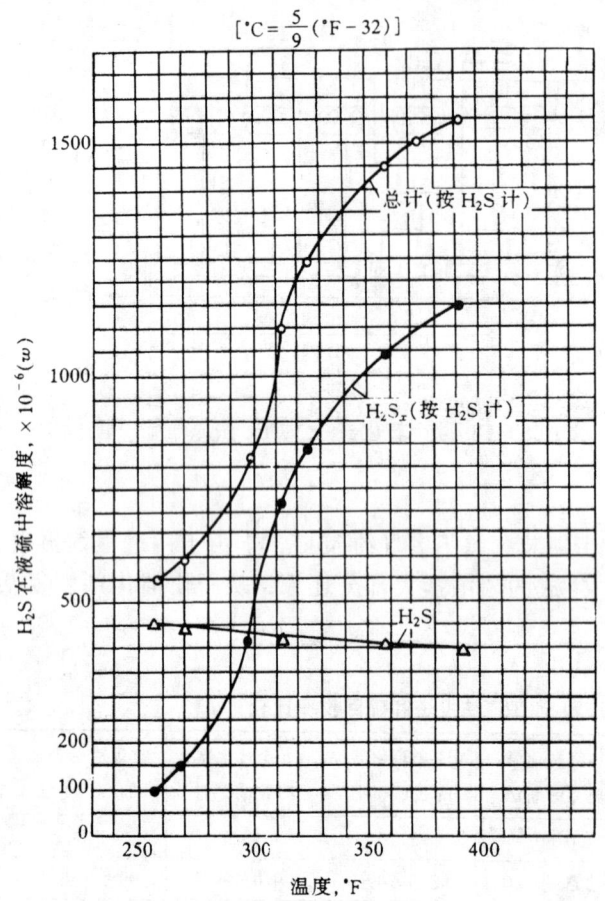

图 8-19 H_2S 及按 H_2S 计的 H_2S_x 溶解度和总溶解度（H_2S 蒸气压为 0.1MPa）

量降至约 $100\mu g/g$。储槽内的液硫降至低液位时泵 A 自动停止，而脱气池的液位升至一定高度后液硫泵 B 自动启动，使液硫在脱气池内循环喷洒，同时在液硫泵 B 入口处注入一定量的氨。脱气循环完成后，关闭循环阀，打开产品阀让液硫流至液硫储槽。只要掌握好循环条件和注氨量（约 100mg 氨/kg 液硫），就可使液硫中的 H_2S 含量降至 $5\mu g/g$ 以下。

表 8-21 各级冷凝器得到的液硫中 H_2S、H_2S_x（按 H_2S 计）含量

部 位	一级硫冷凝器	二级硫冷凝器	三级硫冷凝器	四级硫冷凝器	末级捕集器
液硫中 H_2S 含量，$\mu g/g$	$500 \sim 700$	$180 \sim 280$	$70 \sim 110$	$10 \sim 30$	$5 \sim 10$

(2) 汽提法 此法较适用于小型克劳斯装置，有很多工艺类型。其特点是设备简单，操作连续，并可利用冷凝器产生的蒸汽进行汽提，投资和操作费用均比循环喷洒法低，经脱气后液硫中 H_2S 含量可降至 $10\mu g/g$ 以下。

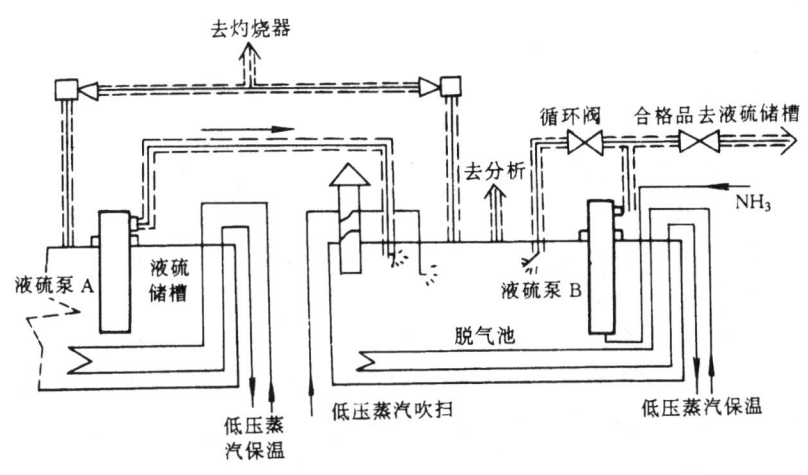

图 8-20 循环喷洒法液硫脱气原理流程

二、液硫输送

采用专用槽车或船只运输液硫,目前仍是运输硫磺的一种方式。运输液硫时,务必防止液硫凝固,注意它的粘度特性(见图 8-21 所示)。因此,所有运输液硫的管道和设备都应保持在 130~140℃ 范围内,并避免温度过高导致液硫粘度剧增。

三、硫磺成型

液硫也可经冷却成型为块状、片状或颗粒状固体后再包装或散装运输。当前国际贸易中所有海上船运的硫磺都是固体,尤以颗粒状更受欢迎。块状硫的成型设备简单,操作方便,但劳动强度大,机械破碎时还有粉尘污染问题。片状或颗粒状硫则需专门成型设备,尤其是颗粒状硫成型设备更为复杂。但是,颗粒状硫强度好,成型操作中无粉尘,包装运输过程不易粉碎。固体硫磺

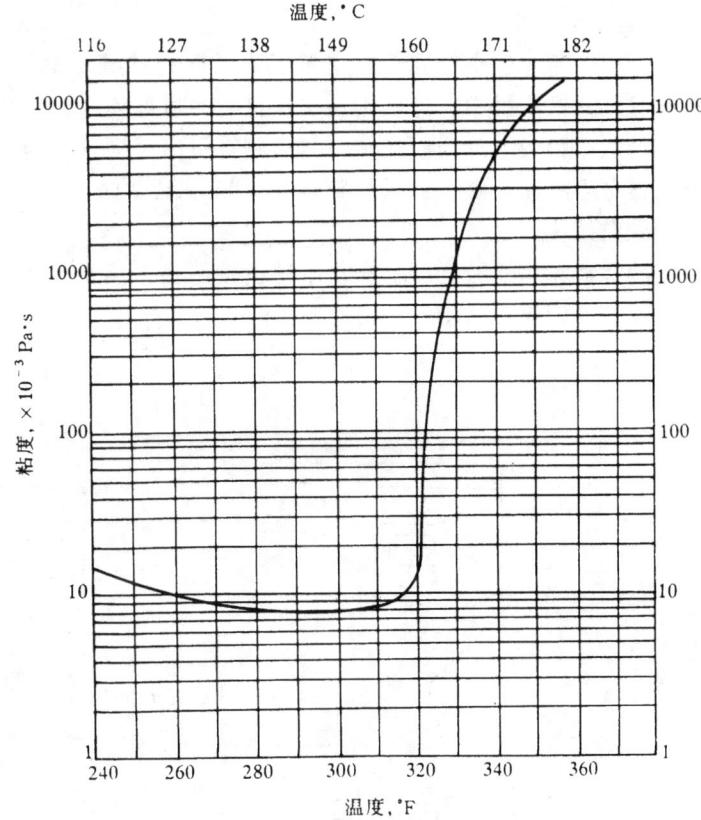

图 8-21 120~160℃ 的液硫粘度图

产品的质量可根据其脆性、水含量及装运性能来分类。

1. 鼓式成型机

鼓式成型机用于生产片状硫。鼓式成型机用水冷却的筒形转鼓下半部浸于液硫中，当浸渍在转鼓表面上的液硫随转鼓旋转露出液面后，由于冷却而在转鼓表面形成一层薄薄的固体硫，再用刮刀刮下即成片状硫产品。冷却方式可采用夹套或内壁喷水。

鼓式成型机操作方便，但转鼓由于热胀冷缩容易变形，而且处理量有限，只适合小型装置使用。此外，刮下产品时有少量粉尘产生。

2. 钢带成型机

钢带成型机也用于生产片状硫。液硫缓慢流到钢带上，在钢带下侧喷水使液硫快速冷却和固化。此设备较鼓式成型机复杂，占地面积大，对钢带材质有严格要求，但处理量大（单条成型机最大处理量约为500t/d），适合大、中型装置使用。

3. 水冷式造粒塔

图8-22所示的水冷式造粒塔用于生产颗粒状硫。液硫从顶部的喷嘴喷入不锈钢制的造粒塔内，同时沿塔壁送入呈涡流状的含表面活性剂的冷却水。颗粒状硫和冷却水一起由塔底排出，经过筛分（同时脱水）、干燥后即得成品。

水冷式造粒塔的优点是基本上无粉尘问题，但设备复杂，脱水颗粒含水约4%～5%，且必须有干燥设备，从而增加了操作费用。

4. 空冷式造粒塔

图8-22所示的空冷式造粒塔用于生产颗粒状硫。保持恒温（约30℃）的空气从塔底鼓入文丘里型锥形槽中，液硫则从文丘里型的喉部喷入，在高速气流中形成雾状硫，并在喉管内聚结在小颗粒上形成颗粒硫，再从侧管引出经筛分后即得产品。不合格的小颗粒硫和旋风分离器分出的粉状硫一起送回液硫槽。塔内温度保持82℃。温度过低小颗粒增多，温度过高则颗粒结块。

空冷式造粒塔比较复杂，操作条件也较严格，但操作中无粉尘，颗粒强度好，不含水，不需干燥，处理量可达10t/h以上。

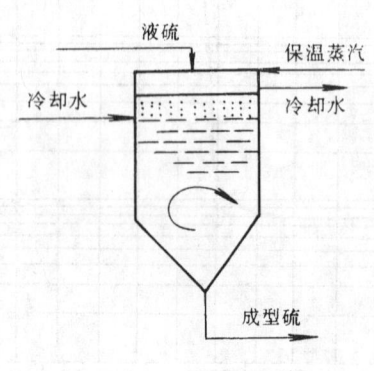

图8-22 水冷式造粒塔示意图

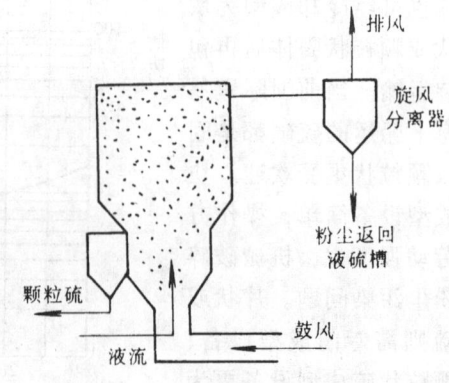

图8-23 空冷式造粒塔示意图

5. 国外硫磺成型工艺发展动向

由于片状硫磺越来越不受欢迎，其产量正逐年减少，而球状硫磺的产量则越来越多。因此，国外近十几年来研制、开发的球状（即球状、粒状和半球状）固体硫磺成型工艺有十几种之多。其中，有4种被认为是能生产优质固体硫磺产品的最先进的成型工艺，即 PAPP 法（波兰空气小粒法）、Procor GX 法、Rotoform 法及 Perlomatic 法等。

PAPP 法采用空冷式的圆形截面成型塔，空气自下而上流动，液硫由塔顶呈小滴下落时冷却成型，广泛用于生产优质球状固体硫磺。目前该法的硫磺生产能力在 15000t/d 以上，占国际硫磺市场的 57% 左右。Procor GX 法采用以空气作冷却介质的卧式转鼓造粒器，生产粒状固体硫磺。Rotoform 法采用不锈钢带片状成型工艺生产半球状硫磺产品，通过调节转鼓和钢带运转速度，控制成型的硫磺颗粒尺寸和质量。Perlomatic 法是将液硫喷入与其同向流动的空气流中，使其冷却固化为球状硫磺。如果硫磺产量为 1000t/d 或更大，最好选择 PAPP 法；产量较小（200～500t/d）时可选 Procor GX 法和 Perlomatic 法；产量在 500～1000t/d 时，如果已建有 Sandvik 片状成型装置而又想改为生产球形硫磺的，则可考虑 Rotoform 法。

第九章 克劳斯法装置的尾气处理

用克劳斯法从酸性气体中回收硫磺时,由于克劳斯反应是可逆反应,受到化学平衡的限制,以及存在有其它硫损失等原因,即使采用三级转化和活性高的催化剂,克劳斯装置的总硫回收率通常也不超过96%~97%。

在克劳斯装置的尾气中,除含有N_2、CO_2、H_2O、H_2外,还含有未反应的H_2S,以及液硫、硫蒸气、SO_2和其它有机硫化物,其总含量(φ)约为1%~4%。由于H_2S的毒性甚大,世界各国对H_2S的排放限制更加严格,故自1965年后增添了尾气灼烧设施,将尾气中的全部硫化物通过灼烧转化成SO_2后由烟囱排放。但是,这样做不仅浪费了硫资源,而且灼烧过的尾气也难以符合愈来愈严格的排放标准。因此,自20世纪70年代以来,人们一方面不断改进克劳斯法工艺以提高硫回收率;另一方面则在开发各种尾气处理工艺。自1970年第一套Sulfreen法尾气处理装置投入运转后至今,已工业化的尾气处理方法有20余种,其中包括低温克劳斯法和超级克劳斯法等。有关低温克劳斯法中的MCRC工艺及超级克劳斯法已在上一章中介绍,本章就不再重述。

第一节 尾气处理方法的分类

目前国内外已工业化的尾气处理方法,从类型上可分为干法、湿法和直接灼烧法三类。除灼烧法外,按其基本原理又可分为延续反应法(低温克劳斯法)、H_2S回收法(还原—吸收法)和SO_2回收法(氧化—吸收法)三类,它们的特点如下所述。

一、延续反应法

延续反应法又称低温克劳斯法。这类方法的原理是在比常规克劳斯法更为有利的反应平衡条件下,即或者是在低于硫露点(亚露点)的温度下,或者是在高于硫熔点温度的液相中继续进行克劳斯反应,以便获得更多的元素硫。前者通常又称为亚露点克劳斯法,后者通常又称为液相克劳斯法。

延续反应法又可分为干法与湿法两类。干法系在固体催化剂床层上进行反应,而吸附在催化剂床层上的硫磺需定期用过程气或惰性气体将其带出,以便恢复催化剂的活性。湿法系在含有催化剂的溶剂中进行反应,生成的硫磺因与溶剂密度不同而分离。目前,以干法在工业上应用较多。但是,由于这类方法的总硫收率包括克劳斯装置在内只能达到98%~99%,而且处理后尾气经灼烧后,烟气中SO_2含量(φ)通常仍为0.12%~0.20%,故使其应用受到一定限制。

IFP法将含催化剂的溶剂送入填料塔的顶部,与由塔底进入的尾气逆流接触,使克劳斯反应在液相中继续进行。为使操作处于最佳状态,进料气中的H_2S应略有多余,使H_2S/SO_2之比值约为2.2。此法在高于硫熔点的温度下操作,故回收到的硫产品是液相。与此同时,克劳斯装置尾气中的硫蒸气和夹带的液硫也被回收。但是,COS和CS_2则不起反应而迳直去灼烧炉。

从工艺流程中有余热锅炉、一级转化器、一级硫冷凝器和一级再热器来看,典型的亚露点克劳斯装置与常规的克劳斯装置是类似的。然而，亚露点克劳斯装置与常规克劳斯装置，甚至不同类型的亚露点克劳斯装置（例如 CBA、MCRC 及 Sulfreen 法）在下游的操作顺序上都有显著不同。通常，亚露点克劳斯装置的一个转化器正在硫露点温度以下操作，其它转化器则正在冷却或再生。为使催化剂床层定期再生，床层切换操作是这些亚露点装置的共同特点。转化器在低于硫露点温度下操作，意味着克劳斯反应的平衡常数较大，因而使得尾气中未反应的 H_2S 和 SO_2 含量减少。如同 IFP 法那样，为了有效地在亚露点下操作，严格控制 H_2S/SO_2 比值是必不可少的，但过程气中的 COS 和 CS_2 也是不起反应而迳直去灼烧炉。

虽然 Sulfreen 法、MCRC 法和 CBA 法的原理相似，但每种方法都有各自的特点。

二、H_2S 回收法

H_2S 回收法又称还原—吸收法。此法是先将克劳斯装置尾气中基本上所有形式的硫通过加氢和/或水解转化为 H_2S，然后用不同的方法进行处理。在 Beavon/Stretford（比文—蒽醌）法中是用蒽醌法装置将这种尾气中的 H_2S 转化为元素硫，而在 SCOT 法、ARCO 法和 Sulften 法中则采用具有选择性的胺溶液来吸收 H_2S。从富胺溶液再生时得到的 H_2S 及 CO_2，再返回至克劳斯装置的前部。

通常，SCOT 法、ARCO 法离开吸收塔的尾气中 H_2S 含量（φ）仅在 $(0.10 \sim 0.15) \times 10^{-3}$，而 Sulften 法、Beavon/Stretford 法可将尾气中的 H_2S 含量（φ）降至 10×10^{-6} 以下。所有这些方法的总硫收率都超过了 99.9%。

三、SO_2 回收法

SO_2 回收法又称氧化—吸收法。这类方法的原理是将尾气中所有的硫化物先氧化为 SO_2，然后再用溶液吸收（或回收）SO_2。通常，是将尾气送至灼烧炉中灼烧，使硫化物转化为 SO_2。

Wellman—Lord 法采用碱性溶液吸收 SO_2，而且从溶液回收到的基本上都是纯 SO_2。回收到的 SO_2 可以是液相或气相。

由联合碳化物公司（UCC）开发的 UCAP 法则是采用叔胺溶液吸收 SO_2。如果溶液的 pH 值控制合适的话，富胺可在含 CO_2 的物流中选择性地吸收 SO_2。然后，在一个常规的再生塔中将 SO_2 从富胺溶液中汽提出来。汽提出来的 SO_2 一般返回克劳斯装置的前部。

此外，国内开发的以碱液吸收 SO_2 生产焦亚硫酸钠的工艺，也颇适合于小型克劳斯装置的尾气处理。

在决定选择何种尾气处理方法时，还应考虑当地采用的大气污染物排放标准、各种方法的投资、长期连续运行的费用及操作优缺点等。

四、灼烧法

由于 H_2S 毒性甚大，故无论是克劳斯装置的尾气（无后继的尾气处理装置），还是尾气处理装置处理后的尾气，通常均应将其中的 H_2S 以及其它形式的硫（SO_2 除外）经灼烧后以 SO_2 的形式排放。灼烧法可以减少气体的毒性，但排放的总硫量并没有变化。我国《大气污染物综合排放标准》（GB 16297—1996）中关于 SO_2 的排放限值见表 9-1 及表 9-2。

灼烧法又可分为热灼烧与催化灼烧两种。热灼烧是在有过剩氧的存在下在 $480 \sim 815$ ℃ 之间进行的，过剩氧量为 $20\% \sim 100\%$。尽管尾气中含有一些可燃物，但因它们含量很低，还必须用燃料气燃烧将尾气加热到一定温度才能使其中的元素硫及 H_2S 等硫化物灼烧为 SO_2。由于热灼烧法简单方便，加之还可考虑热量的回收利用，故至今仍在采用。催化灼烧的优点是可以显著降低灼烧炉的燃料消耗。此法是在有催化剂的存在下将尾气中的 H_2S 等灼烧为 SO_2。使用性能良好的催化剂时,灼烧温度不超过400℃。由于催化灼烧需增加催化剂费用,加之尾气中 H_2 及 COS 等硫化物在较低温度下不一定能灼烧完全,影响达标排放,故自70年代应用以来发展并不快。

表9-1　GB 16297—1996 对现有污染源大气污染物中 SO_2 排放限值[①]

污染物	最高允许排放浓度 mg/m³	最高允许排放速率, kg/h				无组织排放监控浓度限值	
		排气筒高度 m	一级	二级	三级	监控点	浓度 mg/m³
二氧化硫	1200（硫、二氧化硫、硫酸和其它含硫化合物生产）	15	1.6	3.0	4.1	无组织排放源上风向设参照点,下风向设监控点	0.50（监控点与参照点浓度差值）
		20	2.6	5.1	7.7		
		30	8.8	17	26		
		40	15	30	45		
		50	23	45	69		
		60	33	64	98		
	700（硫、二氧化硫、硫酸和其它含硫化合物使用）	70	47	91	140		
		80	63	120	190		
		90	82	160	240		
		100	100	200	310		

[①]1997年1月1日前设立的污染源称现有污染源。

表9-2　GB 16297—1996 对新污染源大气污染物中 SO_2 排放限值[①]

污染物	最高允许排放浓度 mg/m³	最高允许排放速率, kg/h			无组织排放监控浓度限值	
		排气筒高度 m	二级	三级	监控点	浓度 mg/m³
二氧化硫	960（硫、二氧化硫、硫酸和其它含硫化合物生产）	15	2.6	3.5	周界外浓度最高点	0.40
		20	4.3	6.6		
		30	15	22		
		40	25	38		
		50	39	58		
		60	55	83		
	550（硫、二氧化硫、硫酸和其它含硫化合物使用）	70	77	120		
		80	110	160		
		90	130	200		
		100	170	270		

[①]1997年1月1日起设立（包括新建、扩建、改建）的污染源称新污染源。

第二节 几种尾气处理方法简述

目前已工业化的尾气处理方法甚多,现仅将其中有代表性的几种方法简述如下。

一、IFP 法

IFP 法又称 Clauspol 法,是法国石油研究院于 60 年代末研究开发的一种方法。该法在低温、液相和催化剂作用下使克劳斯装置尾气中的 H_2S 和 SO_2 反应生成元素硫,从而提高了总硫收率。常用的液相有机溶剂为聚乙二醇-400,催化剂为苯甲酸钠、苯甲酸钾和水杨酸钠等,用 NaOH 调节 pH 值至碱性。由于 COS 和 CS_2 在过程中不发生反应,故应在前面的克劳斯装置中尽可能降低它们在尾气中的含量。此法与克劳斯装置配套后的总硫收率可达 99%。

IFP 法净化度不高,较适合于中、小型克劳斯装置尾气处理,但由于设备腐蚀严重、易堵塞及溶剂损失量大等,故近年来已很少采用。

二、Sulfreen 法

Sulfreen 法是在低于硫露点的温度下,在固体催化剂床层上使 H_2S 和 SO_2 继续进行反应,这样更有利于反应平衡。此法与两级转化克劳斯装置配套后,总硫收率可达 99% 以上。由于这类方法设备简单,操作方便,适用于规模较大的尾气处理。

与 IFP 法一样,Sulfreen 法(以及 CBA 法)要求严格控制尾气中的 H_2S/SO_2 比值。此外,这类方法也不能使尾气中的 COS、CS_2 发生反应,故也应尽可能提高克劳斯装置一级转化器的操作温度,促使 COS、CS_2 在转化器中水解。

Sulfreen 法的原理流程见图 9-1 所示。流程中有 3 个反应器,按固定程序自动切换,分别进行吸附(反应)、再生和冷却,也可根据尾气量和尾气中硫化物含量采用两个反应器切换操作的流程。

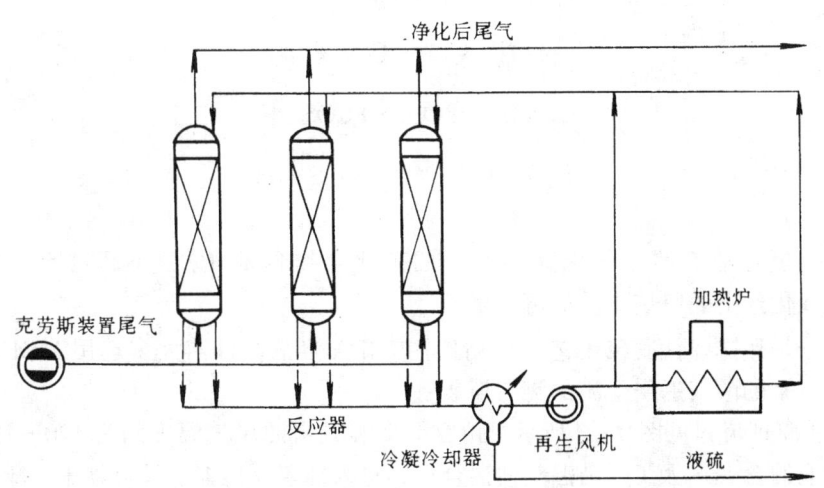

图 9-1 Sulfreen 法原理流程

在Sulfreen法中，由克劳斯装置来的尾气于低温（127～130℃）下进入吸附反应器，在固体催化剂床层上使H_2S和SO_2反应生成元素硫并吸附在催化剂表面上。处理后的尾气温度约为150℃，经灼烧后放空。

经过一段时间的反应后，由于催化剂表面吸附了一定量的元素硫，活性降低，反应器转入再生过程。再生过程分为加热和冷却两个阶段。在加热阶段中将一部分处理后的尾气，经风机加压并在加热炉中加热至350℃后进入反应器，加热催化剂床层，使催化剂上吸附的液硫脱附出来。出反应器的热再生气流经冷凝冷却器使硫蒸汽冷凝与分离，并利用其热量产生低压蒸汽。分出液硫后的再生气再经加压、加热循环使用，直到催化剂床层升温至325℃，液硫基本脱附完全为止。

为防止催化剂硫酸盐化，当床层温度达到325℃时立即先用未处理的尾气使床层冷却，经0.5～1h后再改用处理后的尾气冷却。床层温度降至170℃时停止冷却，转入再一个吸附周期。

三、SCOT法

SCOT法属还原--吸收法，由还原和吸收两部分组成。还原部分是使尾气中的SO_2和元素硫等在钴—钼加氢催化剂上加氢还原生成H_2S。反应所需的还原性气体（H_2或H_2+CO）可由外界供给，也可由天然气不完全燃烧来产生。

还原反应的温度约为300℃，尾气中所有硫化物基本上均能加氢还原或水解（尾气中通常含30%的水）生成H_2S，其反应式为

$$SO_2 + 3H_2 \rightarrow H_2S + 2H_2O \tag{9-1}$$

$$S_8 + 8H_2 \rightarrow 8H_2S \tag{9-2}$$

$$COS + H_2O \rightleftharpoons H_2S + CO_2$$

$$CS_2 + 2H_2O \rightleftharpoons 2H_2S + CO_2$$

当还原气体中含有CO时，还会发生下述反应，即

$$SO_2 + CO \rightarrow COS + O_2 \tag{9-3}$$

$$S_8 + 8CO \rightarrow 8COS \tag{9-4}$$

$$H_2S + CO \rightleftharpoons COS + H_2 \tag{9-5}$$

通常，加氢还原后的尾气中除H_2S外的硫化合物含量（φ）不超过50×10^{-6}。CO、CO_2在加氢催化剂上的甲烷化反应可忽略不计。

吸收部分采用选择性脱硫工艺。最初使用DIPA溶剂，目前大多选用MDEA作为脱硫溶剂，脱除下来的酸气返回上游的克劳斯装置。

SCOT法原理流程见图9-2所示。由克劳斯装置来的尾气温度约为120～130℃，与在线燃烧炉制取的含H_2S及CO高温气体混合后，进入加氢反应器。反应器中一般装填CoO—MoO_3—Al_2O_3催化剂。加氢还原系放热反应，出反应器的气体先经余热锅炉回收热量，将过程气温度降到160℃后进入冷却塔，用冷却水直接喷淋使其降温至40℃。冷却后气体中含H_2S约1%～3%，CO_2不超过40%，进入脱硫部分的吸收塔，用MDEA等溶剂选择性脱除

其中的H_2S。处理后的尾气送至灼烧炉灼烧后排空。富胺溶液经再生后循环使用,再生塔脱出的酸气中H_2S浓度较高,送回上游的克劳斯硫磺回收装置。

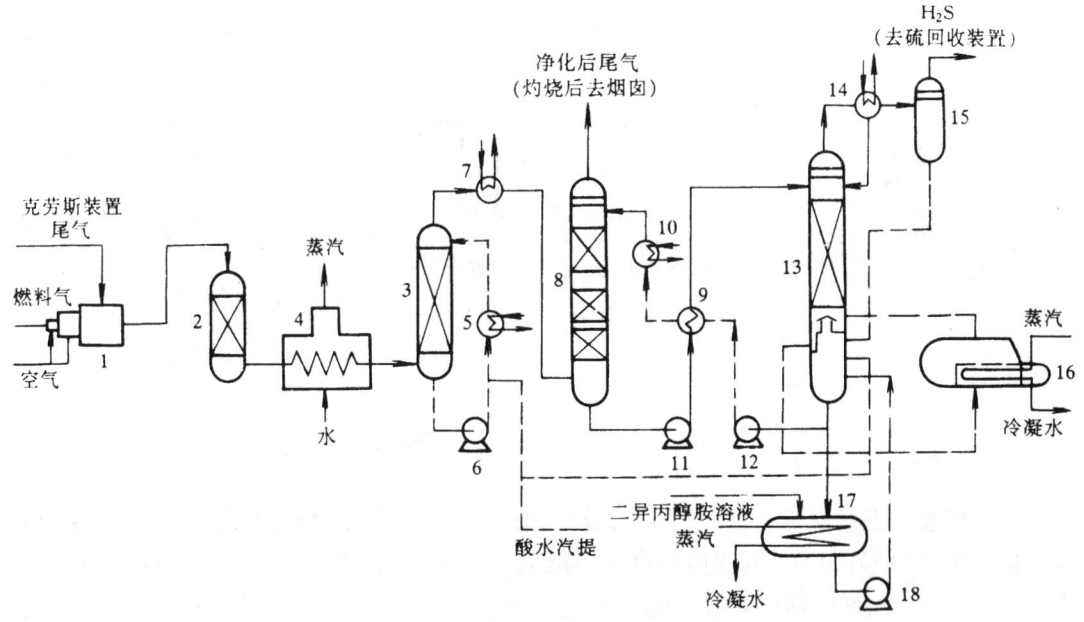

图9-2 SCOT法原理流程

1—在线燃烧炉;2—加氢反应器;3—喷淋冷却塔;4—余热锅炉;
5、9—换热器;6、11、12、18—泵;7、10—冷却器;8—吸收塔;
13—再生塔;14—冷凝冷却器;15—液硫捕集器;16—重沸器;17—溶剂罐

目前国外采用的加氢还原催化剂有Shell534、M8-10和Fine124-3P,国内则多采用自己研制开发的CT6-5加氢催化剂,其性能与Shell534相当。

SCOT法虽然投资和操作成本较高,但由于它与克劳斯装置配套时总硫收率可达99.9%,净化度很高,故目前广为应用,尤其适合于当地对环保要求较严格的大型装置采用。

四、Wellman—Lord法

Wellman-Lord法属于氧化—吸收法。它采用亚硫酸钠溶液吸收SO_2生成亚硫酸氢钠。如尾气中含有SO_3和O_2,则会发生副反应,故通常还在溶液中加蒽醌等作为抑制剂。上述反应式为

$$SO_2 + Na_2SO_3 + H_2O \rightarrow 2NaHSO_3 \qquad (9-6)$$

$$2Na_2SO_3 + SO_3 \rightarrow Na_2SO_4 + Na_2S_2O_5 \qquad (9-7)$$

$$Na_2SO_3 + 1/2O_2 \rightarrow Na_2SO_4 \qquad (9-8)$$

Wellman—Lord法的原理流程见图9-3所示。由克劳斯装置来的尾气首先在灼烧炉内灼烧,使硫化物完全转化为SO_2,其热过程气经余热锅炉回收热量后,再用冷却水直接喷淋

降温至 60℃ 左右后进入 SO_2 吸收塔底部。吸收塔的操作温度控制在大约 45℃。在吸收塔中亚硫酸钠贫液由塔顶进入，与气体逆流接触，吸收气体中的 SO_2。

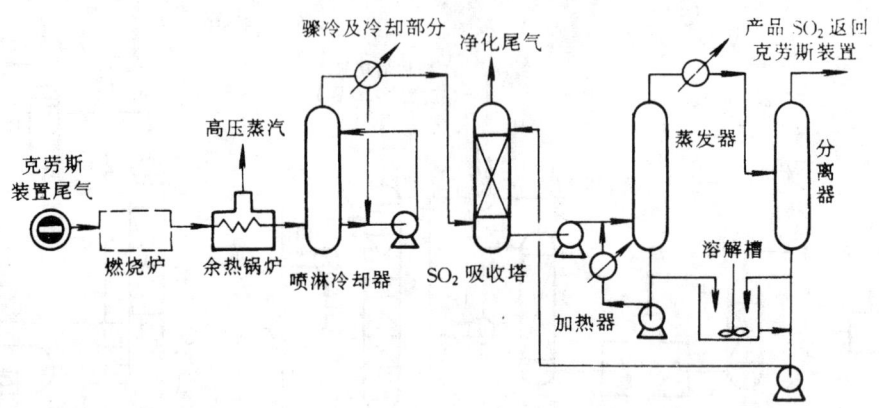

图 9-3 Wellman—Lord 法原理流程

吸收塔操作温度越低，则脱 SO_2 的效果越好。但由于亚硫酸钠在低于 32℃ 时易析出含水钠盐（$Na_2SO_4 \cdot 7H_2O$），故吸收温度也不能低于 32℃。处理后的尾气中 SO_2 含量（φ）不超过 0.1×10^{-3}，可由烟囱直接排向大气。

吸收 SO_2 后的亚硫酸钠富液（亚硫酸氢钠水溶液）在蒸发器中加热至 105℃，使亚硫酸氢钠发生分解反应放出 SO_2，并同时生成亚硫酸钠，因其溶解度低而从溶液中结晶析出，加水后循环使用。SO_2 和水蒸气由蒸发塔顶流出，经冷凝器冷凝与水分离后，得到纯度为 90%～95% 的 SO_2，增压后返回克劳斯装置或作其它用途。分解反应的反应式为

$$2NaHSO_3 \rightarrow Na_2SO_3 + H_2O + SO_2 \qquad (9-9)$$

为了防止湿 SO_2 气体对设备的腐蚀，此法使用了价格较贵的耐腐蚀材料，故其投资较大，虽在其它工业上应用较广泛，但在中小型克劳斯装置的尾气处理上应用不多。

第三节 尾气处理的发展动向

目前，在世界能源结构中石油与天然气所占比重已居主导地位，其中含硫原油及含硫天然气又占有相当大的比例，并有不断升高的趋势。与此同时，为保护人类的生存环境，各国对 SO_2 的排放限值愈来愈加严格。在上述背景下，一方面促使克劳斯法有了极大改进与完善，并出现了一些变型工艺；另一方面从 70 年代以来，尾气处理方法亦获得蓬勃发展，各种方法注意了系列化，其间的交叉组合又甚为引人注目。

关于尾气处理的发展动向可简要归纳如下。

一、尾气处理方法的系列化

随着各国对 SO_2 排放量及浓度实施愈来愈严格的限制，不仅克劳斯装置本身无法达标，即使加上低温克劳斯段也难以达标。为此，低温克劳斯法纷纷向获得更高总硫收率发展，还

原—选择性吸收法也有了新的举措，一些新发展的方法见表 9-3 所示。

表 9-3 各种尾气处理方法的新发展

原 方 法	新 发 展
Sulfreen	Hydrosulfreen、Carbosulfreen、Oxysulfreen、两级 Sulfreen
Clauspol (1500)	Clauspol 300
CBA	ULTRA
SCOT	Super-SCOT、LS-SCOT
Beavon	BSR/MDEA、BSR/Hi-Activity Claus、BSR/Selectox

从表 9-3 可见，70 年代期间开发的尾气处理方法在近 20 年来又有了不少新的发展。

Sulfreen 法是最早工业化且应用较多的尾气处理方法之一，近年来在其基础上又开发了几种新的方法，包括增设了加氢段及直接氧化段的 Hydrosulfreen 法（总硫收率 99.5%）、将 H_2S 在活性炭上催化氧化置于第二级的 Carbosulfreen 法（总硫收率 99.3%～99.6%）、氧化型的 Oxysulfreen 法及两级 Sulfreen 法等。

新发展的 Clauspol 300 法的总硫收率可达 99.5%，其措施包括温度降至 120～122℃，并对有机硫化物有一定的转化能力。

意为极低温反应吸附工艺的 ULTRA 法是在 CBA 法的基础上开发的。此法系将尾气加氢并急冷后，分出 1/3 氧化为 SO_2 再与另外的 2/3 合并，进入 CBA 法低温反应器。

作为还原—选择性吸收工艺典型代表的 SCOT 法是 1973 年工业化的，其后十年又开发了三种流程、使用三种选吸溶液；近期又开发了"超级"以及"低硫"的两种方法。前者净化尾气中 $H_2S<10\times10^{-6}$，总硫 $<50\times10^{-6}$，且能耗下降 30%；后者也可达到同样的净化度。

Beavon 法早期采用尾气加氢并以 Stretford 溶液脱除 H_2S，其后又开发了与 MDEA、Selectox 等法组合的方法。

二、技术上有新的发展

除在前述系列化中取得一些新发展之外，值得重视的还有以下一些技术。

1. 等温反应器获得应用

从克劳斯法问世以来，其催化转化器一直是绝热式反应器，但自 90 年代后在 Clinsulf 亚露点法和直接氧化法开始使用等温反应器。等温反应器虽然价格昂贵，然而可使流程简化、设备减少，总投资并不高，且大大改善了装置的适应性。

2. 使尾气中硫化物形式单一化的技术多种多样

为获得超过 99% 的总硫收率，需将尾气中的各种硫化物的形式单一化，例如转化为 H_2S。过去将尾气中各种硫化物转化为 H_2S，仅有加氢还原一种方法，现在则出现了调整克劳斯装置在富 H_2S 条件下运行的方法，例如超级克劳斯、高克劳斯比例（HCR）等工艺，其优点是降低了投资与操作费用，缺点是仍解决不了有机硫转化的问题。

三、与克劳斯装置一体化的趋势增强

硫磺回收与尾气处理"合二而一"型的装置，早期仅有 CBA 法，80 年代出现了 MCRC 法，近期又有 Clinsulf SDP 法问世。此外，意为改进了收率的 ER Claus 法可能其末级也是在亚露点下运行的，所以收率才达到 98%。

超级克劳斯法及 HCR 法等后部均设有一个直接氧化反应器，相应地均要求由保证 H_2S/SO_2 比为 2 改为在 H_2S/SO_2 比远大于 2 的富 H_2S 条件下运行。

对于还原—选择性吸收法的一些方法，如 SCOT、BSR/MDEA、Resulf、AGE/Dual Solve 及 Sulfcycle 法等，尾气加氢后经过选择性吸收得到的富 H_2S 酸气均要返回克劳斯装置。

最后需要再次指出的是，近年来克劳斯法与尾气处理方法各种交叉组合也是当前的一个重要发展趋势。这些方法各有特点，而之后开发的一些方法由于更具优势而被广泛采用。

第十章 液化天然气与压缩天然气

自井口采出的天然气经净化后可加工成液化天然气（LNG）和压缩天然气（CNG）销售。近年来，随着世界天然气工业的迅速发展，LNG 和 CNG 的生产、应用也在逐日增加，尤其是 CNG，虽然目前其总产量较小，但无论是在国外还是国内均发展很快。

第一节 天然气液化发展概述

天然气液化技术始于 1914 年，但直到 1941 年才开始在美国的克利夫兰建成了世界上第一座工业规模的 LNG 生产装置。1959 年，世界上第一艘 LNG 运输船"甲烷先锋"（Methane Pioneer）号从美国的路易斯安纳州载运 5000 m³ LNG，横渡大西洋成功地抵达英国的坎威（Canvey）岛。1964 年由法国设计的第一座大型 LNG 生产装置在阿尔及利亚投产。自 60 年代起，国外 LNG 产量以年均 20% 的速度增长，到 1970 年前后，已形成了包括 LNG 的生产、储存、海运、接受、再气化、冷量利用与调峰等一系列完整环节的 LNG 工业。截至 1990 年，LNG 工业总投资已超过 500 亿美元，每年创造的利润超过 100 亿美元。

LNG 在长距离运输方面（大于 1600～3200 km），比天然气管输更具有经济性及灵活性。因此，LNG 已成为现今跨洋运输天然气的主要手段。自 1959 年首次海运 LNG 成功以来，全世界先后建立了从阿尔及利亚到美国、从阿尔及利亚和利比亚到欧洲、从阿拉斯加到日本等十几条海运航线及航运站。目前，世界上最大的 LNG 运输船装载容积约为 $13.8 \times 10^4 m^3$；LNG 的出口量已由 1985 年的 38.6 Mt/a 增加到 1995 年的 73.4 Mt/a。世界上最大的 LNG 出口国是印度尼西亚，最大的 LNG 进口国是日本。1995 年，日本进口的 LNG 量约为当年世界 LNG 总出口量的 63%。经过近 30 多年的发展，LNG 占世界天然气贸易总量的比例日趋增长。1993 年，国际天然气贸易量为 3467.3 亿 m³，其中管输天然气量为 2634.9 亿 m³，LNG 贸易量为 832.4 亿 m³（天然气）。预计到 2020 年，世界天然气贸易量将达到 6250 亿 m³，其中大约仍有 1/3 的天然气将以 LNG 方式成交。

自 60 年代起，全世界生产 LNG 装置的数量与规模不断增加，已投产的 LNG 装置目前达 160 多套。其中 70% 左右是调峰型装置，它们主要分布在北美。最大的 LNG 工厂在马来西亚鼓蒂，其天然气处理能力为 $70 \times 10^6 m^3/d$。

随着 LNG 产量和商品成交量的增加，LNG 的应用技术日益成熟，应用范围日益扩大，目前已成功地用作汽车及发电厂燃料。在国外，LNG 用作火车及飞机替代燃料的研究工作也在进行之中。

我国虽于 1973 年在四川建成了国内第一个天然气提氦工厂（可联产 LNG），但总体来讲我国的 LNG 工业仍处于起步阶段。自 90 年代以来，我国有关部门陆续建成了几套生产 LNG 的调峰型工业试验装置。据悉，为解决沿海一带的能源短缺问题，我国还计划今后从国外进口一部分 LNG。此外，2005 年～2010 年，亚洲（包括我国大陆及台湾在内）LNG 的供需缺口将由 15～35Mt 扩大到 30～70Mt，因此，今后我国的 LNG 工业也将会有较大发展。

天然气液化一般包括天然气净化（也称预处理）过程和天然气液化过程两部分，后者则是其核心。通常，先将原料天然气经过预处理，脱除液化过程的不利组分（酸性组分、水分、较重烃类及汞等），之后再进入制冷系统的高效换热器不断降温，并将丁烷、丙烷、乙烷等逐级冷凝分离，最后在常压下使温度降低到 -162℃ 左右，即可得到 LNG 产品。将 LNG 送入保冷良好的绝热容器，可以在常压下储存、运输和使用。现代 LNG 工业的内容包括了 LNG 生产、储运与利用的全过程，即天然气液化（含预处理、深冷液化、LNG 储存）、LNG 运输（船运、车运）、LNG 接受终端、LNG 卫星站及 LNG 利用等。

LNG 工厂按照 LNG 的使用情况主要分成两种类型。

一、基本负荷型（基地型）

这类工厂多建在气源附近，生产大量的 LNG 供应远离气源的用户或供出口，其特点是液化能力大，每天可将 $(5\sim34)\times10^6 m^3$ 的天然气液化，最大可达 $70\times10^6 m^3$。此外，这类工厂的储罐容量也较大，并附有码头和装载设施。

二、调峰型

这类工厂多建在用户附近，是将平时管输来相对富裕的天然气液化、储存，以供用气高峰使用，其特点是液化能力小，通常每天可处理天然气 $(10\sim20)\times10^4 m^3$；储存及再气化能力相对较大，储罐一般可储 LNG $(2.5\sim10)\times10^4 m^3$。每年开工约 200~250 天，使储罐充满 LNG，在用气高峰时再气化后可供 6~12 天使用。

调峰型工厂在国外很普遍，仅美国和加拿大就建有 100 多套。此外，英国、德国、澳大利亚以及其它以天然气为主要燃料的国家也建有这类工厂。调峰型工厂的投资构成见表 10-1。

表 10-1 调峰型 LNG 工厂的投资构成

工 序	投资比例，%
原料气净化	6
液 化	38
LNG 储罐	44
再气化及输送	12

除以上两种主要类型外，还有以下两种类型的 LNG 工厂：

(1) 终站型（终端型，接受站型或中转站型） 这类工厂用于大量接受由船从基本负荷型工厂运来的 LNG，将其储存和再气化后分配给用户，其特点是液化能力小（主要是将储罐中蒸发出的天然气再液化），而再气化能力及储罐容量很大。

这类工厂一般都配有冷量回收和利用装置。例如，将 LNG 再气化过程中产生的可观冷量用于海水淡化、空气液化、冷冻与冷藏、发电、空调及固体低温粉碎等。

(2) 卫星型 它是调峰型工厂的一种型式，即将船和特殊槽车运来的 LNG 加以储存，到用气高峰时再气化以补充不足，其本身无液化能力。

第二节 天然气液化工艺

一、原料气的预处理

即使已符合管输或民用燃料要求的商品天然气,如果直接作为 LNG 装置的原料仍是不够纯净的,还必须深度脱除 H_2O、CO_2、H_2S,并逐级冷凝分离出丙烷以上的烃类,以防在低温下形成固体堵塞管线和设备。为了减少 LNG 的蒸发损失,还应控制原料气中 N_2、He 等惰性气体含量。另外,天然气中微量汞对铝制换热器有腐蚀作用,也应加以脱除。COS 虽本身无腐蚀性,但它与极少量的水反应后,可形成 H_2S 和 CO_2,从而产生腐蚀。通常,原料气中的 CO_2、H_2S、COS 采用醇胺法或其它方法脱除;水采用分子筛吸附法(主要用 4A 分子筛)脱除;汞采用可再生的 Hg SIV 吸附剂脱除(该吸附剂几乎可以脱除所有的汞,同时还可以脱水);N_2 采用闪蒸分离法脱除。

LNG 工厂原料气的预处理指标见表 10-2。

表 10-2 LNG 工厂预处理指标

杂　　　质	预处理指标
H_2O,φ,10^{-6}	<0.1
CO_2,φ,10^{-6}	50~100
H_2S,mg/m^3	3.5
COS,φ,10^{-6}	<0.1
总硫,mg/m^3	10~50
Hg,$\mu g/m^3$	<0.01
芳香族化合物,φ,10^{-6}	1~10

二、天然气液化原理及工艺流程

天然气液化的实质就是通过换热不断从天然气中取走热量最后达到液化的过程。因此,天然气液化过程的核心则是制冷系统。通常,天然气液化过程根据制冷方法不同又可分为两类:①原料气通过和压缩制冷循环的冷剂换热取走热量,合理地选择不同温度等级的冷剂,通过几个冷却阶,即可使天然气液化;②原料气先与膨胀制冷后的气体(原料气本身或氮气)换热,再自身膨胀制冷达到液化温度。

目前,工业上采用的天然气液化过程大多是以上两类过程的综合。因此 LNG 装置实质上是压缩机、换热器、膨胀机(或节流阀)等的组合体。

LNG 装置工艺流程采用的制冷循环可分为下述几种。即

1. 节流制冷循环

依据焦耳—汤姆逊效应,使压力气体通过节流阀膨胀而得以冷却并液化。这种循环的典型代表是 Linde 循环。节流制冷循环的优点是设备简单、投资少,缺点是能耗高、效率低,

一般液化率仅为1%～2%，主要用于LNG需要量少，同时气体有压差可供利用的小型LNG装置中。这类制冷循环的关键设备是天然气压缩机、高效换热器及节流阀等。

2．膨胀机制冷循环

即将高压天然气通过膨胀机膨胀，对外输出轴功，同时使气体自身冷却和液化。此循环的优点是流程简单，调节灵活，工作可靠，省去了使用其它冷剂所需的生产、运输、储存等费用；缺点是能耗大。为降低能耗，减少主要由换热器的传热温差过大而引起的可采用的改进工艺方案是：使用冷剂预冷；提高膨胀机入口气体的压力，并降低其温度；将膨胀机制冷与其它制冷联合使用。

从节能的观点考虑，膨胀机制冷循环的最佳参数为：进入膨胀机的压力为7～8MPa，温度为 -63～-43℃，膨胀比为5～7。在上述参数下，当膨胀机入口气体中重烃含量不多时，膨胀机出口带液量可达20%～25%。目前，高效膨胀机制冷循环的能耗已与经典的阶式制冷循环的能耗处于同一水平。

膨胀机制冷循环由于操作比较简单，投资适中，故特别适用于液化能力较小的调峰型LNG装置。这类制冷循环的关键设备是压缩机、透平膨胀型机及换热器等。

3．阶式制冷循环

这种循环是使天然气在多个温度等级的制冷阶中分别与相应的冷剂换热，从而使其冷却和液化，见图6-12所示。1964年由法国设计、在阿尔及利亚Arzew投产的第一座大型LNG装置及1965年美国建成的第一个调峰型LNG装置，均采用此循环。

经典的阶式制冷循环一般由丙烷、乙烯和甲烷三个制冷阶（蒸发温度分别为 -38℃、-85℃、-160℃）的制冷循环串接而成。为了使各级制冷温度与原料气的冷却曲线接近，以减少熵增及提高㶲效率，又出现了采用3种冷剂、9个制冷温度等级（丙烷、乙烯、甲烷各3个温度等级，见图10-1所示）的标准阶式制冷循环，其工艺流程见图10-2所示。

阶式制冷循环优点是能耗低、液化率高（达90%）、技术成熟、制冷循环与天然气液化系统各自独立、操作稳定；缺点是机组多、流程复杂、冷剂用量大、需要专门生产和储存各种冷剂的设备、管道和控制系统复杂、维修不便。因此，这种循环在70年代曾广泛使用，但现在新建的LNG装置已基本不再采

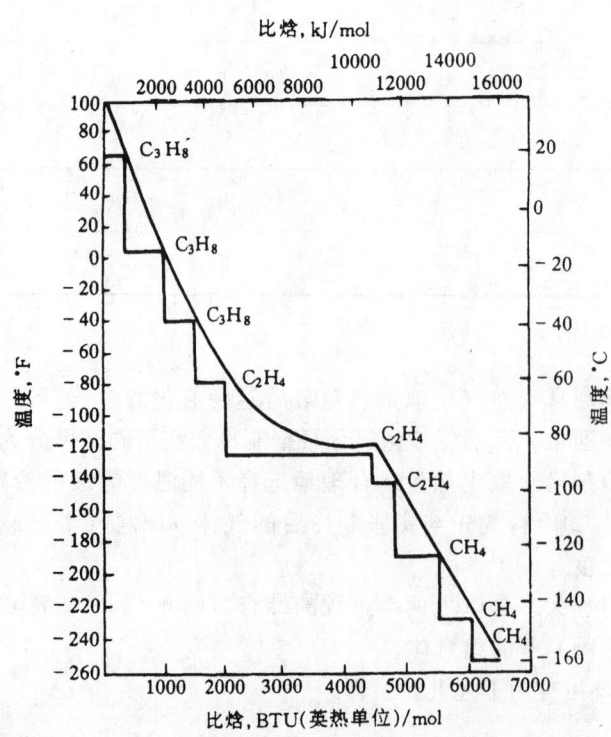

图10-1 9个温度等级阶式制冷循环的天然气冷却曲线

用。

阶式制冷循环的关键设备是各种冷剂用的压缩机组、复杂的换热系统,以及可靠的监测与控制设施等。

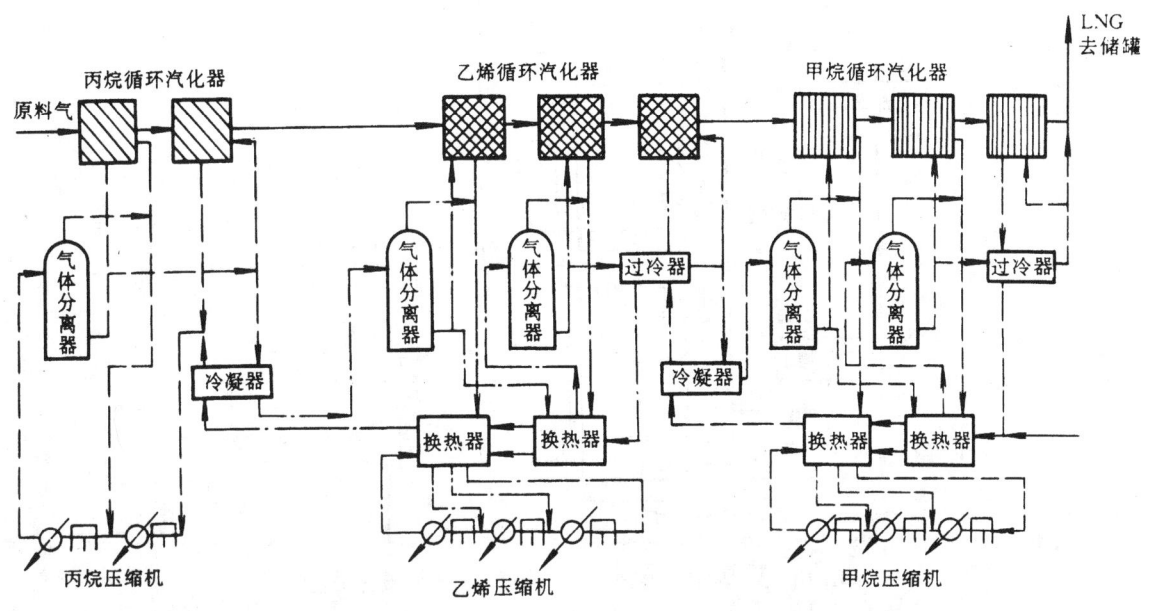

图 10-2 标准阶式制冷循环天然气液化工艺流程

4. 混合冷剂制冷循环（MRC）

这种循环采用 N_2、$C_1 \sim C_5$ 混合物作冷剂,利用混合物部分冷凝（或部分气化）的特点与原料气换热,使其冷却和液化。在换热过程中混合冷剂的制冷温度与原料气的冷却曲线接近一致（参见图 6-13 及图 6-14 所示）。

图 10-3 是一典型的混合冷剂制冷的天然气液化工艺流程。由图可知,混合冷剂先经压缩机加压,再依次进行冷却、部分冷凝以及气液分离,最后节流到较低的压力,经回收冷量后在气态下进入压缩机入口。其中,对混合冷剂采取多级气液分离和节流可以降低能耗。

混合冷剂制冷循环与阶式制冷循环相比,其优点是只需一台混合冷剂压缩机,工艺流程大为简化,投资减少约 15%～20%,管理方便;缺点是能耗约高 20% 左右,混合冷剂组分的合理配比较困难。

混合冷剂制冷一般采用闭式制冷循环,若用天然气本身作制冷工质时,也可采用开式制冷循环。混合冷剂的组成以及冷剂在冷凝端与蒸发端的压力应通过热力学计算选定。所选压力应能保证在全部制冷温度范围内的传热温差最小。

一般混合冷剂中各组分的摩尔分数为: CH_4 0.2～0.32, C_2H_6 0.34～0.44, C_3H_8 0.12～0.20, C_4H_{10} 0.08～0.15, C_5H_{12} 0.03～0.08 及 N_2 0～0.03。

混合冷剂的平均相对分子质量随天然气的平均相对分子质量增加而变化,一般在 24～28 之间,以便简化压缩机的设计。冷剂中的氮含量由天然气液化所需的过冷度决定,并应随天然气中氮含量增大而变化。

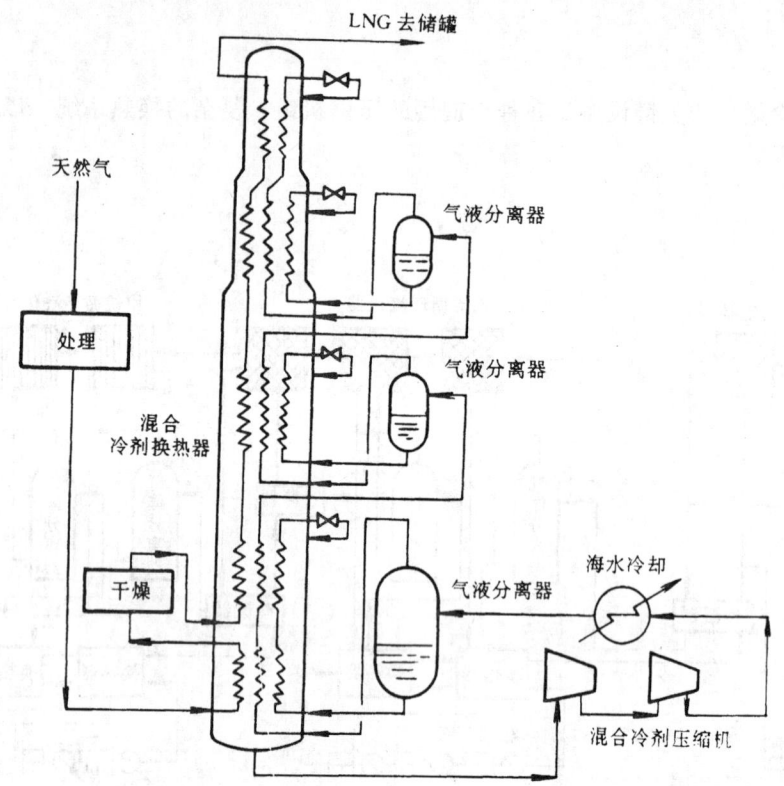

图 10-3 典型的混合冷剂制冷循环天然气液化工艺流程

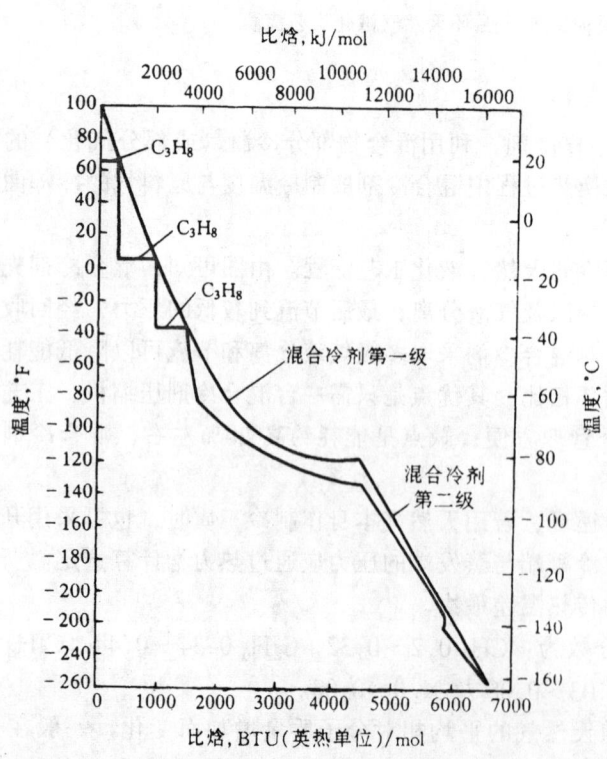

图 10-4 有丙烷预冷的混合冷剂制冷循环的天然气冷却曲线

这类制冷循环的关键设备是混合冷剂压缩机、换热器等。

5. 有冷剂预冷的混合冷剂制冷循环

由于通过调整混合冷剂的组成使整个液化过程按冷却曲线提供所需的冷量比较困难,因此可采取折衷的分段方法来提供冷量。通常是分两段提供冷量。"热"段用丙烷或者乙烷,或者丙烷及丁烷的混合物,或者氨来预冷原料气;"冷"段则用混合冷剂将原料气进一步冷却和液化。由图 10-4 的冷却曲线可见,采用丙烷预冷时,"热"段按 3 个制冷温度等级将原料气预冷至 233K(-40℃);冷段换热采用两种方式,即高压的混合冷剂与温度较高的原料气换热,低压的混合冷剂与温度较低的原料气换热,从而使液化过程中换热器的传热温差大大降低，过程㶲效率得以最大程度地提高。这种有丙烷预冷的混合冷剂制冷循环是目前广泛采用的一种方法，其效率几乎接近阶式制冷循环，且流程简单，因而是今后的发展方向。80年代后期新建和扩建的装置几乎无例外地采用此方法（占现有 LNG 装置的一半）。现有四家公司（Air Product、L'Air Liquid、Technip 及 Linde）均持有这类工艺的专利。其中，Linde 公司的专利流程见图 10-5。

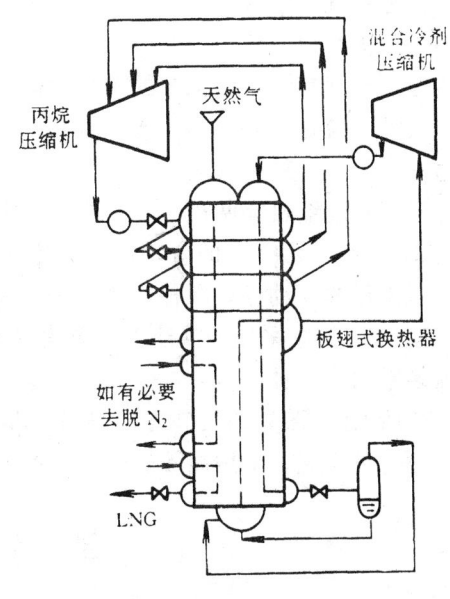

图 10-5 有丙烷预冷的混合冷剂
制冷循环天然气液化工艺流程

有预冷的混合冷剂循环的关键设备是混合冷剂压缩机、预冷系统和换热器等。

6. 以低温制冷机为冷源的制冷循环

这种循环以独立的制冷系统（如 N_2 或 N_2—CH_4 混合气体膨胀制冷循环，斯特林制冷循环等）提供冷量，从而使天然气冷却液化。该循环一般用于小型 LNG 装置，优点是系统简单，体积小，操作方便，对原料气组分变化适应性强，液化率高，原料气预处理量少；缺点是能耗高，需配备氮气供应系统。

这种循环的关键设备是氮气压缩机、透平膨胀机、换热器、制氮或储氮设备。

由上述可知，天然气液化过程的特点之一是能耗较大，其最小理论功约为 814 kJ/m³ 天然气（300K，0.1 MPa）或 420 kJ/m³ 天然气（311K，3.8 MPa）。不同制冷循环所需的能耗也不相同，见表 10-3 所示。

表 10-3 用于天然气液化的制冷循环能耗

制冷循环方式	能耗	
	kJ/m³ 天然气	kWh/L 液化甲烷
阶式制冷循环（C_3、$C_2^=$、C_1）	1152	—
混合冷剂制冷循环	1200~1350	
带预冷的混合冷剂制冷循环	1404	
间接式膨胀机制冷循环	1370~1800	
带二级氮气膨胀的制冷循环	1800	
一次节流林德制冷循环	—	1.14
海兰德制冷循环	—	0.705
具有高压原料气再循环的林德制冷循环	—	0.685
一次节流氨预冷的林德制冷循环	—	0.498
阶式制冷循环（NH_3、$C_2^=$、C_1）	—	0.382

选择LNG装置工艺流程及其采用的制冷系统的主要条件是：①装置的用途及其处理能力；②原料气的组成及压力；③对LNG产品的要求；④投资及操作费用；⑤采用某种类型设备的可能性。

三、天然气液化工艺中的主要设备

天然气液化工艺中的主要设备是压缩机组及换热器等，它们占LNG装置总投资的80%左右。

常用的压缩机有两类：离心式压缩机和轴流式压缩机。轴流式压缩机自80年代开始用于LNG装置，由于它的效率高、功率大、投资省，故目前应用较多。大中型LNG装置的压缩机采用的驱动机有两种：蒸汽轮机和燃气轮机，后者效益更好。

LNG装置中采用的换热器主要有两种：绕管式（缠绕管式）换热器和板翅式换热器，目前多采用后一种。

今后LNG装置的发展方向是进一步简化工艺与设备，提高操作的灵活性，降低LNG的单位产量能耗，采用高效的关键设备（压缩机、膨胀机和换热器），减少一次性投资费用。

第三节 天然气提氦

氦是稀有惰性气体，它具有扩散性强、导热性好、密度低、常压沸点（4K）接近绝对零度且无放射性等特点。因此，氦气被大量用于低温超导、核反应堆、航天、合成呼吸气及特殊金属冶炼等尖端科学及军事领域。

目前，世界上生产的氦气主要来源于含氦天然气。根据天然气氦含量的多少，可将它分为富氦天然气和贫氦天然气两类。前者氦含量大于0.1%（χ），后者氦含量小于0.01%（χ）。由于大气中的氦含量是5.4×10^{-6}（φ），因此，即使目前认为无经济价值的贫氦天然气，其氦含量也比大气中含量高两个数量级。

美国是当今世界上最大的氦气生产和消费国，也是世界上最早建立天然气提氦装置的国家。第一次世界大战期间，美国建立了3套分别采用林德循环（节流）法、克劳德循环（膨胀机）法和液化分馏法的天然气提氦试验装置，为天然气提氦工业奠定了基础。

从天然气提氦工艺的发展过程来讲，至今已经历了三个阶段，即：典型的林德节流循环工艺阶段、新工艺引入阶段及非燃料型天然气提氦阶段。从分离原理上讲，天然气提氦方法又可分为深冷法、膜分离法和变压吸附法（PSA）等。目前，大多数天然气提氦工艺仍采用深冷法。

天然气提氦工艺与LNG工艺一样，都属于天然气液化过程，只不过是提氦工艺中为回收冷量，又将所得的LNG复热气化，中间产品是不凝气——粗氦。

图10-6是一典型的林德循环提氦工艺流程图。原料气压力为3.4MPa，经脱水后预冷到-50℃，再节流到-107℃，此时约有80%气体被液化。气液混合物先进入第一分离器分离，分出的气相部分再经过换热、节流，温度降低到-143℃，又有80%的气体被液化。此气液混合物则进入第二分离器，分出的气体又经过以上类似过程，温度降至-174℃并部分液化，进入第三分离器，分离出的不凝气——粗氦即为中间产品。粗氦中约含60%（χ）的氦及40%（χ）的氮（也含少量的H_2、Ne、Ar等）。

上述工艺过程的氦收率达90%~95%，如果增设分馏塔，收率可达97%以上。

由天然气提氦工艺得到的粗氦还可进一步精制成精氦［A级，He≥99.995%（χ）］。目前精制的主要方法是,先让粗氦在高压(15~19MPa)及中压(2MPa)下被液氮(-196℃)冷却及部分冷凝,从而分离出粗氦中的大部分 N_2,得到浓度为99.5%(χ)的氦,再在液氮温度下,用活性炭吸附以除去残余的杂质,最后得到 A 级精氦。如粗氦中含有氢,因氢与氦难于深冷分离,故需用催化氧化法脱除。

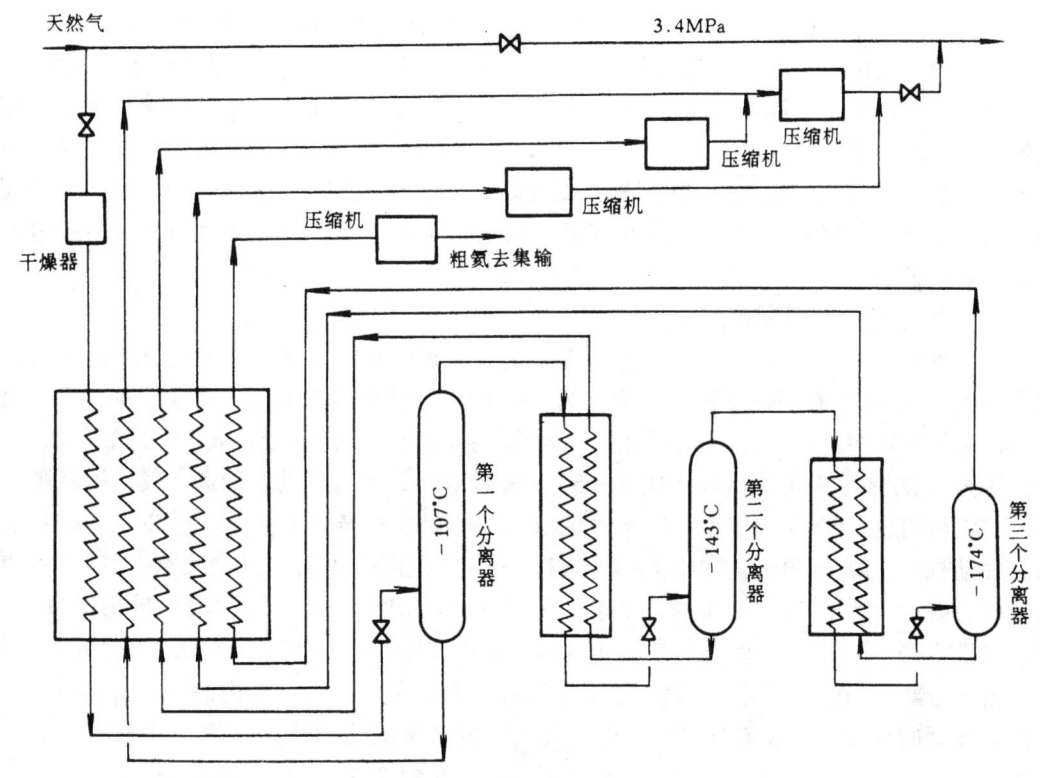

图10-6 典型的林德循环提氦工艺流程

除了上述典型 Linde 循环提氦工艺外,在80年代末还出现了非燃料型天然气提氦工厂(如美国的 Shuts Creck 工厂等)。近二三十年来,随着合成材料和自动化技术的飞速发展,在气体分离领域出现了膜分离和变压吸附技术。美国在70年代已有将粗氦精制由深冷法改为 PSA 法生产精氦的加工厂。此外,膜分离法也将可能应用于天然气提氦。由于这两种方法不需要将气体低温冷凝,因此有可能在能耗和材料消耗上优于深冷法。

我国迄今只有四川威远气田天然气中含有约0.2%~0.3%(χ)的氦,并于70年代初在威远建立了我国唯一的天然气提氦装置,而且将提取的粗氦(60%~70%,χ)加工成精氦(A级)。由于当时原料气压力较高,故选用有氨预冷的 Linde 制冷循环。70年代末,随着气田储层压力递减,迫使该装置采用"两端增压"的方法,即原料气需增压以提供过程所需的冷量,而接近常压的尾气需增压以进入长输管线。此外,为降低提氦过程的能耗,又将原工艺中的氨预冷改为膨胀机制冷的新工艺。与原工艺相比,改进后装置的能耗几乎降低了1/3。

第四节 压缩天然气

压缩天然气（CNG）的主要用途是作汽车燃料，故也将其称为汽车用压缩天然气。

天然气用作汽车燃料已有40多年历史。70年代后期，由于世界原油价格暴涨，促使许多国家研制、使用天然气汽车（NGV）。近一二十年，由于汽车尾气排放物对城市大气污染日益严重（空气中60%的污染物来自汽车尾气），人们正努力探寻包括LPG、CNG、LNG、甲醇、电力、太阳能、氢气等符合环境要求的汽车替代燃料。其中，由于CNG技术成熟、安全可靠、经济可行，因而发展最快。截止1996年，世界上已有40多个国家拥有NGV，总数超过100万辆，加气站总数达2650个以上。其中，拥有NGV及加气站总数最多的国家是阿根廷，该国NGV达38.55万辆，加气站达504个；其次是意大利，NGV达29万辆，加气站280个；俄罗斯NGV达20.5万辆，加气站196个。近年来，我国汽车用压缩天然气的发展也很迅速。

一、CNG用作汽车燃料的特点

当今世界上采用CNG的汽车，绝大多数是由原来的汽油汽车甚至是由柴油汽车改装而成，并将CNG储存在高压气瓶（压力约为20MPa）中供作燃料使用。改装后的汽车可使用气、油两种燃料中的任一种，但不能同时混用。使用时，气瓶中的CNG经过二级或三级减压，压力由20MPa降至常压或负压（$-50 \sim -70$ kPa），与空气混合后进入发动机燃烧。

与汽油相比，CNG用作车用燃料的优点是：①研究法辛烷值高达100以上，抗爆性能强，发动机噪音降低40%；②CNG是气态，它与空气混合均匀，燃烧完全，气缸不积炭，发动机磨损少，大修时间可延长1.5倍，提高效率10%以上；③发动机排出的废气中，CO_2减少24%，CO减少97%，烃类化合物减少72%，NO_x减少39%，SO_2减少90%，苯、铅含量减少100%，颗粒杂质减少41.67%；④进入发动机气缸内的气态天然气，对润滑油无冲刷稀释作用，故可节省润滑油；⑤汽车发动机的压缩比从7增加到$10 \sim 12$，发动机的效率可提高25%～30%；⑥燃料费仅为汽油汽车的2/3，维修费可降低30%。

由于采用CNG作汽车燃料可大大降低对环境的污染，因此，我国又将采用CNG作燃料的汽车称为"绿色汽车"。

与LNG相比，CNG用作汽车燃料时只是储存的相态不同，进入发动机后燃烧情况和排放废气的组分是一样的。CNG的优点是生产工序、设备投资及生产能耗均比LNG少，也不存在LNG有液体蒸发、需要绝热储存等问题。CNG的主要缺点是高压气瓶重量大、行驶距离短、受供气管网的限制等。LNG的优点是储存效率高、气瓶用量少、重量轻、行驶距离长、建站不受供气管网限制等。但是，由于LNG生产装置投资大，能耗高，故今后我国LNG汽车的发展状况将取决于其技术、经济等因素。

二、CNG的生产及加气站的构成

生产CNG一般需要的工序是：①脱水，CNG的水露点应符合我国汽车用压缩天然气的质量要求（见表1-8）。据了解，我国四川石油管理局几个加气站的CNG水含量为$(1 \sim 5) \times 10^{-6}$（$\varphi$），或水露点为$-65℃ \sim -76℃$；②用压缩机将天然气压力增加到20MPa以上。

天然气中的CO_2一般不需脱除，如H_2S含量不符合要求，尚需脱硫以防腐蚀。

目前，国内外CNG加气站一般设有小型脱水装置和压缩机、储罐、售气机等设备及其它相应设施，也有采用母子站的办法，在母站上将大量生产的CNG灌入高压气瓶，用转运车送到子站为汽车加气。

根据加气的快慢，还可将 CNG 加气站分为慢加气站和快加气站两种类型。前者采用压缩机直接对汽车加气，所需时间较长，但不需要设置高压气体储存设施。后者加气时间较短，仅需几分钟，但为弥补压缩机排气量不足，需要预先设置储存压力约为 25MPa 的 CNG 储气库。这种储气库通常由 3 个储气瓶组组成，被称为阶式储气系统。好的阶式储气系统的取气率可高达 67%。

一个标准的 CNG 加气站的构成有：①气库，由多个储气瓶组成；②天然气压缩机组，入口压力为 $1.5\sim3$MPa（或视具体情况而定），出口压力为 $21\sim25$MPa；③脱硫及脱水装置，脱除天然气中的 H_2S、水，一般用分子筛脱水，用固定床活性氧化铁脱 H_2S；④综合自动化装置，如自动计量收费、安全设施等。

国内采用国产设备的加气站主要技术特性为：①每天加气的汽车为 $100\sim150$ 辆；②天然气压缩机为 $2\sim3$ 台，排气量为 $320m^3/h$，电机功率为 $75kW$/台；③售气机 $3\sim4$ 台；④每辆汽车的加气时间为 $5\sim8$min。

汽车用 CNG 加气站的流程示意见图 10-7。

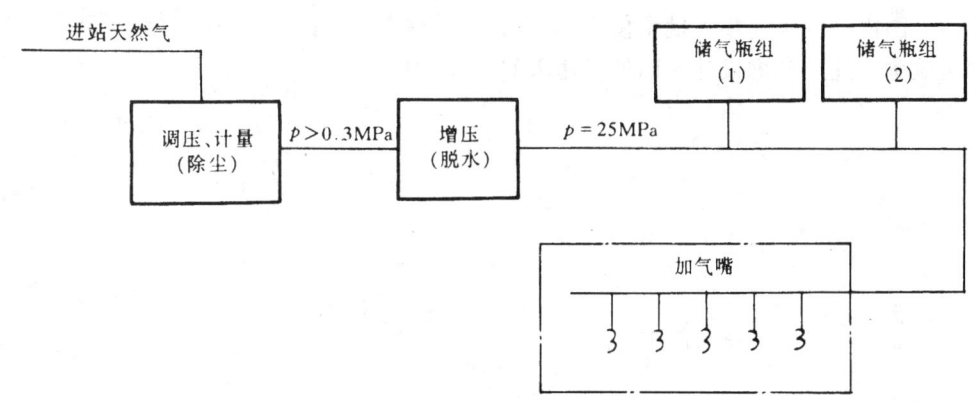

图 10-7 汽车用 CNG 加气站流程示意

三、CNG 的储存及安全

天然气用作汽车燃料的初期阶段，是将低压天然气装入储气包，放在汽车顶部。由于储气包承压低、储量小，汽车行驶距离短，加气次数多，限制了汽车的行驶速度。后来，随着技术进步，一些国家将天然气压缩后储于高压气瓶中，解决了上述缺点。

CNG 气瓶按其制作材料可分为三类：①全钢气瓶；②金属（钢或铝）和合成材料（玻璃钢或塑料）复合的气瓶；③全部由合成材料制成的气瓶。全合成材料气瓶因重量最轻，耐腐蚀性强，安全性好，因而是未来的主要发展方向。目前国外（如美国、意大利、加拿大等国）主要采用后两种气瓶，且已制定了严格的检测标准，故可保证其安全性能。国内目前虽仍主要使用钢质气瓶，但全合成材料气瓶正在加紧研制之中。

与汽油相比，使用 CNG 作为汽车燃料更为安全，其原因是：

①CNG 的储运和加注都是在严格封闭的管道中进行，不易泄漏。即使泄漏，漏出的气体在大气中扩散很快，且扩散过程是吸热过程，在泄孔周围形成一个低温区域，不易引起火灾。

②涉及CNG储存、使用的各个环节，从加气站、气瓶、改装部件到安装调试等，均严格遵循国家有关标准、法规。高压系统零部件均有1.5～4倍以上的安全系数，气瓶、减压阀等关键部件均安装了安全阀，控制系统中配置了紧急断气装置。气瓶在制造时严格按照国家劳动总局颁布的《气瓶安全监察规程》进行了水压、火烧、爆破、冲击、坠落、渗透等一系列可靠性试验。当车辆不幸发生碰撞或翻覆时，一旦着火，高温会将气瓶上安全阀的易熔合金熔化，使高压天然气泄放，保护气瓶不致爆炸。

四、我国CNG加气站及NGV概况

早在60年代，由前苏联援助在四川泸州建成了我国第一个CNG加气站。1988年，四川石油管理局又从新西兰、澳大利亚引进了加气站全部设施、改装汽车的部件及高压气瓶等。引进的加气站建在四川南充。目前，加气站的全部设施及改装汽车的整套部件均可由国内生产，且性能达到国外水平。由四川改装的东风EQ-140运输卡车有7个国产高压气瓶，自身重约0.5t，装满CNG后，行驶半径为250km。

此外，90年代以来在国内其它有条件的省市，也陆续建设了一批CNG加气站。除其中几个加气站是从国外引进外，大部分均已国产化。截止1996年，我国已有NGV 2000多辆，CNG加气站37个。

今后，国内如若进一步大批量使用NGV，则需建立足够的CNG加气站。同时，为了提高发动机效率，还应考虑设计专门的车用天然气发动机。

参 考 文 献

[1] F. S. Manning et al. Oilfield Processing of Petroleum, Vol. Ⅰ: Natural Gas. Tulsa, Ok,: Penn Well Bools, 1991
[2] GPSA. Engineering Data Book. 10th Edition, Tulsa, Ok., 1987
[3] J. M. Campbell. Gas Conditioning and Processing, Vol. Ⅱ: The Equipment Modules. Norman, Ok.: Campbell Petroleum Series, 1984
[4] 朱利凯主编. 天然气处理与加工. 北京: 石油工业出版社, 1997
[5] 张鸿仁等. 油田气处理. 北京: 石油工业出版社, 1995
[6] 四川石油管理局编. 天然气工程手册. 北京: 石油工业出版社, 1982
[7] 四川石油管理局编. 天然气工程手册（下）. 北京: 石油工业出版社, 1984
[8] 陈滨主编. 乙烯工学. 北京: 化学工业出版社, 1997
[9] 高原. 气体分离用透平机械. 北京: 石油工业出版社, 1991
[10] 邹仁鋆等. 石油化工分离原理与技术. 北京: 化学工业出版社, 1988
[11] 蒋维均主编. 新型传质分离技术. 北京: 化学工业出版社, 1992
[12] 中国石油天然气总公司科技情报研究所等编. 国外天然气工业研究, Ⅳ: 天然气净化、加工及综合利用, 1992
[13] 廖健等. 天然气水合物相平衡研究的进展. 天然气工业, 18 (3), 1998: 75~82
[14] W. P. Manning et al. Guidlines for Glycol Dehydrator Design, Part 1. Hydro. Proc., 72 (1), 1993: 106~114
[15] W. P. Manning et al. Guidlines for Glycol Dehydrator Design, Part 2. Hydro. Proc., 72 (2), 1993: 87~92
[16] Peter J. H. Carnell. Fixed-bed Processes Provide Flexibility for COS, H_2S Removal. Oil & Gas J., 74 (6), 1995: 52~55
[17] 王遇冬等. 新型天然气水合物抑制剂的开发与应用. 石油与天然气化工, 26 (3), 1997: 160~162
[18] 朱利凯. 胺法的进展. 石油与天然气化工, 26 (1), 1997: 29~33
[19] 关昌伦等. 天然气水合物抑制剂甲醇注入量计算. 天然气与石油, 11 (4), 1993: 8~29
[20] 陈慧芳. 天然气水合物抑制剂. 石油与天然气化工, 22 (3), 1993: 177~181
[21] 王开岳. 90年代国内外 MDEA 工艺的工业应用及开发动向. 石油与天然气化工, 26 (4), 1997: 219~226
[22] 郑子文. 高效率硫磺回收技术的发展趋势. 石油与天然气化工, 25 (1), 1996: 17~23
[23] 陈赓良. 物理分离过程在天然气净化中的应用. 天然气工业, 16 (3), 1996: 79~85
[24] 王开岳. 交叉组合的硫回收及尾气处理新工艺. 石油与天然气化工, 27 (3), 1998: 170~175
[25] 郑大振. LNG 工厂的天然气净化工艺及其新发展. 天然气工业, 14 (4), 1994: 67~72
[26] 徐文渊. 液化石油气（LPG）、压缩天然气（CNG）、液化天然气（LNG）作汽车燃料

的现状和发展．石油与天然气化工，24（3），1995：163~166
[27] 大港石油管理局勘察设计研究院主编．中华人民共和国石油天然气行业标准：天然气脱水设计规范（SY/T 0076—93）．北京：石油工业出版社，1993
[28] 胜利石油管理局勘察设计研究院主编．中华人民共和国石油天然气行业标准：天然气凝液回收设计规范（SY/T 0077—93）．北京：石油工业出版社，1993
[29] 尉迟斌主编．制冷工程技术辞典．上海：上海交通大学出版社，1987
[30] D. L. Smith. Optimize Solid bed adsorption systems. Hydro. Proc., 75（5），1996：129~132